让我们
甲骨文
一起追寻

The Franco-Prussian War : The German Conquest of France in 1870-1871,
ISBN 978-0-521-61743-7(Paperback)

# 普法战争

# THE FRANCO-PRUSSIAN WAR

*The German Conquest of France in 1870-1871*

**1870~1871年**

德国对法国的征服

[美]杰弗里·瓦夫罗 著

林国荣 译

**Geoffrey Wawro**

社会科学文献出版社
SOCIAL SCIENCES ACADEMIC PRESS (CHINA)

# 本书获誉

杰弗里·瓦夫罗的这部作品毫无疑问是权威之作，研究精湛且引人入胜，以俾斯麦和拿破仑三世为主角，塑造出那个时代的璀璨群星。在揭示普法战争之于现代世界的重要性的同时，也令读者身临其境。

——迈克尔·贝施洛斯（Michael Beschloss），《征服者：罗斯福、杜鲁门与希特勒德国的毁灭，1941－1945》［*The Conquerors Roosevelt, Truman, and the Destruction of Hilter's Germany, 1941－1945*（2002）］的作者

瓦夫罗将广博素材同敏锐洞见融为一体，在这个已经被迈克·霍华德（Michael Howard）的作品主宰了近半个世纪的历史论题上，为我们提供了新视角和新见解。应当将本书同霍华德的那部经典进行比较，因为，本书是经得住这样的比较的。

——丹尼斯·肖沃尔特（Dennis Showalter），

科罗拉多学院历史学教授

新的历史叙事，极其生动，立足于宏富且崭新的研究基础之上。

——麦格雷戈·诺克斯（MacGregor Knox），

伦敦经济学院

致温斯洛和马蒂亚斯

# 目　录

# 缩略词

ACM　Archives Centrales de la Marine (Vincennes) 中央海军档案馆（万塞讷）

BKA　Bayerisches Kriegsarchiv (Munich) 巴伐利亚战争档案馆（慕尼黑）

CIS　Congressional Information Service (Washington, DC) 国会文书处（华盛顿特区）

HHSA　Haus-Hof-und Staatsarchiv (Vienna) 家族－宫廷－国家档案馆（维也纳）

NA　National Archives (Washington, DC) 国家档案馆（华盛顿特区）

ÖMZ　Österreichische Militärische Zeitschrift 奥地利军情档案部

PRO　Public Record Office (London) 公共档案厅（伦敦）

SHAT　Service Historique de l'Arm'ee de Terre (Vincennes) 陆军军史档案处（万塞讷）

SKA　Sächsiches Kriegsarchiv (Dresden) 战争档案馆（德累斯顿）

ZS　Zeitgeschichtliche Sammlung (Dresden) 现代史资料汇编（德累斯顿）

# 插图目录

## 图片

## 示意图

# 致　谢

本书献给我的两个儿子，在我逐渐深入钻研材料的过程中，我的两个儿子也逐渐体现法国人和普鲁士人的气质，这太让人惊奇了。五岁大的温斯洛俨然成了情感炽烈的法国人，原本欢快嬉闹的他，在经历了学究式的内省阶段之后，便沾染了那种“法兰西之怒”的秉性。马蒂亚斯还只有三岁大，长着一副桀骜不驯的下巴，大大的眼睛，浅金色的头发，伴随着我的这段研究岁月，他也逐渐涵养出普鲁士式的无畏品行。两人平常争斗的时候，温斯洛总是凭借自己的块头和怒气，将弟弟制服。不过，马蒂亚斯也从来不会示弱，总是带着骨子里的不服、坚忍和斗志爬回战场。如同库尔米耶或者博讷拉罗朗德战场上遭遇围困的德军，马蒂亚斯也拒绝投降。两个孩子真的太可爱了，还有他们那辛劳且同样可爱的母亲塞西莉亚，他们让我的生活变得幸福且惬意，且将这书献给他们。

撰写这样一部作品是需要深钻档案材料，还需要亲身考察战场，这样的工作若没有相应的研究资金，当然是没有可能的。有句古老的瑞士谚语是这么说的：“战争就像无底洞，需要不断填充。”德国学术交流中心（DAAD）非常慷慨地为我提供了一笔研究经费，足够我对德语档案材料展开三到四个月的深挖和研究。可别忘了，DAAD 可是以现金形式提供的这笔经费，这就令他们的慷慨更令人感怀。我只需要前往某座德国城市，慕尼黑也好，德累斯顿或者柏林也罢，然后去往一座颇有些肃穆氛围的战后大学建筑里面，找到财务主管。很快，数百德国马克便会如数送入我的手中，出纳员都不相信会有这样的事情。我离开的时候，会感觉自己像个盗贼而非教授，浑身上下的口袋里揣满了五十马克或者一百马克的钞票。一时之间，那种贪婪得到满足的感觉便禁不住袭遍全身，令我感喟不已。也要感谢奥克兰大学和美国海军学院。奥克兰大学为我提供了一笔相当丰厚的研究经费，足以支撑我在德国、奥地利、英国以及法国接续又一个夏天的研究工作，我也就是在这段时间，租了一辆雪铁龙，直奔色当和弗罗埃斯克维莱之间的战场展开实地考察，这样的举动的确是有点疯狂。美国海军学院则给了我足够的时间，让我前往欧洲展开档案研究，其时，我还特意驾驶一辆标致车将卢瓦尔河战场巡察一番。设在纽约的奥地利文化研究所更是相当体谅地将我的博士论文奖金支付延长了几年时间，如此一来，我在维也纳的消费也就不用发愁了。维也纳的咖啡馆、传统酒馆，以及奥地利对拉脱维亚的世界杯门票，可都是需要钱的。当然，相关的研究工作也是需要经费支撑的。经费用完之后，我便开始领受朋友们的好意，在他们家中寄宿，他们从来都是那么好客，在此要特别指名道谢：在巴黎时有马克·巴泰隆（Marc Batailon）、让·居勒克（Jean Guellec）和斯蒂法尼·奥多因-鲁泽奥（Stephane Audoin-Rouzeau），在维也纳时是罗塔尔·霍贝特（Lothar Hobelt），在伦敦时有大卫和卡洛琳·诺贝尔（David and Caroline Noble）。当然也要感谢本书的编辑弗兰克·史密斯（Frank Smith），他的耐心和能力让人称道，还有那么多支持过我的同僚：里克·阿特金森（Rick Atkinson）、迈克·贝施洛斯（Michael Beschloss）、阿尔登·布柯尔茨（Arden Bucholz）、阿尔贝托·科尔（Alberto Coll）、尼亚尔·弗格森（Niall Ferguson）、迈克·霍华德（Michael Howard）、亨利·基辛格（Henry Kissinger）及丹尼斯·舒沃特（Dennis Showalter）等，他们都为本书提供了很有分量的建言和鼓励。霍尔格·赫尔维格（Holger Herwig）教授仔细审阅了本书，令本书的质量大为提升。他不仅提供了重要建议和修正，更让我避免了一两处硬伤，比如说，巴伐利亚步兵团在行军时，是不可能吟唱路德派赞美诗的。

我确实写过一些战争书册，我从来都感觉对那些在沙场上战死或者伤残的无数年轻人深为感愧，巨大的责任感时时漫过心间，只有悲伤的家人对他们有过短暂的纪念，时光总是奔涌向前，这些年轻的生命就这么被遗忘在岁月长河里。本书也算是对这些年轻人的英勇发出的祭奠。在从梅斯返回巴黎的路上，我在凡尔登的纪念碑上看到这样的话："Der Krieg, mein Lieber, das ist unsere Jugend, die hier vergesseninder Erderuht."（战争就是我们的青春，我的朋友，我们安眠在这遗忘之地。）且让我们缅怀这些年轻人吧。

纽波特，罗德岛，2003 年

# 导　言

1870年时有两个普鲁士。一个是蒂奥多·冯塔纳（Theodor 1
Fontane）的《勃兰登堡漫游记》（*Rambles through the Brandenburg March*）中的普鲁士，这是一部洋洋洒洒的四卷本游记，里面呈现的是一个刚刚从沼泽和森林当中显露的普鲁士，一个野蛮的普鲁士。“且不要指望像旅游（grand tour）那般舒服惬意”，冯塔纳在第一卷就揶揄说，那里只有“贫困、肮脏……没有现代文化的迹象”。在这个正在经历工业化的煤炭和钢铁的国度，火车仍然是奢侈品；只有大城市和大的城镇才会通火车。若要在普鲁士乡间穿行，必须租用马车（trap），但赶车人都是令人憎恶的乡民，他们会带着你兜圈子，在树林和溪流间穿来穿去，也许只是相邻的两个村庄之间的短短路途，也会收上一大笔钱，这些钱够你坐五个小时的火车从柏林到德累斯顿了。[1] 1870年的普鲁士仍然是“未开垦的蛮荒之地”，满是泥塘和松树，一直铺展到柏林的城门前。这的确是鼓荡着乡野之风的乡野之地。此时的维也纳人在谈到普鲁士人的时候，总是免不了高高在上的优越感，免不了嘲笑他们的北方表兄弟，说这些表兄弟“两条腿扎在《圣经》里，另两条腿扎在泥土里”。此时的普鲁士人仍然是愚笨之人，是福音派的庸俗之人，这样的结论，即便是蒂奥多·冯塔纳这样的伟大爱国者也是难以回避的。

另一个则是卡尔·马克思于1860年代呈现的那个普鲁士。此时的柏林，有着一座座富丽堂皇的巴洛克宫殿和勒诺特尔式的园林（Le Notre gardens），这是一个优雅的城市，一座不断成长壮大的城市。这座城市的边缘奥拉丁堡和莫阿比特（Oranienburg and Moabic）的熔炉和锻造车间则是亮光四射的“淬火之地”。这样的经济增长势头令马克思瞠目结舌，遂宣称普鲁士是“德意志工业的强劲心脏”，此时在他的出生地莱茵兰（Rhineland）西部地区和威斯特伐利亚（Westphalia）涌动
2 的变迁大潮，更是令他惊叹不已。在马克思的青年时代仍然是一派慵懒倦怠和田园风光的普鲁士莱茵兰地区，此时已经是烟囱林立。这不免令马克思将这一地区同英国工业革命中的兰开夏（Lancashire）和约克郡（Yorkshire）做了一番颇有成就感的比较，后者可是英国工业革命的心脏地带，富有且烟雾弥漫。此时的普鲁士已经涌现出诸如柏林、哥尼斯堡、布雷斯劳、多特蒙德、杜塞尔多夫以及科隆这样的大城市，而且煤炭和钢铁的年产量更是超越了法国、俄国和奥地利的总和。此外，普鲁士的铁路里程已经达到5000英里，较之与自己毗邻的三个大国，普鲁士的铁路网毫无疑问是覆盖了更大的范围，此等优势在接下来的十年间还会继续扩大。[2]普鲁士人口的增长势头也是相当显著，无论绝对量还是相对量。1866年，普鲁士的人口规模为1900万，当时法国的人口规模为3500万，奥地利的人口规模为3300万，稍多于这两国人口规模的一半。普鲁士的这个人口规模以富于生产力的年轻人口为主体，加之工业和铁路的大踏步扩张，柏林很自然地成为德意志关税同盟的领头羊，这个关税同盟于1834年诞生，削减并最终取消了德意志邦联39个成员之间的关税壁垒，极大地刺激了贸易和消费，令普鲁士的领导地位得到巩固和提升。柏林同德意志众邦国的这种勾连和融合，可绝对不是什么小事情。除了奥地利境内的德意志人

之外，德意志邦联大大小小的成员国，诸如巴伐利亚、萨克森、汉诺威以及汉堡等，拥有 2000 万德语人口。倘若普鲁士能够将这些邦国统一起来，由此催生的新国家将是欧洲最强大的国家。

然而，在普鲁士，财富和权力的关系格局总是无法协调、融洽。1860 年代的普鲁士已经处在鼎盛边缘，却又一次在这条道路上横生枝节，这次横亘在前的是普鲁士一个古老的精英集团。当年的条顿骑士团将斯拉夫人逐出神圣罗马帝国的东部边界之地，这一边界之地最终演变为普鲁士。此后，这个王国便由条顿骑士团的后裔主宰，这是一个半封建的贵族领主集团，人们称之为“容克”。在 17 世纪和 18 世纪的进程中，霍亨索伦王朝已然剥夺了容克集团的大部分政治影响力。尽管如此，霍亨索伦王朝还是用一系列很是回环曲折的办法对这个古老的精英集团实施补偿。容克集团以非常便宜的价格获得了巨量地产，保留了地方行政权威，同时也在普鲁士宫廷、军队以及民政部门中占有主导地位，大多数的关键部门和职位都操控在这个集团手中。作为对王朝的回报，容克集团宣誓效忠霍亨索伦王族，历任国王也未曾真的考验过容克集团的忠诚，正如 1808 年一个容克所说：“皮之不存，毛将焉附，倘若陛下剥夺了我和我的孩子们的权利，天知道陛下您的权利又将何以安身？”工业时代在普鲁士催生了一批“新人”，这个主要由实业家、商人和职业阶层组成的“新人”集团想方设法地同王族和贵族结成姻亲关系，但从来都会遭到拒斥。[3] 由此便确立了这样的政治权力格局：国王拥有自己的御前议事会，可以随自己心意去否决议会的动议和提案，可以依据财富和社会等级分配投票权。这样的政治机制保障了反动容克集团的优势地位，这样的格局一直延续到 1918 年。

3 此时的普鲁士王国尚且不是一个完整的统一体，无论领土上还是精神上都是如此。从地理上看，此时的普鲁士王国分化为两个部分，其一是东部的心脏地带勃兰登堡-普鲁士，其二是威斯特伐利亚和莱茵兰的西部诸省。汉诺威、黑森、巴登以及几个小邦则是嵌在这个分裂带中间，由此造成了巨大的文化错位和文化隔阂。1863 年，一名来自东部地区的普鲁士步兵团军官负责指挥西部亚琛（Aachen）的一个步兵团，这在普鲁士的历史上还是第一次出现。尽管亚琛和周边的莱茵高（Rheingau）自 1815 年开始便已经融入了普鲁士，但这个年轻军官还是对此地区那深深的反普鲁士情绪感到震惊。当地居民都将普鲁士视为外邦，将普鲁士称为“*Stinkpreusse*”，意思就是臭烘烘的普鲁士。老父亲们也总是因为自己的儿子在军中服役而不住地叹息说，他们的孩子“在给普鲁士人效力”，那语气如同自己的孩子遭到外邦人拐骗或者绑架了一样。普鲁士的官员则被称为“*Polakien*”［Polacks，波兰人（贬义）］或者“*Hinterpommern*”（Pomeranian hicks，波美拉尼亚乡巴佬）。很显然，在西部人眼中，东边的那些人就是野蛮人，没有在波恩、哥廷根、柏林或者罗斯托克这些地方的学校或者大学接受过教育。[4]莱茵兰地区的城市居民和乡村人群对普鲁士的此番恨意，本身就足以折射出普鲁士的软弱。1860 年时，伦敦《泰晤士报》给出这样的评论：“［普鲁士］何以成为强国，历史会给出说法，但普鲁士为何仍然是今天这个样子，没人能说清楚。”[5]毫无疑问，此时的普鲁士并不具备优势，无论地理、文化、阶层状况，还是历史，都是如此。

1860 年代的法国则同普鲁士形成了鲜明对比。巴黎，公认的欧洲之都，自然也是一个统一且鼓荡着炽烈民族情感的国家的都城，更在非洲、加勒比地区以及印度支那拥有多处殖民地。巴黎的人口规模两倍于柏林，已经达到 1800 万，城中到处闪耀着建筑瑰宝的光芒，更有宏富悠远的可以回溯千年之久的历史。此时的普鲁士恰是草创态势，可以说是临时拼凑起来的，伏尔泰曾嘲笑这样一个草创之地乃是“一个边区王国”，法兰西的一切则似乎都在向世人昭示文雅和稳定。这样一个法兰西拥有自身的“自然疆界”，这“自然疆界”涵括了大海、孚日山、阿尔卑斯山和比利牛斯山，并且作为一个统一国家，也已经八百年了。此时的法兰西已然培育出极度丰富的文化，其中涵括了食物、酒类、温和的气候、时尚、音乐以及语言等元素。然而，到了这个时候，法兰西的文化霸权已然散落并寄居在巴黎的两万家咖啡馆以及那些引领并确立时尚潮流的大商场里面，由此也就激发了所有德意志访客（其中也有德意志士兵）的野心，那就是“要像神一样生活”在法兰西。赋予 1860 年代的法兰西“战略”主导者的观感，使其成为“欧洲的仲裁者”的正是路易 - 拿破仑 · 波拿巴，也就是法兰西皇帝拿破仑三世那野心勃勃的帝国体制。

路易 - 拿破仑生于 1808 年，滑铁卢战役之后，他承受了与波拿巴家族所有成员一样的命运。复辟的波旁王族禁止波拿巴家族的成员在法国居住，因为担心包括路易 - 拿破仑在内的家族成员图谋重建拿破仑王朝。于是，路易 - 拿破仑便四处流亡，从瑞士到德意志再到意大利，最后到英国。年轻时代的路易相当浪漫，相当意气，最终在意大利找到了自己作为密谋者的真正使命。

1820 年代的意大利半岛分裂为六个小邦国，从南方的两西 4
西里王国一直到北方的皮埃蒙特王国。此时的意大利大地，社会和政治氛围与路易－拿破仑同时代的司汤达在《帕尔马修道院》（*Charterhouse of Parma*）一书中描画的一模一样：僵滞，没有生气而且反动。古老王朝的孱弱余脉，诸如那不勒斯的波旁王族，佛罗伦萨、摩德纳和帕尔马的哈布斯堡王族，正以极度的残酷维持各自的王位，只要发现有人有鼓噪解放和自由的嫌疑，便即刻将之投入监牢或者扔到船上当奴隶。奥地利帝国在意大利的存在更是令情势雪上加霜，毕竟，奥地利参与了镇压法国大革命以及路易－拿破仑那著名的大伯，并因而获得了领土奖赏，具体的奖品就是伦巴第（Lombardf）－威尼西亚（Venetia）王国。很显然，对路易－拿破仑来说，倘若能在意大利找到机会，对那些 1815 年镇压法兰西并立定和约的国家和王朝实施复仇，也是他无法抵挡的。于是，这个年轻人便加入烧炭党，这是一个献身于意大利民族统一的秘密团体，作为密谋者，路易的表现是相当出色的。1830 年，路易差点遭到逮捕，遂逃往英国。此次逃亡途中，恰好在大伯于圣赫勒拿岛谢世十周年的日子经过巴黎。尽管此时的路易仍然没有在法国居留的合法权利，但他还是利用这个机会在巴黎短暂停留，亲眼见证了拿破仑传奇有着何等的力量，这令他艳羡不已。此时，距离拿破仑一世流落孤岛已经过去十五年了，距离拿破仑一世离世也过去十年了，法兰西民众仍然将花环奉送给这个伟大人物的纪念碑，并高呼“皇帝万岁！”。

此等民众情感在法兰西依然潮流涌动，当权者遂对路易实施逮捕并将之逐出国门。路易遂流亡伦敦并在那里一直生活到 1836 年。1836 年，路易－拿破仑颇为拙劣地模仿大伯 1815 年的“百日”之举。如同当年的拿破仑从厄尔巴岛返回法兰西并挺进巴黎一样，路易也带着一支小队伍挺进到斯特拉斯堡

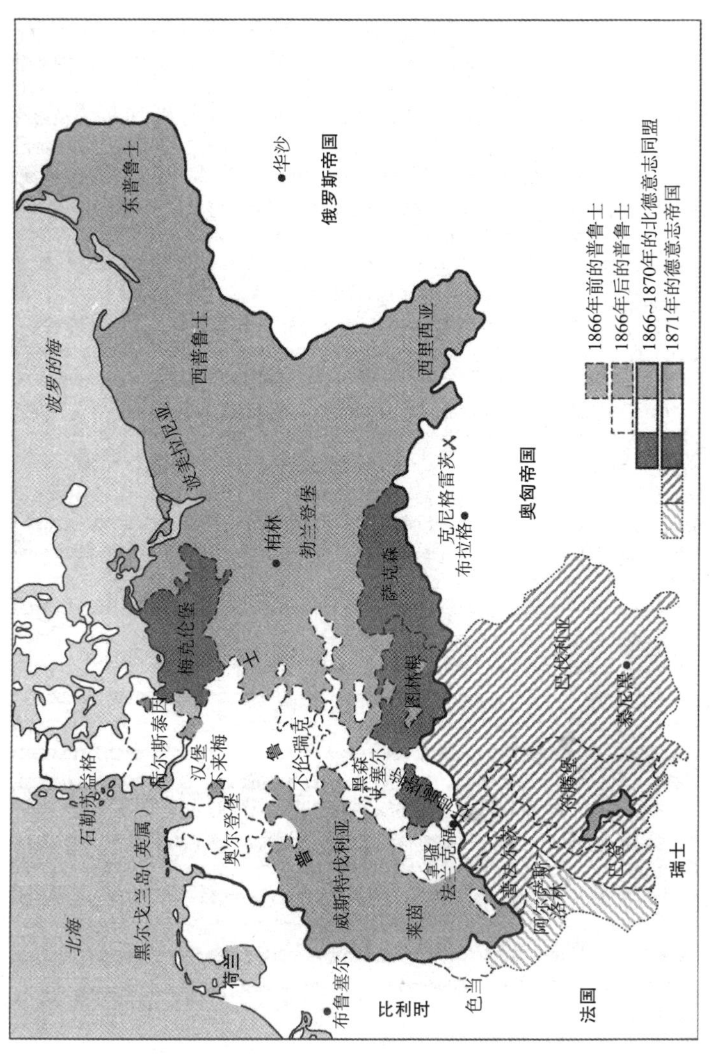


地图 1　1860 年代的德意志

(Stvasburg) 城门前，并要求守城军队归顺自己，“恢复帝国”，驱逐以奥尔良家族的路易－菲利普为国王的“非正统”政权。路易－菲利普于1830年加冕称王，并没收了波拿巴家族在法兰西的全部财产，由此招致波拿巴家族无可化解的仇恨。但在斯特拉斯堡，最终还是军纪占了上风，波拿巴遂遭到逮捕并重归流亡之路。这一次，路易干脆被送往美国。1840年，路易带领五十个人再次冒险尝试了一次“政变”。他们在布伦登陆，搭乘火车前往里尔（Lille)，到达里尔之后，路易便向当年斯特拉斯堡的守军发布檄文。在这份檄文中，路易要求当地军队加入自己的队伍，挺进巴黎，罢黜路易－菲利普并恢复帝国；波拿巴再一次遭到逮捕，这一次他得到的判决是“永久监禁”在哈姆要塞（Ham fortress)。闻听此判决，路易－拿破仑颇富先见地嘲讽说：“在法兰西，没有什么东西是永久的。”[6]

他的预见是正确的；1846年，路易－拿破仑身着蓝色外套，将自己乔装成建筑工人，并化名“石匠”(Badinguet)，溜出了要塞大门，奔向自由。卡尔·马克思似乎永远都不能原谅看守的此次疏忽，并且此后也一直称路易－拿破仑是“小石
6 匠”(Little Badinguet)。一路逃亡下来，路易－拿破仑处处碰壁，似乎是个彻头彻尾的失败者。然而，他仍然是波拿巴家族的“王位觊觎者”，他的大伯于1815年逊位，他仍然是那个帝位的推定继承人，为此，他一直野心勃勃，这野心终于在1848年革命浪潮摇撼法兰西时找到了出口。

1848年的法国革命是一次激进尝试，目标是埋葬君主制并创造一个“社会的和民主的共和国”，但革命最终还是破灭了，因法兰西那根深蒂固的保守主义。尽管城市工人，也就是维克多·雨果《悲惨世界》中刻画的贫困人群，希望建立一个社会

主义性质的国家，但是布尔乔亚阶层和农民阶层则支持资本主义和私有制，因为这些能为布尔乔亚阶层提供并保障高生活标准，农民阶层也可以据此得到尊严和土地所有权。此时的法兰西人口中，农民占据八成；此时的路易-拿破仑则受益于这个革命年份发布的第一轮改革举措，得到了回归法兰西的自由。回归之后，已经对农民状况有所观察和意识的拿破仑即刻自立为农村票仓的候选人，并据此顺利获选进入新的议会，更于1848年6月，支持军队对激进城市的镇压。那段血腥的“六月天”，有3000名叛乱工人遭到屠杀或者受伤，由此便留下一个保守的中产阶级共和国，取代了二月革命一度宣示过的激进共和国。

这个保守的共和国还是保留了一项激进的改革举措，那就是成年男性普选权；路易-拿破仑意识到农村选民群体基本上连共和国总统候选人的名字都认不出来，于是便抓住这个政治空当，亲力亲为，奔走于法兰西乡村选区，以可靠的强人形象出现在农村选民面前，让众多选民都知道他就是他那个名扬四海的大伯的真正继承人；这显然是他在美国学到的选举战术和手段，而他那个大伯则已然令波拿巴这个名字成为秩序、财政保守政策以及民族尊严的同义词。这些语词指涉的模糊意象已然在法兰西乡村世界非常流行并占据了主导位置，1848年12月，路易-拿破仑赢得了74%的选票，这是一场压倒性的胜利。[7]

如此突如其来且出人意料地登上法兰西总统大位，这令路易-拿破仑极为震惊。三十多岁的时候，他尚且什么都不是；四十岁的时候，他却成了总统。作为法兰西的最高行政长官，路易-拿破仑展现出相当高的政治技巧。他以极为谨慎的财政、货币和贸易政策将保守集团吸附过来。为此，更对军队和罗马的天主教势力表示强力支持。就这样，曾经的烧炭党人，曾经热衷于密谋反对教皇的年轻人，如今却成为虔信基督的代理人。1848 年，马志尼和加里波第——两个最为著名的烧炭党人，将教皇庇护九世逐出罗马，并建立了一个罗马共和国，应该说是实现了这位法兰西总统年轻时代的梦想。然而，此时的路易－拿破仑却采取敌对政策，派出法国军队前往镇压烧炭党人建立的共和国，并扶助教宗复位。这位法兰西总统此时的行动并非出于宗教虔诚，这里面当然是有政治盘算的，总统要借此赢得保守派的支持，而且，路易－拿破仑最终也达成所愿。法兰西
7 的所有神职人员都在教堂里或者咖啡馆里称颂他。（显然，法国农民群体中的成年男性更常待在咖啡馆里而非教堂里。）当总统随后将教会在革命热潮中失去的教区学校和大学归还给教会时，天主教势力更加支持总统。[8] 此外，保守派还非常满意路易－拿破仑对总统夫人的选择。这位夫人就是欧仁妮·德·蒙蒂若女伯爵，此女美貌冠绝欧洲，也是宗教情愫极深的西班牙反动人物。倘若是在 16 世纪，这样的女子会更多地待在家中，但 19 世纪显然已经不是这个样子了。

然而，路易－拿破仑并非寻常的 19 世纪保守派人物，他与他们是有区别的，他本质上是波拿巴派，拥有极高的政治灵活度和柔韧度，懂得逢迎各方，无原则的程度令人震惊，这方面的标志性举动就是他对待激进左派的态度和政策。尽管他凭借稳定、保守的经济政策，爱国主义以及所谓的“道德教化”政策而偏向右派，但与此同时，他也凭借进步性质的社会政策向左派伸出橄榄枝。为此，他投巨资修建道路和铁路，还有其他一系列公共工程，借此将法兰西的失业劳动力吸纳干净。的确，

1848 年时，这位法兰西总统凭借着《消灭贫困》这本小册子吸纳了工人票仓的数千张选票，此书是他被囚禁于哈姆要塞期间写就的，书中宣示并承诺的政策正是那种典型的波拿巴主义的“向贫困开战”的政策，路易 - 拿破仑最终也兑现了这一承诺。1851 年后，路易 - 拿破仑的总统任期接近尾声，此时他赢得的民心和支持度已然极为可观。中产阶层和农民集团对他自然是敬慕不已，甚至城市贫困人群也对他的公共工程备感欣慰。可惜的是，第二共和国的宪法是禁止连任的，此等情形之下，很多人担心即将到来的 1852 年选举会引发混乱。

右翼最具声望的候选人是路易·卡芬雅克（Louis Cavaignac）将军。1848 年 6 月，正是卡芬雅克指挥军队屠杀、重伤、逮捕或流放了两万工人。左翼候选人则是路易·勃朗（Louis Blanc），此人是共产主义者。此时的路易 - 拿破仑统治集团便以拯救共和国为名，开始筹划反对共和的图谋，说白了，他们准备发动一场政变。忠于共和体制的将军们被悉数调往阿尔及利亚；忠于路易 - 拿破仑的将领则相应地调回巴黎。不可靠的外省大员以及警务首脑，也纷纷遭到替换。到了 1851 年 12 月，差不多所有事情都准备就绪，巴黎、里昂等大城市都屯驻了大量忠于路易 - 拿破仑的军队。12 月 2 日夜间，路易 - 拿破仑开始发难，选择这个日子并非偶然，这一天正是奥斯特里茨战役四十六周年的纪念日，此举显然是为了唤起法国人对当年荣光的回忆。因为准备得如此周详，这场政变只是遭遇了零星的抵抗，路易 - 拿破仑对此类零星抵抗则大肆渲染，说“这是铁证”，倘若他不实施干预的话，“1852 年就会是内战之年”。[9] 政变之后，路易 - 拿破仑便以“亲王 - 总统”的名号重归权位，并在新发行的硬币和钞票上铸印自己的头像。一年之后，他终于可以顺理成章地解散共和体制，自立为法兰西皇帝，也就是拿破仑三世。

第二帝国与第一帝国有很多相似之处，所谓的第一帝国指
8 的是1804～1814年的那个帝国，第一帝国在1815年时又恢复并延续了大约一百天。两个帝国都源于和平时期的军事政变，都化解了严重的内部政治问题。拿破仑一世的那场政变沉重打击了政治光谱的两个极端：一派是所谓的右翼“白色恐怖分子”，这一集团是已经朽坏不堪的波旁王族的不得人心的支持者；另一派是所谓的左翼“红色恐怖分子”，这一派是罗伯斯庇尔、马拉和圣鞠斯特之辈的“新雅各宾”仰慕者。拿破仑三世在自己的时代也需要解除类似的威胁，一边是来自右翼的“正统派”（波旁王族的铁杆支持者）和奥尔良派（遭到放逐的路易－菲利普党羽集团），虽然路易－拿破仑已经在1850年时对选举权进行限制，但这两派都觉得不够，盼着实施进一步的限制；另一边是左翼的民主社会主义者，这一派的蓝图是彻底扫除“亲王－总统”及其财阀支持者集团，据此创建一个工人国家。浏览一下历史便不难看出，波拿巴派拒斥任何意义上的极端派系。在政治行动上，波拿巴派是自由人，既不受制于右派，也不受制于左派。波拿巴派乃起自科西嘉的一个不起眼的家族，因此可以说是完美的政治“新人”，由此，政治运作的方式和空间选择也相当灵变，波拿巴派的政策路线通常就是获取一切可能的支持。更确切地说，在法国，波拿巴派“居于党政格局之上”，这是因为他们必须这么干，由此也就塑造了他们内在的政治柔韧度以及尽可能迎合各派的政治取向，这一点则往往被认为是缺乏原则。

作为法兰西皇帝，拿破仑三世于1850年代和1860年代主

导并引领了大规模的经济扩张。这一时期的欧洲正从先前经济萧条的漫长阴影中走出来，农产品和工业制造品的消费量日益攀升。此等情形之下，路易－拿破仑顺势而为，放出大招，对关税和其他税赋实施大幅度削减，同时建立新的储蓄银行，据此吸收乡村储蓄，并将之注入法兰西经济体。在他的主导下，法国铁路网扩张了四倍，从 1851 年的 2000 英里跃升到 1870 年的 10600 英里。[10]路易－拿破仑最具影响力且力度最大的动作就是将巴黎的旧有城区悉数拆除，而后依照恢宏的新文艺复兴风格实施重建，此建筑风格遂即成为第二帝国的象征，由此也就令巴黎在审美意义上成为“欧洲之都”。在这项重建工程中，中世纪存续下来的荒地均开发成宽阔美观的林荫大道，大道两边配以雅致的宫廷建筑、办公楼和百货大楼。巴黎以及其他城市和市镇的此番重建工程耗资 50 亿法郎，这个数目相当于今天的 150 亿美元，着实令人震惊。

新都城意味着新气象，这一切都关系到新皇帝对法兰西的宏大构想。这个民族并未曾真正地从 1815 年的失败和折辱中恢复过来。曾经的领地被荷兰人、德意志人和皮埃蒙特人瓜分。法兰西的政治地位就此在欧洲沦落为跟从者，屈居世界最富有的强权大不列颠和欧洲大陆那所谓的“宪兵”（也即俄国和奥地利）之下。1815～1830 年时复辟的波旁王朝和 1830～1848 9
年时的七月王朝也有所行动，试图恢复法兰西的声望和影响，但基本上都以失败告终。波旁王朝斩获了阿尔及尔，但也仅此而已。1830 年，路易－菲利普攻击安特卫普（Antwerp），意图赶走那里的荷兰人，但此行动在英国的干预下止步不前，法兰西只是得到了 1815 年时丢掉的讲法语的边界地带。面对英国的阻力，路易－菲利普显然是退缩了。这一行动的结果是催生了新国家比利时，这实际上是在提醒法兰西，它的权势和地位日渐削弱，昔日的荣光一去不复返了，这也的确是令人无地自容的事情。路易－拿破仑决心要对这样的世事格局发起挑战。1848年，法兰西人民选择路易－拿破仑的原因之一就在于他推出并宣扬的“伟大法兰西”观念（la grande France），为此，法兰西人民更在1851年和1852年凭借两次公决确认了路易－拿破仑的“威权总统制”和帝制，而这所谓的“伟大法兰西”，意思就是，法兰西将重新对欧洲发号施令。

仅凭“拿破仑”这个名字就能达成这个目标，就能找回法兰西的昔日荣光，虽然很多选民都是出于这一点投出了手中的选票，但显然也是在自欺欺人。拿破仑一世之后，法兰西的地位便已经发生了急剧变化。拿破仑一世时，法兰西无论在人口上还是在军力以及前工业时代的经济资源方面，都能轻易地盖过欧洲其他国家，但是，拿破仑三世时的法兰西，格局已然发生反转，法兰西沉降了。此时的法兰西，人口只有3500万，是一个彻头彻尾的中等强国。更麻烦的是法兰西那迟缓的工业化进程，这令法兰西一直都很难从工匠和小店主国度的泥潭中挣扎而出，因为这个庞大群体一直都在小心翼翼地守护着自己的营生之道，拒绝机器和百货商场的侵袭。这令法兰西城镇和村庄的魅力风光得以保存，在这样的一派慵懒风光中，人们到处都能看到挑着凳子四处游走的鞋匠和正在火光中挥洒汗水的铁匠，但这的确阻碍了法兰西的经济发展，令新皇帝手中可以动用的资源少之又少。此等情形之下，这位新皇帝如何找回法兰西的声望和领袖地位呢？在这个问题上，路易－拿破仑也没有闲着，他有他的为政之道，而且也一直都做得不错，甚至可以说是不亦乐乎，他的进取之道便是：手腕和谋划。他并没有直接挑战大不列颠和“宪兵”，而是选择了回环曲折之道，力图削弱这些对头的力量，为此动用了有限度的战争、阴谋以及外交等手段。

在这条道路上，路易－拿破仑也有自己的一套战略。他在流亡和监禁时审视大伯留下的破败的帝国废墟，从中萃取出他所谓的“拿破仑观念”（idées napoléoniennes）。此观念的实质就是：想要恢复法兰西的强国地位和影响力，就必须出现一个新的拿破仑，由这个拿破仑去完成第一个拿破仑开启的工作，即摧毁或者削弱奥地利和俄国这种压迫性的、多民族的帝国，鼓励新的、自由的民族国家体系取而代之，这些民族国家最终将聚拢在法兰西身边。在这样的战略道路上，强健的波兰人的国家、德意志人的国家、捷克人的国家以及意大利人的国家是可以想见的，这些民族国家将从奥地利和俄罗斯的帝国“尸体”之上脱颖而出，它们最终都将出于感恩和仰慕而环绕在法兰西身边。这位新皇帝的终极目标差不多就是一个“欧洲合众国”，巴黎将自然而然且顺理成章地成为这样一个“合众国”的中心和都城。这一战略的确极具胆略，不过，乍一看倒也并非完全没有理据。此战略乃是建基于路易－拿破仑对大伯的锐利剖析，在这位新皇帝看来，当年的大伯虽然解放了这些族群或国家，但后来又转而对之实施奴役，这等于“背叛”了“拿破仑式”的承诺。1805 年的奥斯特里茨战役、1806 年的耶拿战 10
役以及 1807 年的弗里德兰战役之后，拿破仑一世便成为欧洲之主。此后，那本来以“解放”为取向的“拿破仑工程”便遭到放弃。再往后，第一帝国便沦落到腐朽境地，成为战争贩子，最终赚足了欧洲人的仇恨。拿破仑三世遂决心在这方面有所改善，他决心解放欧洲各民族，让他们自由，只要他们接受法兰西的领导。

此等胆略的“拿破仑观念”，前提就存在悖论，此外，横亘在此战略道路之上的首要障碍就是 1815 年的“和会体系”（维也纳体系）。这一体系囊括了五大强权在内，不列颠、俄国、奥地利、普鲁士和法国，此体系的要旨就是维护维也纳和会订立的疆界体系或政府体系。也正是因此，当意大利民族主义者于 1821 年试图推翻皮埃蒙特和两西西里政府的时候，列强遂即展开会商并授权奥地利方面派出军队前往都灵和那不勒斯平叛。当西班牙军队将官在 1822 年囚禁了他们的国王并要求一部宪法时，列强遂即约请法国方面派出十万大军侵入西班牙，恢复了波旁家族的王位并粉碎了这场“自由派阴谋”。和会体系最后的希望出现在 1848～1849 年，当时，俄国、奥地利和普鲁士派出联军镇压自由革命运动，俄国方面更是派出整支军团进入奥地利，将短命的匈牙利共和国付之一炬。无须多言，面对这样一个强大的保守集团，庸常政策肯定都会退避三舍，但路易－拿破仑显然不在其中。路易－拿破仑并非这种一般政客，并且在这方面他也是出了名的，不列颠的帕默斯顿勋爵曾经抱怨过：“他的心里有种种构想，如同野地里到处跑的野兔一样”，路易－拿破仑是不会放过任何可以削弱甚至摧毁这套保守体系之控制力的机会的。

1853 年，第一个机会出现了。这一年，沙皇尼古拉一世向奥斯曼帝国宣战，此宣战行动实在是不明智，激起英、奥的不满，遂针对俄国实施了军事动员，两国肯定是反对俄国控制巴尔干和地中海东部地区之企图的。对路易－拿破仑来说，这可是天赐良机；因为两位“宪兵”分裂了，英国看来也要动手了。于是，奥－法－英盟约即刻达成，并派出联军前往克里米

亚半岛。克里米亚是俄国的东端桥头堡，从这里可以对俄军实
施海上攻击。（需要指出的是，此次行动，伦敦、巴黎和维也纳
方面当然不会希望像 1812 年的拿破仑一样“挺进莫斯科”，那
样的举动实在是太不明智。）克里米亚战争由此拉开序幕，并迁
延三年，没有胜负论定。盟国和俄国之间的政治敌意同战况成
反比，双方围绕塞瓦斯托波尔这一巨大要塞和海上基地展开拉
锯战。1856 年，盟军最终击败俄军，尼古拉一世也颇合时宜地
在这样一个时刻归天了，为一个态度更为灵活的继任者留出了
空间，列强遂即回归战前的疆界格局。对奥地利和英国来说，
这样的结果当然是令人满意的。对法国来说，这样的结果堪称
神迹。战争严重消耗了俄国，令俄国不得不将阿拉斯加卖给美 11
国来抵偿战争成本，同时也给予“和会体系”致命的一击。和
谈在巴黎进行，最后签订和约时，沙皇亚历山大二世愤怒地将
自己一直保存的奥地利表兄弗兰茨·约瑟夫的小雕像转了个儿，
让雕像的脸朝向墙壁。很显然，俄国已经成了路易－拿破仑眼
中的靠谱筹码，因为在未来的危机中，基本上不用指望俄国会
派出军队襄助奥地利皇帝了。

此时，一批欧洲庸人开始将路易－拿破仑称为“塞纳河畔的斯芬克斯”，很快，这个“斯芬克斯”又开始酝酿另一场危机了。俄国已经搞定，“和会体系”也摇摇欲坠，路易－拿破仑遂将眼睛盯向奥地利。此时的奥地利帝国是欧洲的第二大国，紧随俄国之后。拿破仑若要创立以巴黎为核心的“欧洲合众国”，奥地利毫无疑问成了最大的障碍。奥地利帝国是一个多民族的帝国，地跨整个中东欧，哈布斯堡的权杖主宰了十二个民族：奥地利人、德意志人、意大利人、捷克人、斯洛伐克人、匈牙利人、斯洛文尼亚人、克罗地亚人、塞尔维亚人、罗马尼

亚人、波兰人和乌克兰人。对这样一个多元且杂合的帝国，拿破仑三世跟大伯一样，看得也是朦朦胧胧，他的大伯曾有两次差点摧毁这个帝国，分别是1805 年时的奥斯特里茨战役和1809年时的瓦格拉姆战役。不过，这两次战役，拿破仑一世都在即将摧垮这个帝国的时候，停止了前进的脚步，虽然从这个帝国身上割了几块地，却保留了帝国的心脏地带，不曾有过触动。而今，拿破仑三世既然对奥地利帝国治下的各个民族有了明确规划，那么接下来的工作就是了结大伯未完成的工作。

第一次机会很快就在 1858 年降临了。这一年，皮埃蒙特首相卡米洛·加富尔伯爵请求法国在意大利统一的道路上提供军事援助。意大利的统一大业实际上自 1815 年之后便断断续续地展开了。加富尔和路易－拿破仑找到一次机会，在普隆比耶（Plombières）浴场秘密会面。此次会面之时，加富尔向法国提出了军事援助请求，这等于给法兰西皇帝提供了一个绝佳机会——对奥地利实施打击，同时又不会招致侵略他国的骂名。此次会面，双方议定由加富尔设计挑动奥地利向皮埃蒙特宣战，这样的话，法国就可以打着“保卫”皮埃蒙特的旗号实施军事介入。然而，恰在这个时候，路易－拿破仑又生出几分犹疑；法国天主教集团也希望他保卫教皇的世俗影响力，但诸如加富尔和加里波第这样的意大利民族主义者则铁了心要将罗马和教皇国纳入意大利统一的轨道。最终，路易还是采用惯常的两面手法化解了此两难困境。他派出一支三十万人的军队协同加富尔对奥作战，同时，私下里向教皇庇护九世承诺，法国绝不会允许皮埃蒙特兼并罗马。

1859 年 6 月的马真塔战役和索尔费里诺战役，法国和皮埃蒙特联军均取得胜利，法国遂向奥地利提出条件，要求奥地利将帝国最为富庶的意大利省区伦巴第让渡给法国，路易－拿破仑转而将伦巴第交付皮埃蒙特，以此换取尼斯（Nice）和萨伏依（Savoy），皮埃蒙特的这两块领地法国可是觊觎很久了。1859 年的法奥战争看来是要在欧洲开启新的法兰西秩序，这场战争不仅令拿破仑三世扩张了法国的领地，更改善了边界状况；在同加富尔的谈判中，路易－拿破仑坚决要求皮埃蒙特的扩张不得越过伦巴第地区，并且最终以威 12
尼西亚为界，这是米兰和威尼斯之间的一片冲积平原。为了维持法国在意大利的主导权和控制权，并确保皮埃蒙特顺服法国，拿破仑三世遂计划将意大利其他地区拆解成一系列卫星国，由法国在背后主导。如此一来，教皇就可以继续保有罗马和拉齐奥（Lazio），继续为波拿巴家族祝圣。在这样一盘棋局中，托斯卡纳、摩德纳和帕尔马将会组成中意大利王国，拿破仑三世计划将这个王国交给自己的表兄弟热罗姆（Jerôme）（热罗姆此前已经娶皮埃蒙特国王的女儿为妻），至于那不勒斯和意大利南方，也就是先前的两西西里王国，按照这位法兰西皇帝的计划则要单立出来并交付吕西安·缪拉，此人是若阿基姆·缪拉的后人，若阿基姆·缪拉是拿破仑一世的爱将，第一帝国时期曾是南意大利的统治者。1860 ~ 1861 年，加里波第率领志愿军侵入了这一地区。

1860 年代这番典型的波拿巴式的意大利规划，极为突出地表明路易－拿破仑的“拿破仑观念”是何等虚浮。拿破仑三世的援助如同拿破仑一世的援助一样，代价相当高昂。为了避免这样的代价，加富尔在索尔费里诺战役之后便即刻采取行动，尽可能地多占据地盘。1860 年，皮埃蒙特的军队便已经占领了伦巴第、威尼西亚、托斯卡纳、摩德纳、帕尔马、罗马涅、那不勒斯和西西里岛。第二年，皮埃蒙特国王维克多·伊曼努尔更是自立为“意大利国王”。一个新的强国就这么诞生了。这个新生的国家将罗马之外的整个意大利统一起来，此时的罗马则仍然保留一支法兰西守军，这样的情形实在是讽刺。皮埃蒙特的此番兼并行动以及这些行动在除了南方之外的整个意大利激发的普遍热情，令拿破仑三世裹足不前，不敢实施干预。1859 年时，拿破仑三世为了向法兰西公众推销这场战争，承诺说他要“解放”意大利，令意大利从奥地利囚笼中解脱出来。为此，这位法兰西皇帝还告诉公众，这是法兰西文明的赠礼。那么，在现在这样的情况下，我们这位皇帝又有何理由同皮埃蒙特开战，来阻止都灵“解放”意大利其他地方呢？于是，这位法兰西皇帝便只能随行就市，顺势而为了。他资助并鼓励整个法兰西的游行、庆祝和宣传活动，以此庆祝意大利统一，并以马后炮的方式将意大利的统一鼓吹成法国的成就。与此同时，路易－拿破仑也开始寻找别的棋子，希望这颗棋子比加富尔更能靠得住一些，能更为真诚地加入他策划的这场法兰西导向的欧洲重建工程。1862 年，他便已经相当确定自己找到了心仪之人，此人就是刚刚走马上任的普鲁士首相奥托·冯·俾斯麦伯爵。

俾斯麦于 1815 年的愚人节那天生于普鲁士一个中等贵族家族，头脑精明，在创造力、胆识以及灵活性方面都极像加富尔。他对外交和政治都秉持一种现实观点，用他自己的话来说就是，“机会稍纵即逝，关键是找到……最合适的手段，这是一种能力”。[11]用专业术语来说，这也就是所谓的“现实政治”（Realpolitik）；这方面的典型例子就是 1850 年代俾斯麦担任普鲁士驻巴黎大使的时候，做出了一个备受争议的决

定，同法国结盟，至少看起来他是要这么干的。此时的德意志人看待法国都是满心憎恶，那都是当年的拿破仑战争留下 13
的历史阴影。在那段时光中，波拿巴肆意征服并劫掠德意志大地，以此来支撑自己的战争和扩张。尽管如此，俾斯麦却在拿破仑三世身上看到了机会。1855 年和 1857 年，俾斯麦曾两次同路易－拿破仑会面，这两次会面令俾斯麦内心有了定见：拿破仑三世不过是个浮夸有余的政治票友，绝对不像他的大伯那样可以形成致命威胁。此外，俾斯麦也本能地认识到，路易－拿破仑力推的“民族原则”以及这位法兰西皇帝对俄国和奥地利的敌意（路易－拿破仑将俄国和奥地利称为“诸民族的囚笼”），这样的政策路线是普鲁士能够加以利用的。此前的加富尔假装充当路易－拿破仑在意大利的棋子，并据此利用了这位法兰西皇帝。既然如此，俾斯麦也开始计划着在德意志玩一场同样性质的游戏。1862 年 6 月，俾斯麦在杜伊勒里宫同拿破仑三世共进午餐，席间，俾斯麦颇为耐心地倾听了皇帝的申述。皇帝认为，普鲁士若要解决自身的内部问题，最好的政策便是“德意志民族政策”，并且这一政策应当是由法国背书并加以引领的。此申述如同 1858 年时皇帝向加富尔提起的政策论证几乎是一模一样的。当然，“边界修订”问题皇帝并未明言，但这不难意会。很显然，萨尔州和普法尔茨就是德意志的“尼斯”和“萨伏依”；法国若兼并了这两块领地，就可以将边境线推进到莱茵河，如此一来，普鲁士日后将很容易遭受法国的入侵。[12]

俾斯麦的政治才能在 1860 年代的危机时期可以说展现得最为充分。奥地利和法国轮流向他施压，前者要求普鲁士接受奥地利的领导权，后者要求普鲁士同奥地利决裂，并据此重组一个同巴黎结盟的德意志邦国体系，俾斯麦则极为娴熟、灵巧地游走在两强之间。1864 年时，俾斯麦策动了同丹麦王朝的战争，这场战争改善了普鲁士的边界问题，同时也获取了石勒苏益格（Schleswig），并极为精明地借助奥地利同盟来压制拿破仑三世，拿破仑三世当然是希望丹麦人而非普鲁士人据有石勒苏益格的。1865 年 10 月，俾斯麦同拿破仑三世在比亚里茨（Biarritz）秘密会面，谋划对奥地利的战争。此次会面要比 1858 年的那场普隆比耶会面更为务虚，不过，俾斯麦还是留下了这样的定见：这位法兰西皇帝是会赞同奥普战争的，而且也不会抵制普鲁士随后在北德意志的扩张。此时的拿破仑三世似乎真的相信，普鲁士较之其他德意志邦国，更为真诚地体现了“德意志民族主义、改革和进步”，这实际上是他的一个智囊在 1860 年给出的判断。[13] 此外，从 1865 年的情形来看，路易 - 拿破仑应当是赞同一切有助于打破丹麦战争形成的奥 - 普谅解和协作体系之事情的；不管怎么说，两个德意志强权的同盟体系令法兰西遭遇“闭锁”，更令德意志和其他地方的疆界问题固
14 化起来，这位法兰西皇帝当然是要改变这一点的。[14] 当然，对待俾斯麦，如同对待加富尔一样，拿破仑三世的襄助也是有偿的，以此作为对法兰西“善意”的回报。在比亚里茨，皇帝提到比利时、萨尔州和普法尔茨，不过以俾斯麦的精明，当然不会事先给出承诺。

在保证了后方安全之后，俾斯麦便于 1866 年策动了对奥战争。为此，俾斯麦要求奥地利方面同意对德意志邦联实施重大改革，此番改革的效果是将北德意志的控制权交给普鲁士。奥地利方面当然表示拒绝，俾斯麦遂威胁取消邦联的“王侯议会”（diertsf prince），并以民选的“民族议会”（national partiament）取而代之。若如此，则等于以民众意志为基础来创立德意志统一格局。俾斯麦当然还是那个俾斯麦，他对普鲁士及其威权体制的热爱是深切的、发自内心的，这样一个保守主义者当然无意召集民族议会。俾斯麦的这一提议只是虚张声势，用来恫吓奥地利罢了，而且俾斯麦在提起此威慑之时，措辞是精心谋划的，目的是激怒维也纳，同时赢得巴黎的友谊。此外，俾斯麦还连带要求奥地利将荷尔斯泰因（Holsfein）出让或出售给普鲁士，那是维也纳在对丹麦战争中的战利品，由此便令这一“民族议会”计划成为俾斯麦全部政治生涯中最大的一场赌博。尽管自1862年之后，俾斯麦便成为王座的首辅，但实际上，普鲁士内部各方仍然不信任他。此时的情形，仅仅是提一下“民族议会”这个名字，便会激发容克集团的极大警惕和憎恶，容克集团更将对奥战争的念头视为异端大罪，在这个集团眼中，奥地利可是普鲁士的老朋友。普鲁士的自由派同样憎恨俾斯麦；其中的情由是十分清楚的。俾斯麦在普鲁士邦议会（Landtag）第一次发表演讲时，就明确提出，德意志的统一不会依靠“多数票和议会决议”获得，而是要靠“铁和血”，这一态度毫无疑问得罪了普鲁士自由派。1860年代初期，俾斯麦为了普鲁士的大幅度军事扩张而向邦议会申请预算，但遭到邦议会自由派势力的否决，俾斯麦遂绕过邦议会，直接挪用税款和国家资产来筹措资金，此举在自由派眼中，无疑是罪上加罪。

在普鲁士，除了国王，没有人喜欢俾斯麦。此等情形之下，俾斯麦便只能将自己的政治生涯全部赌在这场奥普战争上面。倘若他击败奥地利并将北德意志纳入普鲁士，从地缘上将王国的两个部分联结起来，就能够慑服批评者们。俾斯麦很清楚，普鲁士自由派当然想罢免自己，但普鲁士自由派更想要的是一个以柏林为核心的统一的德意志；他无论如何都是能够满足普鲁士自由派一个愿望的。至于容克集团，他们想要的只是一项保证：德意志的统一不能以牺牲封建权力和特权为代价达成。俾斯麦只需要将普鲁士的威权体制嫁接给统一之后的德意志，就足以安抚容克集团。如此一来，他就可以告诉容克集团，这个统一的德意志实际上就是一个扩大版的普鲁士而已。眼前的棋局既然已经很清晰了，俾斯麦便于1866年采取行动。这一年的3月，他同意大利方面订立密约，接着便于6月挑起了这场奥普战争。

战前，军事专家们纷纷预测奥地利将会取胜，但普鲁士军队却策动了如潮攻势。大军集结为三个军团，25万大军毫无阻碍地穿越萨克森和西里西亚，进抵哈布斯堡帝国相当富庶的波希米亚（Bohemia）地区，在那里击溃了前来迎战的路德维希·冯·贝内德克（Ludwig von Benedek）统领的26万奥地利北方军团。在6月27日的特鲁特诺夫和维索科夫战役中，普鲁士的
15 第二军团连克奥军，并穿越了苏台德山区，以强大的步兵集团攻势，杀伤奥军10700人之多。第二天的斯卡利采战役，普鲁士军队突入山区之外的平坦地带，再次对奥军造成6000多人的杀伤（普军方面的伤亡只有1300人，仍然是五比一的比例）。6月28～29日的蒙申格拉茨战役和伊钦战役，普鲁士的第一和易北河军团从另一端突入波希米亚，击溃了前来迎战的萨克森军团和奥地利第一军，而后一路追击，一直追到易北河的克尼格雷茨（Königgrätz），也就是在这里，贝内德克统领的24万大军疲于应战，落入绝境，这支奥地利-萨克森联军是先前一系列溃败之后，残留下来的兵力。此时的贝内德克遭遇两面夹击，

一边是波希米亚的普鲁士大军，另一边是威尼西亚的20万意大利军队，此时的意大利志在借此一战彻底完成民族统一；重压之下，奥地利军队最终失去了抵抗力。1866年6月的最后一个星期，拿破仑三世才醒悟过来，才意识到普鲁士的威胁。然而，这位法兰西皇帝是不是醒悟得太迟了？

# 第一章　普法战争的缘起

16 1866年的普奥战争，普鲁士军队初现战场便呈现出横扫态势。7月3日，拿破仑三世派出使节赶往普军司令部，敦促普鲁士方面在这场战事中保持克制。即便如此，普军统帅赫尔穆特·冯·毛奇仍然派出25万大军，在克尼格雷茨一战以摧枯拉朽之势将奥军击碎。这场战事不过维持了三个星期的时间，毛奇便已经挥师侵入奥地利帝国的波希米亚省区，包围了布拉格，更将哈布斯堡帝国的军队围困在克尼格雷茨要塞和萨多瓦小村庄之间的那处易北河河湾地带，犹入困兽之境。在这里，毛奇差不多歼灭了奥地利军队，奥军伤亡、被俘共计44000人，剩下的196000人则都落荒而逃，成了散兵游勇。

克尼格雷茨的确是历史上的一个转折点。此时的普鲁士宰相，奥托·冯·俾斯麦伯爵，已经是五十一岁的政治老人了，他悄悄来到毛奇身边，跟毛奇一起观看眼前的战事。当维也纳方面彻底意识到败局已定的时候，俾斯麦便向奥地利方面提出了和平条件。作为停战条件，奥地利皇帝弗朗茨·约瑟夫（Franz Joseph Ⅰ）交出了哈布斯堡王朝对德意志的控制权力，自16世纪开始，哈布斯堡王族便一直掌控着这一控制权力，先是借由神圣罗马帝国，而后是借由德意志邦联；如今，普鲁士人可以在德意志自由伸展手脚了。俾斯麦马上便开始运用到手的这项德意志控制权力。克尼格雷茨战役之后没过几个星期，俾斯麦便解散了1815年时确立的那个由39个邦国组成的

德意志邦联，将旧邦联的大部分北德意志成员予以兼并，主要
是石勒苏益格、荷尔斯泰因、汉诺威、黑森卡塞尔（Hessia-
lcassel）、拿骚（Nassau）以及美因河畔的法兰克福。至于其余
的北德意志邦国，诸如萨克森、黑森－达姆施塔特（Parmstadt）、
梅克伦堡（Meckknbwg）、图林根公国（the Thuringian duchies），
以及昔日里诸如汉堡、吕贝克（Lübeck）以及不来梅（Bremen）
等帝国自由市，俾斯麦则另行组建北德意志邦联，将它们融合
进来，柏林自然是操控着这个邦联的外交和军事大权，同时也
操控了主要的内务大权，这样一个北德意志邦联，本质上已经
成为普鲁士的领地。克尼格雷茨战役及其影响，可谓实实在在
的明证，重大战役是可以左右历史走向的。就是凭借这一战， 17
普鲁士从欧洲列强的末流地位（就在克尼格雷茨战役的六年前，
英国《泰晤士报》还嘲讽普鲁士，说“普鲁士单凭一己之力没
有办法据守莱茵河或者维斯瓦河一个月的时间”），一下子跃升
到列强梯次的顶端，令普鲁士斩获了700万的人口和1300平方
英里的领土。普鲁士早就厌倦了同奥地利共享德意志，厌倦了
“耕种同一块有争议的土地”，如今，俾斯麦终于将大部分德意
志土地控制在手，并且也已完全有能力经略剩下的德意志土
地了。[1]

此时的法国已然目瞪口呆。差不多是在一夜之间，昔日里那个小小的、可以随意拿捏的邻居，摇身一变成了工业和军事巨人。“德意志”，昔日思想家、艺术家和诗人的梦幻之地和浪漫的畸形儿，如同巴尔扎克笔下的施穆克一样，如今却是真的要统一了，并且是统一在一个粗犷且铁腕的军事体制之下。克尼格雷茨战役的结果令拿破仑三世的内阁极度震动，阁僚们遂提请这位法兰西皇帝即刻采取反制措施。“威势都是比较而言

的，”皇帝的心腹提出这样的警告，“倘若能集结一批新的力量，将它围困起来，仅此一点就足以削弱它的影响力。”[2]时任法国总理的欧仁·鲁埃（Eugene Rouher）说得更直白，“击垮普鲁士，夺取莱茵河”，就是他给皇帝的建言。鲁埃此处所谓的“莱茵河”，是指普鲁士西部的一系列城市，诸如科隆、杜塞尔多夫、埃森周边的维斯特法利亚鲁尔区、多特蒙德（Dortmund）以及波鸿（Bochum）等。[3]这些城市可都是普鲁士工业力量的生命源泉。没有这些城市的拱卫，柏林是不可能以此等影响力示人的。在此情形之下，平日里法兰西帝国立法团里那些憎恶军事征略的人，也都加入了战争叫嚣。德意志境内的战事刚一尘埃落定，素来秉持克制态度的梯也尔也即刻宣示说：“须即刻向普鲁士宣战，这是拯救法兰西的唯一道路。”[4]然而，拿破仑三世非但没有宣战，反而在戏弄俾斯麦。克尼格雷茨战役结束一个月之后，普鲁士军方仍然在想方设法地对奥地利实施安抚，这位法兰西皇帝于是向普鲁士方面提出要求，希望普鲁士支持“1814年边界”。所谓“1814年边界”，就是革命战争期间法国吞并的莱茵河左岸的那片德意志领土，这片领土在滑铁卢之后归还给德意志各邦国。卡尔斯鲁厄（Karlsruhe）、曼海姆（Mannheim）、科布伦茨（Koblenz）以及卢森堡乃是这片方形领土的四个角。此时的俾斯麦，即便是对法国方面的这一要求有任何的思量，都必然会失去数百万德意志民众的支持，遂拒绝了此要求，尽管这么做很可能会将普鲁士推入同奥地利和法兰西两线作战的境地。不过，俾斯麦也的确幸运，拿破仑三世并没有强行推进这一要求。[5]萨多瓦战役闪电般地结束了，这便将法兰西皇帝置于完全没有准备的境地。本来，拿破仑三世预期普奥两支大军会在萨多瓦僵持下去，并且从夏天一直僵持到

冬天，甚至一直僵持到 1867 年。因此，这位法兰西皇帝便没有 18
为 1866 年的战事做任何预备。此时的法兰西作战部队仍然散布在世界各地，阿尔及利亚方面有 63000 人、墨西哥方面有 28000 人，此外，罗马和印度支那还分别驻扎了 8000 人和 2000 人。法兰西境内的步兵被削弱了大半，克尼格雷茨战役之后，路易－拿破仑手中可用的兵力顶多也就是 10 万人。[6] 此时的普鲁士军队，已然是得胜之师，士气高昂，兵力更是三倍于法兰西。

路易－拿破仑于 1866 年遭遇的挫折相当严重。克尼格雷茨战役之后，其挫败感随着时间如同一块墨迹那样扩散开来。克尼格雷茨战役之前，他在欧塞尔的一次演说中意气昂扬地表示，他将利用这场普奥战争来扩张法兰西，迫使德意志的两大强权让步。[7] 然而，这一战，令路易－拿破仑的一切算盘都落空了，不但一无所获，更招致法兰西民众的严厉目光。当然，路易－拿破仑还是竭尽所能，从俾斯麦那里得到空口保证，保证萨克森、巴伐利亚、符腾堡、巴登以及黑森－达姆施塔特的独立，但这其实只是一场微不足道的胜利，根本不足以安抚法兰西公众，此时的法兰西公众要的是领土，当然也根本不足以安抚一心想要报复的法兰西军方。为了抚平国内这些强大集团，拿破仑三世遂于 1867 年尝试获取德意志的边防城市卢森堡；若此举能成，也算多多少少给了这位法兰西皇帝面子，并且普鲁士方面似乎也应当以此来回报 1866 年法兰西的“善意”。然而，即便是这样的补偿，俾斯麦也拒绝了。并且俾斯麦还对此事进行干涉，将英国也卷进来。英国担心法国人一旦进入卢森堡，必然会进一步地对比利时有所图谋。最终，俾斯麦只是同意将卢森堡公国从荷兰分离出来，将之中立化。[8] 拿破仑遂提出购买卢森堡，此要求也遭到拒绝。羞辱到此还没有结束。路易－拿破仑的激烈批评者之一梯也尔选择在这样一个时候在立法团发难：“猎人若是一无所获，只带着空袋子回家，他会觉得丢人。于是，猎人去屠户那里，花钱买了一只兔子塞进空袋子里面，还刻意让兔子耳朵露在外面。这就是卢森堡！”[9]

某种程度上为了转移公众对此等窘况的注意力，拿破仑三世申请举办了 1867 年的世界博览会，这是工业列强展示各自产品的场合，对法国来说，则是一次闪耀世界的机会。可惜，博览会的法语名称却有着“展露”（Exposition）的意思，这就为这位已经五十九岁皇帝的诋毁者们提供了更具喜感的素材，可以进一步对皇帝实施嘲讽：“在这样的展露大会上，谁配得上最大的奖牌呢？”当时盛行的一句玩笑话就是这么问询的，回答
19 是：“当然是拿破仑，因为他‘暴露’了法兰西。”[10] 1860 年代晚期，法兰西因为普鲁士统一了德意志，而“暴露”在深重威胁之下，此等威胁怎么估计都不为过。1820 年，普鲁士人口尚且只有法国的三分之一，1860 年，普鲁士人口仍然不及法国的一半。普奥战争以及由此催生的一系列吞并和兼并，则令双方的人口规模基本上平起平坐了。此时的北德意志邦联人口规模为 3000 万，法国人口则为 3800 万。此等情形之下，鉴于普鲁士实施了普遍征兵制，普方的兵力规模超过法国的三分之一。1866 年的吞并和合并行动，令普鲁士军队从原来的 70 个步兵团提升到 105 个步兵团，军团数量更是从原来的 10 个扩充到 17 个。诸多德意志小邦国的军事建制更是整体性地融入普鲁士军队中。比如说，黑森－达姆施塔特的三个步兵团摇身一变，成为普鲁士的第 81、82 和 83 步兵团。汉诺威则提供了 4 个步兵团，萨克森更是提供了 9 个。截止到 1867 年，大部分的新增兵力都已完整地融入普鲁士的统一军事建制中，制服、训练、装

备，乃至将官，都已经进入统一规制的轨道。此时的巴登，尽管从形式上讲仍然维持独立地位，但也起用两位普鲁士将领分别作为战争部长和总参谋长，同时又任命一名普鲁士将领作为师长。[11]这一时期，德意志工业飞速发展，这就令法兰西的形势雪上加霜。1867 年，普鲁士和萨克森的煤炭产量已经是法国的煤炭产量的三倍。德意志的铁路建设速度轻轻松松地追上了法国，尽管法国在铁路工程方面出了大力，且到 1866 年，法国的铁路里程已经达到 10000 英里。[12]这些信息都十分令人警觉，法兰西很可能要彻底落在后面了。

此等威胁，令路易-拿破仑在克尼格雷茨战役之后的几个月里辗转反侧，如鲠在喉。既然已经无力阻止俾斯麦横扫北德意志，他便只能寄望于普鲁士不会经略德意志的南方，诸如巴伐利亚、符腾堡以及巴登等地。这几个邦国拥有 800 万德意志人口、20 万训练有素的军队以及丰厚的资源储备；此外，普鲁士若是斩获这些邦国，则更预示在法兰西边界地带获得了一个强有力的侧翼位置。[13]这样的情形是完全不能想象的，法兰西皇后也曾于克尼格雷茨战役之后，向普鲁士驻巴黎武官明言："你们行动神速，干劲十足，与你们这样的国家做邻居，我们的境遇将是十分危险的，说不定哪一天你们突然就会进驻巴黎了。我入睡的时候兴许还是个法国人，一觉醒来便发现自己已经成为普鲁士人了。"[14]的确，倘若以普鲁士的莱茵兰地区以及德意志南方为基地，普鲁士人就能够从阿尔萨斯-洛林到卢森堡一线对法
国实施闪电入侵，这的确是一个相当宽阔的正面。1866 年，普 20
鲁士军队正是借助这样一个宽阔且呈同心圆形态的战线，合围并击溃了奥地利军队。此时，地理仍然限制了普鲁士对法战争的战术选择，但是倘若普鲁士兼并了巴登、巴伐利亚的普法尔

茨以及符腾堡，这样的限制也就不复存在了。路易－拿破仑就是因为这样的战略考量，才在 1868 年警告英国外交大臣："倘若俾斯麦不尊重欧洲现状，我便无法保证欧洲和平。倘若俾斯麦将南德诸邦也纳入北德意志邦联，我们的枪炮会自己说话。"[15]

此时，法兰西的局势用一触即发形容非常贴切，到了 1860 年代晚期，皇帝的手指显然已经紧紧地扣在扳机上面。路易－拿破仑的处境很明显麻烦不断，1851 年，他是以民选总统的身份执掌法兰西大权的，而后，他却推翻了共和体制并自立为皇帝。一开始，路易－拿破仑的政变受到欢迎。这位波拿巴总统颇为精明地利用了大伯的威名和遗产："拿破仑这个名字本身就是一个纲领，这一纲领就是：秩序、宗教、民众福利和民族尊严。"路易－拿破仑也是相当勤勉地推行此纲领。为此，他对社会主义实施遏制，弥合同天主教势力的裂隙，借由自由化的经济政策创造工作机会，并在 1854～1856 年间的克里米亚战争和 1859 年的法奥战争中修补民族尊严。克里米亚战争清除了俄国在巴尔干地区的影响力，法奥战争更是将意大利北方从奥地利的钳制中解放出来。不过对路易－拿破仑来说可谓生不逢时，1851 年他以"秩序"和"民众福利"为名策动政变时，1848 年革命的血腥记忆尚且在人们的记忆中保持鲜活，但到了 1860 年代后期，这段记忆便已经淡化了，成了明日黄花。此时的法兰西公众只知道和平和繁荣，此等情形之下，尽管占据七成人口的农民敬仰并拥护皇帝，但应该说，他们的这种态度也只不过是因为波拿巴对农村的丰厚贴补政策。同时，为了维系农村的支持，我们这位法兰西皇帝还推行了同法国的工业化邻国的农产品自由贸易政策，由此推高农产品价格；至于农民的这种拥护态度究竟还有没有更深的基础，则是很难说的事情。真正的政治角逐在法兰西媒体、城市以及立法实体展开，在这些战场上，路易－拿破仑的“威权制帝国”则是遭人仇恨的。这一政治态势的最有利证明就是法兰西中产阶级对帝国的忠诚日益削弱，别忘了，早年间，这个阶层对 1852 年的复辟是秉持热烈欢迎态度的，认为这个复辟的帝国将是对抗“红色革命”的堡垒。不过，那已经是 1852 年的陈年旧事，那时候距离政变刚刚过去一年。到了 1860 年代，法兰西布尔乔亚阶层对共和派、奥尔良派（也就是 1848 年遭到罢黜的那个有着更为纯良血统的王朝）以及波拿巴派已经是无所谓了，他们可以是共和派，可以是奥尔良派，也可以是波拿巴派；对这个时候的布尔乔亚阶层来说，路易－拿破仑不过就是那个“12 月 2 号的人”（这一天是 1851 年政变发生的日子），是那个将第二共和扼杀在萌芽中的人，并且正是这个人将共和制最坚定的倡导者和支持者流放到阿尔及利亚和恶魔岛（Devil's Island）。[16]

政治可谓风雨飘摇，在这样的背景下，便一点也不难理解 21
为何萨多瓦战役以及拿破仑三世在迫使普鲁士做出切实让步方面遭遇的败绩，会在巴黎引发此等震荡。实际上，截止到 1866 年，第二帝国能否维系民心，差不多已经要完全依赖外交和军事领域的胜绩，确切地说，已经完全取决于“民族尊严”的问题。普鲁士在克尼格雷茨的胜利以及随后的吞并和兼并行动于法国而言便是一种羞辱，毕竟，在此之前的很长一段时间里，法国都是能够操控德意志事务的。比如说，1648 年，黎塞留同神圣罗马帝国划定了边界；1690 年代，路易十四兼并了德意志西部的阿尔萨斯和其他领地；1806 年，拿破仑一世更是对神圣罗马帝国实施彻底清算，并据此创立了一个由法国主导的“莱茵邦联”。路易－拿破仑本人素来将俾斯麦视为可以随意拿捏的跟班，天真地认为这样一个俾斯麦终究是要将普鲁士纳入一个由法国操持的“欧洲合众国”体系的。有鉴于此，此番羞辱更令法兰西方面难以承受。实际上，1850 年后期俾斯麦担任普鲁士驻法大使的时候，路易－拿破仑就是这么看待俾斯麦的。1862 年俾斯麦成为普鲁士外相的时候，这个看法依然没有改变。[17]

俾斯麦自然十分狡猾，在一段时间里，他乖乖地扮演路易－拿破仑之学徒的角色，假意接受了法国提出的条件，以德意志的一些领地换取普鲁士加入反英同盟。不过，俾斯麦这么做，真正的意图则是为了绑住法国的手脚，令其在即将到来的普奥冲突中作壁上观。[18] 1866 年，普鲁士刚一击败奥地利，俾斯麦便即刻逆转了原来的政策路线，将路易－拿破仑的请求搁置一边，甚至还力图挑动这位法兰西皇帝向普鲁士宣战。很明显，在俾斯麦的这盘棋局中，若是自行克服德意志新教北方和天主教南方分化开来的政治和文化屏障，需要数年乃至数十年光阴。此等情形之下，若是法国实施一场入侵，一场“拿破仑的入侵”，那么顷刻之间就能将这一切障碍击得粉碎。当年的拿破仑一世对德意志大肆劫掠和剥夺，更强迫 25 万德意志人进入法国的军役体系，由此令德意志的恐法情绪和仇法情绪自拿破仑战争之后便一直徘徊难去，路易－拿破仑若在这样一个时刻对普鲁士宣战，必然会即刻催动北德意志邦联进入行动层面。如此一来，南德诸邦国的兵力也都尽在俾斯麦掌握之中。

“危机正是普鲁士成长的土壤”，这也正是俾斯麦的一句格训。[19] 这话的意思并不难琢磨，此时的普鲁士需要欧洲时不时地震荡一下，这样的话，就可以令列强对德意志之统一带来的威胁不是那么敏感，同时也可以令列强对普鲁士在边界地带采取的行动不那么关注。1866 年，普奥双方对阵时看起来势均力敌，列强也就懒得介入自找麻烦，任由普鲁士孤立奥地利，而后将奥地利击溃并踩在脚下，最终将德意志邦联瓦解。普法战争当然也会有这样的盘算。此时的法兰西看起来是那么强大，而且还那么愚蠢地在克尼格雷茨战役之后毫不掩饰且大肆宣扬其对比利时、卢森堡以及莱茵兰的欲念。1866 年之后的几年毫 22
无疑问是一段关键期，恰恰就是在这期间，领土野心令法兰西在欧洲列强眼中毫无疑问要比普鲁士更加危险。这一点，俾斯麦当然看得很透，克尼格雷茨战役之后，他也是悉心挑动法兰西的领土欲望，以此提升拿破仑三世在列强心目中的威胁度。这一招的确很聪明；如此一来，列强也就不会在未来的普法战争中促成一场法兰西的胜利，而是会再次作壁上观，并由此“为普鲁士的成长创造好气候”。至于德意志诸小邦，俾斯麦打赌，倘若在这样一场“爱国战争”中，这些小邦同柏林结盟，那么它们回归独立地位的可能性也就不大了。这样一个赌局，俾斯麦是拥有安全筹码的；实际上，1866 年普鲁士辖下的大部分邦国都自愿放弃独立地位，德意志民族主义的情感力量就是这么强劲。

因此，若要追究普法战争之缘起，则可以说，一方面在于拿破仑三世想要教训普鲁士一顿，另一方面俾斯麦也想挑起一场同法兰西的战争，以此给德意志的统一进程画上一个句号；双方的欲念在这个节点上恰好暗合。这场战争是在 1870 年爆发的，不过，也完全可以在 1867 年、1868 年或者 1869 年到来，因为普法双方在这些年间已经走到战争的边缘，只是迫不得已爆发时才往后推迟了。俾斯麦方面希望用更多的时间来宣传德意志民族观念，路易 - 拿破仑方面则希望有更多的时间来完成军事改革的关键步骤。一个名叫路易·雅拉斯（Louis Jarras）的法国将军回忆说，1860 年代后期，法国战争大臣曾反复告诉他，法兰西和普鲁士并不在和平状态，双方只是在享受休战时刻而已，只是在略微休憩，任何一方都会随时突发战争。[20] 实际上，1866 年后，普法危机不断出现，这就足以说明这种“休战”状态是何等脆弱。当然，这同时也展现出俾斯麦伯爵非凡的政治技巧。

克尼格雷茨战役之后，拿破仑三世非常需要一场外交胜利来挽救民族尊严，遂于 1867 年尝试出钱把卢森堡买过来，此时的卢森堡尚且是旧日神圣罗马帝国的一个公爵领。1815 年，列强将这个公爵领给了荷兰，条件是由普鲁士和德意志邦联负责该公爵领的防卫工作。当然，此时的德意志邦联已经不复存在。在克尼格雷茨战役之后的几个星期时间里，拿破仑三世第一次提起并推进这一要求，当时俾斯麦应允了，不过语词相当含混。战事刚刚结束，俾斯麦需要时间夯实北德意志邦联，并且也需要时间同南德诸邦缔结共同防御条约。1867 年 3 月，法国方面再次推进这一要求，俾斯麦则态度强硬，拒绝在这个问题上给法国提供帮助，更据此来策动德意志政界和新闻界挑动德意志民族情绪。于是，德意志人纷纷谴责法国此举是要蚕食“一片古老的德意志土地”。在这场危机中，俾斯麦展现出他那非凡的手腕。1866～1867 年的那个冬天，他正忙着同南德诸邦缔结盟约，所以暂时将法国稳住，一旦盟约签订并且北德意志议会的组建进入票决阶段，他便立刻回绝了法国方面的这一要求。结果正如俾斯麦预料并盘算的那样，法兰西方面的此番鼓噪和宣
23 泄，加之卢森堡的重要性，令那些极不情愿的德意志邦国也都投入普鲁士的怀抱，毕竟，卢森堡仍拱卫着莱茵河左岸的德意

志领土。[21]1867 年，巴伐利亚方面承诺，倘若同法国开战，巴伐利亚将提供 6 万人的军队。邦联议会上，一个又一个邦国的代表起身发言，称赞俾斯麦对待拿破仑三世的“强硬政策”。整个危机期间，失望的法国人围拢在卢森堡主广场周围，挥舞着手中的标语牌，大喊“万岁法兰西！万岁拿破仑！”到了 5 月，人群便散去了。借由一份国际协定，卢森堡成了中立国。十一颗地雷被安放在卢森堡要塞的南部地基处，爆破令要塞沦为颇为壮观的废墟，这废墟一直存留到今天。巴黎的气氛即刻紧张起来。刚从墨西哥回国的巴赞（Bazaine）元帅，立刻从夏尔·弗罗萨尔（Charles Frossard）那里得知了欧洲事态，弗罗萨尔告诉巴赞，同普鲁士的战争“铁定要在 1867 年爆发”。[22]此时，俾斯麦也是小心翼翼地避免把法国逼入死角，但他无论如何都是要支持“德意志荣誉感”的，否则，他就很难浇灭德意志境内的反普鲁士情绪。[23]

1868 年出现了又一次普法危机，俾斯麦又在其中穿插、挑动，在利用危机刺激法兰西公众情绪的同时，也刺激德意志的统一事务。此前，俾斯麦已经单方面同南德诸邦秘密商立了共同防卫条约。此事，他根本不曾征询过法国的意见，而这恰恰是 1866 年路易 - 拿破仑坚决反对的。1868 年，俾斯麦牵头创立了一个“泛德意志关税同盟”（all-German Zollparlament），借此来强化同南德的纽带。鉴于拿破仑三世在 1866 年停战谈判期间禁止普鲁士同南德达成联盟，巴黎方面遂将这个“关税同盟”视为对法兰西影响力的又一次挑战。拿破仑三世做出了反应，将法军的夏季军演延长一个星期，并警告俾斯麦说，南德的三个邦国——巴伐利亚、符腾堡和巴登，倘若任何一个进入这个“关税同盟”，巴黎方面则将之视为“开战理由”。1868 年

9月在沙隆（Chayons）宴请众将官的时候，拿破仑三世举起一杯莱茵酒，并手指东方，说："先生们，我希望你们等不了多长时间，就能亲自去那里收获这酒了。"[24]同卢森堡危机一样，此次法国方面拔剑出鞘的态势恰恰是俾斯麦希望看到的。当一个紧张兮兮的邦议会代表将磨刀霍霍的法军比作一场"雪崩，轻轻一碰，即陷入深坑"时，俾斯麦则颇有戏剧色彩地回答说："吓是吓不住我们德意志人的。"这句话赢得了雷鸣般的掌声。此时，整个德意志的代表都聚集在俾斯麦身边，国际舆论也是此番情形。一名英国记者在1870年时的一番话，颇能表达此时
24 欧洲的普遍舆论对路易－拿破仑的南德邦国政策的调侃态度："这个帝国的昏庸令人震惊，这个到处自诩是民族性原则支持者和倡导者的帝国，却到处同衰朽宫廷结盟，将自己的赌注压在已经沦为废墟的世袭传统之上。"[25]

战争并没有在1869年春天爆发。这部分是因为拿破仑三世需要时间整军备战，部分则是因为俾斯麦，此时尽管在民族问题上取得进展，但俾斯麦仍然不是很放心南德诸邦的忠诚。[26]尽管巴伐利亚和符腾堡已经加入"关税同盟"，并且也同普鲁士签订了军事盟约，但这些邦国的政府显然认为事情到此就算为止了，并不觉得这才是开始。此等情形之下，他们有可能同普鲁士达成交易，加入德意志共同防御体系，但也仍有可能继续坚持政治独立。这就如同符腾堡首相在斯图加特说的那样："符腾堡只要尚有一息力量在，就仍然是符腾堡。"[27]倘若这些南德邦国保持独立，在参战问题上会享有灵活度，而且，他们是喜欢这样的灵活空间的。此时的毛奇则想要竭力打造一支在任何情况下都能靠得住的泛德意志军队，他当然不会喜欢这样的灵活度。1868年访问巴登的时候，这位普鲁士参谋总长发泄

了心中的愤懑："这些人必须明白，他们的未来在我们手中，我们可以成就他们，也可以毁灭他们。"[28]俾斯麦更富外交策略；他没有直接同南德民众冲撞，而是"依据南德舆论的发展态势来确定并调整方略和速度"，步步为营，推进德意志统一事务。他当然不是民主派，不过他也认识到，必须为统一制造民众压力，这样的话就会更有效地促动慢吞吞的南德政府进入普鲁士轨道。他于十年前首次表达过的那个想法，此时反复出现在脑海中："普鲁士只有一个同盟者，那就是德意志人民。"[29]此时，南德意志邦国的军侯、士兵和官僚都希望置身普鲁士之外，他们对此都有自己的既得利益，但数百万南德民众却是想要一个民族国家，而这唯有普鲁士才能够提供。[30]

于是，俾斯麦在南德展开了破冰进程，试图穿透南德政治
的外壳，将德意志民族政治观渗透进德意志下层民众中。此时
的拿破仑三世也没有闲着，这位法兰西皇帝发现自己面对的是
恰恰相反的问题：一个已经躁动起来的民主法兰西，这个法兰
西看来是要削弱他的皇权，或者干脆罢黜他的皇权。保守派认 25
为他太自由了；自由派认为他太保守了。公众则普遍认为，他
做得太少，因而未能遏制普鲁士的威胁势头。也就是在此时，
诸如伊波利特·泰纳（Hippolyte Taine）和吕西安·普雷沃－帕
拉多尔（Lucien Prévost-Paradol）这样的大家之作品开始流行起
来，他们纷纷提醒法兰西公众，法国即将衰落，普鲁士、俄国
和美国很快就会让法兰西黯然失色。"法兰西就这么徘徊在废墟
之上，既无荣誉，也无力量。"[31]慢慢地，法兰西的这场内部危
机便演化为普法战争的重大原因之一，毕竟，拿破仑三世在媒
体、民众和立法团持续不断的围攻之下，度过了1869～1870年
的艰难时光。此等情形之下，这位法兰西皇帝便开始有意识地

操纵对外政策，这一政策的目标便是寻求同普鲁士的决战，对深陷困境的皇帝来说，这当然将是一场“好战争”，因为若是取胜，就能够恢复公众对第二帝国的信心。

不过，这一信心，或者更确切地说是信仰，此时正在迅速散去，1860 年代后期的世事令第二帝国丧失元气。如今的拿破仑三世已经是六旬老人，已然弯腰驼背，肥胖且疲倦，并且患上了慢性病。这个政治老人也曾青春年少，意气昂扬，也曾充满幻想，如今则沦落至昏庸迟钝、无精打采的境地，经常依靠药品来缓解那缠身的疾病带来的苦痛，或者干脆离开巴黎，在维希（Vichy）、普隆比耶或比亚里茨接受温泉疗养。对这个孱弱不堪的皇帝来说，急迫的政治问题已经成了挥之不去的烦扰。其中，最为紧迫者当属法兰西的体制问题；历经二十年的和平和繁荣之后，很多法国人开始对拿破仑三世 1852 年的制度抱持悲观态度，这一体制将全部的政治和行政权力集结在皇座周围。皇帝的身体状况以及责任内阁的缺场，更令改革的呼声越来越大。

实际上跟大伯一样，拿破仑三世身边也环绕着一批令人狐疑的大臣，并且这样的状况已经持续多年；之所以选择这些人入朝为官，主要的考量在于他们对波拿巴家族的忠诚，而非对法兰西国家利益的认知和忠诚。腐败和裙带网便肆意拓展开来。仅举几个例子就足以表明这个问题是何等严重了：路易－拿破仑对波拿巴家族的年度补贴额度达到 100 万法郎（相当于今天的 300 万美元），这都是由国库支付的；甚至是皇帝的小小表兄弟或外甥，每年也都能够任意支取 10 万法郎（约合今天的 30 万美元）的钱财。这些还都是正规薪水。除此之外，皇帝每年还握有 2700 万法郎（约合 6500 万美元）王室津贴，同时也维持每年 200 万法郎（约合 600 万美元）的“秘密基金”，这部分资金是不接受审核的。殖民地方面也散布着更多的秘密资金；麦克马洪元帅于 1860 年代担任阿尔及利亚总督的时候，每年都会从这块殖民地攫取 4500 万法郎（约合 1 亿 3500 万美元）的钱财，这个额度是这块殖民地年度赋税额度的五倍。这些钱财是绝少见诸账面的。[32] 皇帝还要给自己的英国情妇哈丽雅特·霍华德（Harriet Howard）小姐零钱，每年为 70 万法郎（约合 210 万美元）。过往的历史表明，任何体制在法兰西的存续时间都不会超过二十年，于是我们的皇帝便在伦敦的巴林兄弟银行存放了一笔长期款项，额度为 100 万英镑，约合 750 万美元。此情此景，即便是最为虔诚、最为坚定的波拿巴主义者，恐怕也只能认定，这是赤裸裸的侵吞公款，这个王族为大大小小的
奢侈品散财无数。1856 年，皇帝花费 90 万法郎（约合 270 万 26
美元）给自己的儿子举行施洗仪式。1858 年皇帝更是大手一挥，给自己的爱将兼宠臣皮埃尔·德法伊（Pierre de Failly）赠送了价值 1300 法郎（约合 4000 美元）的巧克力。[33]

1860 年代后期，第二帝国统治集团的道德沦丧令人担忧。普鲁士驻巴黎的军事参赞于 1870 年 2 月描述了宫廷的一场嘉年华舞会，这份描述足以让人瞥见此时的道德氛围：拿破仑三世“肥胖、和善，但已经是颤颤巍巍了”，在宾客中间笨拙地游走，语速缓慢，似乎充满了犹疑和惊恐，醉醺醺的军官们在舞厅里旋转，妓女们跳着康康舞。天亮时分，众人醉倒在一堆香槟酒瓶子中。[34] 臣僚和外交官们来到皇帝身边，发现这位皇帝已然疲软不堪，左臂在颤动，已经用不上力，眼睛里面泛着痛苦，已经是毫无光彩了。[35] 一系列的外交失败，皇帝本已疲软且依靠药品维系的身体状况更令人担忧。1863 年，皇帝试图重塑一个独立的波兰，但遭遇失败。1866 年，皇帝试图在克尼格

雷茨战役之后从普鲁士人手中获取一些领土，也遭遇失败。1867 年，兼并比利时和卢森堡的努力同样归于失败，另一个半球上，法国军队也遭遇挫败，不得不撤离墨西哥。皇帝在墨西哥可是斥资 3 亿 6000 万法郎（约合 11 亿美元）重金，试图在那里为法国创建一个中美洲卫星国。[36] 此时，唯有识字率普遍不高的法兰西农民阶层仍维持对拿破仑三世政府的信任，这个阶层不具备报刊阅读能力。已经四十四岁的法兰西皇后也感到事态失去保证。欧仁妮·德·蒙蒂若——西班牙血统的极端保守派，对于自由派精英集团和工人阶级的政治表现，比她的丈夫更为震惊。自由派精英集团和工人阶级在 1866 年之后，便已经强烈要求新闻自由和责任内阁，同时也要求议会的立法权，要求免除威权体制之下的高官并要求民选市长。当然，这个政治群体还要求结束“公决民主”。这一民主机制实质上意味着皇帝有宪法权力将问题交付法兰西民众公决，以此来确认皇帝的敕令。城市自由派憎恶这样的宪法机制，他们将之称为“乡村统治”（Ruralocracy），并认定皇帝此举是在操控“民族呼声”，从农民那里攫取压倒性的信任票，这样的话皇帝就可以随心所欲地抵制立法团，但立法团显然对法兰西状况更为了解。法国农民真心喜欢“Pouléon”，这是他们给皇帝的昵称，不过，农民也是颇为精明的，他们很快便认识到，皇帝给农村的恩惠是与全民公决的票数明显成正比的。[37]

法兰西乡村政治很好操控并拿捏，但城市政治就不是这么回事了。城市化政策依然在诸如巴黎、里昂以及圣艾蒂安（St. Etienne）这样的工业中心创造了一个无根的工人群体。这些都
27 不是安分的人；而且大部分是年轻人，昔日里都是农民，如今置身城市政治中，他们已经做到了油盐不进，每天都在极为糟

糕的环境里工作十二个小时，晚上则在激进演说家的慷慨陈词中消磨时光。[38]这个政治群体要求的可不仅仅是改革那么简单；他们要的是革命，是“红色共和国”（red republic）。这场社会危机于1869年臻于巅峰，此时的拿破仑三世已然在推动事关重大的军事和教育法案上遭遇挫败，立法团已经变得越来越阴闷，越来越抗拒了，皇帝不得不诏令新的选举。路易原本预期新的选举将会遵循先前的路线，产生类似的政治效果。而且他还预期，忠诚的市长和省长们会在投票之前，像往日里那样，将反对派候选人屏蔽掉，由此促成一个波拿巴派的多数。可惜，此时已是1860年代晚期，皇帝昔日里的民心已然不再，若要故技重施更是困难重重。五月选举之前的几个月间，反对派报刊纷纷冒尖，一下子涌现出120家。在地方反对派的阻击之下，屏蔽共和派候选人的图谋即刻便瓦解了。尽管大多数候选人最终还是得到官方认可，但很多市长和省长已经开始担心，帝国体制是不是将要寿终正寝了。于是这些市长和省长便纷纷另寻出路，而温和共和派候选人便顺势出现在候选人名单中。在很多城市，愤怒的群众也已经将革命的社会主义者填写在票单之上。由此，1869年春天的这场选举令第二帝国遭遇了压倒性的溃败。四分之三的巴黎选民要么选择了反对派，要么就干脆弃权，这实际上是革命情感的风向标。6月里有三天，骚乱者在这座都城点燃火焰，在火堆旁边载歌载舞，高唱《马赛曲》，这是共和国的国歌，帝国禁唱，骚乱者们还高喊“共和国万岁！”对第二帝国来说，不单单是都城，全国的情况也是一样糟糕。政府支持的候选人将100万张选票丢给了自由派和共和派，这令立法议会中反对派的席位大获增长，占据292席中的74席。若是没有选举欺诈手段，力量的天平恐怕要厉害得多地向左翼摆动。超过半数的票箱显然是归属反对派阵营的。考虑到皇帝及其地方大员有着无数的手段可以操控选举结果，这样的成就也就更令人震动了。[39]

1869～1870年的那个所谓的“自由派帝国”就是这场灾难性的春季选举运动化育出来的。一开始，我们这位皇帝假装对选举结果不上心，但是，一场罢工浪潮紧随选举而来，补选遭遇了更显尴尬的挫败，恰在此时，波拿巴家族成员制造了一场丑闻，这些都令皇帝不得不有所行动。1870年1月，拿破仑三世的表弟皮埃尔－拿破仑·波拿巴亲王射杀了来到他家中并在台阶上等待进行临时采访的共和派记者。这个记者的葬礼遂成为反帝国派情绪宣泄的焦点。巴黎民众纷纷砸碎窗户，推倒车辆，点燃火堆，并开始以传统的革命方式修筑街垒。不过这一次，骚乱者们却是被拿破仑三世及其首席规划设计师巴龙·乔
28 治·奥斯曼（Baron Georges Haussmann）的城市重建规划给击败了。拿破仑三世和奥斯曼在整个1860年代都在推进巴黎的重建计划，由此创造出的开阔空间实际上便利了对革命和骚乱活动的压制。即便如此，暴力局面仍然令人印象深刻，在事态最为糟糕的那个夜晚，人们燃起的火堆甚至已经逼近了皇帝所在的杜伊勒里宫。此时，皇帝的行动令卫兵们感到震惊，他一身戎装，由副官簇拥着，在深夜两点的时候，准备策马出宫，前往镇压革命。[40]

最终，不必要采取暴力措施。拿破仑三世尝试进行安抚；他放松了警察力量，软化了新闻法令，将12名反动派大员解职，并选任了坦率直言的自由派改革者、44岁的埃米尔·奥利维耶（Emile Ollivier）担当自己的首席幕僚。从形式上看，奥利维耶是共和派，不过，此人也是野心十足，为了追求权力，

他是可以搁置原则的。拿破仑三世也正是喜欢他这一点；此时的皇帝确信，一旦奥利维耶疏离了自己的阵营，操控起来也是很容易的事情。奥利维耶其人很虚荣，他也同样确认，自己是可以控制皇帝及其影子权力集团的。1870 年 1 月，奥利维耶组阁，宣布此次内阁的目标就是“拯救王朝”，并于 4 月发布了修宪令。在新体制中，立法议会最终获得了立法动议权、立法修订权以及质询权。[41] 这些都是重大举措，皇帝也决心巩固自己作为“国家首脑”的新定位，为确保公众对新宪法的支持，遂于当年 5 月举行全民公决，这是 1852 年来的第一次。

如此一来，素为保守派不齿的奥利维耶，便脱离了自己的共和派同道，对路易 - 拿破仑不再是威胁了。奥利维耶在立法议会得到的支持，全部是来自 1869 年的官方候选人；这些人显然更忠诚于皇帝而非这位首辅。此等情形之下，倘若拿破仑三世能够说服法兰西民众对这个“自由帝国”体制实施集体票决，他就完全有机会以无情态势压制共和派左翼，因为他可以抛出这样的论证：共和派左翼图谋推翻公决表明的人民意志。所谓“乡村统治”，妙就妙在这里。奥利维耶站在前台，皇帝的反动核心集团则潜伏在奥利维耶身后，其中包括皇后欧仁妮·德·蒙蒂若、让·佩尔西尼（Jean Persigny）、乔治·奥斯曼（Georges Haussmann）、欧仁·鲁埃（Eugène Rouher）、弗朗切斯基尼·皮埃特里（Franceschini Pietri）及一批元帅，这个群体已经很是不耐烦地等待着皇帝策动“第二次政变”，如同二十年前催生了第二帝国的那次政变一样。此时的拿破仑三世已经疲惫不堪，对自身的前景也已经无所谓了。不过，为了给自己 14 岁的儿子兼继承人路易亲王奠定一个牢靠的帝国根基，他还是决定实施一场政治搏杀，这位路易亲王有一个昵称，就是路路（“Lou-Lou”）。为了获取自己想要的公决结果，皇帝对这场公决的表述非常聪明，确切地说，皇帝要求选民票决的东西并非皇帝本人，而仅仅是皇帝的“自由化举措”。[42] 如此一
29 来，也不会有谁对那样的举措表示反对了。最终，公决结果是 730 万赞成票对 150 万反对票。在公决之后的“谈话”中，这位法兰西皇帝露出了自己的牙齿：法兰西已经踏上未来的“进步之路”；“异见分子必须学会尊重国民意志”。然而，这场胜利从某种意义上说只是表面上的，因为这样的公决结果同样也揭示出深深的不满，别忘了，这里面的反对票可是达到 150 万张；更有 200 万人弃权。法兰西军队的票仓，此时也是第一次不再对皇帝的多数票进行政治垫付了，军队的政治态度已然是失望的，百分之二十的军队票仓是投的反对票。皇帝自己的宫廷卫队，竟然也出现了 25 张反对票。普鲁士驻巴黎的军事参赞将公决结果传回普鲁士，并确信，这样的公决结果已然“毁灭”了皇帝的公决行动，这位参赞据此认定，此时的皇帝若要“分散军队的注意力”，不让政治问题沦落到灾难境地，最好的办法便只能是让军队上战场。[43]

这场法兰西内乱与普法战争的关联，自然是很清楚的。1870 年初，拿破仑三世已经开始将战争作为摆脱国内政治困境的一条出路予以考量。首先，同普鲁士的战争问题，是眼前法兰西各派唯一一个有可能取得一致的问题。3 月，理查德·梅特涅亲王（Prince Richard Metternich），奥地利驻巴黎大使，也是波拿巴家族的密友，便在给奥地利外相的一份函件中指出了这种可能性。“全部的三派势力，甘必大的共和派、鲁埃的专制派和梯也尔的中间派，如今都将战争视为板上钉钉的事情。”[44] 共和派和中间派打算教训一下俾斯麦，在他们看来，这个俾斯

麦是铁了心要羞辱法国的。专制派则对奥利维耶领导的自由化运动的步伐感到担忧，遂认为击败普鲁士自然能够巩固王朝体制，进而也便于恢复1850年代的那个威权体制。为此，他们已经动员起来，准备借助一场公决运动展开反击；法国选民无意之中予以允准的“自由化举措”之一，就是那么一项上议院法令，据此法令，公决而出的皇帝而非立法议会，将成为法兰西“政治责任的真正担纲者”。[45]

该法令的创制者之一让·佩尔西尼于1870年2月告诉一名奥地利使节，第二次政变肯定是在议程中的。此时的法兰西政治已经陷入彻底的僵死状态。暴力集会、妇女选举权运动以及新闻媒体的攻击浪潮，迫使奥利维耶叫停了公共集会，同时也取缔了多家反对派报刊，此时距离这些报刊脱离政府管控也只是刚刚过去几个星期的时间。此时的皇帝已经不敢用老办法，解散议会，举行新的选举，因为他担心一旦举行新的选举将会引火烧身，“令唯恐天下不乱的人力量倍增”。奥利维耶也没有胆量举行一次信任投票，因为他基本上可以肯定，若启动信任投票机制，他将必输无疑。[46]1870年2月，靠军队哗变破解政 30
治僵局的传闻得到当时身在杜伊勒里宫的一名奥地利使节的证实。据这位使节说，此时的拿破仑三世“冷静，柔和，但也不为所动”，他只是在等待恰当时机，“转守为攻”。此时，拿破仑三世可以拿下奥利维耶并将事态压制下来，正名之道与1851年是一样的：“人民主权”仍然有可能借由公决行动存续下来。那“不安分”的立法议会将会就此关闭，直到“内部和平”恢复为止。但是，如此大胆的行动，“恰当的时机”又何在呢？很显然，若是取得一场针对普鲁士的军事胜利，那将是再好不过的时机。因此，同普鲁士开战，便是此时法兰西各派势力心之所向；1870 年时，普鲁士驻巴黎军事参赞阿尔弗雷德·冯·瓦尔德泽少校（Major Alfred von Waldersee）也着实对此时的法兰西观念备感惊奇。3 月，瓦尔德泽报告说，“每个议会演说词里都会提及萨多瓦。[47]”人们无分左中右，也无分男女，都想同普鲁士一战；并称之为“无可避免的战争”（guerre faite）。这恰恰是拿破仑三世一直在寻找的政治出路；在这样一场“复仇战”中取得胜利，毫无疑问将会引发一场民族尊严感的风暴，在这样一场风暴中，皇帝的半专制体制将会得到确证，共和派也将就此闭嘴。[48]

法国的形势虽然严峻，德意志的内务也好不到哪里去。1869 ~ 1870 年，俾斯麦的大部分精力都花在同普鲁士立法机构以及诸邦国的缠斗上。这一年年底的时候，这位已经五十四岁的老宰相已经是精疲力竭，经常退隐到波美拉尼亚（Pomeranian）的自家庄园长期休养。“苍松翠柏对我来说，要比人更有意义。”受挫中的俾斯麦不禁喃喃自语。[49]他试图让普鲁士这个北德意志邦联的心脏服从新的德意志法律和税制，但普鲁士保守派对他的此番努力实施了阻击。普鲁士自由派也没闲着，一直在力促普鲁士裁军，普鲁士军方则不遑相让，一直力图超越预算；邦联宰相是俾斯麦的新角色和新政治身份，在这个位置上，俾斯麦可以说是居中而行，每天的工作就是安抚，否决，磨嘴皮子。[50]此时在德意志的工业城市，一支新的社会主义力量崛起并繁盛起来，工人集团的组织者开始集结力量反对王朝体制，反对“兼并战争”。[51]税制问题上的纷争更是撕裂了这个北德意志邦联。黑森 - 达姆施塔特甚至向巴黎方面发出问询，是否能为他们提供军事保护，对抗普鲁士。[52]与此同时，南德的一批政客也在继续拉大与柏林的距离。在巴伐利亚人眼里，普鲁士人根本上就不能算德意志人；确切地说，他们觉得普鲁士人不过是东疆之地的一个怪异部族。当时南德的一句选举口号是：“法国人好过普鲁士人”。

1870 年 2 月，巴伐利亚选举将 1867 年之后一直掌权的亲普 31
鲁士政府赶下台，这个政府在这些年一直接受普鲁士方面的秘密资助和津贴，巴伐利亚人将一个坚定的天主教“爱国党”送上权位，这个政党有独立倾向，而且也是亲法的。柏林方面一直都在致力于完成德意志统一的进程，用俾斯麦的话来说就是，一直在寻找那个能在转瞬间将德意志统一起来的法宝。对柏林来说，慕尼黑方面政策路线的这一转变毫无疑问是一场灾难。巴伐利亚的维特尔斯巴赫（Wittelsbachs）王族，欧洲最古老的王族，此刻则突然间变得目光长远起来。[53] 此时，整个德意志的“民族自由派”也开始躁动起来，令形势雪上加霜；这派势力此时对俾斯麦也持敌对的态度，1866 年之后，这个政治群体一度因为俾斯麦在民族问题上取得的进展，而集结在俾斯麦身边，如今则因为宰相大人在民族统一事业上“审慎推进”的做法而开始叛离俾斯麦，他们要求即刻完成德意志民族的统一大业。实际上，克尼格雷茨战役之后，普鲁士同南德王侯之间的关系已经十分紧张，若依照“民族自由派”的要求，走出这一步必然会撕裂普鲁士和南德之间的既有纽带。[54]

总体上看，1870 年这一年，俾斯麦的日子并不比路易 - 拿破仑好过。为了瞒哄法国并安抚德意志小邦，俾斯麦于 1866 年之后操持了三个议会，分别是普鲁士议会、北德意志邦联议会和德意志关税同盟。每个都有自己的制衡体系，这就令俾斯麦愈发难以将“大普鲁士”纲领强加给德意志小邦。至于此时的德意志民众，则对这样一个交叉重叠的议会体系备感困惑，也对持续不断的选举和补选备感厌倦。1860 年代，意大利完成民族统一，这毫无疑问点燃了德意志民族情感的火焰，尽管这一火焰此时依然在闪烁，不列颠驻但泽（Danzig）的领事也已观察到此时德意志生活中的沮丧和“僵滞”，遂开始担心俾斯麦很可能会通过同“路易”的战争来提振士气，领事口中的“路易”是对拿破仑三世的德语称呼，语带嘲讽。[55]巴黎方面，“路易”的麻烦越来越大，自然无法在俾斯麦的麻烦中找到任何安慰。实际上，1869 年在圣克卢同急不可耐的将领们会晤时，“路易”曾有言如下：“法兰西有钱有兵。普鲁士很快就既没钱也没兵了。且静心等待，耐心自然会等来一切。”在获悉普鲁士自由派正在倡导欧洲大裁军之际，路易-拿破仑对此自然是一番嘲讽：“法国不会裁军；法国要武装到牙齿；法国的弹药库是满的，法国的后备军都训练有素。”1869 年 2 月，阿道夫·尼埃尔元帅（Adolphe Niel）向皇帝的御前会议建言道：“同普鲁士必有一战，而且近在眼前。我们要把军备提升到空前地步。”[56]拿破仑三世需要一场战争让自己的政府回归正轨，俾斯麦又何尝不是。民族统一的道路上横亘如此多的障碍，在这位
32 德意志首相眼中，战争也就成为一副攻城槌，一副可以推倒这一切障碍的攻城槌。

1870 年连续三场危机最终引发了普法战争，尽管战争危机自 1866 年便在酝酿中。第一场危机关涉皇帝称号（Kaiser-Titel）问题，俾斯麦和全德意志的民族主义者都希望普鲁士国王威廉一世能够从北德意志邦联手中接受德意志皇帝的称号。威廉一世本人看起来也是愿意的；在 1870 年 2 月召开的北德意志邦联议会上，威廉一世更发出呼吁，希望“民族统一”，希望有一个“共同的德意志祖国”。[57]这些话在路易-拿破仑耳中

如同炸药一般。一个统一的德意志势必会胜过法兰西。于是，这位曾经奉行“民族原则”，曾经将自己的生涯和前途赌在“欧洲合众国”之上的法兰西皇帝，如今则极为尴尬地转变了，开始唱起梅特涅保守主义的调子。1870 年 2 月，拿破仑三世警告俾斯麦说，“不要再得寸进尺了”，“倘若普鲁士再向前一步，法国就要反击”。[58]

这一年的第二场危机是因一条穿越瑞士的铁路而起，这条铁路是俾斯麦资助修建的，目的是对拿破仑三世进行威慑。普鲁士介入这项铁路工程本身并没有刺激法国人，不过，俾斯麦据此发表了轰动的演说。在演说中，俾斯麦谈到了普鲁士在这条铁路上的“战略利益”，特别是因为这条铁路有一段隧道要穿越瑞士的圣哥达山口（st. Gotthard Pass）。俾斯麦不想以侵略者的形象示人，在阐述普鲁士这项战略利益之真义的时候，刻意让语词含混起来，不过，对此番演说的意思巴黎方面很快便有了诸多揣测。1866 年时，俾斯麦已经同意大利结盟，共同打击奥地利。如今，意大利已经因为拿破仑三世在 1860 年时兼并了尼斯和萨伏依，更在此后顽固地据守教皇国，选择脱离法兰西的轨道。此等情形之下，俾斯麦的演说也就很自然地被猜测是在暗示普意结盟对抗法兰西，这条穿越瑞士的铁路当然大大便利了这样的“战略利益”。正如俾斯麦预期的那样，这份演说即刻点燃了法兰西立法会，愤怒的立法代表们认定，法兰西皇帝应当同俾斯麦划清界限。[59]

此类危机不断奔袭而来，令拿破仑三世愈发疲惫、沮丧，更令此时的拿破仑三世受到重击的则是此时的法兰西已然疲软不堪。自 1867 年的卢森堡危机之后，俾斯麦便信心满怀地稳步推进同南德诸邦订立同盟，召集邦联议会以及关税同盟，确定了“皇帝称号”，更在意大利和法兰西之间搬弄是非。1859年，法国为了帮助意大利统一，同奥地利打了一场代价昂贵的战争，俾斯麦此时的举动当然令法国人懊恼万分。面对普鲁士稳步推进的局面，这位法兰西皇帝无所作为；到了1870年时，皇帝的官方外交路线——“对外和平”（paix au dehors），看来已经是
33 愚不可及且自欺欺人。此时的法兰西外交大臣拿破仑·达吕（Napoleon Daru）乃是坚定的鸽派，奉行裁军原则。多多少少是在这位外交大臣的促动下，法国军队虽然在1869年进入战备状态，但在1870年又开始削减规模和装备。[60]很明显，此时的法兰西需要更为强劲的对外政策；需要更为强硬的外交大臣，这样一个人必须能让俾斯麦老实一点，必须能够遏制局面的恶化。1870年5月，拿破仑三世觉得自己找到了这样一个人：安托万·阿热诺·德·格拉蒙（Antoine Agénor de Gramont）。格拉蒙出身卢瓦尔河谷（Loire valley）的一个贵族世家，1830年独裁的查理十世被迫流亡时，他曾短暂追随之。1861年之后，格拉蒙便一直担任拿破仑三世驻维也纳的大使。格拉蒙对达吕的和平政策持批评态度，并认为自己更适合同普鲁士打交道，“我是法国的俾斯麦”，格拉蒙放言说，要不惜任何“借口”，羞辱柏林并粉碎1866年的普鲁士和约体系。奥利维耶也鼎力支持格拉蒙，这令格拉蒙变得更为强硬，此时的奥利维耶已然完全同意，“（来自普鲁士的）下一场挑衅必定意味着战争”。[61]应该说，两人都在一场爱国战争中看到了政治收益；截止到1870年6月，奥利维耶的新政府已然风雨飘摇。奥利维耶已经无力在议会推动自己的提案，甚至还失去皇帝的信任，此时的拿破仑三世正在考虑用埃内斯特·皮卡尔（Ernest Picard）取代奥利维耶。皮卡尔出身自由派阵营，更受同僚喜欢，这令奥利维耶怒

火中烧。有传言说，奥利维耶“将不惜一切代价保住位置”。[62] 1870 年 7 月的事情则印证了这一传言。

7 月的欧洲应该说是一段静好岁月。军队暂时解除了征召令，军官都进入假期，王室成员和文职人员也都外出度假去了。1870 年的 7 月看来也不会例外。地平线上没有政治云团，俾斯麦遂离开柏林，前往瓦琴（Varzin）疗养，这是克尼格雷茨战役之后普鲁士议会拨付给俾斯麦的一处波美拉尼亚省的庄园，占地两万英亩。巴黎方面，拿破仑三世也正打算离开杜伊勒里宫，将行宫设置在圣克卢，在那里避暑。7 月 5 日，也就是俾斯麦动身前往瓦琴的当天，美国大使伊莱休·沃什伯恩（Elihu Washburne）也离开巴黎，前往卡尔斯巴德（Kavlsbad）水疗。沃什伯恩在当天的日记中写道：“欧洲的和平从未有过如此保障。”[63] 也就是在这天早上，普鲁士驻巴黎大使卡尔·冯·韦特男爵（Baron Karl von Werther）依照常规来到奥赛码头（Quaid'Orsay），告诉相关人等自己要去休假。迎候韦特的并非机要秘书，而是法兰西外交大臣本人，并且这位外交大臣因愤怒而浑身颤抖。格拉蒙咆哮着说，普鲁士在西班牙王位继承事务上因“不可饶恕的恶意和鲁莽”而获罪。韦特茫然无措地看着格拉蒙，不知道发生了什么，也不知道格拉蒙所谈为何；刚刚发生的这场危机，法兰西的各家早报纷纷称之为“西班牙－ 34
普鲁士事务”（l'affaire hispano-prussienne），此事是俾斯麦秘密运作的。这位普鲁士宰相为此事实际上已经悄悄酝酿数月之久。一开始，俾斯麦并不在意西班牙王位继承问题，他认为那与圣哥达山隧道或者“皇帝称号”问题一样，只不过是对拿破仑三世的又一次刺激而已。然而，出人意料，此次危机却成了普法战争的导火索。

1868 年罢黜波旁王族之后，西班牙议会就一直在为王位寻找新的继承人。1869 年 9 月，在获得普鲁士方面点头之后，一个西班牙中间人找到了霍亨索伦－西格马林家族的列奥波德亲王（Prince Leopold von Hohenzollern-Sigmaringen），提出让亲王继任西班牙王位。从西班牙的角度来看，推荐列奥波德的理由是很充分的；亲王是普鲁士国王的外甥，更是天主教徒，娶了一个葡萄牙公主为妻，母亲则是拿破仑·波拿巴的一个继女。简言之，这样一个候选人是拥有多重资质的，而且声望也不小。可惜的是，无论列奥波德本人还是霍亨索伦王族的族长威廉一世，都对此事没有太大兴趣。此时的西班牙君主体制已然凋敝不堪且飘摇不定，倘若列奥波德也与 1868 年时的伊莎贝拉女王一样，遭到罢黜，那对普鲁士可是重大羞辱，并且会令普鲁士人陷入险境。倘若俾斯麦不从中施加影响的话，这件事也就就此结束了。一直以来，俾斯麦都在耐心运作，以便促成德意志民族统一进程的最后实现，此次西班牙王位继承问题是又一次刺激法兰西的机会。倘若他能够在拿破仑三世做出反应之前，让列奥波德登上西班牙王位，这位法兰西皇帝势必痛楚。如此一来，法兰西将会陷入德意志和西班牙两个霍亨索伦王朝的夹击中，却只能哑巴吃黄连。法兰西方面也无从提起领土补偿的问题，用俾斯麦的话来说，就是“没有发难点”，因为列奥波德是受西班牙议会之邀才越过比利牛斯山的。[64]

简言之，在此次西班牙王位继承的问题上，俾斯麦悉心运作，给拿破仑三世设置了一个完美陷阱。[65] 为了触发这一陷阱的机关，俾斯麦于 1870 年 5 月致信列奥波德的父亲，敦促这位父亲出于爱国大义，让儿子接下西班牙王位。三个星期之后，列奥波德接受了西班牙方面的提议。又过了两个星期，也就是

7 月 2 日，胡安·普里姆元帅（Marshal Juan Prim）在马德里将西班牙的选择告知法国驻西班牙大使。消息不胫而走，传到欧洲各国的都城以及避暑胜地。最吃惊之人非普鲁士国王莫属，此时的普鲁士国王正在他钟爱的黑森“巴特埃姆斯”温泉疗养。危机爆发之时，威廉一世咆哮着说：“这乱局一定是俾斯麦 35
制造的。”[66]很明显，此次“乱局”就在毗邻法国的一个天主教王国爆发，这可是比此前的任何危机都更易点燃。酷暑七月，法国人基本上都已经是意兴阑珊，但格拉蒙和奥利维耶则激奋异常，即刻召集立法团并发出警报。俾斯麦和威廉一世反而陷入困顿中；倘若他们就此让步，那可是要丢颜面的。倘若他们挺身向前，格拉蒙势必就此开战，毕竟，格拉蒙成为外相之后，便一直在酝酿这场战争。

格拉蒙从皇后欧仁妮·德·蒙蒂若那里得到不小的支持，这位皇后乃是西班牙血统，因此也就特别憎恨俾斯麦插手马德里事务。此时的拿破仑三世因为疾病发作而孱弱不堪，屋漏偏逢连夜雨，恰在这个节骨眼上发生了西班牙危机，皇后便不管不顾，力促皇帝关注这场普鲁士威胁。在危机趋于白热化的时候，皇后更是喊叫着说：“这是我的战争。”[67]此时梯也尔发现皇帝身陷“那特有的优柔寡断”中，摇摆着，撕裂着，他遂宣称，1870 年战争的真正推动力乃是来自皇后欧仁妮、格拉蒙、奥利维耶和军方，也就是那些“觊觎元帅职位的将军们，元帅们则热望着获得公爵和亲王的封号”。欧仁妮之所以如此出力，是因为她憎恶俾斯麦和普鲁士，并且担心“法兰西会失去列强中的位置，必须把这个位置赢回来，否则毋宁死”[68]。7 月 6 日，格拉蒙开始上紧发条，他现身立法团，宣读了一份极具煽动力的演说词。第二天，他向法国驻普鲁士大使樊尚·贝内代蒂公爵（Vincent Benedetti）发出指示，命令正随同普鲁士王族一起来到“巴特埃姆斯”的贝内代蒂面见威廉一世，要求这位普鲁士国王命令自己的外甥列奥波德回绝西班牙王位之邀。威廉一世虽然骄傲，但此时也不免退却了。此时的俾斯麦仍然在瓦琴休养，没让俾斯麦申辩，威廉便听从了随行的资深外交官韦特男爵的建议，此时的韦特男爵刚从巴黎赶回。韦特比俾斯麦柔和，而且秉持和平倾向，甚至还派出专使前往说服列奥波德的父亲替儿子回绝西班牙王位，此时的列奥波德跟众人一样，也在度假。[69]

巴黎方面，格拉蒙正在联合报界加紧对俾斯麦的攻击。瓦尔德泽上校，普鲁士驻巴黎军事参赞于7月9日，报告了法国首都“不寻常的激奋”。媒体纷纷在谈论“普鲁士的背信弃义”，军队开始在公共场所实施演练，参谋军官们也都匆促穿行于各条街道，带着战争部的紧迫指令，前往郊区的要塞和弹药库。瓦尔德泽在巴黎北站观察这人来人往的情景，也就是在这里，他遇到了俄国的军事参赞，后者告诉他说：“这是战争；相信我；已经避无可避了。”[70]对格拉蒙来说，这场危机应该说是完全发育成熟了。恰在此时，列奥波德的父亲
36 于7月12日出人意料地代表儿子退出王位竞争。一方面是威廉一世和韦特的压力，另一方面儿子正在阿尔卑斯山旅游，无法跟儿子探讨这件事，亲王大人便只能唐突地回绝西班牙王位之邀。当然，对这样一个变故，还有一人比格拉蒙更感失望，那就是俾斯麦。列奥波德回绝王位的消息随即公布出来，此时，俾斯麦正坐在从瓦琴赶往柏林的火车上，当然是来不及了，消息既出，这位北德意志宰相梦寐以求的战争威胁怕是要泡汤了。

对俾斯麦来说可谓幸运，法国外交大臣的战争热望丝毫不逊色于他这位德意志宰相。就此时的军事格局而言，格拉蒙的战争热忱毫无疑问是十分愚蠢的，但格拉蒙就是这么愚蠢。在这场1870年的生死危机中，格拉蒙想当然地认为会有同盟者来到法国身边，尽管他从未费心去操持或缔结那样的同盟。他认定，奥匈帝国和丹麦会加盟法国，共同实施一场“复仇战争”。据他推断，奥地利人想要“平复1866年的创伤记忆”，丹麦人也在琢磨着夺回1864年丢失的石勒苏益格（Schleswig），至于意大利人，想必也会在这场战争中站在法兰西一边，因为1859年法国在马真塔和索尔费里诺战役中是帮助过意大利的（并且格拉蒙更是觉得，奥地利方面肯定会允许一支意大利军队越过奥地利领土，开进德意志）。他还认为，俄国人在这场战争中势必会保持中立，至少不会帮助普鲁士，因为俄国肯定不愿意看到身边出现一个强大的德意志民族国家。这些假设，倘若法国真能依靠外交运作令其成为现实，当然会成为法兰西同盟体系的坚实基础。然而，格拉蒙，一个慵懒迟钝的贵族，从未在这些方面有所操持。这个贵族只是简单地认定，奥地利人和丹麦人会自发地介入这场普法战争，意大利迟早会加入进来，俄国当然也不会袖手旁观。[71]

格拉蒙沉溺于此等惬意幻想中，遂于7月12日重新点燃了这场已然断断续续的危机，他向贝内代蒂发出指示，告诉这位驻普鲁士大使，仅仅是列奥波德亲王表示拒绝根本不够，威廉一世也必须签署并公布正式文告，为此背书，并要求威廉一世保证普鲁士从此不再染指西班牙王位问题。战争未能爆发，但格拉蒙最起码也要羞辱一番普鲁士。第二天早上，对格拉蒙的机谋仍浑然不觉的威廉一世在酒店花园中同贝内代蒂会面，二人散步之时，这位国王还就此次危机的和平解决向法国大使表示祝贺。而这就是那场著名的“埃姆斯会谈”（interview at Ems），就是在这次谈话中，贝内代蒂转达了格拉蒙的进一步要求。威廉一世当时就震惊了。听完法国大使的陈词，威廉一世没有说话，只是冷冷地摸了下帽子便走开了，并告诉随从，取消当天晚些时候同贝内代蒂的约谈。此时，即便没有俾斯麦在
37 身边，这位普鲁士国王也明白，拿破仑三世要的不仅仅是安全保障，而是更多的东西。说白了，法兰西皇帝要在全欧洲面前羞辱普鲁士。

此时，俾斯麦已经赶回柏林。列奥波德退出竞争的消息令俾斯麦沮丧不已，但在读了来自埃姆斯的电报之后，这位宰相即刻恢复了往日的生气，因为他从电文里了解到“埃姆斯会谈”的冰冷场景。电报送达的时候，俾斯麦正在与毛奇和罗恩共进午餐，此时的俾斯麦当然可以提议开战，以此来惩罚法国对普鲁士国王的粗蛮态度。不过，俾斯麦还是决定让法国主动向普鲁士宣战。如此一来，就可以触发同南德的同盟机制，同时也可以确保列强的中立态度。他向罗恩和毛奇保证说，做到这一点并不难，只需要“一块戏耍高卢公牛的红布”就可以了。“埃姆斯电报”乃是韦特的一个同僚所写，这份电文就是所需要的“红布”。俾斯麦在电文上做文章，将其中的外交辞令删除，将改动后的版本交给毛奇看，后者点头赞许说：“现在，这电文有了不同的意味啊……不再是会商了，而是对挑衅的回应。”[72]原来的电文中谈到威廉一世取消同贝内代蒂的会面是因为已经获悉列奥波德亲王退出西班牙王位竞争，俾斯麦修改之后的电文则说：威廉一世愤然取消了同法国大使的会面，未做任何解释。[73]这样一份电文对于俾斯麦所谓的“高卢

人的自负和冲动”会产生怎样的影响，在场的所有人都心知肚
明。此时的毛奇不免有点迷醉地看着天花板，捶着胸脯说：
“倘若我有幸能活着指挥这样一场战争，那么战争结束，就让
魔鬼前来取走我这副老朽皮囊吧。”罗恩也一直在担心西班牙
王位问题就以那样的和平局面收场，此时也情不自禁地爆发
了：“上帝终究不负我等，不让我们在羞辱中沉沦！”俾斯麦则
即刻将修改后的埃姆斯电文派发给普鲁士驻各国使馆以及德意
志媒体。实际上，在“埃姆斯会谈”的消息传到巴黎之前，德
意志报界便已经爆发了。此举实际上进一步违反了外交原则，
这显然是要羞辱格拉蒙。[74]此时的法兰西所要求者已然在日益
抽象的论战当中收获“满足”，既如此，俾斯麦的此番倨傲言
辞本身便足以被解释成“战争理由”了。更何况，此时的拿破
仑三世自然是要主动出击，扮演“高卢公牛”的角色。这实际
上正是俾斯麦天才的另一个面相：他极为精明地将法国酝酿的
这场羞辱事件反转过来，将无可承受的压力抛给法国人，令法
国不得不发动攻击。在7月12日同格拉蒙的谈话中，英国驻
巴黎大使留下令人担忧的记录：“我（向格拉蒙）指出，普鲁 38
士的拒斥态度完全改变了法国的处境。倘若战争现在爆发，欧
洲会说，错在法国，是法国因为傲慢和仇恨，仓促挑起了战
争。”[75]

7月14日，拿破仑三世指令军方召集预备队。动员令刚一发布，巴黎的大街上就挤满了人，高喊着“挺进柏林！打倒威廉！打倒俾斯麦！”[76]战争情绪既已涌动而起，立法会的舞台便可以任由奥利维耶进行戏剧表演了。这位帝国首相此时自然是意气昂扬；他计划着昂首阔步进入静寂且充满期待的议会会场，效仿第一帝国的宏大风格，高呼“皇帝万岁”，并阐述同普鲁

士一战的战争理由。但实际发生的事情则表明，奥利维耶和格拉蒙在奔向战争的过程中，是何等地偏离了合理观点。在官方媒体的刺激之下，是有很多法国人因为西班牙危机而生出暴烈情绪，但也有很多人内心里明白：既然列奥波德亲王已经退出，事情应该到此结束了。就在奥利维耶准备昂首阔步踏上讲台的时候，拉罗什－茹贝尔（Laroche-Joubert），一个共和派代表，从侧面超车，赶在奥利维耶前面，先行站上讲台，即刻将胳膊肘斜在讲台上面，以一种令人厌烦的枯燥语调要求拿出最近的会议记录，要求更改："我先前说，需要 2500 头骡子去拉 1000 吨的物资；事实上不是这样的，实际上是 2500 头骡子拉 500 吨物资，这样的话，就能够……"

此番发言令在场众人错愕不已；奥利维耶的世界历史性时刻就被这么一个不知检点的莽撞人毁了。拉罗什还在絮絮叨叨，讲到了路况，讲到了运河封锁，等等。愤怒的政府代表们禁不住地高喊："够啦！够啦！"最后，奥利维耶将讲台从共和派手中抢了过来。会场爆发出阵阵喊声："万岁，法兰西！万岁，皇帝！向前！向前！"奥利维耶描述了威廉一世粗鲁地对待贝内代蒂，并要求即刻拨付 5000 万法郎（约合 1 亿 5000 万美元）实施一场惩罚战争。奥利维耶的战争贷款请求得到热烈的回应。除了那 16 个"死硬共和派"，立法会的所有人都站立起来。这 16 个顽固共和派先是用长篇发言来遏制首相大人的攻势，现在则顽固地坐着，坐在共和派领袖莱昂·甘必大周围。实际上，未等宣战，法兰西民族肌体之上就已经出现了裂隙。

奥利维耶此时的处境是很痛苦的；这批反对他的人，都是他的昔日友人和同盟者。昔日里，他本人也正是那 80 个顽固的波拿巴分子或者极右翼“马穆鲁克”（mamelukes）的对头。而今，昔日的对头却集结在他身边，要求甘必大等人起身并对皇帝和军队示以尊重；这样的情形实在是太尴尬了。此时，甘必大和那 16 个共和派成员仍然坐着，其中一人喊道：“若是一场民族战争，若是为了捍卫祖国，我们第一个站起来。但我们不会为了这么一场侵略战争、王朝战争起身！”令奥利维耶愤恨的是，这个逻辑很快便散布到中间派座席，那里是温和自由派的 39
位置。这一派是愿意跟皇帝合作的，但需要皇帝推行自由化政策并避免对外冒险，此时这一派正在细心倾听共和派和极右派的唇枪舌剑。最终还是老迈的梯也尔起身发言，此人是法兰西自由派的元老：“1866 年，法兰西遭遇创伤，没有人比我更希望平复这一创伤了。不过，选择这么一个时机，实在是糟糕且可恶！”对奥利维耶来说，事态发展到这个地步，看来是相当糟糕的。舆论正变得对极右集团非常不利。此时，皮雷侯爵（Marquis de Piré）跟上来呵斥梯也尔，此人来自一个顽固的乡村选区，是典型的反动派：“你就是反爱国主义和灾难的吹鼓手！让科布伦茨见鬼去吧！”侯爵大人不经意间提起的“科布伦茨”指的是 1792 年的事情。当时，众多法国贵族都逃离了革命的法国，投奔科布伦茨，并在那里为普鲁士人效力。梯也尔再次发言，非常合理且非常持重地宣示说，只要奥利维耶将作为宣战理据的外交函件展示给在场众人看，他就投票赞成战争贷款。奥利维耶予以拒绝，为此，奥利维耶还援引了“外交惯例”。他坚持说，立法会应当接纳他的建言，“普鲁士触发了战争”，并且“令战争无可避免”。

就在这时，朱尔·法夫尔（Jules Favre），另一个共和派，一下子跳起来发言，将当前这场危机比作拿破仑三世 1860 年代

“墨西哥大冒险”似的行径。那次危机时，立法会也一再保证说，巨大的花费和兵力都是必需的。法夫尔宣称：“这是又一个墨西哥；你们所说的，又是在骗我们。”此情此景，令奥利维耶将所谓的“外交惯例”抛在一边，将往返埃姆斯的函件纪要展示出来。共和派领袖莱昂·甘必大将这份纪要推在一边，说：“你是在掩饰，用这些断章取义的东西误导我们。”奥利维耶遂即将“外交惯例”彻底抛诸九霄云外，当场宣读了贝内代蒂从埃姆斯发回的电文。但效果仅仅是强化了人们的印象，即这是一场刻意捏造的危机。埃马纽埃尔·阿拉戈（Emmanuel Arago），另一个共和派，此时向奥利维耶发泄了胸中的愤懑：“当这一切见诸天日的时候，文明世界会谴责你的。”他就是这样警告这位当朝首相，“你若是凭这些就开战，那只能说明你的政策就是不惜一切代价地求取战争。”此时的奥利维耶几乎疯狂了；倘若这样都不能说服立法会去支持一场爱国战争，那么在皇帝眼里，他又有何用呢？于是，他接过共和派的话茬儿，用哀婉的语调强调法兰西的民族尊严。他申述说，威廉一世是在表演，是在用这样的方式刻意羞辱贝内代蒂，以此来安抚柏林的那帮“封建党徒”，因为列奥波德退出西班牙王位竞争，令这批老保守派颇感不安。奥利维耶断言，此等“舞台片段”是无法见容于法兰西尊严的。此番论据当然是相当薄弱的，不过，奥利维耶接下来的话却是会铭刻青史的。奥利维耶审慎地选择了此番措辞：“没错，没错，从今天开始，我的内阁和我本人责任重大。且让我们担当这份责任吧，让我们以举重若轻的方式担起这份责任吧。”此番话，特别是里面的“举重若轻”，赢得了会场右侧雷鸣般的喝彩，而会场左侧则是一片震荡和愤怒。左侧的人们不能想象同另一个强权的这场血战竟然是以此等

“举重若轻”且无谓的方式发动起来。一个共和派悲呼道：“民
族的鲜血将从你那举重若轻的心间抛洒而出。”奥利维耶顿了一 40
下，颇为笨拙地辩护一番，而后便将讲台交给战争大臣。他最后的发言是：“我们的事业是正义的，现在，且将这事业交给法兰西军队吧。”[77]

# 第二章　1870 年军情

41 埃德蒙·勒伯夫元帅（Marshal Edmond Leboeuf），1870 年时的法国战争大臣，他本人对格拉蒙和奥利维耶给他的这个任务是秉持退避态度的。1870 年，普鲁士的兵力若充分动员起来将会超过百万人之众。面对这样一支大军，法国方面能够动员起来的兵力顶多也只是 40 万。造成此等差距的原因在于两国的征兵模式不一样。普鲁士采取的是普遍兵役制，这种制度可以将全国所有二十出头的青壮年都纳入三年兵役轨道，三年之后，他们进入预备队再服役四年，四年之后进入后备队，后备队的服役时间则是五年；法国采取的是长期的职业兵役制，并未设置预备队，因此，征召的兵力不多，但一次性服役期限更长一些，设置为七年，若是重招，则会提供补贴。没什么比这两种体制之间的差异更大的了。1870 年，超过半数的法国士兵的服役时间都超过七年，在 7～21 年之间。[1]

相形之下，普鲁士人都是新手士兵（greenhorns）。的确，这种短期的强制兵役制令普鲁士军队实质上成为训练预备队的军事学校，平时只维持相对较少的 30 万正规军。不过，预备队方面则拥有 40 万兵力，后备队方面坐拥 50 万兵力。这些兵力都是随时可以征召并投入战场的，加总起来，普鲁士的总兵力也就达到 120 万之众。[2] 普鲁士军事建制的主要缺陷就是职业化程度相对不高；军官和军士乃是军中唯一的职业军人，这就令普鲁士军队的专家储备很难建立起来，并且也很难进行新的军事建制。1866 年之后，这一缺陷更为醒目。毕竟，普奥战争令普鲁士兼并了一系列新的领地，诸如汉诺威（Hanover）、拿骚（Nassau）、卡塞尔（Kassel）、石勒苏益格－荷尔斯泰因、图林根（Thuringia）、布伦瑞克（Brunswick）以及梅克伦堡（Mecklenburg）等。这些邦国的军队相继编入普鲁士的军事建制当中。这些都是新增的兵力，没有时间培育出相应的预备 42
队，这也就意味着，1870 年战场上的三十个普鲁士团中，有三分之一的兵力是没有经过训练的。每个连队的五十个人中，有三十个人对普鲁士枪械和战术基本上是一无所知的。[3] 总体上说，1870 年的法军和普鲁士军队是势均力敌的。平日里法军的正规建制规模以 40 万人胜过普鲁士的 30 万人，但普鲁士预备队和后备队尚有 90 万兵力没有算进来，若算上这部分兵力，则普鲁士军队足以将法军湮没在普军的汪洋大海中。因此，一切都取决于兵力集结和投放的速度。数量将会压倒质量。正如 1869 年一名德意志军官向法军同行保证的那样：“也许你们早上会获胜，但晚上的胜利将是我们的，因为我们有预备队。”[4]

很多法军将领都忽略了普鲁士军队在人数上的巨大优势，纷纷自我安慰说，法军士兵很多都是在克里米亚、意大利和墨西哥战场上千锤百炼的老油条，远远胜过普鲁士的新兵或仓促征召来的预备队，这样的士兵只是生瓜蛋子而已。不过，那些愿意直面事实的人有强劲的证据来驳斥这种想法。路易·特罗胥（Louis Trochu）将军化名出版的《1867 年的法国军队》（*L'Armée Française en 1867*）一书中，揭示了法国军事体制的诸多缺陷。具体来说，法国士兵已经习惯了反反复复的征兵机制，通常在五六十岁的时候还在军役序列中，他们已经太过老朽，而且也已经变得极其玩世不恭。他们年纪轻轻就离开村庄和家庭，长期置身于一个彻头彻尾的男性群体，已经变得相当粗野而且油盐不进。将官们对这样的士兵自然蔑视有加，加之即便是和平时期，军中补给也是相当可怜，这就令他们习惯了“搜刮”，这样的行径往往都会越界，变成盗窃。在 1859 年的法奥战争中，一个名叫让－巴蒂斯特·蒙陶顿（Jean-Baptiste Montaudon）的法军将官就见证了法军军纪的溃烂。当时有数千法军士兵假装和自己的连队“走失了”，此等行径要么是为了劫掠，要么就是逃避战斗，蒙陶顿不免将这些法军士兵称为“害虫”和“寄生虫”。[5] 特罗胥则将他们称为“皮条客”，并要求对他们严肃军纪。1860 年代，酗酒的法军士兵达到了惊人的数量，他们都是为了舒缓一下沉闷的军营生活而酗酒的。这些老兵对喝酒这件事情总是抱持无所谓的态度，并称这样的行为是在模仿瑞士人（acting Swiss），于是便有聚沙成塔之势。至少在这个问题上，共和派嘲讽“军营的腐败生活”倒也并非没有道理。特罗胥断言，法军士兵实际上一整天都在喝酒，先是普通白酒（士兵们称之为“小小泪滴”），接着是酒精（士兵称
43 之为“le café，le pousse-café”，也就是“咖啡”），巅峰时刻则是灼烧内脏的白兰地（士兵们称之为“le tord-boyaux”，意思就是“扭动内脏”），最后是饮上一杯“la consolation”，这是一种甜饮，士兵们会躺在床上饮食这种饮料，边喝边思忖第二天的日子该怎么度过。此等情形之下，根本就不能期望将所谓的“团体精神”灌注到军队里面。法兰西的军事体系实际上是在毁灭“团体精神”，刚入伍的新兵很快就学会了老兵的恶劣习性。[6]

普鲁士军队给人的印象或者观感则完全不同。尽管法国人素来蔑视普鲁士的短期兵役制，认为这一体制只能培养一支

“律师和眼科医生的军队”，但实际上，普鲁士军队的装备极为精良，士兵们训练有素，而且纪律严明。所有的普鲁士男性都是识文断字的；他们都接受过初级义务教育，这样的教育体制法国直到 1880 年代才开始推行。他们看得懂战术模板、战术推演图和地图，并经受过复杂战术演练的洗礼。为期三年的军事生涯，不但强度很高，而且也是高度组织化的。经历此等洗礼的士兵即便放到预备队，也只需要一年集训四到五次就足够了，若是接着放到后备队，根本不用实施集训就能够将战术牢记在心。[7]一旦被征召，普鲁士士兵就要接受更多的战术目标演练，以营或者教导团为核心，进行小单位的战斗操练。在这样的战斗单位，老兵会向新兵讲解战斗的步调，同时也让新兵明白实战战况的混乱。[8]军事教育并不仅仅限于阅兵场。演练教程结束之后，普鲁士军队的各个营地还会设置丰富的“军役课程”。实地演练已然令士兵们汗流浃背，疲惫不堪，不过，接下来就是由军士为新兵上课，这些军士都身形魁梧且威风凛凛，他们向新兵灌输纪律、服从以及秩序等军事道德，就像教官们强调的那样：“士兵的职责所在就是保卫祖国，抵御外敌，同时也捍卫国内秩序。”[9]此等灌输式的军事教育在年轻人内心扎下根来，催生的强烈纪律意识有着相当的能量，这一点在 1870 ~ 1871 年那个严冬的战事中，对普鲁士军队的帮助不容小觑。

法军士兵拥有十足的军事经验，但若论起身体条件，则无法跟普鲁士士兵相提并论。特罗胥在 1864 年梅斯炮兵学院（French artillery school at Metz）的演讲中也坦承了这一点，并且对普鲁士士兵表示出十足的羡慕：“普鲁士军人的士气可以说是冠绝欧洲，很显然，他们的爱国情感和荣誉感已经融入普通

士兵。”[10]特罗胥哀叹法军缺乏这样的情感和意识。法军士兵总是被视为贱种，因此一直都在遭受惩罚。法军军纪涣散，这只
44 会培养一种无畏的冷漠。若让他们经受一些考验，他们就会纷纷退避，口中念念有词：“还是让我死在和平里面吧。”[11]一名普鲁士军官于 1865 年造访梅斯之时，曾留下这样的记载：法军士兵整个操练期间都在不停地交谈，经常是谈得热火朝天，根本就不听教官的指令。法军教官演示新式枪械的场景尤其令普鲁士军官印象深刻。当军士演示枪械并描述枪械组件的时候，队列里面的交谈之声渐渐地盖过教官的声音。最后，一名军官实在是忍受不了，冲入队列，咆哮道：“肃静！这里不是你们的营地！”[12]另有一名普鲁士观察员观摩过法军在巴黎的操练现场，这名观察员留下的记载说，他们开始得很晚，而且中途频繁中断，因为军官们总是想着到附近的咖啡馆休憩一番。[13]

法军的给养状况同样令人担忧。1869 年 7 月，法军总督察在艾克斯（Aix）视察第 99 步兵团的时候，注意到枪械和枪套都已经肮脏不堪，士兵们带着脏脏的操练装备四处乱逛，没人监督。号兵已经吹不响军号，格斗教官也没有格斗能力，军士里面不断地有捣乱分子，因为种种恶行而进入监狱或者被贬为下士。其中一名教官，安德鲁下士，甚至将一名盗贼从监狱里面放出，随同他一起溜进艾克斯，将盗窃而来并存放在那里的钱财“喝得一分不剩”（drink up）。无故缺勤、不听号令是法军的痼疾。第 99 步兵团的情况是颇具代表性的，这名督察官在总结此次调查的时候，希望该步兵团的军官想办法“管束”一下这些不知纪律为何物的兵痞子。此次督察过程中发现，法军唯一擅长的事情就是射击（“各种射程都表现杰出”）。恰恰是这一点，在以缺乏管教出名的法军步兵看来，是真正重要的事

情。在射击这件事情上，法军步兵无疑是最优秀的。[14] 长期军役以及不受人待见的形象，在此等境遇的砥砺之下，法军部队变得散漫且不听从指挥，而这方面恰恰是普鲁士军队的强项。然而，托马·比若元帅（Marshal Thomas Bugeaud）的一席话倒也相当实在，并且可以说是对法兰西心性的一番锐见，正是这位元帅于 1840 年代塑造了这支法军。他申述说："我们的士兵从来都是正面顶撞军官，绝少拐弯抹角。"[15] 换言之，无纪律是讲交情，军队自身将之维持在合理的限度之内，若在战场上，这是能够转化成无情的冷静和效率的。

法军的恶端当然逃不过战争部的眼睛，每年，战争部都要 45
搞上一场"博彩"式征兵活动，向那些惊魂未定的中奖者出售免除兵役券，由此赚取不菲收入。即便是极为贫穷的农村家庭也都会砸锅卖铁，凑足 2400 法郎（约合 7200 美元），购得这样一张"免罪券"，以求得儿子或者丈夫免除兵役。这一情状本身就足以表明，法兰西军队肯定是有问题的。此等情形之下，布尔乔亚阶层自然是有足够财力和能力避开这无涯苦海的，反而是乡间那些未受过教育的所谓社会渣滓无从逃脱。这就与所有容器里的渣滓一样，这个群体总是要浮上表面的。法军的薪水和津贴很低，晋升更是缓慢，因此也就很难吸引军官阶层的候选人，1870 年，法军的步兵军官和骑兵军官足足有三分之二的人是从行伍中间提拔起来的。因此，这个阶层的教育和文化水准可以说是令人瞠目结舌的。瓦尔德西当然不是什么附庸风雅之辈，他早就注意到，外国的军事随员对法军高层军官群体避之唯恐不及，因为那实在是一个"粗野、没有教养的群体"。法国军官群体同普鲁士军官群体比较起来，年龄上也居于劣势，普遍偏老。他们都是从行伍中间层层晋级的：首先要奋力升任为上士，接着要用十年岁月，爬到少尉的位置。1870 年，法军中尉的平均年龄是 37 岁，上尉的平均年龄是 45 岁，少校的平均年龄是 47 岁。这对普鲁士人来说，实在是难以置信的。这还只是平均年龄，实际上，在 1870 年的战事中，普鲁士方面俘获的法军低级军官内，五六十岁者大有人在。这个年龄比普鲁士平级军官大了十到三十岁，身体状况已然不适合征战沙场，论起头脑，更是一团糨糊，用当时一个法国人的话来说，这些人已然对一切都“无动于衷且无精打采”，他们已经承受了太多的不如意，因此也就没有理由指望他们会对士兵的生活感兴趣。[16]

拿破仑三世的一名副官甚至描绘了更为阴暗的图景：“偏袒和竞争已经撕裂了”法军高级军官群体，低级军官则是“三缄其口，只知道在咖啡馆里消磨时光”。军士中间“嫉恨和恶意盛行，此等氛围已经渗透到士兵当中”。[17]普鲁士的军官团则要精良得多。当然，有时候，高级军官之间也会像法军那样，出现分裂和纷争。不过，他们都处在毛奇的高压监管之下。毛奇是绝对不会手软的，随时都会将没有合作精神的军官解职或者调离。低级军官都很年轻，受过良好教育，“一年期的志愿兵”生涯令他们收获了战时历练，确切地说，普鲁士的大学生是可以作为志愿兵接受为期一年而非三年的军事历练的。接受这样的训练之后，便可以在战时接收动员令。尚未获任命的军官都是预备役军官，这些人都出身普鲁士中间阶层，意气十足，有等级尊严感，薪酬不高。不过，在退役之时，他们能够获得高额度津贴和收入丰厚的政府闲职。普鲁士士兵是普遍征兵制的产物，他们身体强健，受过教育，很容易转换成合格的士兵。[18]

很明显，法兰西的这个“老兵”群体难孚众望，他们根本 46
无法与 1866 年之后的普鲁士的战术和军力匹敌。军队要年轻化，将那些酗酒成性的“兵痞子”清除掉，为此，阿道夫·尼埃尔元帅——1867～1869 年的法国战争大臣，叫停了用金钱刺激重征老兵入伍的做法。此举的即时效果出乎意料，完全是灾难性的。数千老兵一夜之间退役，与此同时，在每年 8 万的征召额度中，多达 2 万人花钱逃避军役。理论上讲，应该用其他人来替代这个缺口，但实际上，军役“免罪券”的售卖工作如常进行，由此募集来的数百万资金乃存放在一个秘密基金里面，这个小金库连立法会都不知道，这就是所谓的“军事募捐基金”，这笔钱是为拿破仑三世准备的，法兰西皇帝通常就是借助这笔钱来为自己的亲朋好友购买礼物或者偿还自己的赌债。[19]

法军军力就此衰落，与此同时，年龄达到二十岁的兵源也在迅速缩水，因为法兰西人口于 1860 年代进入增长停滞期。此等情形之下，尼埃尔元帅不得不做困兽之斗，打算效仿普鲁士预备兵役制和后备队制。尼埃尔的军事法案于 1868 年提交立法会。据此法案，法兰西军役期限将从七年提升到九年（五年正规军役和四年预备军役），同时也要为征收并训练 40 万半职业化兵力提供资金，这就是所谓的“机动卫队”（gardes mobiles），这支兵力将在战时予以征召并灵活调派到有需要的地方。[20]可惜的是，预备役建制需要数年时间才能逐渐积累并确立起来，至于半职业化兵力的方案，则在立法会搁浅了，因为拿破仑三世的自由派反对者们令该方案失去了资金支持。立法会上，甘必大的共和派同梯也尔站到同一个票决阵营，共和派对“机动军役”方案的攻击简直到了敲骨吸髓的程度。本来是要借助预备军役法案将所有的青壮年男性征召入伍的，但这一法案未能纳入五年期的预算计划中，最终到 1870 年，只有 9 万人接受了每年连续 20 天的半职业化军事训练。为了平复共和派对“败坏的军营生活”的担忧，即便这区区 9 万人每年也只是训练 14 天，而且这 14 天还不是连续的，令接受训练的人员尽可以回家安睡。有人担心这样一支“半职业化”的兵力很可能会成为拿破仑三世军事主义诉求的又一个工具，为了平复这方面的担心，这支兵力的活动范围被限制在士兵的家乡，因此也就完全没有“机动性”可言。机动卫队的军官都由当地市长或省长举荐（这又成为一块政治肥肉），军士则从退役老兵中甄选。此等情形之下，也就没有军纪可言。机动卫队的枪械都是已经废弃的物件，也即正规军五年前已抛弃的枪械。[21] 1870 年 7 月，尽管拿破仑三世和勒伯夫可以征召机动卫队，但当时的
47 战备工作远远不达标，当 40 万法军正规军被普鲁士的 100 万兵力牢牢钉死并围困在法国东部的时候，紧急征召的机动卫队肯定无法及时赶到战场提供增援，因此根本无济于事。

规划和组织是普鲁士军队的另一个强项，法军在这方面明显处于劣势。赫尔穆特·冯·毛奇设置在柏林的总参谋部，是一个欧洲级的现象。总参谋部由 60 名经历过严格训练的军官组成，这些军官都是普鲁士军事学院的精英。毛奇的这个总参谋部乃以情报和规划方面的准确和精确名扬四海。[22] 毛奇于 1857 年升任普鲁士总参谋长，在此后的时间里，他极大地提升了普鲁士军队的作战效率。为了提升动员效率，毛奇放弃了并非基于地理考量的军队建制。此前，这些军队建制分散在整个王国的 330 个步兵营中，以此作为普鲁士的警察力量。毛奇现在以地理考量为基础重新配置这些兵力，令各个营永久地编入 10 个军辖区。1866 年之后提升到 17 个。为了提升兵力投放效率，

毛奇将先前以要塞为轴心的兵力配备体系改造成以铁路为轴心，甚至逐步将私营铁路公司纳入军事管控范围。这实际上意味着无论国营铁路还是私营铁路，都是围绕军事考量修筑起来的。为了便利大军团运动，这些铁路都配置了相应的机车、站台和侧线装备。毛奇本人也是欧洲将领中第一批将军事通信完全交付电报的人，由此也就大幅度缩减了命令传达所需的时间。1864 年的丹麦战争和 1866 年的普奥战争就是这方面的显著例子，在这两场战争中，军队的战术机动几乎是与柏林总部的命令同时展开的。在那个时代，欧洲的大多数野战将领都认为电报系统根本就是个累赘（“没有比背上背着电线去打仗更麻烦的事情了”，这是 1859 年一名奥地利将领发出的著名感叹），毛奇却一下子就意识到电报的无限潜力，有了这样的工具，就可以协调或展开包围战及钳形攻势。[23]

这些观念和技术上的革新都完美地融入普鲁士的战争规划能力中。1866 年普奥战争之际，奥地利人还在奋力拉出一套战争计划出来，毛奇在实施战争前很久就已经制订出完备的计划。据此计划，普鲁士大军凭借三条铁路线将动员缓慢的奥地利大军合围在克尼格雷茨。在对这场战事的一份战后分析中，奥地利野战军元帅海因里希·赫斯（Heinrich Hess）提出论断，认为毛奇已经彻底革新了战争：“普鲁士这一战乃决定性地表明，军队的力量乃是来自备战和计划。如今的战争发生得太快了，若没有充分准备，就不要指望在战事进程中再行准备了……一支准备充分的军队，其力量将两倍于准备不足的军队。”[24] 实际上，为了筹备同法国一战，毛奇从 1860 年开始就分批派遣普鲁士参谋人员进入法国，穿便服旅行，实施勘察，精细研究了法国的东部要塞，绘制了阿尔萨斯和洛林的地图，计算了法国东 48

北部各个城镇和地区的食品储备，同时也建立了相当有用的关系网。阿尔弗雷德·冯·瓦尔德泽上校，毛奇派驻巴黎的军事参赞，与拿破仑三世的侍卫长的情妇建立了良好关系，此女为普鲁士总参谋部提供了大量极其有用的军事情报。[25]以这些材料为基础，加之自己的研究，毛奇得以制定出效能惊人的攻击计划，抓住拿破仑三世的弱点，同时限制死他的强势所在。截止到1869年，普鲁士的作战计划就已经完成。据此计划，普军分为三个集群，借由五条铁路线投放到战场，目的是“追踪敌军主力，找到它，攻击它”[26]。

法军方面则根本没有可以同普鲁士的军事组织或者总参谋部媲美的东西。尽管尼埃尔元帅1868年的《军事法案》已经有意效仿普鲁士的基于地理考量的军事配置，以此来集中并强化正规兵力，同时也令“机动卫队”有了一些章法，但这一改造工程在1870年时刚刚起步。这就令法兰西的兵力滞留在并无效率可言的非管辖状态，参谋人员和各个团每隔两三年就要在整个国土上轮换一圈。战争部倒是很喜欢这样的规划，因为此等“非集中化”的军团建制可以成就某种“国家学校”，借以向各个地方的小伙子们输送爱国精神，让他们便览祖国壮美山河，从阿尔卑斯山到大西洋，从卢瓦尔河到比利牛斯山，或者如同1870年时第92步兵团的典型例子揭示的那样，从普瓦捷（Poifievs）到西迪贝阿巴斯（Sidi-bel-Ab’bex）。[27]此等并非基于地理考量的兵力配置体系，也许有重大的社会功能，但令战时动员工作变得极度复杂。在这种体制之下，军队必须返回原来的基地集结和装备，军团建制乃是现代军队的骨架，必须依托分散到各地的参谋人员和各师集结而成。普鲁士各军的建制本就是固定的地域建制，在战时，只需要用地方预备队予以补充即可。法国军方若想编组大如军一级的建制，必定是相当复杂和困难。一名准将在 1870 年 8 月时抱怨道："我抵达贝尔福（Berfort），但是找不到我的旅，也找不到师指挥官。我能怎么做呢？我甚至都不知道我自己的部队在哪儿。"[28]

铁路是法军参谋部忽视的另一个强有力的组织工具。毛奇的参谋部专门设置了一个铁路部门，负责协调军队调度，同时也负责在战时维持德意志铁路。相形之下，法军在进入 1870 年战事的时候，撮合了一大批铁路公司，有国营的，有私人的， 49
但凡涉及物资和人员的转运问题，各家铁路公司都彼此推诿，力图让对方负责运送汗牛充栋的文件材料。尼埃尔元帅的确于 1869 年 7 月组建了一个委员会，准备对法国铁路实施军事化管理，并力图将凡尔登（Verdun）到梅斯（Metz）的关键线路完工，但一个月之后，尼埃尔元帅便谢世了。他的继任者埃德蒙·勒伯夫将军（General Edmoud Leboeuf）解散了这个委员会，凡尔登到梅斯的铁路线也未能完工，这是因为公共工程部方面的压力。[29]尼埃尔元帅同时也着力将毛奇的那种勤勉和精细灌输给法军，这个努力同样遭遇挫败。在普鲁士，每支卫戍部队都会设置一个军事团体，定期开会，听取各种军事课程，并讨论军事革新举措。1868 ~ 1869 年间，尼埃尔元帅组建了一个军事研讨会，打算让这个机构履行同样的职责和功能。不过，这样的研讨会也无疾而终。此时，大多数法军军官仍然秉持巴赞元帅（Mavsbel Bazaine）的观念："站得稳，看得准"乃是唯一重要的军官资质。[30]

问题的关键在于，在法国，即便是此等半心半意的改革举措，也并非出自参谋部，与毛奇的参谋本部相比，法军参谋部一潭死水，只能靠资历说话。当然，要进入法国的参谋学院，竞争也是极为残酷的，这与法国的高等学院是一样的。但是，军官一旦端上参谋部的金饭碗，也就彻底高枕无忧了，完全没必要再去思量上进之事。顶级学院的毕业生通常都能够在巴黎占据要职，而且也可以终身制，大多数具体实务工作则交付给战争部的文职官僚。运气稍差的军官可以在地方军队或者海外消磨时光，那些更富进取心的军团军官戏谑地称这个群体为“恢复期的病号”，每隔两三年，这些人便会轮换一次。[31] 有普鲁士的杰出范例在前，尼埃尔元帅也曾竭力修正这一问题，他坚持认为，参谋的晋升应当“由皇帝裁夺”，而不应交给资历。当然，尼埃尔元帅最终也算保证了“皇帝裁夺”的权力，但皇帝总是将错误的人选提拔上来，加之军团方面的顽固抵制，最终令尼埃尔元帅的这一改革举措未能发挥效能。军团方面总是抱怨尼埃尔元帅此举是“扩张主义”，总是拒绝接受参谋学院的毕业生，理由是，这些毕业生都是“局外人”，并不熟悉军团传统。[32]

在此等摩擦和混乱中，法军的计划制订、地图绘制以及战术推演等方面的工作都遭忽视。的确，1859 年法军上战场去“解放从阿尔卑斯山到亚得里亚海的山海之间的意大利”时，将校级军官竟然发现“山海之间”的这片战场虽然辽阔，他们手中却没有任何地图可供参照。1867 年，卢森堡危机趋于白热化的时候，路易·雅拉斯将军受命执掌参谋部，这位将军竟然
50 发现，参谋部仅有比例尺是 1：320000 的德意志地图，四倍于普鲁士参谋本部的法国地图，很显然，这样的地图根本派不上军事用途。雅拉斯采取直截了当的办法，将地图切分成块，予以拍照，然后放大。尼埃尔元帅阻止了这种做法，并决定采用更便宜的做法，给军官们提供津贴，让他们各自去书店购置道

路交通地图。[33] 1868 年，巴赞元帅接掌驻扎在南锡（Nancy）的法军第三军，此处毗邻德意志边界，巴赞元帅遂要求看一看自己这个新防区的地图，但被告知，根本没有地图。巴赞遂要求巴黎方面提供他需要的地图，但此请求石沉大海，始终没有得到任何回应。[34]

1869 年，法国军方报刊对参谋部的基本能力不足以及“文山会海”“官僚做派”提出批评。[35] 应该说，问题的重大根源之一就是缺乏强有力的领导。像毛奇那般强力位置在法军中根本就不存在，相反，参谋部只不过是战争部的一个下属单位。尼埃尔元帅本人颇有见识，且富于改革，但也不免因为过多的行政负担而败下阵来。1869 年，拿破仑三世的确短暂考虑过让尼埃尔元帅变成类似于普鲁士参谋总长那样的军中人物，但不久，尼埃尔就因为一场胆结石手术而去世。[36] 到了 1870 年，法军仍然没有参谋总长，皇帝作为名义上的三军统帅，主要是通过自己的侍卫长巴泰勒米·勒布伦将军（General Barthélemy Lebrun，此人的情妇给普鲁士驻法大使馆提供了大量有用的军事情报）和战争大臣同军方接触，起先是尼埃尔元帅，后来则是埃德蒙·勒伯夫将军。缺少这样一个参谋总长式的人物，已经令法军备受困阻，战争计划的缺乏同样困扰法军。1870 年 7 月那场由法国策动的危机达到白热化程度时，驻守巴黎的“战备部”负责人询问新任战争大臣勒伯夫将军，即将到来的战事需要怎样的地形图。勒伯夫回答说：“皇帝陛下还没有定见，你随便吧。”[37] 可见，法军并无任何的战前规划，这就令战争爆发时的动员进程更显混乱。

法军和普军在战术方面的反差是最后要素。那就是，在 1870 年的战事中，两军的各个兵种均发生激烈碰撞，步兵、炮兵和骑兵尽皆在内，两军这些兵种采取的战法截然不同，也极能说明问题。1866 年的普奥战争已经从根本上改变了步兵战。
51 在那场战争中，普军装备了后膛枪，由此击溃并摧毁了奥军。当时的奥军仍然装备着前膛枪，这样的装备显然太不明智，足见奥地利方面的愚钝。这样的装备差距，令普军步兵的射击频率是奥军的四到五倍，实际上，普鲁士的这种“撞针枪”在 1866 年以来的历次战役中都发挥了决定性作用，不但瓦解了奥军的所有进攻，更在奥军中制造了巨大的恐慌。较之枪械装备，普军的战术同样是有决定性作用的。普奥战争中，奥军采用的还是传统的密集纵队攻击战术。当时，这仍然是欧洲的标准战术，在拿破仑战争中被奉为操典。1859 年的意大利战争中，法军正是凭借这种以六百人为单位的集群攻击战术击败了奥军。1866 年，曾在 1859 年战争中尝试过集中火力战术但没有成功的奥军，重新采用密集攻击战术，将每个营五分之四的兵力抽调到密集纵队中，无论战场情况如何。确切地说，无论平原、坡地、村庄还是密林，均运用这种战术。1866 年的战争中，奥地利方面本打算凭借这种战术催生的“道德力量”和“冲击力”威慑普军，但结果是灾难性的。每场战役都是在重复那种令人沮丧的模式：奥军的密集纵队几乎没有任何防护地暴露在普军步兵的极高射击频率之下，由此造成的伤亡是可以想见的。

1866 年时普奥两军的伤亡比例差不多是 1∶5；奥地利方面伤亡和俘虏的数量在特鲁特诺夫战役为 5000 人，维索科夫战役为 5500 人，斯卡利采战役为 6000 人，至于克尼格雷茨战役，则为 44000 人。“只有屠杀，没有战斗”，这是一名普鲁士军官在战后给出的评点。[38] 普军射出的子弹，平均每 250 发才能真正射中一个士兵，但更快的装填速度令普军步兵完全可以做到一往无前，即便是1∶250的击中比例，显然已足够了，而且，比例虽然很低，但绝不会削弱这种枪械的威慑力，这样的威慑力是1866年战前绝少有人预料到的。[39]克尼格雷茨战役之后，奥地利方面仍然有20万军队未曾动用，尽管如此，奥军的士气已然在撞针枪的威慑下跌落谷底，奥军军官纷纷建议即刻停战；弗兰茨·约瑟夫皇帝虽然不情愿，但也只能同意。此一结果震动了世界各国的军界，尽管普鲁士在这场战争中获益巨大，但拿破仑三世仍然不愿意介入战事，主要原因就在于此。法军1866年的境况极像奥军：同样是前膛枪，仍然采用密集纵队攻击战术。在克尼格雷茨战役之后，倘若法国尝试“攻占莱茵河”（seize the Rhine），支配普鲁士，他们的“波浪式攻击纵队”也势必会遭遇“割韭菜”的命运。当时，拿破仑三世驻柏林的军事参赞斯托费尔上尉（Colonel Eugène Stoffel）已经在历次的报告中预判了这种可能性。[40]为了应对普鲁士的挑战，拿
破仑三世在克尼格雷茨战役之后选择了克制，并于1867年任命 52
尼埃尔元帅执掌战争部，给这位元帅尽可能大的权力，让他去推行改革并更新装备。

尼埃尔的第一项举措是给法军配备新式枪械，以此同普鲁士的撞针枪抗衡。拿破仑三世对此事颇为上心，遂支持并推进这项改革举措。安东尼·夏塞波（Antoine Chassepot）和一支法国工程师团队因此得以在1866年底将后膛枪研发出来并交付法军使用。1866年的这款法军标配枪械，绰号便是“夏塞波”，这款枪械堪称奇迹，性能远胜过普鲁士的撞针枪，后者是由普鲁士的德莱塞（Dreyse）公司研发的，但那已经是25年前的事情，到1860年代后期已经服役很长时间了。“夏塞波”的有效射程为1000码，最大射程能达到1500码，这样一款枪械毫无

疑问完胜德莱塞公司 25 年前的产品，那款产品的有效射程仅仅是 400 码，最大射程为 600 码，当然这还需要最有经验的射手。[41]差别并不止于此。“夏塞波”更为轻便，更为趁手，射击频率为每分钟 8 发到 15 发。撞针枪的枪栓则颇为笨重，因此，射击频率只是每分钟 4～5 发，这样的射击频率在 1866 年堪称神奇，但到了 1870 年，则已经不堪大用了。“夏塞波”使用的子弹是另一项优势所在，这种子弹打磨得甚是精细，而且是用亚麻布而非纸张包裹，较之撞针枪的子弹，这种子弹更小，但威力更大，穿透力远胜撞针枪的子弹。1868 年，一名军医在斯特拉斯堡演示了这种子弹的穿透力，那样的效果可以说是魔鬼：这名尽职尽责的好医生将一个中年男人的尸体支撑起来，让一个步兵从不同的射程对着尸体开枪五次。子弹的力度实在是恐怖，即便这名医生已经习惯了战争的创伤。“骨头已经碎裂，子弹虽小，但杀伤力巨大”，血管爆裂，筋肉粉碎。最恐怖的是子弹进入身体和离开身体的两处创伤完全不一样；进入身体时的创口与子弹大小差不多，出离身体时的创口却有子弹的 7 倍到 13 倍那么大。测试之后，竟然根本找不到弹壳：这些子弹都已经穿透躯体，穿透两层垫子，并已经深深没入射程之内的墙体里面。这款枪械的阻滞力远胜过撞针枪，撞针枪有缺漏的后膛令子弹丧失了大量的初速度，通常只能造成轻伤，受伤士兵时常都能继续战斗。[42]

“夏塞波”子弹的口径很小，只有 11 毫米，撞针枪的子弹口径则为 14 毫米，因此，法军步兵也就能够携带更多的子弹。每次可以装填 105 发子弹，这就令每次只能装填 70 发子弹的普鲁士步兵在法军步兵面前完全失去了射击频率上的优势。德莱塞撞针枪每次开火之后，会有火花和油脂喷出，这会对士兵接

下来的射击造成影响，“夏塞波”则没有这方面的担心。“夏塞
波”的后膛由一副橡皮圈密封起来，这是从法国的印度支那橡
胶园引入的一项新的安全措施。考虑到所有这一切的优势，也
就难怪普鲁士士兵对“夏塞波”竟然会如此艳羡。1870 年 8 53
月，一名巴伐利亚军官第一次有机会手握一把“夏塞波”，这
名军官说，“就这么个小玩意，却是恐怖的杀人武器。”[43]

为了进一步增强“夏塞波”的射频和射程，法国在 1860 年代引入了另一款步兵武器，蒙蒂尼机枪（Montigny mitrailleuse），可以说这是世界上最早的机枪。在军火贸易领域，这款枪械同美国的加特林机枪展开了竞争。与加特林一样，蒙蒂尼也是一款“转轮火炮”，三十七个枪管捆绑在一起，由一副手柄连续击发。待最后一根枪管射击完毕，机枪手可将弹夹弹出，并顺势装填新的弹夹，继续射击。经过培训，这款“咖啡研磨机”（这是法军对这款枪械的昵称）每分钟可以吞掉四到五副三十七发子弹的弹夹，这相当于每分钟发射一百到两百发子弹。在 1860 年代，这样的射击频率堪称魔鬼级别。普鲁士观察员听到这款枪械的“哒哒”声，就恐惧不已，他们对它另有称呼——“地狱枪”。不过，普军也非常精明地注意到这种枪械的弱点。这款枪械曾在测试之时，以 3000 码的距离误杀一名法国农民，因此名声大噪。不过，人们普遍认为其最大射程只是 1200 码。[44]这样一款枪械需要四个人操持和搬运，枪械本身并没有护板之类的防护装置，因此枪手很容易遭到敌军射杀，而且搬运起来很慢，很容易被敌人赶上。[45]

1866 年之后，法国需要做的就是将“夏塞波”以及“蒙蒂尼机枪”，同新的战术结合起来，新战术要充分发挥这两款枪械的特点，法国人在这方面的确相当努力，这种精神在当时也的

确是相当罕见的。1866 年到 1870 年间，法军抛弃了 1859 年时的集群攻击战术，转而迈上了全新的改革之路。若要真正理解普法战争中法军的败因，很重要的一点就是要领悟 1866 年之后，法军和普军在战术上的关键差别。1866 年的战争中，普军的表现的确令人印象深刻，不过，法军也觉察出普鲁士这套军事运作的弱点。法国军方特别批评了普鲁士战术中的“碎片化倾向”，确切地说，普军似乎总是倾向于“在战场上拆分战线和纵队之间的联系，以便释放局部攻击的力量”。但实际上，1866 年普军正是凭借法军批评的这种倾向和品性，令奥军茫然不知所措，陷入巨大恐慌，并最终遭到合围。确切地说，普奥战场上，普军乃拆分成 20 人一组的小股部队，以前赴后继的叠
54 加之势，从四面八方压向战场，这样的战法看似杂乱无章，但最终会形成排山倒海之势。法军参谋部的一名军官于 1868 年发表了自己对普鲁士战术的研究，这名军官总结说，普鲁士的这种小股部队战术也许会在一时之间强化普军火力，但也令普军以杂乱之态散布在整个战场之上。此等情形之下，若是遇到比奥军更为强劲的对手，对手完全可以运用集群预备队对散乱的普军小股部队展开反攻，将之各个击溃。这名法军军官将普鲁士的 1866 年战术比之于 1792 年法兰西共和国在战场上采取的那种战术，用这名军官的话来说就是，“无数的小股部队，没有任何控制，从四面八方汇集而来”，并据此预测说，1866 年之后，毛奇将不得不将军队控制权掌握在自己手中，如同 1800 年之后的拿破仑不得不调整法军战术一样。[46]

1866 年之后的法军战术，以防御为侧重点。尼埃尔元帅接受的是工程师的训练，其人也倾向于采取防御态势，也正因此，他给每个旅都配备一千副铲子和斧头，意图以此来抵冲普鲁士

那得到强化的火力。就是这样，尼埃尔元帅训练法军在二十五分钟左右的时间里，就可以挖掘出三英尺深的壕沟。普军将战斗连队分散在整个战场上，法军则是自我压缩在这种狭窄的防御位置上，壕沟边缘枪支林立，来复枪、地狱枪和火炮可以说是虚位以待。依从后克尼格雷茨时代法军的这种新式战术，普军必须对法军的壕沟阵展开攻击，那样的话，很可能就会在法军那精确且地毯式的火力之下，遭遇“割韭菜”的命运。一旦敌军出现在射程之内，普军的战术就是自由开火，相反，法军步兵部队是不允许一次性打光五个弹夹的。射击准度是必须接受军官的检验的，继续开火的命令也需要由军官下达。这的确是一套令人失望的官僚体系，特别是考虑到“夏塞波”那高超的射击频率。不过，这种做法显然也是为了保存火药，以便发挥法军的强项，那就是“营级集群火力战术”（feu de bataillon）。

有了战壕作为依赖，法军步兵就可以安然等待敌军攻击纵队逼近，等待指挥官下令开火，并且法军采用的是梯次开火而非齐射战术。先是左翼开火，而后，枪声便如同滚雷一般从左翼一直延展到右翼，对前面的阵地实施扫荡式的攻击。细心的观察员已经注意到，此等新战术之下，突击队的重要性就没那 55
么强了。普军通常会设置 80 人组成的突击队，远远在前，引领后面的攻击队列。突击队的作用是尽速与敌军形成接触并尽可能地令敌军丧失平衡，并据此找到敌军侧翼。法军则将突击队设置在步兵主力部队的后面，这样的话就可以发挥“夏塞波”长射程的强项，同时对“营级集群火力战术”形成强化。法军的营通常也会派出 300 人的突击队，实际上这已经是一支军队了，不过更重要的是，这样一支突击队通常是在严格控制之下的。法军的通常做法是让突击队与步兵主力混同作战，由此来增强防御活力，此种做法很可能会令法军的各个作战单位在面对一波又一波的敌军攻击浪潮之时，陷入盲目交战且没有防护的境地。[47]一名德意志军官曾造访沙隆大营，他询问几个法军军官，改革后的法军是否还能保持攻击能力，得到的答复是："1866 年之后，战术完全改变了。我们如今的作战方式就是阿尔及利亚土著的那种作战方式，说白了，我们选择的是远距离射击，而非近战。"[48]组织机制的确与此新的"阿尔及利亚"战法有关联。1870 年，法军最小的作战单位仍然是营。这种作战单位唯一的攻击方法就是"梯次序列"，即一条由六组构成的密集战线。普鲁士的基本机动单位是 250 人的连队，这样的连队通常还会进一步分化为更小的作战单位：排。这样的作战单位，相对于法军的梯次营来说，的确是小得多的攻击目标。[49]

从各种角度来看，法军的这种新战术完全是对 1866 年战事的理性反应。然而，法国人毫无疑问是忽略了毛奇的这种"火力战术"的基本特点，确切地说，此等战术的主要特点就是能够随时将小作战单位集结起来，令战斗正面一下子拓展开来，同时还拥有极高的机动性，便于实施侧翼攻击。法军军官选择的那种狭窄且固定的堑壕位置，则更便利敌军的侧翼攻击。法军本应好好研读一下毛奇发表的那份对 1869 年普军秋季演练的分析文章。那篇文章的结论说，克尼格雷茨战役之后，普军的战法一如既往："我们获胜的秘密就是我们的腿；胜利的根源就是前进和机动。"[50]此等"机动"意愿恰恰成了 1870 年两军的一个关键差异。法军偶尔也会实施战术攻击，但法军这么做的时候通常是采用集群攻击的战法。1859 年法军就是用这种战术

击败了奥军，但那时的奥军不仅胆小，而且装备也很落后。这
样的战术若是运用在 1870 年的战场上，定然会遭遇灭顶之灾，
1870 年战场上的对手可是普军，普军的撞针枪和火炮足以将法
军的纵队集群撕得粉碎，这与 1866 年的战场完全不是一回
事。[51]总体而言，法军对于攻击战术是缺乏信心的。一名被派
前往法国的奥匈帝国的军事观察员，观摩了 1869 年的法军操 56
演，眼前的情形简直令他难以置信，他看到对垒双方竟然牢
牢地待在战壕里，拒绝实施攻击行动："这就是法军的战术，
双方都进抵预定位置，就那么待着，没有任何机动意图和攻
击意图，不考察地形，战线也不见任何变化。"[52]

为了避开法军的这种倾向并迫使法军在战场上采取一定的机动动作，普军方面于 1868 年，对自己昔日的成功战术实施了微调，削弱了中央攻击集群的厚度，派出更多的突击队到前面，掩护后面的攻击队列，强化侧翼和预备队，同时也决定攻击单位以 250 人的连队为上限。普鲁士的营也推行了一项快速变幻队形的措施，从"行军纵队"（march column）转变为"连级纵队"（company column），以此作为标准攻击模式并反复演练。与此同时，普军更竭尽一切可能地提升攻击速度，加强对敌军的压制。但普军很快便发现，此攻击队列的转换需要时间将各个连队以排为单位的部队拆解并重组起来，遂决定在必要时令排这个作战单位脱离原来的连队，实施即时组装，形成临时的作战连。与 1866 年时的奥军一样，1870 年战场上的法军很快就对普军方面传来的口令"向左向右转！前进！前进！"感到惊惧不已。一旦听到这样的口令，意味着普军各排战斗单位即将扇形分散开来，向左右两翼挺进，对行动缓慢的敌军展开钳形的合围攻势。[53]为了设法越过自己并不熟悉的地形并与总体

作战计划协调，参谋本部向所有的普军军官都发放了一张大比例尺的地图。这是一项预防措施，不过看来其必要性并不大。1866年，奥军军官基本上都没有地图。1870年，更少有法军军官拥有这样的地图。这些举措乃将空前的机动性和灵活性注入普军的每个营，同时也将此等机动性确立下来。用一名法军军官的话来说，这样的机动性令普军“成为一架由小小的机动单位组成的复杂机器”，这架机器可以根据现场情况，实施组合或者拆分。[54]

尽管构思精良，但普军的这种步兵战术在弹道法则面前仍然是有弱点的，确切地说，法军“夏塞波”的射程是普军撞针枪的两倍，达到1200码。这一“夏塞波射程差”意味着，普军若企图合围法军，很可能会在法军进入普军射程之前，就被法军击退了。威廉一世正是因此变得特别悲观。的确，1870年2月，毛奇派遣瓦尔德泽前往观摩法军操演的时候，特别指示瓦尔德泽“收敛一下对夏塞波的赞扬之词，否则的话，陛下会变得很悲观”。[55]1870年7月，《比利时独立日报》（*Independance Belge*），一家颇受尊重的布鲁塞尔日报，曾信心满满地预测说，在即将到来的战争中，普军是不敢贸然进攻的；相反，普军会猫在特里尔（Trier）、美因茨（Mainz）或者法兰克福的要塞里面，就像打洞的老鼠那样，避开“夏塞
57 波”。[56]实际上，这也是此时很多紧张不已的普鲁士步兵的看法，因为不断有人向他们保证说，“撞针枪的射程远不及‘夏塞波’”。[57]毛奇和手下的将领们则乐观得多。1870年毛奇和普鲁士将领仍然对这么一种已然平庸的标配武器恋恋不舍，原因就在于1866年之后，普军为了得到更为强大的火炮已经花去巨资。此时普军真正倚赖的是后膛装填的克虏伯火炮，这种火炮

用钢铁铸成，射速更快，也更为精准，远胜过法军已经服役十年的铜炮。实际上，1859 年法军的铜炮就该进博物馆了，1870 年已经彻底过时。

倘若使用得当，克虏伯火炮将是对付“夏塞波”最有力的武器。在 1866 年的战争中，毛奇承认，普军对火炮的运用非常糟糕，他们将火炮放在军团后面，缓慢拖拉，如此一来，火炮投入战场的过程极为缓慢。总体来说，普军在 1866 年战场上只使用了半数的火炮，奥军则将全部火炮都派上了用场。究其原因，部分在于这种火炮本身，1866 年普军的很多火炮都是已经过时的无膛线炮；部分在于普军缺乏有经验的战地指挥官。1815 年之后，普鲁士经历了一段漫长的和平期，这就令很多将官都缺乏实战经验。奥军的经验则相当丰富。的确，火炮是 1866 年战争中奥军唯一的亮点，他们早在 1859 年就已经对法军的战术和技术颇为关注，并且从中学到了不少的东西。1860 年代初期奥军重新装备了六磅的火炮，并且也决心在战场上检验一下这种火炮。他们将火炮集中起来，形成机动炮群，在同普军的历次战斗中都将火炮配置到阵前。这种战法实际上是对拿破仑的战法反向使用，法国进入复辟时代之后，更为谨慎也更具官僚气的法军已经放弃了拿破仑时代的战法。拿破仑乃以火炮应用而出名，他总是将火炮遍布战场，拿破仑自己也的确将火炮称为“花束”（Bouquets），每逢战事，这位伟大统帅总是将火炮推向战线，协助法军打开缺口，令步兵和骑兵得以从缺口发动攻击。这种战法是有风险的，因为火炮很容易丢失。不过，拿破仑交代麾下将领，不可轻易放弃每一门火炮，自己通常也会留有多达两百门的“超级火炮群”，以便必要时亲自干预。1859 年，法军装备的步兵枪械远逊于奥军的步兵枪械，遂采用拿破仑的战术，运用密集炮群成功地将奥军逐出作战位置，由此赢得马真塔和索尔费里诺战役，进而赢得了整个战争。

1866 年，奥地利人使用同样的战术对付普鲁士军队，将各军和预备炮群集结成一两个密集战阵，普通战役通常动用 100 门火炮，克尼格雷茨战役则动用了 300 门火炮，以此对普军的撞针枪形成有效阻击并且也足以覆盖战场。1866 年的奥军不仅动用了更多的火炮，而且也发射了更多的炮弹，平均每门火炮的发弹量是 118 枚，普军的这个数据只有 50。[58] 这就令普军步
58 兵的日子很难过。在克尼格雷茨战场的很多区域，奥地利炮群为每门火炮备足了 217 枚炮弹，令对面的普军步兵承受的轰击密度足以同第一次世界大战媲美。保罗·冯·兴登堡，未来魏玛共和国的总统，在克尼格雷茨战场上担任排长，他就发现自己陷入这样密集的轰炸中，也就是几分钟的时间，他所在连队的连长、军士以及半数的士兵便都葬身炮击之下。[59] 可惜，奥军的步兵战术实在是太糟糕且笨拙了，令火炮的优势不足以改变战局。此事令毛奇在 1866 年战后也是痛定思痛。普军的大部分伤亡并非奥军的刺刀或者步兵枪械造成，而是炮弹。很显然，火炮的精准度、射程以及射速都在不断提升，这就令步兵明显失去了对现代战场的掌控。就像 1859 年战后的奥军一样，1866 年之后的普军也注意到这样的变化并推出了自己的火炮，在推出新型火炮的同时，也制定了新的战术。

这种新型火炮由克虏伯制造，是用钢铁制造的后膛装填炮，口径很大。法军的主力火炮仍然是前膛装填的四磅炮弹之火炮，同时也配置了十二磅炮弹的重型火炮。1866 年之后，普鲁士的标配野战炮是六磅炮弹的火炮，重炮则采用二十四磅炮。火力上的差异是很明显的，不过，这款克虏伯火炮的真正优势在于

它优越的射速、射程、精准度和弹药供应。这款火炮的优越膛线、后膛装填技术和冲击引爆的炮弹，由此获得了三倍于法军火炮的精准度。其射速和射程分别是法军火炮的两倍和三倍，至于破坏力更是法军火炮无法比拟的，法军的火炮仍然是前膛装填，而且使用的还是不太靠谱的定时引信，令炮弹无法获得精准的爆炸区域，有可能在 1300 码的短程区域爆炸，也有可能在 2500 码的较远区域爆炸，中间有一片相当大的空白区，置身空白区的敌军显然都是安全的。一言以蔽之，法军的火炮尽管在 1859 年表现卓越，但到了 1870 年则已经完全落伍了。因此，1870 年战场上火炮的战况也就不会令任何人感到惊讶。法国驻柏林的军事参赞斯托费尔就一直在提醒法军，克尼格雷茨战役之后，普军的火炮已经占据了巨大优势，而且在 1867 年的一次受到密切关注的军售会上，比利时军方拒绝了法国的“拿破仑”火炮（也就是那款四磅炮弹的铜炮），转而采购六磅炮弹的克虏伯火炮。然而，法军仍然坚信他们的铜炮，其顽固程度和逻辑与 1914 年之前坚信“法 75”速射炮的情形如出一辙。确切地说，法军仍然认为，更大的机动性是可以抵补火炮口径之劣势的。[60]然而，无论 1870 年还是 1914 年，实际战况都将这样的幻想击得粉碎。

事实上，普鲁士的六磅炮完全可以依托骑兵获得快速机动能力，这样的话也就完全可以执行毛奇的新火炮战术。普鲁士人就是凭借他们的战争天赋，不仅学会了 1859 年的法军战术，也学会了 1866 年的奥军战术。对于 1866 年战场上奥军火炮的 59
威力，毛奇艳羡不已，不过，这位普鲁士参谋总长也明白，麦克马洪在索尔费里诺以及本尼德蒂在克尼格雷茨战役运用的炮群虽然威力巨大，但与普鲁士步兵分散进击的战术并不匹配。

的确，若是没有各军炮群的支持，普鲁士步兵单单依靠手中的撞针枪，在法军更为优越的步兵装备面前，是极为脆弱的。不过话又说回来，倘若让火炮全部分散在十七个军，也就等于令普军失去了对敌方薄弱环节实施集群炮击的能力。这样的话，就很难撕破敌军防线，1859 年法军在索尔费里诺以及 1866 年奥军在克尼格雷茨就是实施了这样的集群炮击。于是，毛奇便力图在两种战法之间寻求一种“中间办法”，一种是传统的火炮分散战术，另一种则是集群炮阵战术。尽管普军直到 1870 年实战时才真正找到这样的妥协之策，不过，这样的策略在 1860 年代后期普军的演练中就已经显露雏形。简言之，普军最终放弃了“大炮阵”，向着“火炮集群”战术靠拢。二者的区别非常大。“大炮阵”乃是一条静止不动的火炮战线，是在战事进程中从各个作战单位抽调并集结而成的，目的是瓦解或者粉碎敌军的进攻及防御。大炮阵的弱点是没有机动性。等到击退敌军攻击或者撕破敌军防线之后，这样的炮阵是极难实施机动的，若要强行实施机动，将会消耗大量的时间。“火炮集群”则具有机动性。这样的炮群乃是独立的火炮单位，可以在有需要的地方实施集结，实施集群轰击，而后便可以机动到其他地方，要么回归原来的炮群，要么就是同其他炮群会合。

如果说普鲁士步兵战术看起来杂乱无章，那么这种新式的炮兵战术更没有秩序可言。普鲁士炮队很可能会机动到错误的地点，令步兵和骑兵处于暴露状态。不过，“任务导向指挥体系”（Auftragstaktik）是可以缓解这种风险的，因为普鲁士炮兵在行动之前会得到明确指令，要追随步兵，将炮口对准同一目标。而且，无论何种情况，普鲁士火炮都保持在与步兵很近的位置上，相对于法军火炮，要近得多，法军火炮即便在平日操练的时候，也都基本上不实施机动，只是在很远的地方开炮，根本没有展现出与步兵共进退的意愿和能力。普鲁士炮兵则从来都是紧紧压在步兵后面，尽可能地缩短射程，提升准确度，而且如此一来，也就无须过多地变动位置。[61]一名法军观察员将 1870 年战场上的普鲁士火炮称为毛奇军队的“框架”。这意思就是说，普军是借由火炮为步兵的进攻铺路或者赶路的，由此，普鲁士炮兵实际上等于规划并塑造了每一场战事的基本格局。[62]这种炮群战术的巨大优势所在就是其机动性，此等机动性不仅可以令炮群迅速且随机机动，更能够对目标实施集群轰 60
击，以毁灭性的交叉火力将目标击溃，这也就是普鲁士炮兵所说的“两到三次交叉火力”。[63]同时，普军也并未完全放弃“大炮阵”，只是很明显地更偏爱炮群而已，这样的偏爱在 1870 年 9 月的色当战役中展现得最为充分。

普法两军最后一项重大差别自然是骑兵。1866 年的战争在骑兵方面留下了诸多明确的经验和教训，普军很好地从中汲取之，法军则基本上忽视了这些。当然，要让 1860 年代的欧洲骑兵自我进行改革，实在不是容易的事情；当时的骑兵是军中贵族气最重的作战单位，对拿破仑战争时代那种老式的战法是有偏爱的，这种情感既是社会性质的，也是心理性质的，此种老式战法通常是先用轻装骑兵（轻骑兵和龙骑兵）实施袭击，在战事的最后阶段则用重骑兵实施集群攻击（胸甲骑兵和枪骑兵）。这样的骑兵攻击能够令敌军步兵备受袭扰，疲惫不堪，并最终失去秩序，同时也能重创敌军的炮群。不过，步兵枪械日益精良，火炮装备和技术也在不断提升，令这样的老式战术早在 1840 年代便已经过时了。在那个时候，若指挥轻骑兵对敌军展开冲击，即便敌阵的枪手并不多，也是一件很危险的事情，倘若命令重骑兵冲击敌军步兵团和炮阵，更是无异于自杀。1854 年，卡迪根伯爵的轻骑兵旅在巴拉克拉瓦（Balaclava）遭遇的劫难就是明证。当时，卡迪根伯爵率领 670 匹战马组成的骑兵部队冲击俄军炮阵，三分之二的骑兵当场阵亡、受伤或者掉落战马。“确实很美，但这不是战争，”这是当时在现场观战的一名法军将领给出的评点。然而，欧洲骑兵仍然抵制变革。尽管改革要求非常明确，就是需要将重骑兵团转变成轻骑兵团，主要是龙骑兵和其他骑乘步兵（mounted infantry），用于侦查、突击等“轻骑事务”，但绝少有哪支军队真正关注这样的改革呼声。1859 和 1866 年的骑兵战术与 1815 年相比，基本上没有变化。在这两场战争中，重骑兵团或者说“预备”骑兵团仍然是骑兵的主力，他们安坐在每条战线的后面，等待便于他们冲击的缺口，但从未等到这样的缺口，因此他们也就根本派不上用场。装备来复枪和现代火炮之后，即便是已经疲惫不堪的步兵团和炮兵团，也都能够凭借远射程火力将骑兵攻击屏蔽掉。克尼格雷茨战役就见证了历次骑兵冲锋是何等无用且何等悲剧，那情景与卡迪根伯爵在巴拉克拉瓦的经历没有区别。1866 年 7 月 3 日，奥军打算从萨多瓦附近的位置撤离，为了协助撤离行动，奥军派出三个重骑兵师中的两个，对前来追赶的普军实施攻击和袭扰，意图减缓普军的追击速度。这些奥地利重骑兵可谓甲胄鲜亮，可惜他们接受的训练是以飞奔的战马形成“肉墙”，以集群攻击的方式碾压敌军阵线，但最终他们都没能来到
61 克尼格雷茨的普军面前。普军的远射程火炮很快便歼灭三成的重骑兵，余者则在惊恐中四散奔逃，一场惨烈的战役就这么悲惨地收场。[64]

普鲁士骑兵还比不上 1866 年的奥地利骑兵。1866 年的战

争中，奥军那有名的轻骑兵部队，诸如波兰枪骑兵（Lancer）和匈牙利轻骑兵，都交出了令人信服的答卷，相形之下，普鲁士骑兵在所有方面的表现都堪忧。在这场战争中，普鲁士的重骑兵团未能参与到任何一场大的战役中，轻骑兵团则在奥军更为优越的轻骑兵面前溃散，常常都无法接触到奥军，令毛奇总是对敌军的进军路线产生怀疑，甚至失去判断。说实在的，要不是 7 月 2 日的时候，一名普鲁士枪骑兵外出巡逻时偶然撞见克尼格雷茨附近奥军的拴马桩，并因此在昏暗的天色中看到萨多瓦附近奥军的巨大营地，毛奇也肯定不会有机会逮到奥军，这名普鲁士骑兵即刻将此关键情报送回司令部。获悉此时的奥军竟然愚蠢地停留不动且背对易北河，毛奇马不停蹄，当天晚上便挥师进击，将奥军合围。7 月 3 日，毛奇完成了合围，或者说，他自认为完成了合围，急忙命令重骑兵团对奥军实施压迫，意图将之赶入易北河。然而，此举没有收到任何效果，350 个普鲁士骑兵中队，最终只有 39 个出现在战场上，余者均已在战线后面乱作一团的运兵车、弹药车和救护车中迷失了，根本就没有抵达前线。[65]

毛奇不会原谅 1866 年战场上骑兵的糟糕表现，他说，他们“根本就是无用的累赘”。[66]尽管耗费了相当长的时间，有些改造工作甚至在 1870 年战争之前才完成，毛奇还是成功地抑制住各种保守势力，建立起一支极具现代气息的骑兵部队，这样一支骑兵也是普法战场上极为强劲的武器。毛奇抛弃了传统，将军中大部分胸甲骑兵团解散或者轻装化（1870 年，只保留了八个这样的骑兵团），同时在国王那相当强势的外甥弗里德里希·卡尔亲王的襄助下，令普鲁士骑兵在即将到来的战争中担当起截然不同的新角色：“再不要集群冲锋，而是要同时出现在各个地方。”[67]这的确是一份非凡的申述，实际上也预示了第二次世界大战战场上德军的战术，确切地说，就是不断地实施侦察和冲锋，以此掩藏德意志军队的真正动向，同时借此侦破敌军的动向。“面貌一新”的普鲁士骑兵于 1869 年适时建立起来，并参加了这一年格沃古夫（Glogau）附近的秋季演练。那场演练中的骑兵给外国观察员留下了深刻印象，因为他们“从无间断地四处侦察并同其他兵种配合”。他们基本上“不寻求独立行动，不会想靠这个建功，相反，他们总是在寻求对步兵提供支持”。与 1866 年相比，此等战法的确是发生了巨大转变。1866
62 年，普鲁士骑兵只是一味地在等待挥舞军刀实施集群冲锋的机会，但那样的机会从未到来。[68]

科尔马·冯·德·戈尔茨（Colmar von der Goltz）对骑兵的新角色有过很精致的概括，戈尔茨本人是普鲁士最为有名的改革者之一，他说：“骑兵应当围住敌军，就像一条弹性十足的带子一样，敌进我退，敌退我进。”[69]为此，普鲁士骑兵从根本上实施了重组。每个军配备六个骑兵团，其中只留下两个骑兵团作为预备队，担当“重骑兵冲锋”的职责。其余四个骑兵团则恒定地配合步兵作战，担当“轻骑兵任务”，比如侦察、前锋、保护以及后卫等。在 1870 年的实战中，即便是预备骑兵团也都向前推进，临时分担侦察工作。为此，他们往往会组建成暂编侦察师，在军团前面散开，负责搜集情报、铺路搭桥等，同时也负责击退法军的所有反侦察行动。1870 年的这些战场侦察队的确发挥了非同一般的作用，而这恰恰就是“任务导向战术”（Auftragstaktik）的另一面。这些骑兵团散开后形成 30 到 40 英里宽的扇面，而后再继续分化，骑兵团分化成诸多骑兵中队，骑兵中队又散射出诸多骑兵小队，小队更分解为单个骑兵，对整个战场实施全覆盖的侦察。单个骑兵本身可以自足，都配备了能够维持三天的口粮，这就大大提升了他们的行动自主度和自由度，无须因为补给问题而回撤。

在此时期，普鲁士骑兵的质量也得到提升，这一因素的分量丝毫不逊色于骑兵战术的改进。亨利·霍齐尔上尉（Captain Henry Hozier），一名英国军官，曾于 1870 年的战场上与普鲁士骑兵同行，在这个过程中，有两件事情令这位英国军官印象深刻：其一是“普鲁士骑兵指挥官的头脑”；其二是普鲁士骑兵团的朴素和效率。在和平时期，普鲁士保留了较之其他国家更为强大的枪骑兵、轻骑兵和龙骑兵中队，此举的目的是想要在战时获得更为训练有素的骑兵兵源和战马。在战场上，普鲁士骑兵注重的是实际功能而非形式。普鲁士骑兵绝不会在马匹的梳洗打扮上浪费时间，相反，他们的时间基本上都用来训练骑射。1866 年之后，骑兵指挥官都需要学习法语，这是为便利未来同法国的战争，他们也相应地受训使用地图并评估战场地形。严格的遴选制度清除了大部分根深蒂固的贵族裙带，此前，这些贵族都习惯于在骑兵团任职，此番改革之后，骑兵团的晋升机制越来越倚重精力、战术能力以及语言能力。同光鲜靓丽的法国骑兵相比，1866 年之后的普鲁士骑兵显然是非常朴素的。在骑兵团，士兵和军官的马匹都由国家配备，战服和其他配置都很朴素，这就令家境一般的绅士都能进入骑兵团。法国的情况则与英国和奥地利一样，骑兵团的军官都要自行配备马匹以 63
及华丽的战服，在这些国家，精英骑兵团的门槛就是这么高。普鲁士的这种国家配给制度因此产生了另外一个出人意料的良好结果：普鲁士骑兵团的指挥官无须担心什么，如同霍齐尔说的那样，“英国的骑兵指挥官则不是这样，因为他的战马可是值200 基尼的”。[70]

**图 1　普鲁士骑兵侦察兵向战场指挥部传送情报，1870 年**

实际上，与很多国家一样，法国也看到了骑兵战的变化，但他们没有做出调整和改革。奔赴 1870 年战场的法军骑兵与 1859 年时相比，基本上是一模一样的，仍然是光鲜靓丽的重骑兵中队的集群。普军在 1870 年时只保留了八个重骑兵团，法军则维持了十二个。若不是尼埃尔元帅在短暂执掌战争部的时候，为了节约成本而砍掉四十二个重骑兵中队，1870 年的法军恐怕还会维持更多的重骑兵部队。此外，法军所谓的“轻”骑兵团实际上都是“重”配备，这就令问题变得更加复杂。法军的枪骑兵比普鲁士的枪骑兵更为笨重，法军的龙骑兵则因为看起来像胸甲骑兵而骄傲不已，这样的自豪感实在是没有意义。法军虽然也实行过很少几项骑兵改革举措，不过，只需观察其中一项举措，便不难看出，那样的改革完全是走在错误的道路上。

1868 年，取消了胸甲骑兵的胸甲，将多余的装备卖给巴西，借此为后备骑兵部队添置更为厚重的铠甲。看来，面对日益强化的火力，法国重骑兵是想凭借这样的铠甲直接冲过去。[71] 奥匈帝国的一名参谋人员于 1869 年分别观摩了普军的格沃古夫军演 64
和法军的沙隆军演，两次军演对骑兵的使用存在一个重大差别，令这位参谋军官印象深刻。无论侦察还是冲锋，普鲁士骑兵的行动都干脆且高效。相形之下，法军骑兵“则迟缓疲沓，较之步兵团和炮团，更像一架笨重的机器”。无论巡查还是冲锋，法军骑兵的表现都“非常糟糕”，即便是他们职责所在的两个以上队列的集群冲锋，也是“疲软不堪”，为了避免战线陷入混乱，他们的速度顶多也就是小跑。[72] 训练不足，装备得更像一支侦察力量，面对敌军两英里半的现代火炮战阵，作为预备力量的法军骑兵团完全沦落至无用的境地。于是，错过改革机缘的法军骑兵，1870 年战场上只能以悲剧的方式证明自己不过是在浪费资财而已。

# 第三章　战争动员

65 7月5日就战争预算实施票决，四天之后，法国正式向普鲁士宣战。刚一宣战，便即刻触发了巴黎民众的爱国热情。在凡多姆广场（Place Vendome），埃米尔·奥利维耶下榻的宾馆前面挤满了游行示威的群众，让-巴蒂斯特·蒙陶顿将军紧张地注视着这一切。立法会既已宣战，奥利维耶便成为焦点人物。他也很珍惜此等抛头露面的机会，定时地现身阳台，向下面蜂拥而来的巴黎民众挥手致意。军队在巴黎实施集结之后，即刻开拔，奔赴东部基地。围观市民从四面八方拥挤而来，争相上前，加入队列中，肩头都扛着口袋和枪支，还有很多人站在街边的咖啡馆，边喝边喊："挺进柏林！打倒普鲁士！"市民聚集在杜伊勒里宫，日夜不散，等待着他们的拿破仑跨上战马，指挥大军。此时法兰西各个省也陷入激奋之中。乘坐火车开赴前线的士兵们更是难以忘却眼前的景象，即便是最为偏远的车站，也都挤满了人，人们纷纷呼喊着，鼓舞士兵，更透过车窗将一瓶一瓶酒递给士兵，不停地喊着要士兵们好好敲打"德意志人的笨脑袋"。[1]

此时的法兰西可谓群情高涨，对路易-拿破仑的军队来说，一切都取决于军队开赴前线的速度。普军的规模总括起来是远远超过法军的，不过，法军拥有更长的服役期，在普军完成后备队的动员和集结之前，法军有几个星期的领先时间可以发起攻击。此时的普军需要先在各军辖区实施集结，而后再将之转

运到前线，法军则需要在分布于全国的 120 个团和营的兵站实
施就近集结，而后再与预备队以及休假返回的士兵完成汇合， 66
最终形成作战单位。法军的这种动员方式当然是问题重重，比如说，预备队和休假归来的士兵，在如此乱局当中如何真正回归各自的作战单位呢？不过，即便如此，这样的动员方式还是在开战之初的几天里，给了法军相当大的优势。[2]法国军方同时也认为，普军肯定会派出大型分遣队开赴北海和波罗的海沿岸区域，因为普军必须阻击法军在这片区域实施海上登陆作战，当然也要对下西里西亚实施防护，以防奥地利方面借机“报复”。

可以说，战争的初始阶段，情况对法国是很有利的。法军参谋部估计，法国在 14 天之内就可以将大部分步兵军队投放到战场，普军则需要七个星期的时间才能完成预备队和相关军的集结。7 月 10 日，勒伯夫的机要秘书告诉一名英国观察员，“目前来看，法军尚且没有实施动员，不过，只需一声令下，14 天之内，就可以群集德意志边境地带”。[3]说实在的，这就是法军的主要强项所在，确切地说，法军拥有更高的临时动员能力，能够在短期内集结巨大兵力，并将之投放战场。这就是所谓的“D 体系”（système D），也就是“船到桥头自然直”。这一动员体系曾被拿破仑三世的叔叔奉为神明，拿破仑一世更是将此动员体系的效能发挥到肆意而为的程度，拿破仑一世的习惯就是先行越过边境对敌军实施突袭，至于兵源和给养则需要于进兵过程中再行解决。

德意志方面最为担心的就是法军这套掠夺式的、滚雪球式的动员体系。法国宣战两天之后，一名普鲁士军官从巴伐利亚的普法尔茨路过，这名军官报告说，那里的所有农民都很担心

发生这种情况，每个农民都在问，“法国人啥时候会到我们这里？”[4]理夏德·里斯中尉（Richard Ris）是巴登的一名国防军军官，他曾特别谈到，自己的军队从 7 月 16 日到 26 日一直驻扎在莱茵河一线，采取防御态势，目的是防范法军侵袭，因为，那里的所有人都觉得法军很快就会到达。里斯还特别回忆起当时的情形，人们疯狂地挖掘壕沟，并摧毁了凯尔希的铁路桥梁，以此来减缓法军的进军速度。[5]然而，德意志人的担忧最终证明是无的放矢，因为拿破仑三世在战争中投入的精力是根本没办法与拿破仑一世相提并论的。

从一开始，路易－拿破仑就没有什么规划。1867 年的卢森堡危机期间，尼埃尔元帅曾提议法军沿着蒂永维尔－卢森堡－特里尔一线对普鲁士实施快速入侵，这样的计划当然是有充分理据的，因为这样的话，法军就能够以良好的铁路和要塞网为依托，令法军如同尖刀一般直插普鲁士和南德诸邦国之间的开阔区域。可惜的是，当时的第二帝国兵站已然倦怠不堪，令尼埃尔的想法一直没有机会细化并落实为真正的战争计划。[6]1868
67 年，夏尔·弗罗萨尔将军，皇后的情人兼皇太子的老师，曾勾勒出一副截然不同的战争规划图，此图景乃是纯粹防御性质的。据此蓝图，法军分为三个军团，全部配备“夏塞波”和蒙蒂尼机枪，分别挺进并驻守斯特拉斯堡、梅斯和沙隆，以此击退普军的入侵。1870 年 2 月，奥地利元帅阿尔布雷希特大公造访巴黎，此人乃是哈布斯堡王族的一名复仇者，没有意识到奥匈帝国当前已然变化的政治现实。大公造访巴黎之后，拿破仑三世将一种十分荒诞的意图赋予弗罗萨尔计划，这是因为拿破仑三世对大公的空口承诺毫无警惕之心。据此承诺，奥匈帝国将同法国结盟，共同抗击普鲁士，有了这样的口头承诺，拿破仑三世便指令巴泰勒米·勒布伦将军将大军分为两个集群。一个集群驻守梅斯，实施防御，另一个集群则以进攻态势驻扎在斯特拉斯堡，目的是随时准备出击，协同奥匈帝国“解放”南德诸邦。这是一场十足的军事冒险，因为若如此配置兵力，孚日山必然会形成一道天然障碍，将大军一分为二。说白了，勒布伦这一分兵举措的前提本身就是很有问题的。阿尔布雷希特大公是奥匈帝国皇帝的叔叔，已经是老一辈了，他也是 1866 年战争中的老兵。他恨普鲁士，但在哈布斯堡王朝新的自由化制度中，此公基本上没有影响力。在这个已然变化了的帝国中，匈牙利人急于同俾斯麦修好，因此根本谈不上在即将到来的战争中同普鲁士作战，更别说击败俾斯麦了。也就是说，在 1870 年的战事中，根本就不存在奥匈帝国军队入侵普鲁士或者南德的问题。因此，法军自行分兵，实际上不但毫无指向，更是自毁长城。

尼埃尔、弗罗萨尔和勒布伦的计划，实质上不能称之为计划。那样的计划只能说是一些粗略的勾勒，对于正在集结起来的大军而言，无论总体目标，还是过渡性质的目标，这些目标都是非常迫切的。但对这些目标来说，这些所谓的计划都扯得太远，无法匹配起来。然而，拿破仑三世正是为了同时满足全部的这三项计划，将法军拆解为三个部分：莱茵军团由皇帝亲自挂帅，驻守梅斯；第一军以帕特里斯·麦克马洪元帅为主将，驻扎阿尔萨斯；第六军以弗朗索瓦·康罗贝尔元帅为主将，驻扎沙隆。其中，麦克马洪和康罗贝尔统领的军相当于一个小型规模的军团，各辖四个师。整体上，法军并无协调一致的战斗规划，更无任何措施来协调三支大军的行动，令它们迅速开始行动。即便是时任战争大臣的勒伯夫将军，也对如何用军茫然无知。7 月 25 日，法军已经开始展开，勒伯夫却告诉英国驻巴黎的军事参赞，康罗贝尔的军会一直待在沙隆，直到普军取道比利时的入侵威胁缓解下来，才会考虑推进到莱茵河地区。[7]这样的打算是毫无意义的，因为这是 1870 年，而非 1914 年。此时的法军正处在最有利的位置上，绝对应当主动进攻。

7 月 28 日这一天，身处圣克卢花园的拿破仑三世缓缓起床，抽了一支雪茄，这是这位皇帝在他最喜爱的这座行宫抽的最后一支雪茄。抽完这支雪茄，皇帝便动身登上已经在下面等候多时的帝国专列，14 岁的儿子和那吵吵闹闹、不知安分的表
68 兄弟热罗姆陪在身边，赶奔梅斯，他将在梅斯以极富戏剧性的方式担当莱茵军团的统帅。此时，距离宣战已经过去了十天，战斗甚至还没有开始，这位法兰西皇帝想必已开始后悔当初不应当在西班牙王位问题上表现得那么好斗。到了这个时候，法兰西民众的爱国狂潮已开始消退，取而代之的是怀疑情绪，且沮丧之气也开始出现。皇帝陛下授命皇后担任摄政，巴黎民众漠然同意。拿破仑三世为了避免民众骚乱，不得不在这座都城驻守 15000 人的军队，这样一支军队恰恰是前方迫切需要的。同时，在将皇后的摄政任命提交立法会的时候，皇帝特地附加了一个条件：皇帝在外作战期间，皇后虽为摄政，但没有立法动议权，也没有修订法律的权力。[8]皇帝选择 75 岁高龄的阿希尔·巴拉盖·狄利埃元帅（Marshal Achille Baraguay d'Hilliers）统领这支军队，维持巴黎秩序。显然这并不明智，甚至作为铁杆反动派的皇后也对此大为吃惊。狄利埃元帅不是别人，正是那个在 1849 年摧毁马志尼之罗马共和国的“老家伙”，同时也是 1851 年政变的密谋者。此时这位元帅已经做好了充分准备，一旦巴黎出现反对战争或者反对皇帝的民变，便摧毁这座都城。[9]

拿破仑三世的最高统帅权也存在严重的分歧。这位皇帝并无任何实际的军事经验，不过，他仍然坚持亲统主力军团进入战场。观察家们认为皇帝有他的小算盘。皇帝需要这么一个抛头露面的机会，亲统主力军团出现在战场上，这样的话，一切功劳都会记在皇帝的账上。莱茵军团是皇帝的“大军”，皇帝需要在公众心目中将自己同已然成为传奇的叔叔联系起来。路易-拿破仑对巴赞和麦克马洪是有担心和戒心的，法军若是胜利，皇帝不愿意让这两位元帅因此获得太高的声望，否则的话，很可能会令波拿巴家族黯然失色。[10]于是，法兰西此时的三大元帅，巴赞、麦克马洪和康罗贝尔都被放逐到军团外缘，各领一军，皇帝本人则亲自坐镇中庭，以勒伯夫将军为“主将”（勒伯夫现已晋升为元帅），同时以勒布伦和雅拉斯为“副将”。

“主将”“副将”的职位显然都是仓促创设的，从中不难看出皇帝内心的恐慌。此时的路易-拿破仑无论如何都要拼凑出一个可以将法国的几个名帅排除在外的最高指挥体系，因此，需要一些形式上说得过去的手段，令巴赞和麦克马洪等老资格将官服从勒伯夫和勒布伦这样的新人。“主将”之职的创设就是为了达成此目的，不过，代价也是巨大的。1860年代的墨西哥远征遭遇挫败，皇帝让巴赞成了替罪羊，此事令巴赞的内心已然十分愤懑。到了1870年，巴赞希望能指挥一个军团，但最终得到的只是一个军。约瑟夫·安德洛上校（Colonel Joseph Andlau）是巴赞的一名参谋军官，据他说，巴赞“向所有人都 69
抱怨，说他遭到了羞辱”。更麻烦的是，后来的事态表明，巴赞因为皇帝“忽视了（元帅的）政治分量”而愤懑不已，这一抱怨的确事关重大。后来，巴赞拒绝离开梅斯，前往救援身陷色当的皇帝，据安德洛说，原因就在于此。说白了，就是因为巴赞自感受到了羞辱。[11]

拿破仑三世于 7 月 28 日当天晚些时候抵达梅斯，而后便赶往设在欧洲酒店的指挥部，在那里，皇帝得到更为糟糕的消息：他收到士兵们呈送的 30 封匿名检举信，检举所有的元帅和将军们的暴行、背叛或者无能。勒伯夫将这批信笺交给皇帝，里面令人沮丧的内容是勒伯夫永远都没办法忘记的。他曾回忆说，其中很多信笺并非出自普通士兵之手，而是来自军官群体。浏览这些信笺之后，皇帝在傍晚时分的炎热中萎靡不振。夏尔·费伊（Charles Fay）——皇帝随从中的一名上校——一直对当晚拥挤的客厅里面那“令人窒息的温热”记忆犹新，这间客厅是在仓促之中改造成指挥部的，并且据费伊回忆，当时的指挥部里面气氛怪异且无助。1870 年 3 月，勒伯夫元帅信誓旦旦地向立法会保证，自己“可一点都没闲着”，正在草拟计划，“将大军投放到德意志边境地带，并赶在敌人前面，将战火洒向德意志，不会坐等德意志人将战火洒向法兰西”。但此时的勒伯夫却发觉自己无所事事，坐等普军入侵。[12] 通往客厅的三扇大门不停地开开关关，侍者和朝臣不停地进进出出，宣读着各种各样的信息，令客厅里的氛围更显混乱和痛苦。指挥部外面的走廊和会客厅里挤满了各路记者、访客以及探听消息的人，只要皇帝或者元帅们走出客厅，抽支雪茄略事休息，便蜂拥而上，希望能得到一些消息。勒伯夫十分痛苦地说道，“法兰西就是在这样的情况下，走上战场的。”[13]

当晚晚些时候，拿破仑邀约巴赞元帅来到帝国指挥部，就战争问题进行一次私下谈话。此次谈话气氛冷淡，预示着皇帝和自己手下大将之间的麻烦。1870 年已经年入六旬的巴赞乃是法兰西最有名的将领。他的父亲是凡尔赛的一名工程师，年轻时，他因为未能通过巴黎综合理工学院的入学考试，转而投奔军中，从行伍中一路攀爬，走到元帅的位置上。二十岁的时候，他尚且只是一个下士，三十九岁的时候，便已经成为上尉，四十岁的时候晋升为将军。这一切全是他凭自己的能力得来的，其中没有任何裙带因素，这也是拿破仑麾下很多将官的上升路线。一路走来，巴赞可以说历尽艰辛，从来都是身先士卒。在北非和墨西哥，他曾成功地荡平了多次反叛。克里米亚战争之时，也是他拿下了金伯恩要塞（Fort kinburn），还在塞瓦斯托波 70
尔（Sebastopol）和索尔费里诺（Solfevino）指挥过师作战。他曾两次负伤，一次是在阿尔及利亚，另一次在意大利。1863 年，巴赞奉派前往墨西哥，襄助弗雷德里克·福雷元帅（Marshal Fréderic Forey）。当时，福雷元帅的指挥权力已经风雨飘摇。于是，更多的荣誉便在前面等待着巴赞。他取代福雷，击败一支墨西哥野战军团，并拿下墨西哥城。1864 年，巴赞成了法兰西民众眼中的英雄，普通的布尔乔亚出身，崛起于行伍中间，却征服了一个遥远的异域国度。当年，巴赞便晋升为元帅，并奉命完成墨西哥的“绥靖”工作，令法国的代理人、奥地利的马克西米利安大公得以安享“墨西哥帝国”的王座。

在声望和权力臻于顶峰之后，巴赞的生涯于 1864 ~ 1866 年间开始出现滑坡。在此期间，尽管他组织了一次有效的平叛行动，但从未能彻底根除贝尼托·胡亚雷斯（Benito Juarez）领导的神出鬼没的游击组织。这样的游击战完全是在拖延时间，意在等待法军撤离墨西哥。1866 年，胡亚雷斯的策略奏效了。这一年，“墨西哥冒险”（Mexican adventure）的巨大成本震动了法兰西立法会，立法会遂提请拿破仑三世放弃这场冒险。1866 年 12 月，皇帝照办了，指令巴赞统领麾下的军队撤离墨西哥，留下可怜的马克西米利安大公茕茕孑立，身陷囹圄。1867 年 3 月，巴赞率领最后一批法军返回法国，此时，他发现了一个情况，令他勃然大怒。为了不让波拿巴家族受辱，拿破仑三世将罪责归到巴赞身上。尽管在这件事情上皇帝的运作手法颇为精巧且小心翼翼，主要是通过内阁臣僚和新闻媒体实施的，但这毕竟是重大折辱，巴赞是绝对不可能原谅这种做法的。拿破仑三世遂让巴赞休假，并给了巴赞一处风光旖旎的外省别墅休养身心。而后，这位法兰西皇帝便着手赢回元帅的支持，于 1868～1869 年间，将驻扎在南锡的第三军的指挥权交给巴赞，1870 年更将精锐的近卫军（Guard Corps）的指挥权也交给巴赞。然而，所有这些和解尝试都没有奏效。1870 年 7 月战争爆发的时候，巴赞仍然对三年前的事情愤懑不已，怒火难平。

1870 年 7 月，拿破仑三世可以说是再一次残酷地打击了巴赞，这令两人之间的关系更加紧张。此时的巴赞虽然是梅斯驻军的资深元帅，但拿破仑三世只是将洛林各军的临时指挥权交给巴赞，等待皇帝于 7 月 28 日到达。如此一来，巴赞虽然执掌 19 个步兵师和骑兵师，却被明令禁止擅自行动，除非有“巴黎方面的指令”。不仅如此，这位法兰西皇帝指派勒伯夫和勒布伦于 7 月 24 日前往梅斯，正式取代巴赞。此时的巴赞是法兰西最有声望的元帅，在元帅序列中排名近乎第一。以“主将”名义取而代之的勒伯夫在将军资历序列中仅仅排名第十，根本不能与巴赞相提并论。对巴赞尊严感的这种打击，正如当时一名观察员说的那样，“简直就是毁灭性的……对一个人的最大羞辱也不过如此吧。”[14]

72 7 月 28 日那个闷热的晚上，巴赞就是怀着这样的心情进入欧洲酒店面见拿破仑三世、勒伯夫和勒布伦的。当勒布伦、勒伯

图 2　巴赞在墨西哥

夫和皇帝本人向巴赞索取战争“建言”的时候，内心已经十分愤懑的巴赞也就更加怒火中烧。他当然不会有任何建言。一直以来，他都是“身先士卒的将领”，并不是什么战略家，而且此时的他也实在看不出自己有任何理由去襄助“主将”和皇帝，不正是这两位令他在墨西哥大业之后归于殒没吗？客厅里面的巴赞已然疲惫不堪，头脑一片空白，茫然地盯着眼前这几个想与自己晤谈的人。路易·雅拉斯当时也在场，据这位将军回忆，当时的气氛冷凝且僵滞，根本无助于这样一场紧急的集思广益。[15]

到了 1870 年 7 月末，普法两国的军事格局已经变得极其微妙。法国的 15 万军队已经集结在普鲁士莱茵诸省和巴伐利亚普法尔茨的边界地带，普鲁士方面也已经将同等数量的军队集结为大致上的四方形态势，南面以萨尔河和劳特河（Lauter）为界，西面以摩泽尔河（Moselle）为界，北面和东面则以莱茵河为界。双方都有良好的铁路系统，但此时都不轻易采取主动进攻态势。确切地说，若法军此时越过莱茵河展开攻击，就会将自己的侧翼暴露给美因茨和拉施塔特的普鲁士驻防大军；普军也面临同样的问题。倘若他们越过斯特拉斯堡上游的莱茵河地带展开攻击，将会同集结在梅斯的法军精锐迎头相撞。倘若越过斯特拉斯堡下游地带展开攻击，将会直接面临孚日山的阻截，这道自然屏障是相当强劲的，会令普军丧失战术上的统一步调。此等情形之下，也就难怪拿破仑三世和参谋人员会向巴赞寻求建言。这样一场战争毫无疑问是会牵一发而动全身的，倘若普军试图突入阿尔萨斯－洛林地区，法军将会突入莱茵兰或者弗朗科尼亚（Franconia）。[16]这也就需要法军指挥部里面能够有人将进军路线规划出来，但没人能做到这一点。

法军方面保留了一份7月27日麦克马洪元帅给勒伯夫的函件，这份函件显然蕴含了更深的机谋，函件的内容是请求在斯特拉斯堡或者梅斯实施一场战前讨论，“以决定第一军在下莱茵河地区重新集结，还是继续待在原来的位置上。”[17]麦克马洪显然是希望法军在这个时候能够做点什么，但他的这一请求没有得到回复。勒伯夫和勒布伦主要是管理者而非战略家，因此，也就自然而然地选择了纯粹的防御策略，这当然是最少麻烦也最少操心的策略。因此，他们将莱茵军团集结在洛林地区，等待普军来攻。欧仁妮·德·蒙蒂若皇后对此策略表示强力支持。7月31日，皇后在私下会晤奥地利大使的时候，满怀信心地说，“法国会将战争拖延下去，让这场战争变成一场攻城战，给 73
潜在的同盟以足够的备战时间。”[18]此等被动心志当然不乏批评者，主要是军中的一批年轻军官，他们每个晚上都会聚集在梅斯的“巴黎人咖啡馆”（Café Parisien）里，思量着、酝酿着他们希望即刻实施的大进攻行动。更为年老一些的军官，诸如夏尔·弗罗萨尔这样的人，则希望法军迅速进入萨尔河，迫使普鲁士采取防御态势，或者像奥古斯特·迪克罗（Auguste Ducrot）将军这样的人物，更希望法军即刻占领凯尔和兰道，由此将普军同南德诸邦隔离开来，此类建议当然都遭到勒伯夫的拒绝，理由也是一样的：“军队需要时间完成集结和备战工作。”

然而，法军耗不起时间。正如尼埃尔元帅经常说的那样，“唯有快速进攻”，才能弥补法军面对普军时的数量劣势。[19]法军若是迅速采取攻击行动，不仅会令普军震惊且失去秩序，更有可能令奥地利、意大利和丹麦也介入这场战争，并且站在法国这一边。7月23日的维也纳《新自由报》（*Neue Freie Presse*）

刊发了一篇社论，将此思路予以详细阐述，并且对法军没有“在普鲁士完成兵力集结和投放之前进行决定性的一战”感到费解。倘若皇帝和勒伯夫是在坐等普军攻入法国，那法军就等于浪费了自己在这场战争中的唯一优势，并且令潜在的同盟者感到沮丧。[20]

7月27日，在动身前往梅斯的前夜，拿破仑三世在圣克卢会晤了理查德·梅特涅亲王——奥匈帝国驻巴黎的大使。此次晤谈之时，法兰西皇帝做出最后的努力，希望同奥地利结盟，为此，路易-拿破仑抛出了一份颇具胆略的进攻计划，据此计划，法军将以强劲的态势打进德意志。皇帝还特别向梅特涅保证说，法军已经为此完成了两支大军的备战工作，一支大军是巴赞统率的梅斯大军，另一支是麦克马洪统率的斯特拉斯堡大军。“很快，两支大军就会在曼海姆会师并突入德意志，将普鲁士前些年吞并的新领地剥离出来，令南德诸邦陷入无从行动的境地。最终，南德诸邦毫无疑问会同法国海军携起手来，因为法国海军已经准备好了在普鲁士的北海海岸和波罗的海海岸实施登陆。”[21]梅特涅当晚就将此次晤谈的内容传送到维也纳。实际上，7月底的时候，一名军官也曾在法军指挥部偷听到一份所谓的“秘密计划”，此次晤谈的内容与那份“秘密计划”可以说一模一样。这一计划，据说只有勒伯夫、勒布伦和麦克马洪知道，据此计划，皇帝将在斯特拉斯堡方面集结一支10万人的大军，以麦克马洪为统帅，在梅斯方面集结15万大军，由皇帝亲自统帅。而后，两支大军会突然取道拉施塔特和盖默斯海姆（Germers heim）进入德意志，将南德诸邦同普鲁士切割开来，而后以横扫之势攻入普鲁士。同时，康罗贝尔也会从沙隆实施驰援，襄助法国陆军对普鲁士的进攻，同时也襄助法国海

军在基尔（Keil）和罗斯托克（Rostock）登陆。[22]这有可能就 74
是路易－拿破仑的计划，而且在离开巴黎时，他也的确承诺说会有“第二个耶拿”（second Jena）。然而，军事实情却是，法国完全没有足够的兵力覆盖普鲁士的莱茵河要塞体系并侵入德意志。同时，7 月的动员进程显然也是乱作一团，没有任何秩序可言。此等情形之下，对普鲁士实施辉煌一击的梦想很快便化为泡影。

第一批开赴阿尔萨斯和洛林的法军部队尚且维持了颇为稳定的秩序，然而，借由铁路输送的各个部队很快便陷入拥堵和混乱中。同普鲁士相比，法国根本就没有足够的“战略铁路线”。所谓的“战略铁路线”，就是从工业中心以及人口中心通达莱茵河地区的双轨铁路，或者至少是部分双轨的铁路干线。普鲁士方面拥有六条这样的战略干线，其中三条覆盖了中、北德意志的大部分区域，另外三条分别以汉堡、德累斯顿和慕尼黑为出发点。法国则只有四条这样的干线，分别是巴黎－色当－蒂永维尔干线、巴黎－梅斯－福尔巴克干线、巴黎－南锡－哈格诺干线和贝尔福－斯特拉斯堡干线。至关重要的凡尔登－梅斯干线尚未能完工，倘若蒂永维尔（Thionville）、福尔巴克（Forbach）、斯特拉斯堡和哈格诺（Hagenau）之间的双轨铁路能够贯通，也能够将既有的四条干线贯通。法国这套输送体系的另一个弱点就是太过倚重单轨铁路，如此一来，便只能应付单程输送。德意志铁路网中，双轨铁路占据的比重则高得多，这也就意味着，1870 年每天平均会有 50 趟专列可以开赴法国边界地带，法国方面的这个数据仅仅是 12 趟。法国专列的最高输送量也就是一个步兵营、一个骑兵中队或者一个炮队，要不就是一个补给纵队，因此，法军若要输送一个军团，需要整整三个星期的时间，这一任务量，普鲁士方面只需三到七天就足以完成。[23]

想要集结一支完整的野战军团，后勤问题同样棘手，甚至更加棘手。负责输送物资的专列必须驶入侧线，给其他火车让路，而且物资也需要卸载并配发给相应的战斗单位，那些有需要的战斗单位通常距离车头有几英里的距离。物资专列的卸载速度显然是很缓慢的，这就令干线无法维持像样的贯通时间，由此造成的混乱也就可想而知。法国的东部干线，也就是巴黎－福尔巴克干线，在7月份的三个星期时间里不得不关闭整整一天的时间，以便搜集、清点并重新组织已然混乱不堪的兵员、马匹、枪械、医疗物资、架桥物资、弹药以及食物等，所有这些人员和物资就那么散落在铁路沿线。即便铁路恢复运输，大军向洛林集结的进程也令人失望。7月27日，驻梅斯的一名英国记者报道说，“你都不能想象即便仅仅集结10万军队，会面临怎样的困难。即便每天只有15000到两万人抵达，至少也需要一个星期的时间。但是，即便是这样的数量，实施集结的
75 可能性也还是微乎其微，因为骑兵还需要马匹，炮兵则需要火炮。有时候，一列30节车厢的火车进站，在卸载全部物资和装备之后，只有50个人下车！”[24]

因此也就毫不奇怪，动员令下达七天后，原本应当集结9100人的法军师，实际上只到了6500人，这些人都配备了“夏塞波”，但是很多人没有弹夹，弹夹是另外输送过来的。总而言之，7月底，拿破仑三世发现斯特拉斯堡的军队实际只集结了40000人，而非预期中的100000人，梅斯还不到100000人，并且装备也很糟糕，并非预期中的最低限额150000人。沙隆方面预备队的情况更是糟糕，康罗贝尔的第六军少了两个师，而且用于野战的骑兵和炮兵也没有到位。[25]海军陆战队同样没

有实施登陆作战的迹象，因为舰队和陆战队都未动员。地中海舰队的大部兵力此时正在马耳他，9000人的陆战队，很多人还在度假。额外征召的两万陆战队员最早也要8月底才能到位。主力舰队之间的沟通方式也是极为可怜，对眼前的事态毫无帮助可言。7月16日，一份从布雷斯特发往瓦赫兰（Oran）的动员电报，直到7月20日才送达驻扎在米尔斯－凯比尔（Mers-el Kebir）的法军分遣舰队。[26]7月31日，英国驻巴黎军事参赞爱德华·克莱蒙特（Edward Claremont）上校前往探察法军对德意志海岸的进攻计划，却发现“根本就没什么计划”，这主要是因为皇帝对外围战事基本上没什么兴趣：“皇帝对这类事情已经厌烦不已，他什么都没做，也没有别的人得到授权去做这类事情。”[27]

法军的动员速度已然极为缓慢，同这个问题相比，还有一个问题也同样麻烦，那就是法军严重缺乏预备队。普鲁士方面有百万之众的预备队和国防军可供征召，可以极大地强化30万现役兵力组成的前线。法军虽有40万的正规军，但在正规军身后，基本上没有增援力量。当然，7月底的时候，法军发出了志愿兵征召令，但没有得到任何响应。此时的法兰西，拥有3500万人口，对这份征召令有所反应的却只有4000人。尼埃尔元帅曾在这方面推行改革举措，希望能创立一支预备队，但如此混乱的动员体系，令预备队的动员和征召也完全陷入混乱中。在动员名单上面，预备队从来都是放在最后一位，要不就是直接划归东部的某个基地，基地的名字也从来没有保密工作可言，即便有预备队出现，人们也不知道到哪里去找寻自己所属的师。[28]尽管有一定数量的“机动卫队”（gardes mobiles），书面编制中也列有250个营，但动员速度是相当缓慢的。机动队员都没有配备枪械和餐具，即便有装备，那些装备也都是乱糟糟地堆放在一起，士气更是低得吓人。塞纳河区域的“机动卫队”于 8 月初在巴黎阅兵，这支机动队多由巴黎的仆人和工人组成。观看这场检阅之时，英国军事参赞注意到，机动队员
76 呼喊的竟然是“打倒皇帝”“奥利维耶，去死吧”等的颠覆性口号。康罗贝尔元帅遂命令将这些机动队驻扎在沙隆大营，这位元帅对塞纳河机动队显然是极为戒惧且憎恶的，在给勒伯夫的函件中，他说这些机动队员的行为“糟糕透顶，远超我的预期”。深受革命思潮感染，机动队“根本不赞赏正规军的那种男子汉气概”，即服从命令的天职，这些士兵基本上不会听从军令，且时常威胁要破营而出，不是挺进柏林，而是挺进巴黎，要去推翻巴黎的波拿巴政权。

康罗贝尔既是法兰西的元帅，也是克里米亚战争和意大利战争的英雄，面对机动队那赤裸裸的叛乱和骚动倾向，也是陷于十分无助的境地，无力实施惩处，只能在函件中阐明问题的严重性。这位法兰西元帅唯一的安慰便是致信勒伯夫，信的内容简直让人不敢相信，信中申述说：“这些士兵满嘴污言秽语，不断叫嚣‘挺进巴黎’，还叫喊要反叛，要骚乱。”康罗贝尔评判说，机动队里的“积极因素”有可能超过消极因素，但对于机动队里的“激进势力”，他也无能为力，这股势力从来都对军纪置若罔闻，并且一直都在拉拢新的力量，“机动队的大批士兵本来就已经极为怠惰、飘摇不定，而且对战争也厌倦已极”[29]。巴黎的机动队已然麻烦重重，外省的机动队同样不让人省心。1870 年 7 月，各个外省大员纷纷传来报告，申述这方面的问题，其中，来自利摩日（Limoges）的报告颇具代表性：“在动身前往凡尔赛充当军医的时候，二十五岁的让·博菲斯

(Jean Beaufils) 大声威胁说要刺杀皇帝。他还保证说，‘只要皇帝进入他的射程，他就会像对待狗一样，将皇帝射倒。’”[30] 因此也就不用奇怪，大部分机动队都被留在后方的基地里，要不就是分散在贝尔福、蒂永维尔、斯特拉斯堡、凡尔登、图尔 (Toul) 以及色当等地的要塞里面，因为在这些地方，机动队是难有大作为的，总比派他们上战场要好。[31] 总体上说，尼埃尔元帅的机动卫队举措并没有达成预期。本来，这一举措是要强化法军前线的力量，甚至双倍地强化法军前线力量，但在整个普法战争期间，这一改革举措仅仅是勉强提供了两三个稍微像样的师而已。

士气问题和纪律问题并非仅限于机动卫队，这对法国来说实在是很糟糕的情形。甚至在动员过程中，正规军也对分配给自己的任务严重缺乏热情，纪律问题更要一直盯紧。军队在向东开赴梅斯的途中，士兵们纷纷溜进卢森堡去购买酒水，即便军官发出禁令，也无济于事。此等事态逐渐变得很普遍，令格
拉蒙不得不发急报给勒伯夫，提醒勒伯夫说，士兵们用这样的 77
方式每获得一瓶白兰地，理论上就是在侵犯卢森堡的中立地位，若事态继续这么演化下去，普鲁士就完全有理由取道卢森堡，进击法军侧翼。[32] 7 月 28 日，《马赛报》(*Journal de Marseille*) 报道说，当天早上，一个营的兵力准备开赴梅斯，但真正动身的兵力不足 200 人，其他人都溜进马赛城中，去品尝“城市生活的快慰”。[33] 实际上，每个师都有报告说，士兵们拒绝穿戴军方于 1830 年代采购的筒状皮帽，只要有机会，他们就会将军帽“弄丢”，通常都是丢弃在路上或者火车上。铁路方面也报告说，但凡步兵团驻留过的站台，满地都是丢弃的筒状帽，尽管军士一再命令士兵们将丢弃的衣帽捡起，但没人听从命

令。鉴于此等情况，皇帝不得不于 7 月 30 日下令取消筒状帽，以更柔软的平顶帽取而代之，目的是遏制“此等目无军纪的恶行”[34]。

然而，这只是开端而已。一旦可以丢弃筒状帽，士兵们接着将会丢弃其他东西：鞋子、餐具乃至枪械。一些部队的军官甚至前往战地医院找寻可以替代“夏塞波”的枪械，因为士兵们已经将手中的枪械丢掉了。弗罗萨尔第二军的一名上尉报告说，他手下的很多士兵已经倦怠不已，饥饿不堪，在进军途中就已经吃掉了全部口粮，背袋里也空无一物，抵达萨尔格米纳（Sarreguemines）时都没有弹夹、毯子、压缩饼干和肉干，这些东西本来是要支撑他们挺过未来一段漫长行程的。此类违规行为，遭受惩罚的往往都是军官；这些军官很显然已在沿途村庄享用了太多的酒水和白兰地而“头昏脑涨”，无力管束手下的士兵。[35]尚未抵达前线，步兵团的士兵便开始抗议所谓的“杂役”，这个说辞指的是旧制度时期贵族推行的强制劳役制度，因为士兵们往往要在车站参与卸载和分发物资的劳动，并为各个基地运送给养。士兵们还会给共和派的报刊写信，要求得到更好的食物、酒水和临时营地。7 月 28 日圣艾蒂安（Saint-Etiennes）《侦察兵》报，一家共和派报纸，报道并抗议军中的饮食：“您能相信吗，上索恩省（Haute-Sâone）的好士兵们竟然没有配汤汁的面包。事实上，他们只能喝一点汤，根本就没有面包。”[36]

军队通常都需要朗姆酒，法军却需要面包。莱茵军团提供的报告揭示了发生在 7 月底的一场真正的面包危机，皇帝亲自介入
78 这场危机，命令从巴黎到梅斯的日常面包供应不得中断。[37]此等情形对本已拖沓不堪的动员进程会产生怎样的影响，我们也只能

是猜测。面包危机当然严重，不过，咖啡、糖、米、盐和罐装水也同样是长期短缺，经常引发军队骚乱甚至哗变，因为军方不得不频繁地用酒或者白兰地来取代饮用水，令士兵愤怒不已。第100步兵团的12名士兵进驻沙隆营地之后，停下来观瞻皇太子的雕像，并且很快便开始有预谋地打砸雕像上装饰的鹰徽和王冠。下士路易·热尔曼（Private Louis Germain）更是将雕像的基座翘起，攥住皇帝独子的雕像，猛掷在地，大声喊叫着说，“打倒皇族！奥利维耶见鬼去吧，皇帝也见鬼去吧！”[38]

面对此等惊人乱象，拿破仑三世本来可以倚重自己的精锐近卫团，但是，其忠诚度和纪律意识也颇令人怀疑。7月底，皇帝的第一近卫师进驻梅斯附近的营地，近卫师参谋长以绝望的语气写道：“大批士兵在‘夜间点名’（l’appel du soir）之后便离开军营，前往附近的酒馆里一醉方休，沿途出现了很多这样的酒馆。”[39]这些士兵喝酒往往要喝到夜半时分，士兵们通常都是把酒言欢，但言谈之间，气氛很快便会转入悲观。布鲁塞尔一家报纸驻梅斯的通讯员报道说，此时的法军士兵相信，他们注定要“血浴莱茵河”（bloodbathon the Rhine）。7月28日，这名通讯员注意到，莱茵军团的士兵集合在一起，倾听皇帝的法国-普鲁士之战的宣战书。当时，士兵们普遍“缺乏热情”，只有寥寥几处角落里会有“万岁，皇帝”的声音响起。当军士长读到皇帝预言“这将是一场漫长且艰苦的战争”之时，士兵们纷纷交头接耳，四面都响起抱怨之声。成千上万的士兵当场议论说，“这有意义吗？皇帝的计划究竟是什么？”[40]这恰恰就是战时法军的特性之一，这样的特性对军心毫无疑问是极具腐蚀性的，确切地说，普通士兵都对战略问题极为关切、兴趣浓厚。说实在的，士兵们对战略问题自然是无知无解的，在这类问题上他们也没什么好说的，不过士兵们却一直都睁大眼睛，对陷阱和背叛等问题极度警觉。军官们若有任何迁延或者失误，即刻便会被士兵们视为背叛或者无能，士兵们即刻就会觉得军官们背后有背叛图谋，要把他们送入虎口。正如一名旅长在写给师指挥部的信中说的那样，此等心态乃是“原初之恶”
79 (fâcheur début)，随着时光推移，只需几个星期时间便会扩散开来。[41]这样的压力是拿破仑三世很难承受的，他的王朝本质上就是一套军事体制，是依靠一支忠诚的军队才得以维持的。此时处身梅斯的很多人都注意到皇帝的不安。伦敦《全球》(*Globe*) 的通讯员在 7 月 30 日的报道中谈到路易 - 拿破仑“经常愁容满面”，步履僵硬。比利时的一名记者也描述了皇帝此时的“特殊愁容”，其中混合了漠然和绝望。这位法兰西皇帝此时显然也是十分脆弱的，7 月 29 日他的敞篷马车驶过圣阿沃尔德（St. Avold）的时候，人们注意到，他的侍卫一直斜靠在皇帝的身体上面，目的是为皇帝遮挡从街道两边的阳台上抛洒而来的鲜花。[42]

## 普鲁士动员

普鲁士抱持同法兰西一样的激奋之情迎接这场战争。阿道夫·马蒂亚斯（Adolf Matthias），当时还是马堡大学的学生，他对 1875 年 7 月 15 日那段在酷暑中的等待时光记忆犹新，那天的等待只是为了能看一眼已经 73 岁的普鲁士国王威廉一世，威廉一世将会在这一天乘坐火车从巴特埃姆斯赶往柏林。皇家专列驶过马堡的时候，站台上的人群爆发出战争呼声：“战争，我们要战争，陛下！”当天晚上晚些时候，马蒂亚斯在马堡的啤酒花园里喝酒时，有人在演奏台上高声朗读法国方面发布的动员令电文。马蒂亚斯在日记中写道，“这份电文中的词句，如同有了魔力，竟然激发了此等激情，这是我从来没有见过的事情。军官、公务员、教授、学生及商人纷纷高唱‘万岁胜利者的桂冠’、‘保卫莱茵河’、‘我是普鲁士人，你可知我颜色’及‘德意志高于一切’。后来，乐队演奏结束时，我们走到地窖餐厅，在那里又喝了一通啤酒，并殴打了几个英国学生，这几个英国学生当时说了一些冒犯我们爱国情感的话。”[43]

第二天早上，马蒂亚斯便志愿报名参军，像他这样的志愿兵有上万人之多。在这场战争中，德意志的志愿兵数量远远超过法国，尽管一开始，志愿兵的报名人数证明了法军对短期兵役的所有怀疑，并且这类志愿兵大多都是学生。此时只有 19 岁的马蒂亚斯甚至都不知道从教室到马堡市中心的路怎么走，又怎么可能踏上前往法兰西的征程呢？“我永远都忘不了第一次全幅装备踏上征程的情景，装满东西的背包、头盔、雨衣、火药筒、弹夹和枪械。本来我是要背着所有这些东西，从宿舍走到广场接受检阅的，但走到半路就走不动了，剩下的路我只能雇
车。”[44]可谓德意志人的幸运，此时已然无限高涨的民族精神通 80
常是能够弥补体力上之不足的。驻卡塞尔的一名比利时记者谈到“革命精神在德意志涌动……德意志人志在民族统一，为此不惜一切代价”。英国的一名通讯员在观察普军施泰因梅茨第一军团（Steinmetz's First Army）于特里尔集结的情况时，显然是注意到这一集结行动中饱含“日耳曼人坚定的决心”，这名通讯员借用托马斯·卡莱尔（Thomas Carlyle）的话点评说：“我们这里有适宜铸铁的火，这里的火的确很难点燃，但一旦点燃，便很难再扑灭。”[45]而那伟大的铁匠就是普鲁士参谋本部，这个伟大的铁匠此时也已开始发出动员令，对预备队实施集结，同

时也开始令后备队进入战备状态。

普鲁士呈现的风雨摧城态势，令巴赞这样的法军将领惊惧不已。7 月 20 日巴赞急电巴黎：“普鲁士正在征召老弱之辈进入公职体系，将所有身体强健之人都送上前线！”[46]一个星期之后，一名驻普鲁士的巴黎记者对眼前的场景目瞪口呆，“年龄在 20 岁至 38 岁之间的所有成年男性”，一夜之间全部蒸发不见了，“……他们都全副武装奔赴前线……乡野一片荒寂。麦子已经成熟，等待收割，却等不来镰刀，放眼望去，到处都是士兵！”[47]此等动员力度当然是普鲁士军事体制的主要优势所在。这样的体系，能够在短时间内将数十万计训练有素的平民变为士兵。尽管开启速度不及法兰西，但普鲁士投放兵力的速度是绝不逊色的，而且，士兵们都是全副装备，群集战场，这一点恰恰是法兰西根本做不到的。

法兰西方面，勒伯夫是在毫无准备的情况下，踉踉跄跄地跌入战争中。与勒伯夫不一样，毛奇则是从 1866 年之后便一直在细心酝酿并筹备这场战争。普鲁士的战争规划充分利用了德意志的铁路优势：五条干线直通法国边界，这就令普军及其盟军可以从北面的特里尔到南面的卡尔斯鲁厄之间的整整一条长弧地带展开。[48]普鲁士 - 德意志军队最多只需要四个星期的时间，就能够在数量上超过法国。因此，此等兵力投放态势也就令毛奇在战争开启的几天，游刃有余，只需躲在莱茵河和萨尔河的屏障后面，静待所需的时间过去就可以了，毕竟，在战争的初始阶段，法国相较更为强大，待兵力完成集结，毛奇就可以挥动大军对拿破仑三世的军队实施合围。此时法军的莱茵军团只是 22 个师的杂合体而已，彼此之间缺乏协调。与法军的情形不同，毛奇对普鲁士的主力配置是非常清晰的，他将普鲁士

主力兵团分为三个机动军团。最北面的是卡尔·冯·施泰因梅
茨将军统领的第一军团，辖 8 个步兵和骑兵师，部署在特里尔
和萨尔路易（Saarlouis）之间的区域。施泰因梅茨第一军团的
南面，是毛奇最大的军团，也即由普鲁士国王的外甥腓特烈·
卡尔亲王（Prince Frediedrich karl）统领的第二军团，部署在萨
尔布吕肯（Saarbrücken）附近。克尼格雷茨会战之时，普鲁士
最大的军团也是交由这位亲王指挥的。在三支大军中，第二军 81
团的兵力是最大的，比另外两个军团大得多。这支大军编成内
有 17 个步兵和骑兵师，这样一支大军若要越过莱茵河战线及要
塞，当然是有困难的。最南面是第三军团，辖 12 个师，毛奇将
之部署在巴登和普法尔茨地区的卡尔斯鲁厄附近，负责指挥这支
大军的是克尼格雷茨会战的另一位英雄，王储腓特烈·威廉
（Crown Prince Friedrich Wilhelm）——威廉一世的儿子。在 1866
年战役的白热化阶段，正是这位王储率军对贝内德克大军的右翼
实施了迂回包抄。[49]

毛奇对三支大军的部署，使得拿破仑三世的军队无论在哪
个位置上露面都可以对之实施歼灭。确切地说，倘若拿破仑三
世在斯特拉斯堡附近实施集结并从那里侵入巴登或者防御孚日
山一线，普鲁士的第一和第二军团就可以向西南转进，从侧翼
和后面包抄法军。倘若路易-拿破仑将兵力集结在莱茵兰地区
或者待在梅斯对抗施泰因梅茨和卡尔亲王的军队，那么普鲁士
的第三军团就可以实施机动包抄战术，越过孚日山防线，威胁 82
法军莱茵军团的侧翼及其与巴黎的交通线。[50]这当然是最优的
战术位置选择，不过，想要据守这样的位置且能够迅速实施战
术机动，则完全是另外一回事情。为了达成这个目标，1868 年
之后，毛奇及其参谋人员耗费了相当长的时间，制定了详尽且

**图3　巴伐利亚步兵团实施动员，1870年7月**

具体的进军路线和时间表，以便让普鲁士的十三个军和南德诸邦的所有师都能够按照计划抵达兵力集结区域。毛奇更是亲力亲为，于1868年4月亲自走访、勘察相关区域，研究实际的地形和配备。奉派前往追踪毛奇的法国军官提交的报告颇能说明问题，从中不难看出，这位普鲁士参谋总长当时走访过的地方，正是1870年普军的跳板区域：

> 自星期一开始，毛奇一直在法国边界地带巡行。他首先走访了美因茨，而后便是比肯费尔德（Birkfeld），其间，他记了大量笔记。星期二，他在萨尔布吕肯歇息，并在此地的几处高地做了更多笔记。昨天和今天则在萨尔路易。今天早晨他乘坐马车前往视察沃德文奇（Vaudevange）和贝鲁斯（Berus）附近的几处高地。明天，他将动身前往特里尔，

在那里探察摩泽尔河。[51]

毛奇就是凭借如此精细的规划和勘察，力图消除1866年那场战争中的摩擦和低效，当时的那场战争中，普鲁士的作战单位毫无疑问是太多了，而可供使用的铁路却是太少，军队差不多是在推推搡搡中进入波希米亚的。结果必然是一场突兀、随意且缺乏协调的入侵行动，令奥地利军队获得多次机会，对离散各处且给养很差的普军部队实施打击，这些部队都是在前往克尼格雷茨会师途中落单的。这一次，毛奇决心让此次侵入法国的军事行动平顺且给养丰沛，成为军事动员过程的顺畅延伸。要做到这一点，光靠意志力是不够的。1870年普鲁士的这场军事动员，进展得极为平顺，这本身就是对毛奇在克尼格雷茨战役之后用数年时间完善起来的情报组织的一项嘉奖。塞尔苏斯·吉尔上尉（Captain Celsus Girl），一名在第三军团指挥部供职的巴伐利亚军官，对普鲁士同僚接受的军事教育备感吃惊。他们的动员效率如此之高，是因为他们平日里就经常演练。“普鲁士参谋本部军官的素养尤其高”，吉尔在1870年7月写道，“他们能够取得如此速度，是因为指挥部的所有普鲁士军官都受过如下训练：安排多兵团从基地向集结区行进时的铁路运输工作；制定精确的运兵时刻表，并安排单个作战单位的多战区转运机制”。[52]普军在其他方面也同样准备得很充分。1870年，正是普鲁士人发明了“身份识别牌”，这是一种要求所有士兵都佩带的扁圆形牌子，上面刻有士兵的名字以及士兵所属的战斗单位、士兵的住址等。有了这样的牌子，就能够加快伤亡士兵的身份识别工作并更为迅速地告知士兵家属。为了将军民更紧密地联结起来，普鲁士军方向每个士兵发放12张邮政卡片，士兵在整 83

场战事期间都可以将自己的话写在这些卡片上，寄给他们心里惦记的人。法军的战时邮政体系，实际上法军自己都承认，“简直是一片混乱”，而且，大多数士兵根本就不会写字。[53]

有了这样的准备和铺垫，普鲁士的动员进程显然会比法国迅速很多。同时也不要忘记，普鲁士是在 7 月才突然得到法国宣战的消息，如此看来，普军的效率更令人印象深刻。7 月 12 日，毛奇实际上已经同意了数百名军官的请假申请，但两天之后又不得不将这批军官紧急召回。[54]此时的军营和车站随处可见德意志人亲人别离的痛苦场景，但是，更多的人则以爱国和坚毅的情感及态度接纳了这场战争。年仅二十岁的卡尔·里茨曼（Karl Litzm ann），普鲁士后备队的一名中尉军官，刚刚离开学校，在他的记忆中，登上前往柏林的运兵车时，母亲往他手中塞入一封信笺的场景是挥之不去的。那信笺上有这样的话，“我意识到，我也许再也不能把你抱在怀里了，这让我很痛苦，不过，一想到你也参与了这场战争，我的兴奋又远远压过我的痛苦”。信笺的最后一行字则让除了 19 世纪的德意志人之外的所有人不寒而栗：“不一定非得从战场上回来，且尽心尽责就行了！”[55]约翰内斯·普莱斯（Johannes Priese）是普鲁士轻骑兵敢死队的下士，他从未忘记 1870 年的那个 7 月，当他随军离开波森（Posen）的时候，父亲留给他的最后的话：“我不应当只考虑自己的安全，现在的我，唯一的关切就是为人民、为祖国尽职尽责。”[56]

就是在此等情感催动之下，普鲁士的动员进程变得极为迅捷。即便是在南方，也是如此，尽管那里的巴伐利亚人并不习惯进攻性的战争规划，并且他们还在经历一场枪械变革过程，要把先前的前膛枪改换成后膛枪。因此，想让他们赶得上时间表，的确是有相当难度的。普鲁士方面的疑虑更是加大了这个难度。普鲁士方面直到最后都在怀疑，信仰天主教的巴伐利亚人是否会加盟普鲁士，共同打击法国。毛奇正是因此一直拒绝给南德军队将军以下的军官提供普鲁士那 1∶80000 比例尺的精良“作战地图”。考虑到南德军队的大多数团级、连级和排级军官都是依靠“雷曼的法国交通图”（Reymann's Road Atlas of France）来规划行军和战术动作，鉴于这种地图的最大比例尺也就是 1∶250000，巴伐利亚和符腾堡军队在这场战争中的表现也就更令人瞩目。[57] 不过话又说回来，在整个德意志军队中，营是预备队的集结单位，他们最终都要融入团级作战单位，并 84
找到自己所属军所在铁路线的位置。

军事动员绝对不是容易的事情，即便德意志军方为了组织工作而绞尽脑汁并付出巨大努力。约瑟夫·克伦佩尔（Josef Krumper），巴伐利亚的一名排长，他曾回忆起 7 月底自己所属连队从奥盖斯堡（Augs burg）到盖莫斯海姆（Germersheim）的动员过程，后者是威廉王储统领的第三军团的集结地。最长的一条集结路线有铁路覆盖，这条铁路长约 150 英里，从奥盖斯堡伸展到布鲁赫萨尔（Bruchsal）。动员过程中，士兵们“如同绵羊一样拥挤”在货运车厢里面，军官，以及文职人员，则拥挤在二等车厢里面，观看着全然残缺不全的阿尔萨斯地图。军队于下午六时在布鲁赫萨尔下车，由此步行，向 16 英里之外的盖莫斯海姆进发。骄阳和雨水轮番侵袭之下，连队的大多数人都疲惫不堪。抵达 8 英里处的第一个歇息点时，落队之人已然比比皆是，饥渴和暴晒令士兵们备受折磨。若是遇到风雨来袭，整个队列就会停止前进，士兵们纷纷卸下背包，穿上雨衣，这是更为职业化的法军通常会采取的防护举措。巴伐利亚军官多次下令，禁止穿戴雨衣，但士兵们已经醉意朦胧，根本听不进这样的命令。确实，一路之上并无罐装水供应，士兵们只好用杜松子酒取而代之，这就令行军速度更拖沓。最终，当这个连队重新集结起来并进驻法国边界地带的一个营地时，已然耗去整整两天时间。随军医生也是在这里开始着手自己的第一份工作，手中的伤员要么是因为阳光灼伤，要么就是因为在沿途村庄吃了太多不该吃的东西而伤到肠胃。一名德意志军医回忆说："我接治的一名士兵，一天之内吃了太多的东西，大量的牛奶、啤酒、未发酵的葡萄汁、苹果酒、白酒、咖啡、白兰地、朗姆酒，等等……还有不少的葡萄、苹果、桃子及草莓，大多数都还没有成熟。"[58]不过，这样的散乱情况应当说是一切军事动员中都会发生的事情，特别是要考虑到，普鲁士征召的很多士兵相对而言都还是新兵。毛奇的才能恰恰就体现在这里，他能够将此等散漫现象维持在一定的限度之内，令所有离乱的战斗单位都融入一套协调一致且相当精准的战争规划中。

大多数普鲁士正规军和预备队都要比巴伐利亚军队做得好。截止到8月3日，毛奇已经将32万兵力投放到法德边界地区严阵以待。数万预备队也正在源源不断地赶来。19世纪欧洲最为血腥的战争舞台就此搭建完毕，7月31日，身在达姆施塔特的一名英国官员记录了这一场景，其文字中饱含忧虑：

> 文明世界的历史已然走过漫长岁月，眼前这场战争却将是史无前例的……整个民族突然之间放弃日常生计，接受征召，进入一场战争中，这场战争则肯定是人类有记载以来最为血腥也最为要命的，与这场战争比较起来，1866年的那场战争不过是小孩子的游戏罢了。[59]

# 第四章　维桑堡与斯皮克伦

时间推进到1870年8月的第一个星期，拿破仑三世已经面 85
临巨大的压力，必须要发动进攻了。对波拿巴家族来说，进攻毫无疑问是政治上的正确选择，不仅如此，从军事战略角度看，这也是唯一可以遏制普鲁士兵力优势和组织优势的办法，而且，格拉蒙也在不断提醒勒伯夫，若要诱使奥地利、意大利和丹麦在这场战争中同法国结盟，这也是唯一的办法。[1]当然，到了这个时候，问题的关键在于，法国在战争初始阶段的所谓优势是假设的，这样的假设，其理据并不牢靠，无非就是说法国能够比普鲁士更为迅速地动员起更大的兵力，因为普鲁士是需要动员预备队的。然而，实际情形并非如此，毛奇的军队，无论正规军、预备队还是后备队，都挫败了这一假设，他们的动员速度比法国更快，此等动员速度反而令路易-拿破仑虽然不情愿，但也只能催动军队越过萨尔河，而后，普军也得以越过萨尔河，击溃驻防维桑堡、弗罗埃斯克维莱（Froeschwiller）和斯皮克伦的法军，由此将大军推进到法国境内。

说实在的，到了1870年8月的第一个星期，进攻也是法军能够考虑和采取的唯一策略。格拉蒙的战争政策以及大军的动员，这二者之间的协调和同步被完全忽视，到了这个时候，即便只是将法军投入战场，也都困难重重，非得付出超乎寻常的努力才有可能。8月1日，在从南锡到梅斯的行军过程中，11名法国士兵死于心脏病突发。还有两名士兵因为酷暑和沮丧，干脆停下来坐在路边，而后选择了自杀，其中一名士兵完全暴露在惊恐的记者团面前："他将手中的'夏塞波'对准自己的右眼，用脚趾头扣动了扳机。子弹将他右侧的脸完全撕去。实在是太可怕了。"此时的梅斯仍然在极度的紧张和忙碌中，新军和物资不断从法国各地涌入。"日子一天天地过去，每一天，人
86 们都在自欺欺人地想着，备战工作也许要结束了吧，"这是《比利时快报》（*l'Etoile Belge*）驻梅斯的通讯员于 8 月 1 日发出的报道，报道还说，"今天早上，两千辆马车将梅斯的街道彻底堵塞，大部分都是干草、麦秆和燕麦，这些物资都是昨天夜里抵达的，正等待配发。"[2] 梅斯大营的交通阻塞已然极为严重，令骑兵和步兵不得不充任劳工，装卸物资，日夜不停。梅斯－巴黎铁路线的严重堵塞，令士兵们不得不徒步很长很长的路，才能抵达指定的火车，就那么仓促地将火车运送的东西塞满背包，然后再返回梅斯。一路运送下来，基本上所有的东西都潮湿了，火药、绷带、战壕挖掘装备、餐具、平顶帽和帐篷等，士兵－劳工将这些物资堆放在主广场上，接着便再次返回，开始新一轮搬运。[3] 这无穷无尽的劳役实在令人难以承受，此等情形之下，若是有选择，相信绝大多数法军士兵都更希望向德军发起进攻。

夏尔·弗罗萨尔将军正是在此等情形之下提议攻取普鲁士的萨尔布吕肯。1870 年，弗罗萨尔已经 63 岁高龄，是波拿巴家族的爱将，皇太子的老师，同时也是法军梅斯第二军的指挥官。有几个星期的时间，弗罗萨尔一直都在敦促先发制人，对普军展开进攻，终于在 7 月 29 日，获得皇帝授权，实施一次进攻行动。第二天，勒伯夫便发布攻击命令，莱茵军团于次日开拔。然而到了 8 月 1 日，这一最后时刻才得到授权的攻击行动，

看来并不明智，风险很高，因为此时的毛奇已经在法军莱茵军团的两侧集结了数十万大军，令法军莱茵军团陷入梅斯和萨尔布吕肯之间的狭窄区域，遭到挤压。此等情形之下，法军若再向东进攻，已经是没有任何意义了。莱茵军团南北两侧已经聚集40万普军，若是法军有任何进攻动作，必定会令莱茵军团陷入巨大的合围圈中。而且，萨尔布吕肯附近的六个法国军和位于阿尔萨斯的麦克马洪第一军之间本就危险的间隙，将会更加扩大。此时，拿破仑三世的明智之策就是驻守梅斯，严阵以待，同麦克马洪第一军保持联系，据此组建一条防线，阻击正在迫近的普军进攻浪潮。然而，这位法兰西皇帝在这一刻，竟然觉得反正要撤退，因此有义务在撤退之前攻击点什么。此时，施泰因梅茨第一军团守卫萨尔河一线的第十六师正驻扎在萨尔布吕肯，因为脱离第一军团而落单。于是，位于萨尔布吕肯的普鲁士第十六师便成为拿破仑三世眼中有诱惑力的目标。然而，没有人对此次行动抱太大希望。即便是弗罗萨尔，虽然一度极力建言法军攻击普法尔茨和黑森地区，此时也认为，攻击萨尔布吕肯的行动顶多也只能说是“换一下位置”，以进为退，强化阿尔萨斯-洛林一线的防御态势而已。[4]普鲁士方面根本就没把法兰西皇帝的此次攻击行动放在眼里：“法军利用动员速度优势的机会已经过去了，”毛奇冷冷地评论说。的确，弗罗萨尔所谓的“火力侦察”此时也只能沦为“公关噱头”而已，毕竟， 87
此时的萨尔布吕肯，楔在孚日山和埃菲尔山区之间，由此也就成了法军后勤供应线上的一个死胡同，因为此时的法军正被6000辆马车的火药和工程器械所拖累。[5]

然而在7月31日，莱茵军团还是开始按照计划调动。其中一些战斗单位在进军途中经过了1815年时割让给普鲁士的土地。第六十七团的一名上尉经过福尔巴克附近的一座小村庄时留下了如下记录："1815 年的条约把这个地方给了普鲁士，但因为这个地方的民众都是亲法国的，于是所有的成年男性便都迁移到波美拉尼亚，以免那里的土地撂荒。时至今日，周边的几个村落仍然只有妇女和儿童。"[6]到了 8 月 2 日，莱茵军团各个军已经推进了大约十英里，都踏上了德意志的宽阔大路，这样的道路可以并行四列纵队。即便在如此早的时候，法军前进路上的每一步，都会遭遇普鲁士巡逻队。路易·拉德米罗将军（General Louis Ladmirault）第四军的一个排同普鲁士第七十团的两百人发生一场遭遇战，这场小冲突之所以惹人关注，主要是因为一名法军下级军官对此有详细记录（这样的记录的确很罕见，因为法军一向是吝于做这样的记录的），当然，也是因为从这场冲突中可以瞥见两军的策略和为战之道。

法军朝着普鲁士边界地带推进，在这个过程中，卡米耶·勒鲁什中尉（Lieutenant Camille Lerouse）指挥的一个排同在林中歇息的一个普鲁士步兵连发生遭遇。就在勒鲁什率领麾下的部队以散兵线向前行进时，普军以优势的兵力从林中发起攻击，试图包抄并歼灭这支法军，不给法军撤退的机会。很快，法军便遭到两面包抄，后面更有大批普鲁士士兵压了上来，勒鲁什即刻命令士兵就地卧倒，从身边的燕麦拢里抓取一切可用的东西，将自己盖起来。接着便是"一阵弹雨"。很快，法军便凭借"夏塞波"的优势火力以及士兵们更为精准的射击技术将普军阻击下来，一待普军停下来，勒鲁什便即刻命令士兵们前进十米，然后立刻跪地射击。很快，普军便在法军的强劲火力下四散奔逃。一名普鲁士军官"对此备感羞辱，毕竟这么多人在一支小小的法军部队面前，竟然四散奔逃"，这名军官站在原地，挥舞军旗，高声喊叫着“冲锋”，那声音能传出两百码。勒鲁什用手中的夏塞波瞄准这名军官：“第二枪的时候，他才直挺挺地跪着死去。”法军的一个排竟然击溃了普鲁士一个完整的连！与1866年的战争比起来，这显然将会是一场全然不同的战争。对勒鲁什中尉来说，这场战事之后发生的种种事情与这场战事本身一样有趣，旅长、团长和营长纷纷拜望他 90
的这个排。这些将官们如同缴纳封建税赋一样，奖励这个排的士兵们：戈尔贝格上将给了50法郎，吉罗上校给了5法郎，迪皮伊·德·波迪奥上尉（Captain Dupuy de Podio）也给了5法郎。[7]对前线的法军士兵来说，60法郎相当于今天的180美元，这可不是一笔小数，足以供应勒鲁什全排士兵未来几个星期的声色犬马了。

8月2日，巴赞第三军和弗罗萨尔第二军的6个师突入萨尔布吕肯，普鲁士第四十团的3个连队选择撤退，因此法军基本上没有遭遇抵抗。法军以横扫之势进入城中，用弗罗萨尔军中一名军官的话来说就是，“泰然自若，如同在沙隆大营演习一样。”[8]伤亡很轻，普军伤亡83人，法军伤亡86人，不过倒也刚好让拿破仑三世尴尬一番。战前，他在分发给士兵们的传单里面信誓旦旦地保证说，撞针枪远远比不上夏塞波，德莱塞兵工厂的子弹速度奇慢，法军士兵完全有时间在子弹抵达之前弯腰低头。[9]本来，萨尔布吕肯应当是14岁的皇太子接受战火洗礼的地方，现在看来，这个愿望落空了。当拿破仑三世带领皇太子距萨尔布吕肯三英里下马车，骑上马匹观看经过的军队时，眼前的场景让他们震惊了：沿途三英里的地界，满眼都是丢弃的背包、毯子、烟草袋、餐具和弹夹。长途行军已经令士兵们疲惫不堪，弗罗萨尔的士兵几乎将可以丢弃的所有东西全都丢弃了，

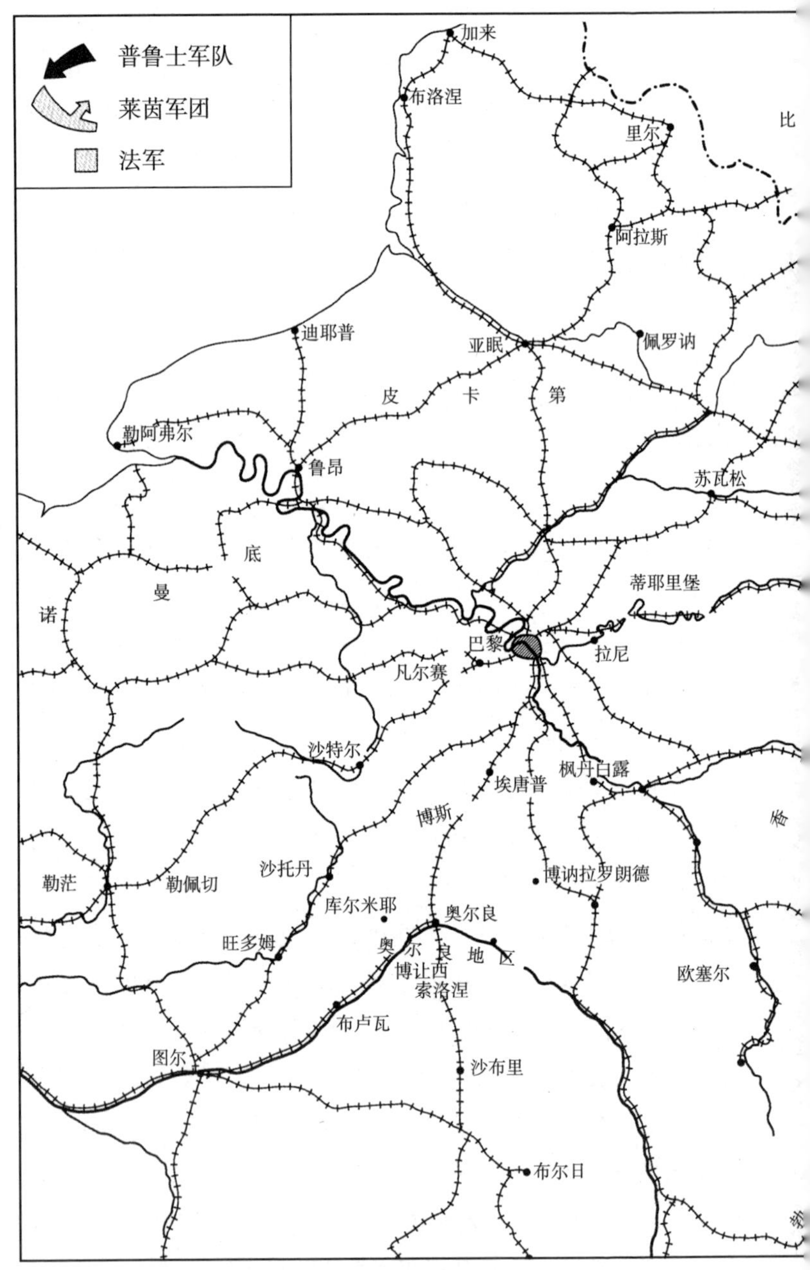


地图 2　弗罗萨尔进攻萨尔布吕肯

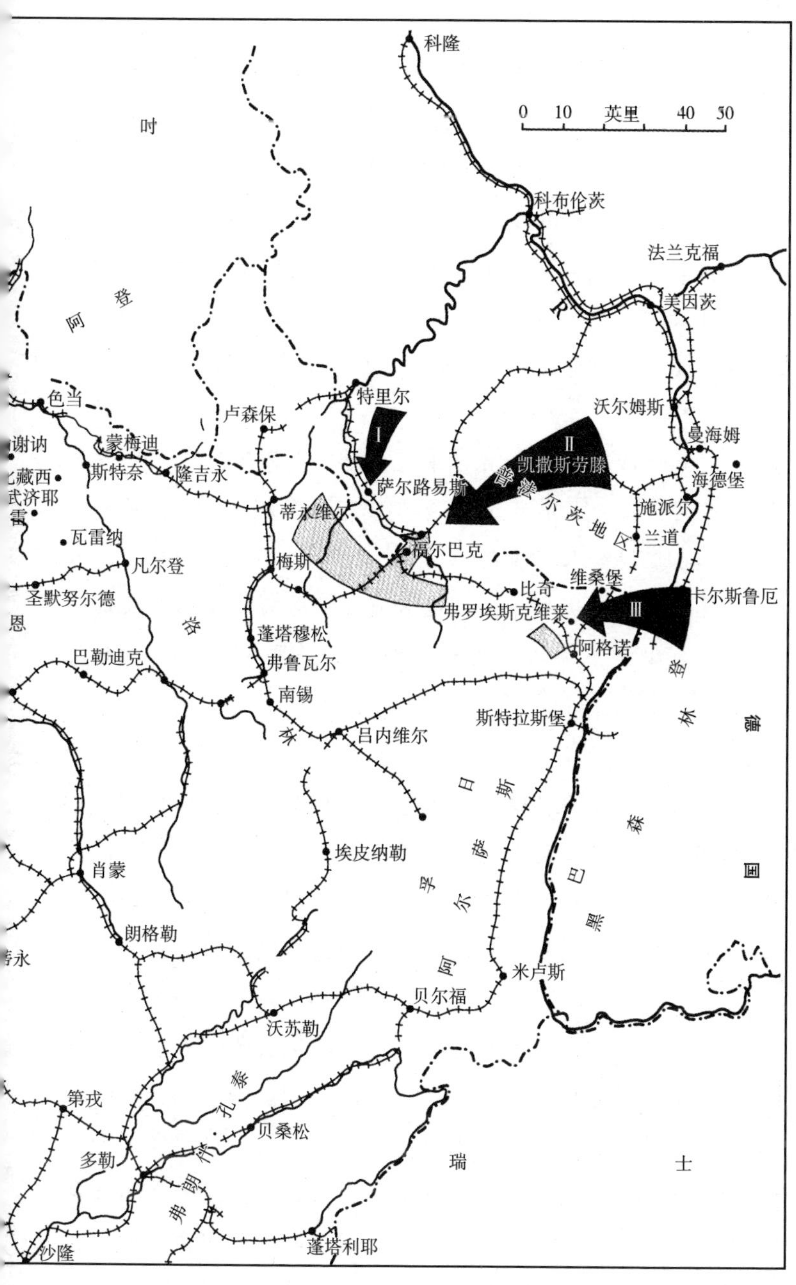

科隆
0 10 英里 40 50
科布伦茨
法兰克福
美因茨
特里尔
卢森保
沃尔姆斯
曼海姆
海德堡
色当
蒙梅迪
斯特奈
隆吉永
凯撒斯劳滕
萨尔路易斯
施派尔
蒂永维尔
福尔巴克
兰道
瓦雷纳
凡尔登
梅斯
比奇
维桑堡
卡尔斯鲁厄
圣默努尔德
弗罗埃斯克维莱
阿格诺
蓬塔穆松
弗鲁瓦尔
巴勒迪克
南锡
斯特拉斯堡
吕内维尔
埃皮纳勒
肖蒙
朗格勒
米卢斯
贝尔福
沃苏勒
第戎
贝桑松
多勒
沙隆
蓬塔利耶
瑞
士

只留下手中的枪械。在战后的一次法庭陈词中，勒伯夫元帅回忆说，皇帝试图将距离自己最近的一个营拦下，并用拿破仑一世那种慈祥的语气斥责士兵们的丢弃行为。不料，士兵们不耐烦地从皇帝身前径直走过去，并愤怒地说道："哦，我的皇帝，看我丢掉了背包，看我丢掉了毯子……"此时的战况对法国来说，尚且没什么不利的，即便如此，军纪之涣散显然已到了令人震惊的地步，皇帝要求解释此事，勒伯夫的回答是：

> 革命情绪一直在啃噬莱茵军团。7 月我便已得到准确可靠的情报，军中有60 个第二国际的活跃分子。这些人一直都在散播令人沮丧的谣言，比如说，我们没面包了，我们没弹药了，法军士兵太过劳累了，等等。整团整团的士兵都会扔掉手中的弹夹以示抗议，并要求用马车驮载他们。[10]

官方材料绝少记录这等令人泄气的行为。相反，官方文件呈现的都是令人欢欣鼓舞的情形，比如皇太子路易·波拿巴经受战火洗礼（在战场上兴奋地蹦蹦跳跳，到处捡弹夹和弹壳），比如皇帝亲自骑在战马上。很多年了，这是皇帝第一次骑上战马，因为疼痛还皱着眉头。还有就是士兵们兴高采烈列队出迎
91 皇帝和皇太子，等等，诸如此类，不一而足。此时的法兰西媒体，很难接触到法军指挥部和前线的情况，因此也就盲听盲信，跟着发出一片喝彩声——"萨尔布吕肯大捷"，并印发了血腥味十足的配图，呈现的是法国机枪令德意志军队血染萨尔布吕肯高地的场景。[11]萨尔布吕肯一战，双方都很少流血，而且此时已经变得十分嗜血的法国公众很快便开始对此事表示怀疑。

弗罗萨尔提供了一份三页纸的致皇帝的报告（Rapport à l'Empereur），里面描述了这场“人捷”。8月5日，这份报告在法兰西各地张贴并传布开来，《法兰西报》更是给出承诺，称萨尔布吕肯“开启了历史新时代”，但人们对二者都秉持怀疑态度。英国驻巴黎军事参赞用这样的话来概括此事：“法国人素来对荒诞之事极为敏锐，他们对这样的报道一笑置之。”[12]

更麻烦的是，萨尔布吕肯战役令拿破仑三世和巴赞元帅之间的关系更趋恶化。巴赞是萨尔布吕肯战役中的主将，不过，战后他又一次遭受严重羞辱，确切地说，这一次，巴赞沦为弗罗萨尔身后的影子，尽管弗罗萨尔在这场战事中只扮演了次要角色，用普鲁士参谋部的话来说就是，“没有任何经验，一个政客和狂徒而已”。[13]甚至勒伯夫起草的军事指令，在措辞上都是有讲究的，显然是意在折辱巴赞：“皇帝陛下的命令是，弗罗萨尔指挥第二军越过萨尔河，以巴赞的两个师作为预备队，攻取萨尔布吕肯。”遭受此番折辱之后，巴赞元帅再次对这场战事的意义提出质疑：“攻取萨尔布吕肯，这么干究竟是为什么啊？”这位元帅进一步申述说，“萨尔布吕肯当然重要，不过，这是有条件的，除非有人真正打算侵入普鲁士或者巴伐利亚”。否则的话，攻占这个地方之后，唯一能做的就是重新放弃这个地方。[14]对巴赞持批评态度的一名法军参谋军官也提供证言说，巴赞的确有意将弗罗萨尔策动的这么一次毫无意义的军事行动，变成一场实实在在的合围进攻，以法国三个军的兵力攻击聚集在萨尔布吕肯附近的40万普鲁士军队。然而，皇帝再次将巴赞忽略了，现在的皇帝是要亲自操控战事并且根本无意发动真正的进攻。“皇帝的猥琐做派令巴赞更加恼火，这位元帅遂退避到自己军中，对周围的事情越来越漠然置之”。[15]的确，自萨尔布吕肯之后，这位一度进取心十足的元帅，便开始不断地在自己的备忘录中发泄种种愤懑和感慨，在接下来几个星期的时间里，情况一直是这个样子，这也成了这位法兰西元帅在此期间的指挥风格。7 月 31 日，勒伯夫曾指令巴赞同弗罗萨尔晤谈战事问题，地点是在弗罗萨尔的指挥部，而非巴赞的指挥部。巴赞的回应是：“我现在的情况，怎么前进呢？我仍然没有救护设
92 备……马匹和医药都严重缺乏。这风险太大了。”[16]

此时，普鲁士方面的计划是很清晰的，除非完成了大军的动员和集结，否则不会强行据守莱茵河左岸的，法军的此番笨拙举动令普军惊讶不已。弗里德里希·卡尔亲王，普鲁士第二军团的主帅不禁将路易－拿破仑和弗罗萨尔斥为“孩子气的半吊子”（Kinderder Halbheit）。《柏林邮报》（*Berlin Post*）着重指出法军的萨尔布吕肯行动毫无战略考量，更将拿破仑三世比作“那个领着军团在不列颠海滩捡贝壳的罗马皇帝”。此次针对“萨尔河战线”的攻击行动，令法军疲惫不堪，同时也陷入混乱当中。而后，这位法兰西皇帝陛下及其将领们便又交出了这条战线，在没有任何战斗的情况下，不辞辛劳地退守摩泽尔河战线。这样的举动的确令人匪夷所思。[17]皇帝身边的一名法军军官注意到，拿破仑三世此时的行为与 1859 年在意大利时一模一样，确切地说，就是“漫无目标，随心所欲”。[18]皇帝给驻守萨尔于尼翁（Sarre-Union）的皮埃尔·法伊将军的第五军发出的那道致命指令，进一步证明此时的皇帝已然一脑袋糨糊。法伊统领的这支三万人的军队是拿破仑三世的莱茵军团和驻守阿尔萨斯的麦克马洪的第一军之间的枢纽。因此，除非万不得已，法伊的军队应当坚守这个位置，同麦克马洪保持联系，毕竟，麦克马洪的第一军面临普鲁士第三军团的合围攻击。然

而，拿破仑三世和勒伯夫竟然如此随意地指令法伊出动军队，协同进攻萨尔布吕肯，因此也就令麦克马洪在几天后的维桑堡和弗罗埃斯克维莱（Froeschwiller）战役中失去至关重要的支援。[19]

可惜，8 月 2 日和 3 日时战况尚不明朗，弗罗萨尔的几个旅这几天正好待在萨尔布吕肯，依仗皇帝的迷乱，过上了好日子。他们在城中休憩、享乐，足足喝掉 1 万 5000 升啤酒，而后才撤出萨尔布吕肯。撤离时更是展现出极为肆意的“大军”风范，刺刀上面竟然挑着烤肠和面包。[20]萨尔布吕肯战前和战后，法军犯下如此重大错误又该如何解释呢？可能是他们过分自信了。路易·雅拉斯将军与从萨尔布吕肯抓获的 14 个普鲁士战俘谈过话，并把从俘虏口中得到的信息借由指挥部散布出去。依据这些信息，很多普鲁士战俘甚至在此次战事开启之前，便已经士气尽丧。这些士兵都已经结婚，都有家室需要供养。有些士兵甚至没有战斗就“扔掉手中的武器”；他们认为法军“太强大”，“夏塞波”的威力也“太吓人”。这些战俘还说，他们缺乏组织，缺乏给养，雅拉斯据此得出结论说，鉴于此等情形，“普鲁士根本无望获胜”。[21]

如果说萨尔布吕肯的这些普鲁士战俘并不渴望胜利，那么 93
毛奇肯定是渴望这场胜利的。到了 8 月 2 日，普鲁士的三支大军已经集结并备战完毕。普军将第十六师从萨尔布吕肯撤离之后，施泰因梅茨第一军团的 5 万人便迅速转进到特里尔和萨尔路易之间的位置，那里正是卡尔亲王第二军团的右翼。第二军团的兵力为 13.4 万人，此时已经越过莱茵河且在前往凯撒斯劳滕（Kaiserslautern）的路上走了一大半。（也就是在这个时候，弗里德里希·卡尔亲王的六个步兵军和三个骑兵师出现在距离萨尔布吕肯只有 30 英里的地方，这也就解释了弗罗萨尔为何会在 8 月 2 日如此匆忙地放弃萨尔布吕肯。）与 1866 年的情形一样，毛奇仍然在自己的主力军团之间留下宽阔的间隔，这一方面是为了普军的补给和机动，同时也是为了布置“口袋”，普军可以利用这样的“口袋阵”，对敌军实施致命的合围。1866 年的克尼格雷茨战役曾首次上演了这样的戏码，并将奥地利野战军彻底摧毁。对于 1870 年的战事，毛奇自然还有更多的计划。弗里德里希·威廉王太子的第三军团，兵力为 12.5 万人，这支大军并没有紧贴第二军团的左翼，而是在第二军团南面 50 英里的地方，驻扎在兰道和卡尔斯鲁厄附近。这实际上是一场赌博，毕竟，如此一来，这等于令弗里德里希·威廉王太子的四个军陷入孤立的境地，在数天时间里，孚日山将这四个军同其他的普军隔离开来。不过也正如 1866 年的情形一样，那时的毛奇曾经毫不犹豫地将王太子的第二军团同其他军队隔离开来，据此为合围奥军创造出战略条件。而且，毛奇更是非常大胆地令王太子弗里德里希·威廉的军队和弗里德里希·卡尔亲王的第一军团布置在苏台德高地两侧。不过，毛奇也很清楚，普鲁士的机动速度可以将此中风险降到最低程度。如此一来，就可以迫使法军进入已布置好的“口袋”里面，普鲁士的三支大军就能够以同心圆式相互支援的态势进入法兰西领土。

这只是规划而已。真正实践起来，大家都明白，这中间是会有难度的。后勤供应、指挥体系的内部竞争以及法军“夏塞波”的强劲火力，当然会令理论上的规划变得艰难且复杂。7 月 25 日，同法军外线发生遭遇战之后，一名普鲁士军官的结论是，法军的“夏塞波”“火力实在惊人”。三个法军步兵凭借手中的优越枪支，足以阻击普鲁士装备精良的整支攻击纵队，那样的枪械可以在1200码的距离不间断地射击。[22]普军源源不断地向前推进，但这样的进攻只能徒增伤亡而已。地形和位置决定着毛奇的进攻顺序。此时的第一军团和第二军团与拿破仑三世的洛林大营隔着普法尔茨林山（Pfälzerwald），这座山其实是孚日山的余脉，余脉尽头是第三军团。第三军团同麦克马洪率领的驻扎在莱茵河和孚日山之间平坦地带的法军第一军正面对峙，普军的进攻就是从这里开启的。在毛奇的地图上，情形其实就是这么简单。确切地说，毛奇就是依托自己于1868～1869年间所作的那份“备忘录”制定的战争规划。据此规划，普鲁士王太子将统领麾下12.5万人大军，对麦克马洪元帅统领的
4.5万人的军队实施攻击，迫使其离开在维桑堡和弗罗埃斯克 94
维莱的防御位置。而后，王太子将挥军越过孚日山。越过孚日山之后，王太子的大军便转向北，迫使拿破仑三世的莱茵军团要么向南接战，要么向东接战。如此一来，法军必定同从阿尔萨斯方面席卷而来的普鲁士第三军团或者从萨尔河区域涌来的普鲁士第一军团和第二军团发生正面遭遇。倘若法军分兵，必定会被各个击破。倘若法军如同1866年贝内德克那样，不但不分兵，反而集结起来，那么就会遭到普军在多个方向上的攻击，正面、两个侧翼和后面。看来，这的确是一个完美的“合围攻势”。[23]

此等风雨压城之势，法军方面基本上都没有察觉。在这场战争中，法军的侦察系统表现得太糟糕。普鲁士骑兵在克尼格雷茨战役之后便经历了根本性的变革，转而奉行“分散各处而非集群行动”的原则。与普鲁士骑兵相反，法军的骑兵主要是以集群态势待在战线的后面。[24]基本上见不到法军骑兵中队外出侦察。7月30日的一名战场通讯员注意到这一怪异情况：

“此时的法军，毫无进攻态势。整个边界地带的居民已经习惯了普鲁士正规军的频繁侦察，但在十多天的时间里，不曾看到有哪怕一个法军龙骑兵的身影。”[25]即便有人看到法军龙骑兵的身影，也对他们的工作态度备感失望。夏尔·埃伯内（Charles Ebener），法军第二军的一名军官，在回忆当时的情况时特别谈到，1870 年的整场战事，他只看到一次法军骑兵巡逻队的身影。“几个法军骑兵中队来到边界地带的法军营地，他们饱餐一顿，就当地的所谓‘特征’询问几个农民，而后便原路返回了。”[26]

驻扎在梅斯的勒伯夫被有效地蒙蔽了。7 月 31 日，勒伯夫致信康罗贝尔，发泄自己的愤怒：“24 个小时过去了，没有一点普军的情报，无论北面还是南面……只是隐约听说，特里尔和比特堡（Bitburg）方向有大军出没的迹象。”[27]事实上，此时的勒伯夫和皇帝主要是依靠报纸来搜集情报的，瑞士、比利时和英国的战场通讯员都成了他们的情报员，那些剪报他们都保存下来并予以标注，一天天地累积起来，积成厚厚的卷宗，也就是所谓的“情报簿”，这就是法军指挥部的所谓军事情报系统。法军的确觉察到普军即将进攻斯皮克伦、维桑堡和弗罗埃斯克维莱，不过情报的来源并非法军的骑兵侦察队，而是凭空的猜测、普鲁士战俘以及维桑堡的警察队长。这个队长于 8 月 3 日发现自己村庄附近突然出现了大批普鲁士步兵，即刻将自
95 己看到的情况汇报给上级，上级则将情况反映到巴黎的战争部，而后，战争部才将消息传递到梅斯。[28]

这些七拼八凑的情报，令法军警觉起来，勒伯夫和皇帝急忙解散了萨尔布吕肯方面开始的进攻性军事集结行动，将各个军撤回，而后将大军部署在法国东部边界的枢纽区域。

路易·拉德米罗将军的第四军本来是在萨尔布吕肯战役之后，受命向前推进，攻取萨尔路易的，此时也赶紧回转，采取纯粹的防御态势，负责封锁摩泽尔河谷以及通往蒂永维尔的走廊地带。弗罗萨尔甚至都没有等待指令下来，便于 8 月 5 日从萨尔布吕肯退出，一直撤退到更具防御性质的福尔巴克和斯皮克伦一线。巴赞则率领第三军从萨尔格米纳撤退到圣阿沃尔德。此前受命协同第五军攻袭萨尔布吕肯，这时也被迫撤到阿尔萨斯一线的比奇要塞。麦克马洪仍然驻守在阿尔萨斯的弗罗埃斯克维莱，以此据守孚日山东坡一线，他的第一军同驻守在贝尔福的费利克斯·杜艾（Félix Douay）的第七军形成一道防线，但这条防线拖得太长，很是单薄。夏尔·布尔巴基将军（General Charles Bourbaki）统领的近卫军和弗朗索瓦·康罗贝尔元帅统领的第六军作为预备队，驻扎在这条战线的后面，形成拱卫之势，具体而言就是近卫军向圣阿沃尔德靠拢，第六军向南锡靠拢。[29] 战前，法兰西皇帝极为轻浮地承诺“第二个耶拿”，如今，则只能消极被动地等待普鲁士入侵。令各路将领摆出防御态势之后，勒伯夫只是简单地警告法军将领，8 月的前几天会有“大事”发生，显然，这样的警告严重低估了普军的威胁。[30]

## 维桑堡战役，1870 年 8 月 4 日

1870 年 8 月 4 日，毛奇在给弗里德里希·威廉王储指挥部的电报中重申了自己的作战规划，那就是“要第二军团和第三军团协同作战”。确切地说，两支大军必须协同推进，“直接汇合”，一起攻击路易 - 拿破仑的主力军团。[31] 布卢门塔尔（Blumen thal）和王太子遵从毛奇的指令，于 8 月初催动大军向

西稳步推进。毛奇的第一拳打在阿尔萨斯，普军第三军团分两个阶段对麦克马洪的第一军实施攻击，分别是 8 月 4 日在维桑堡的一场小规模“遭遇战”，接着便是两天之后在弗罗埃斯克维莱的一场会战。麦克马洪指挥的是一支 4.5 万人的“加强军”，之所以说“加强军”，是因为这个军辖 4 个师，一般的军
96 只有 3 个师。不过，麦克马洪身上的责任当然也更重。确切地说，这个军要防守孚日山一线，若有普军攻袭斯特拉斯堡方向，则对其侧翼实施威慑，同时也绝不能与北面的莱茵军团失去联系。因此，麦克马洪需要将手中的全部兵力都调动起来，很显然，他的兵力是不够用的。

为了覆盖防线的大部分地区，麦克马洪将 4 个师部署成一个巨大的四方形，指挥部偕同一个师驻扎在哈格诺，一个师驻扎在弗罗埃斯克维莱，一个师驻扎在朗巴克，还有一个师驻扎在维桑堡——这是劳特河畔一处迷人的小村庄，劳特河正是法国和巴伐利亚普法尔茨的边界。这样的兵力配置毫无疑问并非有利的策略，麦克马洪不仅要驻防德意志边界地带，同法伊的第五军保持联系，还需要让两个师向南面推进得足够远，否则的话无法对前往攻袭斯特拉斯堡或者贝尔福的普军形成侧翼威慑。4 个师之间相隔十到二十英里的距离，而且都是颇为崎岖的乡野之地，如此危险的分兵策略，部分原因是因为补给短缺，令麦克马洪不得不用这样的办法就地搜刮给养。此等情形之下，倘若麦克马洪主动进攻，则有时间将各个师之间的鸿沟弥合起来，并将大军集结成统一的战斗单位。但是，若这个四方形的任何一个角遭到攻击，没有任何一个师有足够的时间“应声驰援”。4 个师太过分散，8 月 4 日，驻守维桑堡的 8600 人的第二师就实实在在地品尝了这一兵力配置带来的苦果。

此时，麦克马洪的第二师的师长是费利克斯·杜艾的哥哥埃布尔·杜艾（Abel Douay）。埃布尔·杜艾此时已经 61 岁，战前是圣西尔军校的校长，杜艾是在 8 月 3 日很晚的时候才率领第二师进抵维桑堡的。此时的麦克马洪刚刚收到勒伯夫语词含混的“有大事发生”的警告，赶忙敦促杜艾进军。实际上，法国人在 18 世纪已经在维桑堡建成一条强大防线，这是一片由塔楼、壕沟、碉堡和战壕组成的防御网，沿着劳特河的右岸伸展开来。但在 1867 年，尼埃尔元帅放弃了此处的防御工事，清除了配置在这里的枪械和给养。在孚日山的温暖湿气中，这一古老的防御网渐渐地朽坏了。1870 年，一名驻守维桑堡的战时通讯员发现这里的墙体都已经坍塌，壕沟里面尽是杂草和垃圾，斜堤上横七竖八地长满树木。[32]不过，若德军取道于此，这个地方便是战略要地。维桑堡是一处重要的十字路口，可以通往巴伐利亚、斯特拉斯堡和下阿尔萨斯，仔细勘察这个地方之后，杜艾的工程师们建议清理此地，并将此地作为“枢纽之地”予以驻守，以策应边界地带的军事行动，杜艾遂将此建议转报给第一军指挥部。[33]此处恰恰是毛奇选定的侵入法国的地点，可
谓杜艾的巨大不幸，他是在最后时刻才率军抵达此地。此时的 97
毛奇已然决定用自己的第一和第二军团钉死路易－拿破仑的莱茵军团，同时令第三军团实施转进，打击拿破仑三世的侧面。于是，8 月 3 日晚些时候，毛奇电令王太子弗里德里希·威廉：“我们要展开总攻了；第三军团应于明天从维桑堡越过边界。”[34]

普鲁士第三军团于 1870 年 8 月 4 日攻取维桑堡，法军情报和侦察系统难辞其咎。实际上，就在 8 月 3 日，杜艾将军还在巡察这座小城，竟然一点都没有察觉一支八万人的普鲁士和巴

伐利亚大军正从东北方向迅速迫近这座小城。普鲁士王太子就是在这一天向第三军团发出进军的命令："我军应当在明天推进至劳特河，先头部队则应在明天渡过劳特河。"[35]实际上，此时的普军已经占据下瓦尔德（Niederwald）有几个星期的时间，这是劳特河沿岸地带的一片浓密的灌木林，很好地遮掩住已经迫近的普军。此时的法军步兵团指挥官已经无力召请骑兵予以协助，进入这片区域实施侦察。杜艾于 8 月 3 日得到的情报并非来自法国骑兵，而是来自埃普先生（Monsieur Hepp）——维桑堡警察局的副局长，他向法军发出警报说，巴伐利亚军队已经占领劳特河东面的几处法德关税站点，并且这一地区有大批的德意志军队出现。然而，杜艾当晚并未派出麾下的八支骑兵中队越过劳特河侦察就撤离了。[36]只是到了 8 月 4 日早上，杜艾才派出一个连队的步兵越过劳特河。这支步兵连队刚刚踏足劳特河左岸便被普鲁士骑兵赶回。但法军方面认为这不是什么大事，不过是一场普通的"外围冲突"而已。有了此番保证，杜艾将军便在早上 8 点如常叫了咖啡，而后将此番侦察的结果电告斯特拉斯堡的麦克马洪。对麦克马洪来说，这样的情报也就意味着仍有时间将自己的军向边界地带集结。于是，麦克马洪便据此制订了相应的计划，准备在第二天将自己的指挥部迁移到维桑堡。[37]然而，就在发报员将他的意图发送梅斯方面的勒伯夫时，普军已经对维桑堡展开炮击。同时，弗里德里希·冯·博特默将军（General Friedrich von Bothmer）所率巴伐利亚第四师迅速越过劳特河。埃布尔·杜艾位于盖斯堡（Geisberg）城堡的指挥部立刻陷入彻底的混乱。

18 世纪建立起来的"维桑堡防线"的中央堡垒，维桑堡和阿尔滕施塔特这一双子堡垒对于步兵来说，仍然是难以攻克的，

有壕沟、布满枪孔的石墙和塔楼，更在盖斯堡山的后面和右边
各修筑了两处高耸的碉堡。杜艾于 8 月 3 日派出自己所部 8 个 98
营中的两个驻守维桑堡和阿尔滕施塔特，另外还配备了 6 门火
炮和 7 挺机枪。剩下的步兵部队、骑兵以及 12 门火炮则布置在
双子城堡上方的坡地之上。巴伐利亚军队蜂拥过河的时候，法
军布置的从盖斯堡山右侧一直伸展到维桑堡左侧的防线即刻火
力全开，倾泻而下。法军步兵，全部是配备了“夏塞波”的老
兵，纷纷瞄准正在渡河的巴伐利亚军队，将毁灭性的火力一下
子释放出来。尼古拉斯·迪奇（Nikolaus Duetsch）一名巴伐利
亚中尉偶然视察了自己布置在劳特河左岸施魏根（Schweigen）
的一个排，只看见他的一个步兵突然扔掉手中的枪，喊道：“我 99
中弹了！”这个步兵的确中弹了。“子弹来自对面维桑堡的防御
工事里，距离足足有 1200 米。”当时的情景令迪奇震惊不已，
念念难忘。[38]巴伐利亚士兵戴着饰有羽毛的头盔从晨雾中隐约
现身，试图依托浓雾的掩护偷偷穿越枝蔓浓密的葡萄园，进抵
劳特河。随着敌军的靠近，法军的子弹也是弹无虚发。

此时的巴伐利亚士兵第一次实实在在地听到蒙蒂尼机枪
“咔嗒、咔嗒”的声音。这款相当老式的“轮转火炮”并不像
19 世纪后期的机关枪那样，可以横扫整个战场，而是瞄准对
方的单兵，将三十发子弹一下子倾泻出去。射击过后，对面除
了两只鞋子和两只袜子外，便什么都不剩了。纯粹从技术角度
来看，这样的武器取得的战果并不会很大，不过，其震慑力和
威慑力却是巨大的。（一名巴伐利亚步兵军官战后评论说：
“有一件事情是可以肯定的，基本上没有人会因为蒙蒂尼机枪
受伤。一旦被击中，你就死翘翘了。”）[39]约翰内斯·舒尔茨
（Johannes Schulz），一名参与过阿尔滕施塔特奔袭行动的巴伐利 100

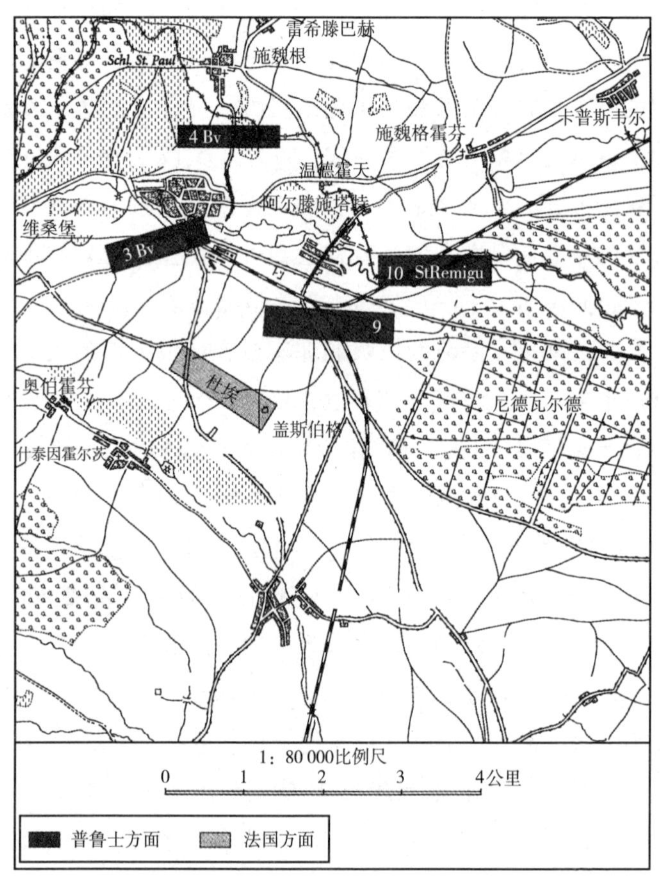


**地图 3　维桑堡战役**

亚列兵，后来描述了巴伐利亚军队遭遇的这场大屠杀。在维桑堡前面那崎岖且泥泞的地面上，巴伐利亚人意欲组织攻击纵队的历次尝试均被法军极度密集且精准的火力给粉碎了。舒尔茨所在排的排长被一颗子弹射中胸部，遂扑倒在地。不过，这个排长竟然“死而复生”，原地站起，原来是他身上的外袍阻挡了子弹。巴伐利亚军队开始颤抖、摇摆了。舒尔茨回忆起当时

图 4 阿尔及利亚士兵向维桑堡开火

的团长是何等的表现，这位团长高喊着发出命令：“镇定！组织攻击纵队！轻装备排在正面！其他人往两翼集结！”此番表现，不难看出 1866 年之后普鲁士战术已渗透到巴伐利亚军中。德军越过劳特河并突入维桑堡的第一轮尝试，遭到法军第一阿尔及利亚猎兵团的阿尔及利亚士兵的无情斩杀，这些老兵乃散布在战壕里面、墙体后面以及铁路线两侧，极为娴熟且专业地操纵手中的夏塞波，由此在维桑堡的正面和东缘形成一座根本无法攻破的堡垒。此时的德军兵力十倍于守军，但巴伐利亚人还是颤抖了，指挥官们纷纷呼喊着“卧倒”，士兵们也已经完全放弃了攻击队形，卧倒在地，四处寻找掩护。初次见识非洲军队的威力，令他们受到极度震慑。舒尔茨还清楚地记得他所在营的鼓手，这个年轻士兵还是个孩子，手臂被子弹射穿，一遍一遍地号叫着："上帝呀，上帝呀！我要为国捐躯了！"[40]

前一天晚上下了雨，早上的维桑堡战地一片湿热，雾气从四面升腾而起。大部分巴伐利亚和普鲁士士兵都是在一人高的葡萄藤里艰难行进，他们根本不记得看到过法军士兵。他们只能听到声音，听到法军的枪械在向他们喷射。亚当·迪茨（Adam Dietz），一名配备了新式巴伐利亚云达步枪的猎兵，得出令人痛苦的结论：当军队只能卧倒的时候，普鲁士的"速射"战术根本就没有可能施展威力："卧倒的时候，速射是不可能的，毕竟，在卧倒的情况下射击，填弹速度是很慢的。你必须将手伸到弹夹袋里取弹夹，而后才能重新填弹，拉动枪栓，开火。"[41]很显然，对面的法军，包括阿尔及利亚士兵和第七十四团的两个营在内，则要顺手得多。在维桑堡和阿尔滕施塔特的战场上，他们都置身掩体后面，尽其所能地装弹、瞄准、开火就可以了。此等情形之下，唯有普鲁士和巴伐利亚炮兵能够发挥威力，降低德军的损失。有几门火炮从临时架设的桥上越过劳特河，加入步兵的进攻行动，可以近距离地将炮弹射入法军营垒的木门里面，令普军在克尼格雷茨战役之后的战术构思初次显现出威力。其余的火炮则集结在劳特河的左岸，将维桑堡化成一片火海，法军的蒙蒂尼机枪也被炮火掀翻在地，更迫使法军步兵部队远离城墙。在这个环节上，德军还是应感谢法军炮兵，因为此时的法军火炮使用的仍然是相当不可靠的定时
101 引信炮弹，并且距离前线也太远，除了初始阶段之外基本上没有对普军造成什么损失。[42]不过，维桑堡的外围区域已经布满巴伐利亚人的尸体，运河里面也塞满了尸体，不管怎么说，这都不能算是一个吉利的开端。

对39岁的王太子弗里德里希·威廉来说，情况当然不至于那么糟糕，因为普军的战术根本不是以正面进攻为依托的。说白了，普军的攻击重点从来都是集中在敌军的侧翼和后卫，维桑堡战役也不例外，此时的普军也已悄悄运动到法军的侧翼和后卫。甚至在博特默的师于维桑堡和阿尔滕施塔特正面战场上遭遇灭顶之灾的时候，第三军团参谋长阿尔布雷希特·冯·布卢门塔尔将军（General Albrecht von Blumenthal）已经在催动巴伐利亚第三师运动到法军的左翼。同时，普鲁士第五和第十一军转进杜艾统领的法军右翼和后卫。在劳特河后面的高地上，布卢门塔尔和王太子将杜艾的军营尽收眼底。很显然，杜艾手下的兵力顶多也就是一个师，而且还处在极为危险的暴露状态，这也就是士兵们所谓的“赤裸裸”，没有任何自然屏障对侧翼形成防护，也没有预备队，与第一军的其他师之间也没有联系。

埃布尔·杜艾未能活着认清自己已然彻底无望的处境。此时的杜艾正策马奔走在维桑堡战场上，评估战局，大约是上午11点，他停下来检查一处蒙蒂尼机枪阵地时被一枚爆炸的炮弹击中身亡。此时，普军也差不多完成了合围。普军的第九师引领着第五军进入战场，这支军队从圣雷米（St. Remy）越过劳特河，攻取阿尔滕施塔特之后，便对维桑堡的铁路沿线展开强力攻击，击溃了腹背受敌的阿尔及利亚猎兵部队。至少6个巴伐利亚营从维桑堡的北面蜂拥越过劳特河，由此完成了合围攻势。虽然遭到合围，法军仍在坚持。面对敌军渐渐收缩的包围圈，法军力图在劳特河一带的战线上打开缺口。与此同时，法军的炮群则以最大射速将炮火向河岸地带蜂拥而来的巴伐利亚和普鲁士军队倾泻。最终举起白旗的并非法军，而是维桑堡市民。面对德军的进攻，维桑堡市民看到自己热爱的小城难免被彻底摧毁的命运，遂纷纷从地窖里走出，要求第七十四团打开城门，让德军入城。这是失败主义在这场战争中的最初实例，这种情绪很快将会传遍全军，贯穿战争始末。利奥少校，第七十四团第二营的营长，后来非常痛苦地回忆起维桑堡市民的干预，他说，市民纷纷恳求士兵们结束这场“无用的抵抗”，为此，市民们甚至拒绝为法军士兵领路。当利奥派出兵力进驻市民房顶，对德军实施击杀的时候，遭到维桑堡市长的谴责，这名市长提醒利奥说，法军“正在造成重大损失”，并说，法军已经没有必要将战事拖延下去。不久，一群毅然决然的市民挺
102 进到哈格诺城门，放下吊桥并将巴法利亚军队迎入城中，这场战事便突然结束了。[43]

如果说胜利属于德国人，军队在其中倒也不见得有多大的功劳。维桑堡战场上的法军作战英勇，令巴伐利亚人不堪重压，在那个下午的大部分时间里都被钉在战场上，这令普鲁士军队有了足够的时间和空间完成合围。塞尔苏斯·吉尔上尉（Captain Celsus Cirl），巴伐利亚的一名参谋军官，在战况正酣时从劳特河策马回到维桑堡战场，眼前的景象让吉尔震惊不已，劳特河东面的道路已经被巴伐利亚的散兵游勇塞满，战场上如同雷鸣的枪炮声显然把他们吓坏了，令他们不敢向前推进。“兰道大道的每一个树荫下都挤满了人……人群已经惊恐万状，因为患上‘火炮恐惧症’而颤抖不已……任何东西都不能让他们前进。我和督察队竭尽全力，想让他们前进一步，但他们的态度永远都是消极和抗拒的。”这还是两个巴伐利亚军中表现不错的那一个。布卢门塔尔和王太子在战前巡查了路德维希·冯·德·坦恩将军（General Ludwig von der Tann）的巴伐利亚第一

军，得出的结论是该军根本不具备合格的战斗力，遂将之留作预备队，布置在劳特河后方，并且是在距离前线很远的位置上。[44]巴伐利亚军队令人失望，不过，德意志新兵部队却有能力主导这一天的战事。法军依托盖斯堡山高地，试图在总撤退之前，利用强大的火炮和步兵火力解救下方深陷重围的同伴，但普鲁士第五和第十一军的各个营漫山遍野席卷而来，令盖斯堡山上的法军也陷入重围。这两个普鲁士军从盖斯堡山的后面攻袭而来，逼迫这里的法军退入要塞中，而后普军便对该要塞发起猛攻。

双方展开了一个小时的白热化战斗，每个房间和屋顶都有法军步兵部队据守，向地面上蜂拥而来的普鲁士部队施展强大火力。普鲁士的军事声望自然非同小可，即便如此，一名法军军官仍然对普军的此等狂热进攻态势感到震惊和恐惧：一波又一波的普鲁士步兵部队前赴后继地对要塞的城墙和外围工事展开攻击，没有退缩，没有畏惧。波兰第七步兵团的大部分兵力都被剿灭，有 23 名军官和 329 名士兵阵亡。[45]一名巴伐利亚士官攻上山坡之后，从一名法国士兵的尸体上拿起一杆“夏塞波”查看，发现设定的射击距离竟然是 1600 米，这样的射程对普鲁士撞针枪或巴伐利亚帕德维尔斯（Podewils）来说，是根本不可想象的，这令这名巴伐利亚士官极为吃惊。[46]要塞争夺一直处在剧烈的拉锯过程中，直到普鲁士第九师在一处无人驻防的高地设置了三个炮群才算结束。此处高地距离要塞只有八百步，在这个距离上，普鲁士炮群是不会失手的。很快，要塞的屋顶上面飘起白旗。普军发起的炮击造成法军的重大伤亡， 103
其中包括格拉蒙公爵的弟弟，时任法军第四十七步兵团的上校团长，一枚弹片直接削去他的左臂。杜艾师遂即向西逃散，将

15门火炮和4挺蒙蒂尼机枪丢弃在战场，剩下的200名法军士兵则就地投降，该师的全部弹药及1000名战俘也被遗弃在要塞中。至于埃布尔·杜艾本人，此时已经成了一具僵硬的尸体，直挺挺地躺在盖斯堡要塞的一张桌子上。从一开始，杜艾就已经没有任何机会了。实际上，他选择了一个非常糟糕的位置，去对抗漫卷而来的29个德军营，而他麾下却只有8个营。麦克马洪元帅直到下午两点半的时候，才获悉维桑堡战场上的灾难，于是便决定召集杜艾师的剩余兵力，“且战且退”，穿越孚日山隘口，进抵朗贝尔（Lemberg）和梅桑塔（Meisenthal）。在那里，他将获得一个更好的位置，可以同莱茵军团和康罗贝尔的第六军建立联系。军队的集结点选定为孚日山东缘的一处小村庄，名叫弗罗埃斯克维莱。[47]

实际上，并没有撤退一说，要么战斗，要么战死或被俘，因为此时的阿尔及利亚猎兵部队以及第七十四步兵团的300人仍然身陷维桑堡重围之中。这里的战斗是一座房子一座房子展开的，当然，大多数的普鲁士和巴伐利亚步兵并未参与战斗，他们只需要像逛街一样，从兰道或者哈格诺方向的城门入城，然后四处溜达，满足一下好奇心就可以了。一名饥渴的巴伐利亚列兵还记得当时自己向城中居民索要啤酒和香烟的情景。在这个过程中，他撞见一队普鲁士士兵，刺刀上挑着法军的红色军裤。这名列兵回忆说，他当时很好奇，这些普鲁士士兵是如何抵达那里的。一番询问之后，那些普鲁士士兵“对巴伐利亚士兵发出阵阵笑声”，笑着从巴伐利亚士兵面前走过去。[48]布卢门塔尔的副官，一个阴沉的梅克伦堡人，对巴伐利亚人却没有这等同志情感。他从哈格诺城门策马而入，“怒气冲冲，一言不发，面色阴冷”，他是在寻找一支巴伐利亚部队，这支部队在当天早上偷走了他心爱的战马。一名巴伐利亚军官正安坐在凳子上，看着年轻的维桑堡市长，正是这个市长给法军的卫戍部队制造了太多的麻烦。很显然，这个市长并不是阿尔萨斯人，因为这个“36岁的市长，长着一头黑发，并且是典型的地中海面相”。广场方面，战斗仍然没有停止，这个市长很明确，誓死不让维桑堡遭遇“重大破坏”，他站在当街，举着法国国旗，要求与普军指挥官对话。但是，根本没人关注他。

此时的德军士兵是头一回看到非洲士兵，都好奇不已，纷纷盯着阵亡或者被俘的阿尔及利亚士兵，那情形“仿佛是看动物园的动物”，迟疑地触摸非洲士兵的“卷毛”。[49]列奥波德·冯·温宁（Leopold von Winning），普军的一名中尉，记述了他手下西里西亚士兵初见非洲士兵时的“惊讶”，他们“盯着这些阿尔及利亚猎兵，一副不敢相信的神色，一些非洲士兵是羊毛式的黑色卷发，还有一个阿拉伯士兵是铜黄色的皮肤，面容如同雕像”。普鲁士和巴伐利亚士兵围在那些非洲猎兵身边，扮着各种鬼脸，又是模仿，又是嬉笑，甚至还递上香烟或者饮料，104
希望对方能开口说句话。[50]可怜的维桑堡市民，前一天晚上尚且享受着法军的保护，现在可算尝到战争的滋味。一支又一支的德军战队进入城中，索要面包、小麦、酒品、木材、稻草、饲料以及宿营的房间。博特默的师参谋乃进驻维桑堡仅有的一家酒店，并且非常愉快地发现餐厅已经布置好了，不过，那原本是为杜艾的将官们布置的。[51]

盖斯堡方面，普军将法军丢弃的营帐捋了一遍，劳特河两岸的士兵纷纷涌来，令杜艾将军那奢华的营帐成为众人好奇和观瞻的对象。格布哈特·冯·俾斯麦（Gebhard von Bismarck），普鲁士第十一军的一名军官，后来描述当时的场景：

> 紧挨着（杜艾的）参谋部的马车，是一个非常精美且传统式样的餐厨车，里面有特制的笼子，装着活禽和宠物鸟……不过，士兵们真正感兴趣的是营地边上摆放的两个特别漂亮雅致的马车，里面的物件显然已经散落各处，包括皮箱、男人的睡衣裤和衬衣，还有女人的物件，比如内衣、胸衣、裙衬和睡衣等。此情此景令我们这些来自莱茵高地的人（Rheingauer）笑声不断。

杜艾的指挥部可不只是令人讪笑这么简单。包括俾斯麦上尉在内的一众普鲁士军官“对法军的地图震惊不已”。地图的质量实在不敢恭维，比例尺只能说是聊胜于无。低级军官根本就没有地图可用，这同普军形成令人吃惊的对照，甚至与巴伐利亚军队也不能相提并论，因为即便是巴伐利亚军队，中尉一级的将官也都拥有最好且较大比例尺的地图。“我们检查了一名法军军官的背包，里面竟然只有一份‘世界地图’（Monde Illustré），‘战场全景地图’就标注在这份世界地图上面，比例尺更是可怜到家的104∶32厘米。我一直保留着这份地图，这样的地图，应该说是古往今来一切战争中用过的最糟糕的物件。”[52]在军官们审问法军战俘并勘察法军所用地图的时候，德意志新兵却完全被战场的情景和硝烟味道吸引住。大多数新兵都备感恐惧焦虑。弗朗茨·希勒（Franz Hiller），一名巴伐利亚列兵，他对盖斯堡高地的战后情景记忆深刻。死伤士兵覆盖了整个战场。很多尸体都没了脑袋，要不就是缺胳膊断腿。希勒还谈道，像他这样的新兵，不免都要停下来看一看塞满残肢断体的车辆，震惊之下，他们路都走不稳。这才是真正的“战火洗礼”。希勒本人的另一个发现更令这样的场景痛彻心扉：“我看到一个法国年轻人的尸体，于是便想，如果‘他的父母和家人知道他阵亡的消息，会做何感想呢？’他的背包就在他旁边， 105
已经撕裂开来，里面有一张他本人的照片。我将那张照片收起来，一直保存到今天。”[53]

此时的普鲁士军方和巴伐利亚军方均对法军的维桑堡战术展开研究，并且非常仔细地找出法军的强项和弱点。巴伐利亚上尉马克斯·卢茨（Max Lutz）得出结论说，法军的战术，说是围绕他们极为优越的“夏塞波”建立起来的，但实际上，那样的战术根本不能与他们的卓越枪械形成匹配。他们本来应当拉长战线，如此才能让“夏塞波”发挥射程、准度以及射击频率等方面的优势，法军不但没有这么做，反而是将军队集结并蜷缩在狭窄的位置上，这种战法很容易被火炮摧毁，并且会令士气低落，遭到侧翼包抄的风险也会大增。由此，法军便等于主动将自己陷入双重不利的局面之下：他们既不能凭借交叉火力打击普鲁士的攻击部队，自己也无法施展合围攻势。总之，就像卢茨说的那样，法军总是“喜欢扎堆”。[54]

维桑堡战后，《柏林邮报》对这场战事的意义极尽渲染之能。“德意志兄弟情在这场战役中接受了鲜血的淬炼，那是最坚实的纽带。”维桑堡开启了普鲁士和德意志诸邦的“民族主义之路”。[55]普鲁士《民族报》（*Volkszeitung*）也采用同样的标题，并且对巴伐利亚人慷慨赞誉：“巴伐利亚人决定性地挫败了德意志的敌人……战场就是见证人，见证了巴伐利亚人那从无动摇的忠贞。”[56]当然，真相完全不是这样。布龙萨特·冯·舍伦多夫中尉（Lieutenant Bronsart von Schellendorf）因为丢失灰马而怒气冲冲地在不听话的巴伐利亚士兵中间四处找寻，实际上，与这名可怜中尉一样，甚至在战争硝烟升腾起来之前，普鲁士人便已经对他们的这个南方同盟者极为敌视。他们看到的是一支严重缺乏纪律感的巴伐利亚军队，这支军队在1866年的战场上作为奥地利的同盟者表现糟糕，如今看来，他们仍然没有做好接受现代战争考验的准备。

巴伐利亚的行军纪律极为可耻，不会比法军好到哪去。一路之上，巴伐利亚军队的落伍人数远远超过普军。普鲁士的作战单位能够从火车车厢里面直接开赴战场，投入战斗，巴伐利亚军队则需要数天时间才能完成战斗单位的组建。战争最初几个星期的时间里，但凡巴伐利亚军队走过的路线，到处都是丢弃的装备，而且很多都是在战斗中丢弃的，这是南德军队的又一个问题。[57]“我们的军队在开火时肆意散漫，没有纪律可言，”这是一名巴伐利亚军官战后坦言。“我们的士兵一旦开火，即刻开启速射模式，完全不顾命令和信号，直到把所有的弹夹打光，才算完事。”兴奋或恐慌应该是造成此等情状的部分
106 原因，如此“工会心态”在普鲁士军中是没有的。此等心态之下，“（巴伐利亚士兵）觉得将所有弹药打光就算完成任务了，弹药打光之时，他们才会抬头观望，看看战场的情况是不是缓解了。很多（巴伐利亚）军官也都信从这样的自我欺骗。”绝少看到巴伐利亚军队动用刺刀展开攻击，若是有人受伤，急忙将伤员送到后方，令伤员远离火线。战后，普军方面分析的结果是，巴伐利亚步兵部队，但凡跟法军发生交战，至少需要补充一次弹药，这样的事情是很危险的，而且也相当消耗时间，因为这需要将装着预备弹夹的篮子送上前线，而后再进行分配。普军士兵的子弹袋里一直都会有子弹，因此，普军士兵总是很

吃惊，巴伐利亚士兵在历次战斗中，平均的射击次数都超过40轮，无论是多么小的战斗。普军对这样的夸张表现引以为耻，攻城略地才是普军的唯一标尺。也正是因此，射击纪律实在是意义重大。在接下来几个星期的时间里，普军的这一标尺将会逐渐烙印在巴伐利亚军队的心中。[58]

将维桑堡收拾干净之后，德军便即刻进发，追击麦克马洪麾下的第二师。甚至巴伐利亚军队的军官都对手下士兵一路之上的过火表现感到羞耻。追击大军是在倾盆冷雨中前行的。前面正在落跑的法军已经将西行的肮脏路面变得泥泞且湿滑不堪，如同流沙一般。普军和巴伐利亚军队的很多士兵都因此丢掉了自己的鞋子，只能穿着袜子继续行军，又冷又湿，境况十分悲惨。巴伐利亚士兵对沿途的所有房舍和店铺均实施了劫掠，通常都是不顾军官的命令，巴伐利亚的军官们不得不拔出手枪，才能迫使手下士兵回到行军路线上。普军第十一军，于1866年之后组建而成，主要由拿骚、黑森和萨克森等地的兵员组成。这个军也有类似的问题，也有自己的“软蛋”和“匪类”。这个军甚至干脆停下来，拒绝行军。不过，最终也与巴伐利亚的那些军一样，这个军不久还是集结起来，继续朝着弗罗埃斯克维莱推进，这很可能是受到普鲁士之第五波兰军的感召，该军不惧大雨侵袭，坚定前行，一名在场的巴伐利亚人不无羡慕地称赞说：“好厉害的兵啊。”[59]

8月4日的梅斯，路易－拿破仑刚刚从朦胧的睡意中醒来，遂发出一封问询电报给萨尔布吕肯的弗罗萨尔将军，想了解一下情况：“有敌军的消息吗？”[60]到了这个时候，消息当然是有的。普鲁士的第一和第二军团正在运动，速度快且力度大，这令弗罗萨尔放弃了萨尔河的位置，撤退到斯皮克伦。这

是一处高地村庄，扼守萨尔布吕肯－福尔巴克要道和铁路线。这个白天结束的时候，路易－拿破仑便被各方传来的消息吓得
107 动弹不得。此时仍然在弗罗萨尔右侧悄悄推进的拉德米罗（Ladmirault）赶紧后撤，巴赞则得到指令继续驻留圣阿沃尔德，帝国近卫军驻守梅斯。法伊的第五军，也是拿破仑三世同麦克马洪之间的唯一联系，此时也因为梅斯方面陷入彻底混乱而遭到遗忘，于是便只能在没有得到任何指令的情况下继续待在萨尔格米纳。恰恰就是因为这一点，注定了麦克马洪两天之后的覆灭命运。[61]此时，勒伯夫元帅的指令开始变得混乱不堪，矛盾百出。皇帝不断地向他传达各种消息，身在巴黎的皇后，也不再有任何忌讳，在午夜时分将一叠加急电报送达元帅府中。电文的开头一般都是这样："我不想惊扰皇帝陛下，所以，我只能直接电告元帅大人……"勒伯夫当然很不理解，还有谁的睡眠比自己的睡眠更重要？不过，他还是歪歪扭扭地起床，勉力回复电文。

## 斯皮克伦战役，1870 年 8 月 6 日

毛奇此时正在密切关注阿尔萨斯方面的战况。在他看来，1870 年的战争布局与 1866 年的一样简单，那就是"找到敌军主力，一旦找到，即刻发起攻击"[62]。总体的目标就是形成一个巨大的口袋阵，用普军的三支大军将拿破仑三世的莱茵军团合围，而后将之摧毁。夏尔·弗罗萨尔将军策动的萨尔布吕肯战役实际上正中毛奇的下怀，此等情形之下，普鲁士参谋本部热切盼望弗罗萨尔和巴赞的军队能够深入德意志境内作战，这样的话，普鲁士的三支大军就能够顺畅地将弗罗萨尔和巴赞的军队钉死并予以歼灭。毛奇很清楚，若在萨尔河的南面展开一

场战役，难度势必会大得多，毕竟，若在萨尔河南面同法军一战，普军第三军团必须穿越孚日山，第一和第二军团也必须越过萨尔河以及萨尔河南面的一片区域，这片区域不但丛林密布，而且道路崎岖。当然，在萨尔河以北寻求一战的愿望最终没能实现，拿破仑三世及其手下将领们已感觉到河对面的危险。不过，对于萨尔河以南的战机，毛奇也相当喜欢。此番考量之下，毛奇遂指令弗里德里希·卡尔亲王统领第二军团越过萨尔布吕肯，进抵弗罗萨尔在斯皮克伦和福尔巴克之新位置的心脏地带，由此便触发了福尔巴克争夺战。福尔巴克是法军的一个重要供应基地，这场争夺战也包括其附近的斯蒂兰旺代勒钢铁基地（Stiring-Wendel）。此战吸引了法军更多的军参战，由此便为毛奇的钳形攻势创造了更为集中的目标。据此钳形攻势，施泰因梅茨的第一军团从托莱（Tholey）向南转进，王太子弗里德里希·威廉的第三军团则从阿尔萨斯折向北。尽管行动迟缓的巴伐利亚军队多多少少拖累了普军第三军团的行动，令这支大军仍然没有穿越孚日山。不过，既然此时的第三军团距离下一步战事的核心区域尚远，那么在维桑堡战役之后，毛奇最终也感觉可以释放第一和第二军团的威力。毛奇相信王太子能够击败 108
麦克马洪，并迫近梅斯东面法军主力军团的左翼，如此，便可以寻求一场决战。

毛奇的这个布局，重点便是依托普军的最大一支兵力，也就是弗里德里希·卡尔亲王的第二军团，将弗罗萨尔和巴赞在萨尔河左岸的军队钉死，而后便在施泰因梅茨4万大军的襄助下，将这两支法军以及所有“前来支援”的法军，全部合围起来。据此计划，施泰因梅茨的4万大军将在萨尔路易越过萨尔河，对法军的侧翼和后部实施打击。此等布局的前景是非常美妙的，其中的重大原因之一在于拿破仑三世于 8 月 7 日发布的指令。据此指令，这位皇帝的四个军将全部集中在萨尔布吕肯－福尔巴克－萨尔格米纳三角区域。这四个军分别是弗罗萨尔、巴赞、拉德米罗和布尔巴基（Bourbaki）统领的军，可以说是法军的精锐。法军如此布局，可以说是已经成熟的果实，等待毛奇前来采摘而已。[63] 问题的关键就在于施泰因梅茨。施泰因梅茨是 1866 年战争中的英雄，当时正是他在斯卡利采战役中杀出一条血路，穿越奥军设置的可怕战线，顺利促成了毛奇麾下三支大军在克尼格雷茨会师。但到了 1870 年，这位 1866 年战争中的英雄已经 74 岁高龄，显然已经不是正当年了。的确有人指出施泰因梅茨过于老迈，毛奇也没有选择他担当指挥大权。不过，英雄毕竟是英雄，这位老人仍然极受欢迎，并且骨子里就是个普鲁士人，更是国王威廉一世的密友。与极具传奇色彩的布吕歇尔（Blücher）一样，施泰因梅茨在战场上也是衣着朴素，而且戴着列兵的帽子，言谈举止就是个普通人。仔细考量一下这位战争英雄在 1866 年的表现，不免会对此人的将才产生疑虑。倘若斯卡利采战役中的奥军能在自己的高地提升一点战斗力，施泰因梅茨的军团想必已经覆灭了。若如此，则等于施泰因梅茨自行毁灭了其麾下的军队。斯卡利采战役刚一结束，施泰因梅茨便催动麾下的各师，急匆匆赶往克尼格雷茨。如此急切，显然是想凭借一己之力拿下克尼格雷茨战役。但事实上，在克尼格雷茨战役的白热化阶段，施泰因梅茨的军队甚至都没有赶到战场。斯卡利采战役已经严重消耗了他的兵力，一番强行军更是令施泰因梅茨的军队疲惫不堪，毛奇不得不在克尼格雷茨战役最关键的一天，让这支经历了大战和强行军的军队进行休整。

1870年8月5日，施泰因梅茨又一次自作主张。尽管毛奇指令他在弗里德里希·卡尔亲王的右侧越过萨尔河，迫近法军侧翼，但施泰因梅茨还是自行决定抄近路进抵弗罗萨尔在斯皮克伦的新位置。此时，这位老将军实在是渴望一场决战，并且对毛奇也不屑一顾，遂令自己的两支部队向南转进，占据了本来规划给第二军团七个军的进军路线，借此向斯皮克伦迅速推进。19世纪的军队是靠马车来供应食物和弹药的，对这样的军队来说，一旦供给线出现问题，后果将是灾难性的，实际上等于输掉一场战役。两支部队在施泰因梅茨的催动之下，拥挤在萨尔路易和萨尔布吕肯之间的狭窄地带，由此切断了弗里德里希·卡尔亲王同前锋部队的联系，同时也阻断了卡尔亲王的进军路线。[64]这便触发了普法战争中的一幕荒诞剧：普军三支军团中最为弱小的一支，顶多也就是扮演增援的角色，此时却阻断了主力军团的进军路线，并且这支最为弱小的军团正跃跃欲试，想与一支6万人的法军寻求一场决战。6万人只是明面上
的说法，实际上，真正的兵力很可能达到了12万。更令毛奇震 110
惊的是，此时施泰因梅茨采取的行动，令普军面临碎片化的重大风险，而且很可能会毁掉已经规划好的萨尔河“合围攻势”（Kesselschlacht）。瓦尔德泽少校在日记中记述说，“参谋部开始后悔当初对施泰因梅茨的任命了”，此论已经是相当客气的。[65]

施泰因梅茨从来都自认为是按普鲁士传奇人物——格布哈德·冯·布吕歇尔的战斗精神行事的。此时的法军正在撤退中，总得有“某个人”予以追赶，不让法军逃脱。倘若毛奇和卡尔亲王不能担当这项工作，那么他施泰因梅茨就应当仁不让地扮演这个角色。事实上，弗里德里希·卡尔亲王一直都在同自己的先头部队保持密切联系，并且已在8月5日命令自己的骑兵

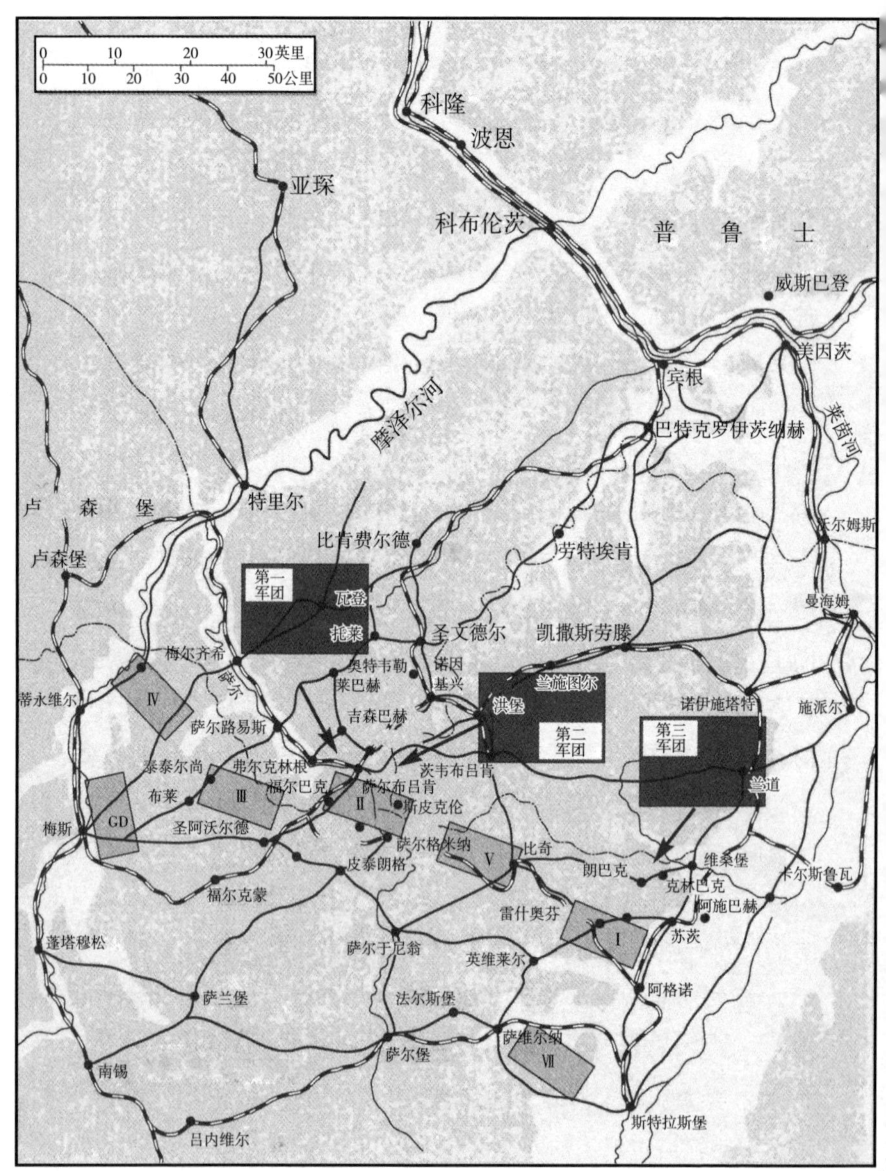


地图 4　毛奇的进攻布局，1870 年 8 月 5～6 日

师“盯住法军，抓捕俘虏，并随时汇报”。毛奇的进军方式是很有耐心且很有条理的，实际上在形成合围之前，第二军团已经在循序渐进地对莱茵军团展开钳制。此等情形之下，当获悉第一军团的此番突然动作，卡尔亲王的吃惊和愤怒也不逊于毛奇：“施泰因梅茨这是要毁灭我的完美计划啊。”[66]

尽管施泰因梅茨横插一刀，突入弗里德里希·卡尔亲王的进军路线，但8月6日发生在萨尔布吕肯南面斯皮克伦高地的那场血战，同这位第一军团的统帅扯不上什么关系。斯皮克伦战役是施泰因梅茨麾下一名师长的作品，这位师长名叫格奥尔格·冯·卡梅克（Georg von Kameke），于8月6日越过萨尔河之后，便侦悉弗罗萨尔在斯皮克伦和福尔巴克的新位置。据此，这位师长错误地认为弗罗萨尔正率领法军全速撤退。于是，他便全速推进，意图盯住弗罗萨尔的后卫，结果便是将自己的两个旅送入法军最为可怕的自然屏障中：此处地形纵横多条坡地，在斯皮克伦和福尔巴克之间伸展开来。[67]

此时的弗罗萨尔，之所以放弃萨尔布吕肯，是因为那里无险可守。至于斯皮克伦，这位法国将领当然是无意放弃的。此时的巴赞正统领四个师驻守在附近，而且处在相当好的位置上，用法军军事观测的行话来说，这样的位置就是完美位置（position magnifique）。置身斯皮克伦，俯视向萨尔布吕肯伸展的高地，如同站在一条绿色瀑布的顶端。陡坡之上的绿色草地像波浪一样扎入下方远处的密林中，那密林则一直伸展，进入萨尔河的河谷中。斯皮克伦高地唯一的弱点就是很容易遭受侧翼包抄。此时，普鲁士方面已经在萨尔河沿岸集结重兵，因此，其中一些师可以向此高地的上方和下方实施渗透，以此钉死巴赞，并将弗罗萨尔从斯皮克伦高地上驱赶下来。弗罗萨尔只是

将自己三个师中的一个布置在罗特贝格高地（Rote Berg），尽管此处是中央高地。另外两个师则协同骑兵，驻扎在下面的福
111 尔巴克附近，以此来抵御来自左翼的潜在威胁。至于右翼，看起来是有充分防护的，因为让－巴蒂斯特·蒙陶顿的师就在右翼，驻扎在萨尔格米纳，距离斯皮克伦仅七英里，这也是巴赞第三军距离斯皮克伦最近的师。总体上说，8 月 6 日的斯皮克伦战场，法军是占据上风的。斯皮克伦战役在普军第二军团抵达之前打响。第二军团之所以姗姗来迟，完全是因为施泰因梅茨制造的“摩擦和障碍”，他率军向南由此延缓了弗里德里希·卡尔亲王的推进速度，卡梅克被迫发起的攻击行动则完全没有考虑到毛奇以及军团统帅们的总体布局。

弗罗萨尔毕业于巴黎综合理工学院，是一名工程师，1849 年，正是他的围城工事绞杀了马志尼和加里波第的罗马共和国，应该说他是颇有头脑的指挥官，只可惜在斯皮克伦战场上，普军采取的非正统的怪异战法令这个指挥官丈二和尚摸不着头脑，而此战法正是 1866 年奥军首次领教过的。此时的法军，实际上与大多数国家的军队一样，都习惯了定位战，此等传统战法之下，若没有足够的兵力，是绝不会开战的。普鲁士人则采取一种更为粗放的战法，这样的战法在普奥战争期间大放光彩。在作为克尼格雷茨战役序幕的维索科夫战役和伊钦战役中，普军分化成无数的小股战斗单位，向前急速推进，刺破了拥有厚重防护的奥军阵地。将奥军死死咬住之后，普军便以徐图缓进的态势从四面八方赶来，变得越来越强大。在克尼格雷茨，俾斯麦乃一语中的，道破了普军的此种战法。他询问毛奇：“这么大的一块毛巾，我们该怎么抓住它的边角呢?”很显然，普军的战法就是先抓住边角，剩下的问题便会迎刃而解。一旦敌军被死

死咬住，普军就会从敌军侧翼漫卷而来。这也就是为什么先前的奥军和此时的法军往往都不知道该如何对普军实施“火力侦察”，因为普军全都已经分化成小股部队，导致实战中的侦察难上加难。普鲁士士兵自己往往也不知道具体战况如何，实际上，他们都是一头扎入敌军战阵，而后才实施甄别，恰如警察甄别罪犯一样。当然，1866 年之后，普军在这方面做了改进，将侦察和甄别工作交给骑兵，这也是为什么普军的每个步兵部队前面都会设置一道由轻重骑兵组成的屏障。然而，8 月 5 日，施泰因梅茨为了走捷径而略去这一关键举措，径直越过本是分配给骑兵的那条战线，将步兵部队推到先锋的位置上。很显然，此时的施泰因梅茨对于 1866 年的那种粗放战法感觉更为舒服一些。倘若他的步兵部队能够获得一个立足点，更多的部队便会蜂拥而来，尽管此举偶尔也会将战线拉长。此等战法令整个战事在白热化战斗期和令人莫名其妙的寂静期之间频繁交错。战后，弗罗萨尔批评巴赞的 4 个师未能及时赶到，但不管怎么说，在普鲁士人的这种渗透战术面前，弗罗萨尔终究难免沦为新的受害者的命运。

普军的渗透战术于 8 月 6 日的中午时分打响，进攻开始之时，卡梅克的两个旅一起开火，对罗特贝格高地展开轰击，那里是斯皮克伦战场上法军阵地的桥头堡，由暗红色的坚硬石头垒成，此高地凸进萨尔河谷，俯临从萨尔布吕肯而来的要道。很快，普军的三个克虏伯火炮炮群便开火了，炮弹在距离罗特贝格高地 2000 码的地方爆炸，那里是西尔万·德·拉沃库尔佩（Sylvain de Laveaucoupet）将军奉弗罗萨尔之命驻守的一处高地，法军待在战壕里严阵以待。拉沃库尔佩的师都在战壕的掩护下，加之斯皮克伦山地之上丛林密布，更有斯蒂兰旺代勒的

112 矿堆此起彼伏，遮挡住普军的视线，令卡梅克根本就不知道此时的普军正面对着法军的一个整军。此等情形之下，卡梅克仍然认为自己遭遇的不过是法军的一个后卫部队，尽管法军的火炮如同雷鸣一般滚滚压下，也未曾令卡梅克的判断发生改变。没有多想，他便派出弗朗索瓦将军第二十七旅的6个营向法军阵地发起攻击，此举等于羊入虎口。

弗朗索瓦将4个营展开，形成一个三英里宽的攻击正面，另外两个营留作预备队。他的右翼正对着法军的左翼，依托福尔巴克铁路线，顺着斯蒂兰旺代勒坡地的边缘向上推进。左翼布置在东面，距离右翼有数千步的距离，直接攻入罗特贝格高地下面的丛林里。当弗朗索瓦这支半普鲁士半汉诺威的旅以“连级纵队”（company column）的态势艰难地向前推进时，他们遭到法军火炮的密集轰炸，而那样的火力显然不是一支简单的后卫部队能够做到的。此时，正沿着福尔巴克铁路线向前推进的汉诺威部队则在斯蒂兰遭遇法军的重重炮火，显然，他们面前是一支完整的法军旅。“夏塞波”遂即发威，撂倒了数百名汉诺威士兵。对这些刚刚合并到普军中的士兵来说，这的确是不祥的开端。这支部队里面，有五分之一的士兵已经结婚生子，且其中只有普鲁士士兵军纪严明，被俘的汉诺威士兵纷纷保证说，“他们根本就无心恋战”[68]。左翼的情况也不比右翼好；两个向罗特贝格高地推进的普军营在进入高地下面的丛林后，便遭遇“夏塞波”和蒙蒂尼机枪的一轮袭击。弗罗萨尔的第十轻骑兵团藏身密林中，朝着笨拙的普军纵队极速开火，顷刻之间，便将惊惧不已的普军士兵成打成打地撂倒。到了下午一点钟，卡梅克的此次攻击行动突然停止。斯皮克伦高地的脚下，也就是斯蒂兰旺代勒和吉福特丛林（Gifert Wood）到处都

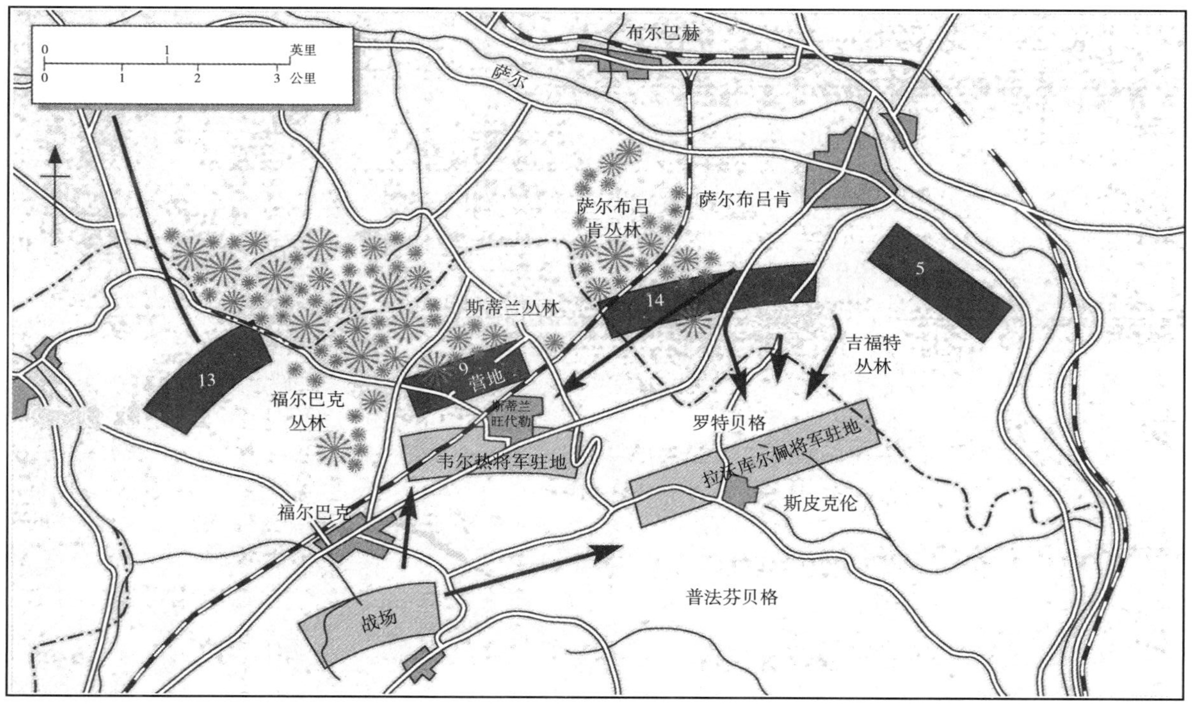

0 1 英里
0 1 2 3 公里
布尔巴赫
萨尔
萨尔布吕肯
萨尔布吕肯丛林
5
14
斯蒂兰丛林
吉福特丛林
9
营地
13
福尔巴克丛林
斯蒂兰旺代勒
罗特贝格
拉沃库尔佩将军驻地
韦尔热将军驻地
斯皮克伦
福尔巴克
普法芬贝格
战场


地图 5 斯皮克伦战役

是阵亡或者受伤的普军士兵。克尼格雷茨战役最为血腥的战斗之一便是斯威伯丛林（Svib Wood）战，当时的弗朗索瓦正是凭借一股野牛般的冲劲，穿越了那片丛林。如今，弗朗索瓦又想展现那种精神，将最后的五个预备连队集结起来，亲自统领这支部队冲入吉福特丛林。这支部队主要由第七十四步兵团的汉诺威士兵组成，他们成功穿越丛林大部分地带后，在罗特贝格的暗红色铁石斜坡前面遭遇法军火力阻击。幸亏一直紧紧跟在步兵部队后面的师炮队从旁襄助，才避免了被“割韭菜”的命运。这强劲的普鲁士火炮，穿越丛林以及丛林前面的马铃薯地，令法军印象深刻。普鲁士“炮群”一直对法军阵地的战壕实施覆盖，死伤无数，对法军的反攻行动遭遇了重大阻滞。[69]

此时的普军一下子进入令人困惑的寂静状态，这是普军战
114 法的特征所在。弗朗索瓦被死死地钉在既有的位置上，等待增援，弗罗萨尔却陷入困惑，他实在搞不清楚自己对面究竟有多少兵力。法军自上而下对弗朗索瓦缩成一团的若干连队展开多次反击，但均被卡梅克的炮火击退。法军火炮冒险挺进到更下面的地方，意图缩短射程并避开普军克虏伯火炮的强大火力，但很快都被普军的反击炮火驱散。到了下午早些时候，5 门遗弃的法军火炮被迫滞留于无人地带。只要卡梅克能够登上罗特贝格高地，这些火炮将会成为第一军团在这场战争中的第一批战利品。

援军正在赶来。临近傍晚，卡梅克的第二十八旅，在威廉·冯·沃伊纳将军（General Wilhelm von Woyna）统领之下，解救了在斯蒂兰疲惫不堪的弗朗索瓦麾下第七十四步兵团的剩余部队，并沿着此处矿堆上面的山脊林地散开，很快便以交叉火力咬住弗罗萨尔部署在这里的一个旅。援军纷纷抵达，令斯

皮克伦战事硝烟再起，置身罗特贝格高地的弗朗索瓦起身拔出佩剑，统领士兵沿着裸露的红色斜坡而上。几秒钟后，这位旅长便倒地身亡，被五颗子弹射穿。很多士兵也都遭遇了同样命运，余者纷纷退入吉福特丛林。到了三点钟的时候，卡梅克的第十四师便漫卷而来；为了应对普军的炮火打击，拉沃库尔佩命令第四十步兵团向吉福特丛林发起反攻。法军纷纷上刺刀，用来驱赶丛林里面已经士气尽丧的弗朗索瓦之残余兵力。在斯皮克伦高地上，弗罗萨尔命令夏尔·韦尔热将军（General Charles Vergé）催动另一个旅向驻扎在斯蒂兰的沃伊纳的部队发起攻击，将刚刚抵达的普军击溃，并一路追击，差不多一直追到萨尔布吕肯。此时的弗罗萨尔，只需将这些反击行动继续下去，并予以适当的增援，完全有可能彻底打败普军。然而，法军在克尼格雷茨战役之后便确立起防御战术，令防御取向占据主导地位，弗罗萨尔毫无疑问也坚持这一战术。拉沃库尔佩拒绝脱离吉福特丛林的庇护，拒绝越过开阔地带追击逃向萨尔布吕肯的弗朗索瓦残余部队。弗罗萨尔也是一样，他也拒绝离开斯皮克伦，拒绝脱离“完美位置”提供的安全庇护。将前来进攻的普军击退之后，他便安坐下来，等待敌军再次进攻。

“战斗就是屠杀”，这是克劳塞维茨在40年前写下的话，克劳塞维茨更强调，倘若避战、畏战，“就会有人携带利剑而来，砍掉你的手臂”。[70]弗罗萨尔本应记取这样的提醒和告诫。实际上，就在他策动反击的时候，普鲁士人也正在打磨他们的利剑。弗里德里希·卡尔亲王及其先头部队——康斯坦丁·冯·阿尔文斯莱本（Konstantin von Alvensleben）的第三军和奥古斯都·冯·格本（August von Goeben）的第八军于8月6日便已经抵达萨尔布吕肯外围，在听到斯皮克伦方向的枪炮声后，便即刻调动兵力，赶赴斯皮克伦前线。普鲁士的部队以营为单位，借由福尔巴克铁路向前线输送，每隔半个小时便有运兵车出发。其他作战单位则沿着帝国大道（Route Impériale）步行，
115 径直奔赴战场。格本的第九轻骑兵团携带两个炮群赶赴斯蒂兰和吉福特丛林，遏制那里的颓势。普军和法军的风格差异再明显不过，法军将领绝少有主动性可言，绝少偏离固定的位置和交通线，普军将领则会做好时刻战斗的准备，即便一时之间只能集结很可怜的兵力，即便给养根本没有到位。普军的各个营可以随机集结成旅，给养和弹药也可以即时共享，唯一的目标就是在攻击点上集结起尽可能多的兵力，向敌军施压。

阿尔文斯莱本将军统领第十二步兵团的一个营，火速赶赴萨尔布吕肯。刚一下马，他便率领手边的部队急速投入战场，竭力挽救因卡梅克犯下的错误而导致的颓势。眼前的罗特贝格高地、吉福特丛林以及福尔巴克铁路线上，已经满是当天战事留下的普军伤亡人员，此番情形令阿尔文斯莱本意识到，必须重启这场战役。而且，他还必须加快速度，因为此时的巴赞已经同意将让－巴蒂斯特·蒙陶顿的师借给弗罗萨尔。倘若蒙陶顿师倾巢而出，那么法军完全有能力及时巩固斯皮克伦高地，将普军压制起来。[71]很快，普军第五师的一个旅重新夺回吉福特丛林。与此同时，阿尔文斯莱本第三军和格本第八军的至少 9 个营，在没有任何命令的情况下，跳下火车并脱离既有的进军路线，沿着罗特贝格高地的边缘展开攻击。夏尔·韦尔热驻扎在斯蒂兰的师最终不得不放弃作战位置，退守福尔巴克。这个师折损惨重，伤亡人数达到 1300 之多。

这一天的战事，韦尔热麾下军队的弹药消耗量实在惊人，共耗去 146000 个弹夹，这也足以证明法军的枪械能力。仅仅一

个师在一天的战事中就消耗了法兰西全国一天弹药产量的三分之一，此一情状实在令人不安。更糟糕的是，消耗量虽然惊人，但每 75 发子弹，才会击中敌军的一个士兵。很显然，火力控制问题仍然没有解决。[72] 法军第二十四步兵团的普洛斯珀·库德里耶中尉（Lieutenant Prospère Coudriet）对普军进攻时的纪律和团结备感羡慕，法军的火力也许不是那么精准，但不管怎么说都是十分强大的。在斯皮克伦高地上实施仰攻的普军，尽管面临两个完整的法军步兵团和一个“夏塞波”营形成的半圆形火力圈，却依然无所畏惧，步步推进。常常是突击队在前，引领“连级纵队”向前推进。普军很好地利用了地形，规避法军的防御火力，同时也向法军阵地倾泻自己的炮火。普军突击队的娴熟战法更是令库德里耶羡慕不已，面对法军的“夏塞波”，这条突击战线也是唯一的防护，普军非常稳固地守住了这条战线。燧发枪部队倒下了，普通步兵便即刻补充上来。以 250 人为单位的攻击连队，会以更大的间隔铺展开，一旦前面出现伤 116
亡，便即刻冲上去替补。此等滚动战法，加之火力推进，令普军势如破竹，先是穿越丛林，接着压过马铃薯地，最后是拿下罗特贝格高地的矿石堆。

这片矿石高地，地形极为陡峭，土壤和野草都无法抓住那碎石坡地，普军士兵的受伤部位通常都出现在头、手和脚上，在如此陡峭的斜坡上作战，且法军都以壕沟为据，这些部位恰恰是最容易暴露在法军火力之下的。[73] 面对法军的防御火力，克虏伯火炮是有效的克敌之道。在斯皮克伦战场上，普鲁士炮队通常都是推进到距离法军战壕 1200 码的距离之内，在如此陡峭的坡地之上，这样的举动自然是非同小可，一旦推进到这个距离，克虏伯火炮发射的开花弹和榴霰弹便威力无比。普军的炮弹可以爆炸成 20 到 30 个锯齿状的碎片；榴霰弹更会以子弹的初速度散射出 40 个锌球。此等火力令法军实在是苦不堪言。法军的高级军官纷纷奔向战斗最为激烈的地方，那里通常也都是普军炮火最为集中的地方。一名军官不禁评论说，“四处都在摇晃”。[74]第二十四步兵团的团长库德里耶回忆说，自己亲眼看着普军的炮弹碎片将一名上校撕碎。当时，这名上校正在罗特贝格高地的一堵胸墙后面指挥作战。最终，法军战线开始动摇。此时的法军战线中，大约有三分之一的兵员是先前留作预备队的新兵，当普军发起进攻的时候，这些新兵已经有一个多星期没有与自己的团待在一起了。[75]下午六点，很多普军士兵已经连续作战超过 13 个小时，阿尔文斯莱本于此时集结起 7 个营组成的强大预备队，都是从自己的军抽调来的。阿尔文斯莱本并不知道蒙陶顿的师此时在哪里，不过，他认为敌军的援军就在附近。

阿尔文斯莱本想要赶在法军援军抵达之前剿灭弗罗萨尔军的残余兵力，于是便将这支即时集结起来的预备队投放到法军的侧翼，对福尔巴克贝格高地（Forbach Berg）展开仰攻。此处高地是罗特贝格高地的延展，向西一直伸展到斯蒂兰。这支预备队相当于一个旅的建制，援军也在此时陆续抵达，令这个旅的力量逐步得到强化。很快，这支部队便越过山脊，对拉沃库尔佩据守的左翼展开强力攻势。步兵和炮队协同作战，法军终于支撑不住，遂从罗特贝格高地向斯皮克伦阵地撤退。九点，夜幕降临，法军退出整个高地，兵分两路，沿着相反的方向，向萨尔格米纳和福尔巴克退去。此时，法军第六十三步兵团的少校团长一通抱怨，此番抱怨在整个战争中经常听到：“士兵们整天都在开枪射击，却没什么效果，敌军的人数总是

有增无减，而且总是在包抄我们的侧翼。”[76]这恰恰是普军的
战法，确切地说就是主动进攻，在选定的地点集结优势兵力， 117
从侧翼攻击，然后是合围。被迫从斯蒂兰和罗特贝格高地撤离之后，弗罗萨尔一时间还计划重整自己在斯皮克伦和福尔巴克的位置，但很快便得到情报说，普军第十三师已经在萨尔河下游的弗尔克林根（Völklingen）渡过萨尔河，正在迫近自己没有防护的左翼和后部。口袋阵或者说是“合围攻势”正在形成，此时的弗罗萨尔已经没有任何的预备队可以破解这一“合围攻势”了。

**图5 进攻罗特贝格高地的普军步兵**

此等情形之下，弗罗萨尔只得放弃萨尔河战线，全军撤到摩泽尔河一线。从两个方向上撤离罗特贝格高地的法军，都遇到了赶来的蒙陶顿将军的行军纵队。蒙陶顿是这一天下午三点半才收到巴赞的命令，四点的时候，才得到弗罗萨尔方面的消

息。因此，也只能是在经历一场八到十五英里的强行军之后，才疲惫不堪地迫近前线。至于阿尔芒·德·卡斯塔尼将军（General Armand de Castagny）所部的师，则与蒙陶顿一样迟到了。他的军队一直驻留在福尔巴克南边几公里的地方，四周一片黑暗。道路上挤满了恐慌不已的士兵和侧翻的车辆。弗罗萨尔麾下的士兵已然“饥渴、疲惫不堪”，根本无意继续战斗。[77]此时的卡斯塔尼仍然在奋力前行，希望进抵斯皮克伦。他回忆说，在行军路上，他拦住弗罗萨尔麾下的一名将领，“你花了多
118 长时间带领你的旅走到这儿?”那名将领近乎疯狂地盯着卡斯塔尼说，“就我一个，我的旅已经不见了。”[78]

巴赞后来将斯皮克伦战役称为一场“悲惨、无用的战役”，不过，斯皮克伦之败，巴赞是负有很大责任的。他的4个师本来是可以介入并扭转战局的，然而，4个师都按兵不动。巴赞的对手，阿尔文斯莱本和格本则恰恰相反，这两个普鲁士将领都是将自己的营、骑兵中队以及炮群尽速投入战场。巴赞则需要更为谨慎一些。[79]毕竟，他的4个师散布在圣阿沃尔德和比奇之间40英里的距离范围，而且他本人也是这一天很晚时才知道当天的主战场是在斯皮克伦。倘若他更早地做出反应，派出大军增援斯皮克伦，则只能收窄自己的防线，如此一来，普军很可能将他同弗罗萨尔连一起包了饺子。实际上，当天早上九点，弗罗萨尔就向巴赞发出第一份求援电报，巴赞在回绝这份求援电报之时，给出这样的解释：“我的防线单薄得可怜，倘若普军来真的，我就只能撤退了。”[80]此番解释却很难站得住脚，毕竟，在求援函件中，弗罗萨尔自己实际上也对普军是否要动真格的犹疑不定，于是只希望巴赞提供两个旅的援军，确切地说就是蒙陶顿的一个旅增援斯皮克伦，德康

（Decaen）的一个旅增援福尔巴克。两个旅分属巴赞的两个师，因此对巴赞的防线构不成太大的削弱。巴赞拒绝救援，或者说未能及时救援，主要原因很可能是缺乏战场敏锐度，要不就是出于纯粹的恶意。毫无疑问，这位老元帅并不喜欢皇室的宠臣弗罗萨尔。

战后，弗罗萨尔等人力图开脱斯皮克伦之败，此番开脱乃创立了法国军事档案库中的“弗罗萨尔卷宗”（Dossier Frossard），卷宗的主要内容是斯皮克伦战役相关将领所作的抗辩陈词，因为弗罗萨尔指控他们抛弃了自己。这些抗辩集中在如下一点：弗罗萨尔自己都不清楚普军的进攻究竟只是装装样子，还是要动真格的，这位法军将领在这个问题上耽误了太多时间。实际上，甚至到了下午五点十五分，虽然阿尔文斯莱本已经在集结大批兵力，准备对斯皮克伦发起总攻，并且察斯特罗（Zastrow）的第十三师也已经进抵福尔巴克，普军阵地进入又一个寂静期，这令弗罗萨尔的判断发生了错误，因为他在此时还电告巴赞说：“战斗很激烈，不过现在已经停息了……我预期我将会守住这片阵地并将蒙陶顿师还给你。”这令巴赞大大地松了口气，但是刚过两个小时，巴赞便极为震惊地收到弗罗萨尔的如下电报：“我们的侧翼被包抄了。”[81]弗罗萨尔在斯皮克伦战场上的犹疑不决，在19世纪的战争条件下，定然是无可救药的。那个时候，战场上的一个法军师单单是进军行动，至少需要两个小时的准备时间，至于真正执行进军计划，需要的时间更多。说白了，时间才是重中之重，然而，工程师出身的弗罗萨尔却让时间白白溜走了。正 119
如弗罗萨尔的一名同僚讥讽的那样，斯皮克伦“是他军事学徒期的作品”[82]。

在战场的部分区域中，法军战术呈现的效能令普军印象深刻，但普鲁士方面对法军整体战术的无能大为吃惊。8 月 7 日，弗里德里希·卡尔亲王致信阿尔文斯莱本，信中将巴赞的此番犹疑同贝内德克在 1866 年战场上的类似举动进行了对比，“与 1866 年的情况一样，法国人……让我们从容地集结起数个军的兵力，来攻击一个又软又脆的集群”，此处的“集群”指的是夏尔·弗罗萨尔的第二军。两天后，普鲁士第二军团的统帅在给母亲的信中再次将斯皮克伦之战同克尼格雷茨战役进行了类比：“这场战争如同 1866 年那样打响，法军军团遭到分隔包围，士气尽丧。这里的丛林内到处都是敌军的落跑士兵。我们攻取了斯皮克伦，此处阵地之强固确实令人不可思议。”[83] 斯皮克伦的确极为强固，普军在这里遭遇到重大伤亡，与 1866 年的战况的确有类似之处。斯皮克伦一战，法军射手以及“夏塞波”对普军士兵的射杀率已然到了前所未有的程度。1866 年，普奥两军的伤亡比例大体上是 1∶4，但斯皮克伦战役令这个比例发生了反转，确切地说，每射杀一个法军士兵，普军需要付出两个士兵的代价。在斯皮克伦战场上普鲁士差不多折损了 5000 士兵，是克尼格雷茨战场上普军伤亡数量的一半还多，而且，这还只是一场相对较小的“遭遇战”。

正是因为施泰因梅茨擅自南进以及卡梅克的鲁莽举动，才令普军遭遇如此沉重的伤亡，这样的伤亡是完全可以避免的。威廉一世乘坐敞篷车巡视战场时，一名见证人记录，眼前这出乎意料的屠杀场面令普鲁士国王“极度震惊”。[84] 此等情形之下，国王便只能拿法军的伤亡聊作安慰。法军的伤亡也令威廉一世备感吃惊，毕竟，法军是据有超强阵地的。弗罗萨尔共折损了 4000 人，其中包括在普鲁士的快速合围战术中沦为俘虏的

250 名军官和 2500 个士兵。这 2500 个士兵沦为战俘之后，承受了战时劳役，负责收集战场上双方阵亡将士的尸体，予以集体埋葬，而后便乘船借由莱茵河前往战俘营。接下来几天，弗罗萨尔着手重新集结自己的各个师，此时才发现，士兵们已经在撤退途中丢掉了所有的东西，其中包括 40 座桥梁设备、数百顶帐篷，食品、衣物、咖啡及白酒，朗姆酒就更不用说了，估价应该在 100 万法郎左右。

拿破仑三世的忧虑则要沉重得多。普鲁士人正在各个击破，一个一个地消灭自己的军。这情形实在是像极了 1866 年，当时的普军也是对奥军实施分隔并各个击破，借由一系列的边界战役吃掉奥军的无数作战单位，令贝内德克在克尼格雷茨战役开始之前便已经失去了急需的作战力量。维桑堡和斯皮克伦之败 120
令皇帝一下子警醒了，遂通知巴赞，“要将麦克马洪元帅的军收缩，令全军以更为紧密的态势集结起来。”[85] 此时，普鲁士大军正像麦克马洪担心的那样，“如同一片油渍”，在法军各个军中间迅速扩展开来，拿破仑三世和勒伯夫急忙填补各处的缺口和鸿沟，但为时已晚。皇帝和“主将”的动作的确太慢了，麦克马洪很快将被湮没。

# 第五章　弗罗埃斯克维莱战役

121 维桑堡战役令埃布尔·杜艾的师遭遇重创，此时，这支已经残缺的师交由让·佩莱将军（General Jean Pellé）指挥，佩莱遂率领刚接管的师向西南方向的斯特拉斯堡撤退。8 月 5 日王太子弗里德里希·威廉的第三军团实施集结，对佩莱的师展开追击，一路之上，全是佩莱师丢弃的背包和辎重。此时，王太子找不到麦克马洪的军，遂打算打扫孚日山东面的战场，而后转进孚日山，同此时处于孚日山西侧的第一和第二军团汇合。[1] 为此，王太子催动大军向南转进，尽管此举颇有难度。巴伐利亚第二军沿着佩莱师走过的道路向朗巴克（Lembach）转进，形成右翼。普军第五和第十一军作为中央军群，向沃尔特（Woerth）和苏茨（Soultz）转进。符腾堡和巴登各师则在普鲁士将军奥古斯特·冯·韦尔德（August von Werder）统领下，向阿施巴赫（Aschbach）转进，构成左翼。

大军所经道路都很糟糕，很多都是丛林密布的坡地，偶尔会出现开阔地带，可以看到粮田或者烟草种植地，不过，很快便又没入丛林或者葡萄园当中。一开始，王太子及其参谋长阿尔布雷希特·冯·布卢门塔尔认为，麦克马洪会急着赶往斯特拉斯堡要塞寻求庇护。但在 8 月 5 日晚些时候，轻骑兵中队的一名轻骑兵经过沃尔特时，注意到通往弗罗埃斯克维莱的道路上扎满营帐，遂下马，游过绍尔河（the Sauer），远远地观察麦克马洪那庞杂的营地，而后便策马返回指挥部。[2] 这一天深夜时分，王太子和布卢门塔尔便已经获悉：麦克马洪并不在斯特拉斯堡。恰恰相反，此时的麦克马洪仍停留于维桑堡战役期间他所在的位置，说白了，麦克马洪仍然待在弗罗埃斯克维莱。弗罗埃斯克维莱与斯皮克伦一样，用法军的专业术语来说，也是一个“完美位置”。这个情况让布卢门塔尔和王太子既吃惊又高兴。如此一来，普鲁士大军就可以对弗罗埃斯克维莱实施合围了。当晚，普军便制订了“合围攻势”计划，由整个第三军 122
团予以执行，时间是在 8 月 7 日。[3]

8 月 4 日被迫撤离维桑堡之后，麦克马洪便决定据守弗罗埃斯克维莱，他认为这个位置相当强固，而且也是法军东面交通线的一个枢纽。倘若弗罗埃斯克维莱有失，不仅比奇 – 斯特拉斯堡铁路线会落入普军手中，而且普军也将因此掌控孚日山的主要隘口。若真是如此，驻守斯特拉斯堡的法军将遭到孤立，普军也就能够畅通无阻地向法国境内投放大批兵力。[4]弗罗埃斯克维莱的主要弱点在侧翼，这个位置很容易遭受侧翼攻击。面对正面攻击，此处阵地可以说是强大堡垒。不过，若有一支大军从南面包抄，倒是十分容易的事情。1870 年的战场上，普军在任何战事节点上都不缺乏这样一支大军。此时的麦克马洪统领着一支 50000 人的军队，王太子弗里德里希 · 威廉则率领一支 100000 人的大军，分为三个纵队迫近弗罗埃斯克维莱。此等情形之下，麦克马洪应当放弃弗罗埃斯克维莱，穿越孚日山撤退，但麦克马洪此时也需要时间收拢佩莱的师，而且这位元帅仍然惦记着将此地区的其他法军集结起来，对普军实施反攻，据此收复维桑堡战役的失地。8 月 6 日一大早，麦克马洪命令第五军指挥官皮埃尔 · 法伊率领一支 30000 人的军队，准备一场重大行动，要么在普军第三军团穿越孚日山隘路的时候对其发动攻击，要么对仍然在维桑堡闲逛的王太子的军队展开一场颇为大胆的合围攻势。[5]此时，麦克马洪在数量上处于绝对劣势，考虑到这一点，此作战规划毫无疑问是相当大胆的，这一点值得佩服，但这规划本身显然是错误的。普军是不会在某个地方“闲逛”的，而且普军在不能确定麦克马洪方面的消息之前，是绝对不会仓促进入孚日山的。

弗罗埃斯克维莱的确是令人生畏的堡垒，各个方向都有极佳的射击视野。一处村落坐落在绍尔河的上方，将沃尔特这个交通枢纽的情况尽收眼底，阿尔萨斯平原也就是从这里开始向丛林密布的孚日山抬升。与斯皮克伦一样，法军的“夏塞波”在这里可以尽情施展，因为弗罗埃斯克维莱和临近的埃尔萨斯豪森（Elsasshausen）正处在一个半圆射击圈的中心点上，这个射击圈恰恰就在绍尔河的右岸铺展开来，两侧都有拱卫，右侧是埃伯巴赫（Eberbach），左侧则是朗让苏尔特兹巴克（Langensoultzbach）。四个村庄被一条横向道路联结起来，驻防起来也相当容易。普军若攻入这个火力洼地，将会遭遇绍尔河的阻截，此外，弗罗埃斯克维莱高地下方的坡地上还满是葡萄藤和蛇麻草种植园，这对普军的攻势也会构成障碍。战前，麦克马洪曾巡视此地，参详了这个作战位置后宣示说：“有一天，
123 我将在这里恭候德国人，一只田鼠我都不会放过的。”[6]维桑堡战役之后几个小时的时间里，麦克马洪便一直在为迎候普军做准备，他将麾下的 5 个师在弗罗埃斯克维莱的各处高地上展开。左翼的朗让苏尔特兹巴克是弗罗埃斯克维莱与孚日山丛林的结合部，麦克马洪将奥古斯特·迪克罗统领的第一师部署在这里，并以在维桑堡遭遇重创、如今交由让·佩莱指挥的第二师作为预备队。弗罗埃斯克维莱高地和埃尔萨斯豪森的中央位

置交由诺埃尔·拉乌尔（Noel Raoult）的第三师，右翼若没有防护，将成为弗罗埃斯克维莱高地的最大弱点，因为右翼一直伸展到莫尔斯布龙莱班（Morsbronn）的开阔地，麦克马洪将右翼交给马里－伊波利特·德·拉蒂格（Marie-Hippolyte de Lartigue）的第四师以及法军第七军从贝尔福调派来的一个战斗力较弱的师。

与19世纪的很多战事一样，弗罗埃斯克维莱战役也是一场偶然的遭遇战，这场遭遇战的开始时间比王太子和布卢门塔尔预定的时间提前了一天。其时，普鲁士第五军、巴登－符腾堡军以及巴伐利亚第二军正向南行进在通往斯特拉斯堡的道路上，前一天晚上的雨水将这条道路变得泥泞不堪。8月6日，在这条道路上艰难推进的德军实际上撞入了法军阵地。弗里德里希·冯·博特默将军统领的巴伐利亚第四师正朝着法军左翼的朗让苏尔特兹巴克阵地而来，遂遭遇迪克罗师那些老兵强大且精准的火力覆盖。普鲁士第五军和奥古斯特·冯·韦尔德的巴登－符腾堡军的先遣队，则遭遇拉乌尔师的集中火力。枪炮声传来，普军第十一军即刻离开既定的路线，进入斯帕克巴克（Spachbach）和甘斯泰（Gunstett），向第五军和韦尔德靠拢。

此时的王太子弗里德里希·威廉和布卢门塔尔正在苏茨追踪法军，西面传来的枪炮声令二人极为震惊。二人的计划中本没有8月6日的战役，这实在出乎二人意料，同时，王太子和布卢门塔尔也担心先头部队既已被迫接战，很可能只带着第三军团的小部分兵力落入法军阵地。若如此，便会重演施泰因梅茨和卡梅克在斯皮克伦犯下的错误。[7]念及此，布卢门塔尔遂向前线发出急报，命令前线部队保持克制和谨慎，然而，道路上已经挤满军人、枪炮、马匹、物资和救护器械，信使身陷其中，动弹不得。命令送达前线之时，为时已晚，战斗已经无法阻止了。于是，弗罗埃斯克维莱的战场上又有人扮演了卡梅克的角色，此人就是普鲁士第五军指挥官胡戈·冯·基希巴赫（Hugo von Kirchbach）。此时已经 61 岁的基希巴赫观察到法军在绍尔河边的强固位置，径直挥军冲向法军阵地。与普军的大多数将领一样，基希巴赫也是经历过普奥战争的老人。在 1866 年的那场战争中，普军即便是最为莽撞的攻击行动，都能够收获战果。1866 年的维索科夫战役和斯卡利采战役，基希巴赫都是凭借这样的勇夫策略，击破了奥军的强固阵地，在极为不利的情况下，
124 荣获了“蓝马克斯勋章”（Pour le Mérite），这是普鲁士的最高勋章。如今，四年时间过去了，看来仍然没有什么能够阻止基希巴赫一往无前。他将麾下的全部火炮铺展开来，那是 60 门克虏伯火炮，在沃尔特排成一线，而后便率自己的旅奔赴麦克马洪布置好的屠杀场。

波兰人和德意志人混编的普鲁士第九师是最先进入此处的。这支部队在越过奥伯多夫（Oberdorf）和斯帕克巴克之后，直接奔向绍尔河，艰难地越过绍尔河之后，便进入了法军的交叉火力网。在这场战斗中，普鲁士第四十七步兵团的中尉列奥波德·冯·温宁（Leopold von Winning）是存活下来为数寥寥的排长之一。法军的交叉火力网将普军的攻击纵队撕成碎片。温宁眼看着身边的另一个中尉军官被蒙蒂尼机枪撕碎，脚、腿、胸和脸都散落开来。但凡骑在马背上的军官，都成为法军步兵精准射击的靶子，顷刻之间便都从马背上跌落下来。还活着的军官便都在狂乱之中火速下马，与士兵们一起卧倒在湿草里面。[8]不久，普军厚实的攻击纵队便沦为一条单薄的散兵线，就那么

硬生生地对着法军阵地。继续向前推进显然是不可能了。法军则有战壕和散兵坑为依托，从下往上看，根本看不到法军士兵的身影，普军士兵配备的都是陈旧的枪械和纸弹壳，这样的装备是没有可能平躺下来的，否则的话，弹壳就会被泥地浸湿。因此，普军全线只能吃力地蹲伏着，成为法军的活靶子。

巴登 - 符腾堡军努力让自己的散兵线越过绍尔河，以此来解救普军，但 20 英尺宽、5 英尺深的绍尔河拖慢了他们的攻击速度。工兵们四处奔忙，将已经裂开的门板拆卸下来，也将篱笆拉扯出来，从沃尔特一直运送到绍尔河，试图为渡河提供便利。此时，法军的榴霰弹、蒙蒂尼机枪和夏塞波在隐蔽处开火，对普军造成重大杀伤力。威廉・佐恩（Wilhelm Sohn），符腾堡第二步兵团的一名列兵，回忆当时的情形说，自己和三个朋友一起站在河边等待浮桥出现，三个朋友一个接一个中弹倒地，痛苦地翻滚，却始终不见敌人的身影。最终，佐恩和自己所属的差不多已经消耗殆尽的连队渡过冰冷的绍尔河，穿过对岸的沼泽地，开始对弗罗埃斯克维莱高地展开仰攻。佐恩所属的符腾堡军采用的是克尼格雷茨战役之后引入的普军战法。简单地说，就是“集群”战术，一批士兵跪地射击，掩护另一“集群”向前推进。

当然，有些“集群”从来没能集结成功。普军发现，在这样的战场上，步兵攻击行动最困难的环节并不是引领士兵穿越对方的火力网，而是说服士兵离开隐蔽之所展开进攻。[9] 在弗罗埃斯克维莱高地下面这个狭窄的区域，即便是最为迅速的攻击行动，在法军的交叉火力面前，也会即刻化为齑粉。佐恩眼看 126
着自己所在连队的军官一个接一个地倒下，连长以及大部分排长相继阵亡。中午时分，这支符腾堡战部在弗罗埃斯克维莱高地

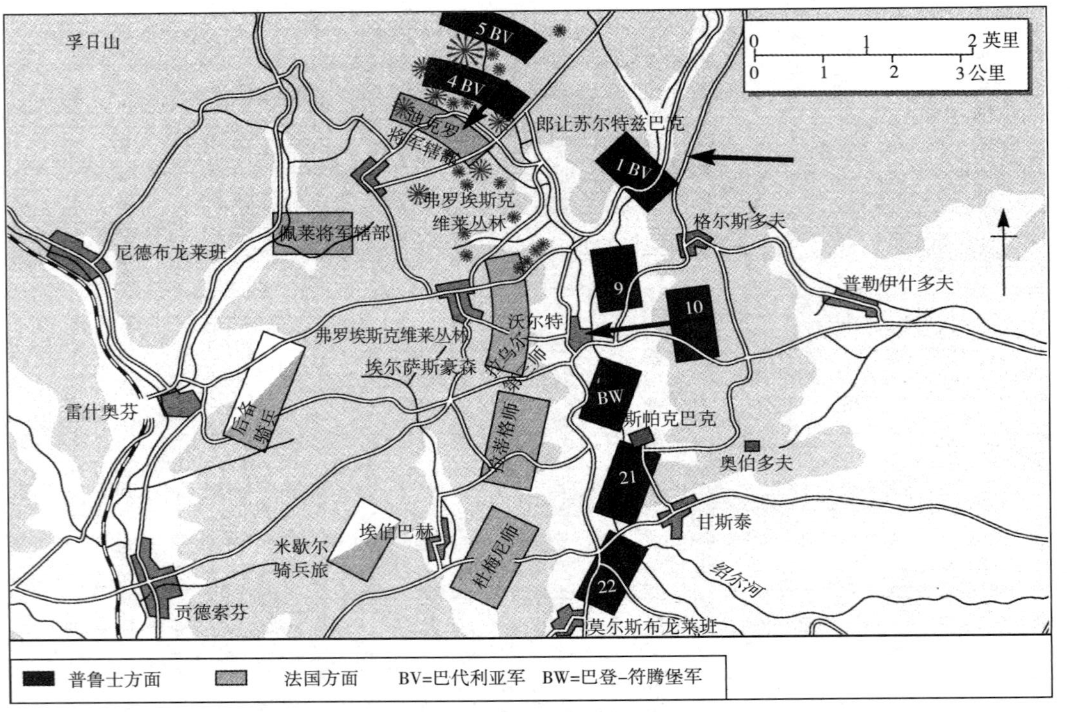


地图 6　弗罗埃斯克维莱战役

上只前进到三分之一的地段。大部分士兵都躺在浅浅的壕沟里面，脸埋在土里，法军的火炮、步枪和蒙蒂尼机枪形成的火力网正将他们头顶的空气撕裂开来。佐恩所在的这个 250 人的连队，在 90 分钟的战斗里，只剩下 84 个人。此时传来消息说，拉乌尔的阿尔及利亚猎兵团在绍尔河边赶上了正在推进的德军“集群”，并从后面展开攻击，符腾堡士兵闻听此消息，便在盛怒之下拉出非洲战俘，将这些战俘打得脑浆迸裂。[10] 列兵弗朗茨・黑勒（Private Franz Härle）在一处果园中目睹了这一场景。此时的黑勒打算摘一颗李子吃，他刚用一只胳膊支撑着要起身的时候，便听到夏塞波的“咔嗒”声从上方传来，即刻便感觉自己的嘴被穿透了，子弹从一侧脸颊射入，从另一侧脸颊穿出。[11]

此时的巴伐利亚士兵大部分配备的都是波德维尔斯步枪，这是 1866 年战争中的老物件，只能在普军攻击队列的右翼勉力坚持。博特默的第四师在维桑堡战役中扮演尖刀的角色，这一次也是一样。此次经历与劳特河的经历一样可怕。巴伐利亚人已经整整两天没吃没睡，他们的进攻路线上的确有丛林，但那些丛林实际已经被法军的火力网荡平。麦克马洪元帅在弗罗埃斯克维莱布置了 130 门火炮，看来，每一门火炮都是专为此战场配置的。火炮轰击之下，树干和枝条纷纷碎落，地上的土也被炸飞。约翰内斯・舒尔茨（Johannes Schulz），巴伐利亚第九步兵团的一名新兵，被子弹击中腿部，他继续前进，一枚炮弹碎片又从他的身体上划过。他眼睁睁地看着自己的营在迪克罗的阵地前面遭到瓦解。迪克罗师的士兵大部分都是从克里米亚、意大利、墨西哥和阿尔及利亚战场上闯荡过来的老兵，他们的精准射击毫无疑问令敌军遭遇“割韭菜”的命运。舒尔茨所在营的营长阵亡，舒尔茨所在连队的连长也一样（这个连长先是受伤，他的传令兵扶着他靠在树上，结果胸部又中一弹），最后，连舒尔茨的排长也阵亡了。舒尔茨的好友就在自己旁边跪地射击，结果被一颗子弹打在嘴上，就那么躺在地上，眼睛瞪得大大的，牙齿碎裂，鲜血喷涌到战服上。

古斯塔夫·弗莱舒茨少校（Major Gustav Fleschuez）协同博特默的第七旅展开进攻，他回忆说，他们根本见不到法军的身影，这是最让人沮丧的。数百名巴伐利亚士兵被齐刷刷地割了韭菜，却连法军的影子都没看到，只是看到弗罗埃斯克维莱山脊上枪炮齐射的火光。巴伐利亚士兵的早餐通常是一顿葡萄酒，对这些处于半醉状态的士兵来说，这样的战场体验实在是有点超现实的气息。[12]战事已经乱作一团，枪炮声已经湮没了传令兵的声音，甚至连鼓声和号声都已经听不到了，此等情形之下，战事已经没有命令可言。枪炮的烟火在阵地上一阵阵地升腾起来，又消
127 退下去，这就是德军在战场上能够看到的东西。置身如此境况，德军“根本搞不清楚战事究竟在何处进行，也根本不知道战况究竟如何”。[13]无论身体还是精神，都是极度紧张的，最终令巴伐利亚军队不堪重负，不得不放弃进攻，越过苏尔茨巴赫撤退，只剩下一些军官还在苦苦央求士兵们进攻：“开火，只要你还能开火！”[14]弗莱舒茨就是这批顽强军官中的一个，就在他同另一名指挥官紧急会商战况的时候，胸口被子弹射中。他遂即倒地，大口喘气，不过，他并没有受伤，他的钱包救了他的命，那是战争开始之前，他放进自己胸口袋子里面的。

对德军来说，弗罗埃斯克维莱的这场进攻毫无疑问时机并不成熟，此时，德军正在败退。倘若法军在下午早些时候发动反击，应该说已经拿下这场战役了。然而正如斯皮克伦的情形

图 6　巴伐利亚军队进攻弗罗埃斯克维莱

一样，法军仍然守在防御位置上，显然是铁了心要凭借夏塞波去发挥威力。说起来，德军也的确够幸运，不管怎么说，此时的德军指挥权仍然空缺，指挥部仍然在苏茨和沃尔特之间的某个地方。为了在自己缺场的情况下搜集情报并指挥作战，王太子弗里德里希·威廉和参谋长布卢门塔尔于中午时分派出副官来到前线。其中两名副官抵达迪芬巴赫（Diefenbach）时，发现路德维希·冯·德·坦恩将军（General Ludwig von der Tann）正率领巴伐利亚第一军在此休息，这名巴伐利亚将军参加了
1866 年抵抗普鲁士的战事。实际上，1866 年正是因为此等疲软 128
状态令巴伐利亚军队遭遇失败，普军副官遂命令坦恩向前推进，但坦恩拒绝了这一命令。“普鲁士人想要牺牲我们巴伐利亚人，他们自己好舒服一点，”坦恩向另一名将领大声抱怨说。[15] 闻听此言，从第三军团指挥部奉派来的巴伐利亚人塞尔苏斯·吉尔上尉提醒坦恩，普鲁士军队正在战斗，正在牺牲，且看一看四

周就知道了。巴伐利亚军队必须战斗。接下来的一场对话颇能说明问题，尽管这场对话并没有见诸任何官方材料，在这场对话中，坦恩及其随从反击吉尔说："您倒真是心疼普鲁士人，您已经忘记了如何做一个巴伐利亚人。"就眼前的情形而言，"做一名巴伐利亚人"意味着什么都不做。战前，坦恩一直担任巴伐利亚军队的参谋长，在这个职位上十多年，直到现在上了战场，才注意到缺乏训练的巴伐利亚步兵根本就不知道如何操控火炮。显然，他是不可能将这样的步兵部队白白送入虎口的。总指挥部方面先后派出四个传令兵前来催促坦恩，坦恩才最终在下午早些时候妥协了，不过，他是这样发出进军令的："以巴伐利亚国王陛下的名义，普鲁士王太子命令巴伐利亚第一军即刻前进，前往支援，并尽可能地抓住并利用普鲁士人用惨重代价换来的有利局面。"（据说，得知坦恩第三次抗命后，一贯隐忍内敛的王太子暴跳如雷，在指挥部四处踱步，并大力捶打桌子。）

即便坦恩同意进攻，也很难唤起巴伐利亚军队的斗志。此时的沃尔特周边到处都是被炮弹撕碎的尸体，法军的夏塞波和蒙蒂尼机枪正在咔嗒作响，令巴伐利亚人恍惚不已。命令下来，要求士兵们下马，推着炮车穿越弗罗埃斯克维莱下面的一片田地，坦恩所部第二旅的炮兵纷纷拒绝。坦恩的弹药车远远地落在步兵团的后面，但步兵团仍然如同往常一样消耗着弹夹。吉尔遂策马回来，寻找陷在泥泞中的弹药箱。道路之上到处都是"倦怠不已的农村新兵"，这些新兵都不愿意下来推车，甚至都不愿意走路。王太子弗里德里希·威廉再次责备坦恩，"及时咬住敌军，将他们击退"，坦恩最终还是动用手边的一个师勉力发动了一场进攻，当然，结果是灾难性的。[16]他的第一旅径直攻向弗罗埃斯克维莱高地，顷刻之间死伤无数，战场之下都是死伤之人，还有逃兵。与此同时，他的第二旅得到命令，向法军的左翼转进。第二旅随即向朗让苏尔特兹巴克转进，直接切断了第一旅的攻击路线，在毫无防护的情况下，被阻滞在法军火力网全覆盖的斜坡上。巴伐利亚军的“浅蓝色”部队顷刻之间便在恐慌中瓦解。普军注视着眼前的一切，简直不敢相信自己的眼睛。数百名巴伐利亚士兵仓皇撤退到绍尔河一线，身后紧跟着暴怒不已的军官，在那里，等待他们的是另外一种类型的战斗，因为军官们直接策马跳入河中，用军刀逼迫这些逃跑的士兵回到绍尔河右岸。当然还有一些巴伐利亚士兵没有落跑，而是相当勇敢地推进到弗罗埃斯克维莱下方的丛林地带，但在法军的强大火力下，也不得不就地跪倒。第十一步兵团的列兵 129
洛伦茨·瓦斯（Private Lorenz Waas）记述说，即便是完全趴在地上向前推进，顶多也只能前进 150 码而已。夏塞波和蒙蒂尼机枪的火力太过密集。不久，坦恩的军如同哈特曼的军团一样，开始后撤，等待普军的后援。[17]

中午时分，普鲁士第十一军开始进攻，直接钉在战场的另一端，也就是左翼方向靠近普军第五军和韦尔德的巴登－符腾堡军的位置上。第十一军的主体是萨克森士兵，这个军进入战场之后，便开始向莫尔斯布龙莱班周围并不稳固的法军右翼迫近。不过，这个军遭遇的战况甚至比另外一端的普鲁士人和巴伐利亚人的情况更糟糕。尽管法军步兵团在此处的防线更为薄弱一些，也就是一个半师展开的两英里防线，但萨克森士兵仍然难以应付夏塞波的长射程。列兵奥斯卡·贝歇尔（Oskar Becher）对当时的场景念念不忘，法军的火力网在头顶嘶鸣，贝歇尔眼看着指挥官们在催动攻击纵队，在如此火力之下艰苦地挣扎着："孩子们，要是你们还能听到嘶鸣，说明你们还没受伤！"老兵口中的这些老掉牙的安慰和鼓励之词，对新兵基本上没有用处。这些新兵，恰如贝歇尔说的那样，"如同柔弱的草木一样，在战场上，随着每一颗子弹和炮弹掠过，前后摇摆"。[18]此时，普军第八十七步兵团在斯帕克巴克冲进绍尔河，此处正位于法军防守严密的埃尔萨斯豪森阵地的下方。即便是经历过克尼格雷茨战役的老兵也觉得法军的火力实在不可思议。整个斯帕克巴克都在法军的火炮之下摇撼着，士兵们几乎无法泅渡绍尔河，河两岸挤满了人。普军在右岸开始强行渡河，河水已经是齐腰深，法军的蒙蒂尼机枪一直在咔嗒咔嗒作响，不曾有过停歇，子弹就从渡河士兵的耳边飞过。此等情形之下，普军还不得不应付法军以营为单位发起的强力反攻。普军第二十一师的格布哈特·冯·俾斯麦上尉将这样的冲锋称为"噩梦"。法军的火力已然令人震慑不已，更让普军士兵感到恐惧的是阿尔及利亚军队的嘶嚎声，这些非洲士兵向下面正在挣扎的普军部队开火时，习惯发出这样的吼叫声。一番绝望挣扎之后，俾斯麦的步兵团在重压之下，不得不放弃阵地，纷纷越过绍尔河，开始后撤。为了阻止这样的溃退，普军军官不得不射杀大量惊恐的士兵。[19]

与维桑堡和斯皮克伦的情形一样，受到法军夏塞波压制的普军攻击纵队必须依靠火炮才能得救。普军的炮群遂即向前推进，将法军逐出沃尔特，并将基希巴赫已经被撕碎的攻势重新支撑起来。麦克马洪右侧的一名法军军官在战后给出这样的陈词，"普军实施了连续轰击，那样的轰击简直是无解的，也只有
130 那样的炮击才能重创我军"。普鲁士火炮拥有4000码的有效射程，远远超过法军的火炮，因此，可以从容不迫地对法军防线

展开轰击，严重地撕裂法军的防线。此等情形之下，只要法军机枪开火，试图借此拱卫麦克马洪的军队，便会即刻遭到普鲁士火炮的覆盖式反击，令法军的炮群彻底哑火。[20]此等炮击之下，法军的蒙蒂尼机枪便绝少有能够支撑到下午的。[21]拉乌尔麾下的一名将领特别申述说，倘若不是普军火炮的这种“灭绝式轰击”，他的旅是不可能丢掉在弗罗埃斯克维莱高地那个强固阵地的。这种“灭绝式轰击”令他手下的指挥官纷纷丧命，旅的指挥体系就此瓦解。[22]迪克罗也坚持认为，若不是普军的炮群，他的第一师完全可以轻轻松松地将对面的巴伐利亚第二军彻底歼灭，只需发动一场越过苏尔茨巴赫的反击行动就足够了，正是普军的炮击令自己的反攻顷刻之间瓦解，士兵们不得不一路回撤到弗罗埃斯克维莱，令麦克马洪的左翼失去防护。[23]

随着法军的后撤，普军便在绍尔河右岸站稳了脚跟，接着便有两个普鲁士军在巴伐利亚军队偶尔的协助之下，向埃尔萨斯豪森和弗罗埃斯克维莱推进攻势。此时的法军尽管有些挣扎和动摇，但仍然在顽强战斗，德军在渡河之时，也因遭遇两岸的沉重火力，而彻底丧失了战术上的统一性。军官们只能凭借各军的肩章对各个连队实施甄别和集结，并催动这些临时拼凑的战斗单位向前推进（第五军的肩章是黄色的，第十一军的肩章则是红色的）。[24]巴伐利亚军队方面，军官们也尝试了同样的办法，但效果不大。路德维希·格布哈特（Ludwig Gebhard），巴伐利亚军队的一名少校，注意到两个巴伐利亚军都发生了“大规模逃跑”的情况。在弗罗埃斯克维莱下方的丛林地带，另一名巴伐利亚军官塞尔苏斯·吉尔上尉更是遇到自己的部队中整排整排的士兵准备开溜的情况。借口都是一样的，要么是护送伤员，要么是押送战俘。吉尔注意到，每一个战俘或者每一个伤员身边，都有四个乃至五个士兵伴随。吉尔更注意到，一支巴伐利亚精锐医护队的鼓手硬生生地躲在树后面，近乎疯狂地反复敲打进攻的鼓声，逼迫那个营的残余士兵奋力向前，置之死地。吉尔是在战役结束之后这样评说的，从中不难体悟到：每一场战役实际上都是士兵们以个人性命为筹码进行的一场豪赌，至于战斗规划，只能说是聊胜于无。吉尔自己就遇到 200 个逃兵，遂命令他们重组部队，发动进攻。恰在此时，一名巴伐利亚步兵“红着脸、气喘吁吁、近乎疯狂”地在丛林里穿梭，“仿佛是在狩猎”。这个士兵的确是在狩猎，准确地说是在猎捕黑皮肤的法军非洲部队士兵，德国人怀疑这些非洲士兵犯下了种种暴行，比如说用他们的穆斯林弯刀从背后杀人，射
131 杀伤兵，用手指挖出战俘的眼睛，割掉战俘的鼻子和耳朵等。[25]巴伐利亚士兵一旦抓住阿尔及利亚伤兵，便会将手中步枪顶在伤兵的脑门上开枪，将对方的脑浆轰出来。“毫无疑问，”吉尔评论说，“很多无辜者就此死去。”[26]

实际上，如同这个疯狂的巴伐利亚士兵一样，德军此举是在用自己的野蛮方式发泄胸中的愤懑和挫败感，因为皮埃尔·苏佐尼上校（Colonel Pierre Suzzoni）领导的第二阿尔及利亚猎兵团令德军遭遇到强硬的抵抗，战局一时陷入僵局。这支非洲部队乃驻守在弗罗埃斯克维莱高地正下方的丛林地带，对两个德意志精锐军实施阻击，并且这支非洲部队根本就不知道投降或者撤退是何物。一天早上，苏佐尼告诉这些士兵，“我们就钉在这里，宁死不撤，宁死不降。”到了下午，这支部队只剩下 250 人，而且也遭遇合围，正如该部队中一名猎兵说的那样，“那是铁与火构筑的包围圈”。下午两点半，一枚炮弹碎片要了苏佐尼的命，他手下大部分军官也都遭遇了同样的命运。然而，

这支非洲部队仍然在战斗，他们用阿拉伯语招呼彼此，将自己隐蔽起来，朝着蜂拥而来的普鲁士和巴伐利亚“集群”四面开火，令对方始终无法穿越这片丛林。[27]俾斯麦首相后来极为愤怒地评论说，“俘虏这些黑人本不是什么难事，不过，在我看来，德意志士兵不应俘虏这些黑人，这些黑鬼都是野兽，应该将他们悉数杀死。”[28]

到了中午时分，王储弗里德里希·威廉和布卢门塔尔终于从沃尔特后方的车辆、救护设备和军队的拥挤和困扰当中脱身而出，前往指挥攻击行动。[29]起初，王储和布卢门塔尔是不愿就此同法军交战的，并且也因为麾下军队行进速度迟缓而颇受困扰。此时，两人已经意识到，战局已经发展到无法掌控的地步。[30]普军第十一军指挥官是已经61岁的尤利乌斯·冯·博泽将军（General Julius von Bose），这个老将的战斗精神甚至超过基希巴赫。1866年，正是他为普鲁士赢得普奥战争中的第一场大捷，在占领波多尔（Podol）的同时，也击破贝内德克的伊萨尔河（Iser river）防线，由此开启了三支普鲁士大军对奥军的合围攻势。在弗罗埃斯克维莱战场上，命运再次将这个老将置于同样的位置和角色。在甘斯泰越过绍尔河之后，博泽便催动第十一军向前挺进，并寻获一处绝佳的位置，可以将麦克马洪驱离既有的强固阵地，并将麦克马洪军从拿破仑三世的莱茵军团隔离开来。此时的麦克马洪正在弗罗埃斯克维莱高地上用望 132
远镜观察战况，他觉察到此种危险。尽管法军完全压制住正下方的普鲁士和巴伐利亚军队，但这位元帅也已经非常清晰地看到了右翼莫尔斯布龙莱班和埃伯巴赫的危险。在这两个地方，博泽的第二十一和二十二师的混编“集群”在没有遇到像样抵抗的情况下，开始转进，意图对法军右翼实施侧翼包抄。普军在埃伯巴赫和下瓦尔德的强劲攻势已然将拉蒂格的第四师和古斯塔夫·孔塞伊－杜梅尼（Gustave Conseil-Dumesnil）那个从第七军抽调来的弱师牢牢钉住，根本没有多余的兵力去阻截博泽军穿越莫尔斯布龙莱班的行动。

此时的布卢门塔尔和王储也开始将新的兵力源源不断地投入战场，德意志军队的人数很快占绝对优势。截止到下午早些时候，德军已经投入 88000 人，对麦克马洪的 50000 人展开攻击。法军的右翼已经到了弹尽粮绝的地步。拉蒂格的后面，莫尔斯布龙莱班上方的高地上，驻扎着麦克马洪的两个骑兵师之一。格札维埃·迪埃姆（Xavier Duhesme）是这个骑兵师的师长，这个师辖有一个由两支胸甲骑兵团组成的加强旅。迪埃姆于下午一点将这个骑兵旅投入战场，目的是在击退博泽军的同时，将自己的骑兵师从普军的火炮包围圈中解脱出来。[31] 这支胸甲骑兵旅遂在亚历山大·米歇尔（Alexandre Michel）的统领下，谨慎、迟缓地顺着陡坡而下，向莫尔斯布龙莱班奔去。米歇尔在战前是帝国骑兵学校的教官，面对此处半丛林的复杂地形，必定是倍加哀叹，这样的地形打散了他的骑兵队列，令他们凭借高地优势建立起来的冲锋力度大部分都归于消散。普军的炮火和枪弹基本上将此次骑兵冲锋割了韭菜。普军方面保存的回忆材料大多提到此次冲锋的场景：一开始是恐惧和惊慌，而后则是冷酷反击。普鲁士第二十二师的一名萨克森士兵在此战之后很久，仍然清晰地记得当时的战况和战斗顺次。1200 人的胸甲骑兵部队奔袭而来，这些都是重装骑兵和重装战马，令普军阵地摇撼不已。普军部队的各个排长遂将士兵们排列成松散的散兵线：“待骑兵距离 400 步远，看清他们的胸部。瞄准！开火！高速射击！”普军的弹幕一下子喷射而出，顷刻之间淹没了法军骑兵冲锋制造的滚雷之声。接着，普军便进入速射模式，每个士兵在完成重新填弹之后，一待硝烟升腾而起，便再次搜寻目标，逐个点射。[32]

此等战法是在经历了巨大战术变革之后得来的。在后膛枪时代之前，欧洲步兵在面对骑兵冲锋时，通常都是在骑兵迫近之际，组成方阵或者干脆卧倒在地，以此避开骑兵的砍杀，并迫使对方的战马退开。枪械更新之后，步兵便采用新的战法，一线铺开，向骑兵实施速射。[33]下瓦尔德战场上，一处丛林将 133
埃尔萨斯豪森和埃伯巴赫隔离开，一名普鲁士步兵团军官在现场就是这样指挥战斗的。米歇尔的重骑兵旅刚一进入射程，便即刻开火。子弹穿透骑兵胸甲的声音，制造出相当诡异的音乐，那样的乐曲令这位旅长终生难忘。[34]米歇尔的重骑兵旅于是陷入步枪和榴霰弹织就的火力网，很快便瓦解了。1200 匹战马，有 800 匹倒地，没有战马能够冲进距离普鲁士战线 50 码的距离之内。此战过后，普军吃惊地发现，现场有数百名枪骑兵的尸体，但绝少有胸甲骑兵的尸体。很显然，战前制造的新式钢铁胸甲发挥了作用。[35]（此等情形之下，人们禁不住想知道，巴西人是如何应对老式胸甲的。）没有甲胄护身的战马当然比没有甲胄在身的骑兵幸运。试图穿越莫尔斯布龙莱班村庄的这场冲锋就这么停止了，伤兵堆积如山，都是被隐蔽在建筑物里的普军步兵射伤的，仍然在扭动、挣扎的马匹塞满了街道。一名普军中尉回忆说，到了此时，他便命令自己的人停止对已经不能动弹、失去抵抗力的骑兵射击，“因为那情形太过恐怖”。[36]亚历山大·米歇尔重骑兵旅的冲锋和牺牲根本无法阻滞普军向前推进。莫尔斯布龙莱班和埃伯巴赫的普军指挥官迅速重组军队，将攻击正面对准右面，开始向弗罗埃斯克维莱高地推进。

倘若此时的法军步兵都是当年塞瓦斯托波尔和索尔费里诺战场上训练有素的老兵，确切地说，就是当年那些曾重创德意志步兵的老兵，那么麦克马洪元帅是有机会守住阵地的。但是，此时的法军步兵部队已经吸纳了大批量的新兵和预备役士兵。正是这些士兵组成的部队在麦克马洪那脆弱的右翼位置上首先瓦解。起码来说，路易·沙格兰·德·圣伊莱尔上校（Colonel Louis Chagrin de St. Hilaire）提供的证言证明了这个情况，圣伊莱尔上校正是埃伯巴赫战场上法军第九十九步兵团的团长。当时的沙格兰正指挥自己的军队在埃伯巴赫坚守，在这漫长且血腥的一天，他的部队承受了太多太多，正在等待弗罗埃斯克维莱高地附近的普军步兵掀开盖头，展开正式攻击的一刻。那一刻一旦到来，法军在克尼格雷茨战役之后引入的“营级火力”攻势，将会令普军步兵遭遇灭顶之灾。所谓“营级火力”，就是配备“夏塞波”并实施有效攻击的营。下午时分，普军第十一军在攻取莫尔斯布龙莱班并改换进攻方向之后，最终推进到法军“营级火力”的射程之内。首先出现的是散兵线，接着便是集群的连级纵队，然而，就在沙格兰和指挥官们将要下令实施“远距离营级火力齐射”时，队列里面的新兵因为紧张，没等发出命令便提前开火了，遂即引发一场没有目标、失去控制的乱射，将整个战场都笼罩在硝烟里面，这就给予普军向前跃进的机会，令普军的步枪也可以发挥威力。有一个小时，沙格
134 兰及其将官竭尽所能，试图挽回局面，重建对部队的控制，但没有任何效果。普军的攻击“集群”一步步逼近，沙格兰的步兵部队便开始向各个方向胡乱射击，甚至还打到自己人。沙格兰策马奔到一群步兵面前，这群步兵竟然直接将枪口对准他们

的团长开火了。沙格兰的战马被击中倒地，沙格兰本人也随同战马跌落在地，两腿还跨在战马身上。沙格兰大睁着眼睛，看着这些“刺客”甩掉身上的背包逃之夭夭。[37]

由此，普军第十一军便成功地绕过麦克马洪的右翼，完成了包抄，正是这一行动决定了这场战役的胜负。拉蒂格的各旅在埃伯巴赫遭遇侧翼攻击而败退之后，发现自己已经失去了炮兵和步兵的掩护和支援。这恰恰是克劳塞维茨多年前专门评说过的情况：“丢兵弃甲兵败之始。接着便是失去阵地。”[38]此时的法军已然极度恐慌，他们不愿意剩下的时间在屈斯特林（Kustrin）和哥尼斯堡那可怕的普鲁士战俘营里度过。于是，拉蒂格的步兵、骑兵和炮兵便溃散而去，纷纷逃命，甚至连运兵车都逃跑了。一部分人逃向雷什奥芬大道（Reichshofen），另一批人则逃向阿格诺。[39]拉蒂格师既已脱离战场，拉乌尔和迪克罗两个师的侧翼和后卫都失去了防护，即刻便遭到普军那致命且精准的火力攻击。不久前似乎还准备决战到底的这支军队，此时都扔掉枪械，向西逃窜而去，阻塞了雷什奥芬方向的主要撤退路线。此时的普军和巴伐利亚军队也已完成对法军左翼的包抄，灾难已经迫近，左翼的德军利用弗罗埃斯克维莱高地北侧的丛林为掩护，对迪克罗和拉乌尔两个师的集群实施侧翼包抄。实际上，就在几个小时之前，拉乌尔便已经觉察到危险并试图撤退，但最终还是在麦克马洪的催逼下，回到弗罗埃斯克维莱的阵地。现在，普军已经将钳形攻势合拢。法军第一和第三师那些身陷弗罗埃斯克维莱的部队只能继续抵抗，即便此地的房屋纷纷起火，火焰已经将他们吞没。拉乌尔将军大腿中弹，但拒绝撤离战场，最终在城中被俘。在被带离战场的时候，他想必是闻到了尸体烧焦的味道。数百个法军伤兵就那么拥挤在救护站里面，没人理睬，被活活烧死。时间到了下午五点，一名法军中尉禁不住发出叹息，“我们已经无可挽回地战败了，一场完败”。[40]

博泽的第十一军完成合围之后，便开始了杀戮。他的枪骑兵在埃尔萨斯豪森和雷什奥芬之间的丛林地带奔驰，打算切断法军的撤退路线。普军步兵集结起来，以丛林和草丛为掩护，推进到雷什奥芬大道两侧的射程之内，朝着撤退的法军全力开火。一时之间，克虏伯火炮也开始发威，火炮沿着大道展开，将撤退的法军逼入两侧的田野里面，也令法军满载的弹药箱炸裂开来。这是真正意义上的“地狱时刻”。此时的迪克罗仍然试图
135 杀出一条血路，从弗罗埃斯克维莱突围而出，结果发现自己“被骚动和混乱吞噬”，不能自拔。不过，这只是这位高级将领对大规模恐慌的委婉说法而已。孔塞伊－迪梅尼也试图将自己的师从埃尔萨斯豪森带出来，结果只是眼睁睁地看着这个师彻底瓦解：“下午三点半，我们遭到猛烈炮击，士兵们纷纷溃逃，到处都是一片混乱。”[41]不过，法军并没有逃远。通往雷什奥芬的道路已经完全被普军火炮覆盖，法军辎重队已然将道路阻塞，很多运输车辆都起火了。[42]普军在莫尔斯布龙莱班和埃伯巴赫实施的突破，令拉蒂格的第四师不得不脱离战场，向南面的阿格诺撤退，这条道路已经与雷什奥芬大道一样糟糕。麦克马洪的两个骑兵师溃散下来后，将这条道路踩踏得不成样子，普军炮火更是跟进轰击，令撤退的法军一直处在惊恐之中。[43]

博泽实施的侧翼攻击，将中央战阵以及苏尔茨巴赫方面的普军和巴伐利亚军队解脱出来，这两个负责正面攻击的军终于可以起身，向弗罗埃斯克维莱高地和埃尔萨斯豪森推进。法军

的部分军队仍然在英勇作战，这其中包括第二阿尔及利亚猎兵团的残余兵力，这个猎兵团的士兵也因为当天战事中的表现而获得创纪录的荣誉军团勋章。这个非洲猎兵团在这场战斗中不顾伤亡，顽强防御，更以极为英勇的方式对遭受火力压制的兄弟部队实施救援。[44]王储弗里德里希·威廉策马前往视察战场，他注意到，“到处都堆积着法军士兵的尸体，触目所及，都是法军那耀眼的红色制服。”[45]奥匈帝国的一名军官后来分析了弗罗埃斯克维莱战役和斯皮克伦战役，将法军失败的原因归结为他们在克尼格雷茨战役之后引入的纯粹防御战术。无论麦克马洪还是弗罗萨尔，都是将自己的整个军收缩在战壕和胸墙构筑的狭窄工事里面，因此也就很容易成为普军机动战术的牺牲品，这样的防御战术从一开始就将两军之间的全部前沿阵地（Vorfeld）主动让给了对方。弗罗埃斯克维莱的情形与斯皮克伦一样，德军充分利用了这一点，他们在 8 月 5 日对法军的位置成功地实施了侦察，接着便在 8 月 6 日发起攻击，将其拿下。[46] 8 月 5 日，普军的轻骑兵约翰内斯·普利斯（Johannes Priese）发现了法军在弗罗埃斯克维莱的阵地，遂游过绍尔河，此举本来是想要避开法军在沃尔特设置的岗哨，结果却发现沃尔特根本就没有设置岗哨，这个情报应该说是极具分量的。很显然，此情况本身就足以表明，法军都藏身在弗罗埃斯克维莱高地的壕沟里面。[47]

巴伐利亚军队已经被压制在丛林地带，度过了极为艰难的一天，现在终于得见天日，于是，他们便火力全开，向法军攻袭而去。仅仅是坦恩军第二步兵团的一个营，就用了 56000 个弹夹，不过效果不佳，法军方面的伤亡还不到 200 人。美国内战期间，联邦军队的一个步兵团曾创下这方面的纪录，1100 发 136

子弹才成功射杀南方军的一个士兵。看来，巴伐利亚步兵是决心要打破这个纪录了。[48]麦克马洪麾下士兵在这场战事中的伤亡人数达到 11000，这其中，大部分都是拜普军炮击所赐，这样的炮击也制造了大批并未受伤但已然斗志全无的战俘。（法军战俘谈到拿破仑三世的时候，都将之称为“老妇人”，将麦克马洪称为“猪猡”，这让抓获战俘的普军士兵备感愉悦。）[49]弗罗埃斯克维莱一战，德军突然从两翼和后面出现，令法军惊恐不已，很快便有 9000 人投降，损失 30 门火炮，这相当于一个完整的师建制。战后，麦克马洪给出如下陈词：撤离弗罗埃斯克维莱高地的行动“并没有太大混乱便完成了”。此等陈词毫无疑问是完全掩盖了这样一场令人羞耻的撤退行动的巨大混乱。[50]这样一场战事，法军无论装备还是位置毫无疑问都胜过普军，却为何遭遇此等惨败，这个问题令法军的战术部门百思不得其解。最终，法兰西军方得出的结论与 1866 年奥地利人得出的结论是一样的，具体而言，法军分析人士认为，德军采取了近乎散乱且极具机会主义色彩的战术，此等战术之下，德军都是见缝插针，基本上不会顾及战术正统。弗罗埃斯克维莱战场上的法军将领就那么等待着，等了整整一天，希望看到德军散兵线让位给集群纵队。然而，法军将领未能如愿，恰恰相反，整个德军都以散兵队列展开攻击，这样的散兵线时而组织良好，时而混乱不堪，但随时都可以让大批预备队投入战场，迂回包抄法军侧翼，并且通常也都懂得利用丛林和坡地将自己隐蔽起来。一旦遭遇普军大口径火炮的轰击，法军总是过早地实施反攻，试图将前来攻袭的德军击退，结果却是过早地将自己的预备队消耗殆尽。最终，当普军发动最后的总攻时，法军已然变得非常脆弱，普军的总攻则以泰山压顶之势从两翼滚滚而来，此等攻势之下，总是能够将法军的旅和师的建制整个瓦解掉。[51]

德军也遭遇了重创，究其原因，基希巴赫当天上午的莽撞行动毫无疑问是要负重大责任的。倘若德军的攻击行动推后一天，并且由布卢门塔尔和王储亲自指挥，德军的第五军就不会遭遇覆灭的命运，如此一来，普军也就无须付出那么大的代价才将法军驱离阵地。[52]但不管怎么说，德军的这场胜利令拿破仑三世的莱茵军团彻底失去了麦克马洪第一军的保护，二者之间的断裂再也没有什么兵力能够填补。两天之后，英国驻巴黎军事参赞围绕这场战事写就一份备忘录，对法兰西皇帝犯下的错误展开抨击：“如此宽广的边界战线竟然没有配置任何预备队，这实在是滑天下之大稽。”[53]不过，法军实际上在弗罗埃斯克维莱战役之前便已经决定要将散落各处的兵力重新集结起来，137
当时，拿破仑三世已经决定将第五和第七军交给麦克马洪指挥，这样的话，这位元帅将拥有三个军的兵力，可惜的是，这一切来得太晚了，根本无法影响弗罗埃斯克维莱的战局。即便是法伊的军，也只是部署在比奇和萨尔格米纳，距离麦克马洪军太远，根本无法实施有效的增援。从这个角度看，基希巴赫和博泽的莽撞行动也可以说是误打误中了。倘若他们按照计划再等上一天，法伊就完全有时间前往增援麦克马洪。不过，话又说回来，但凡战争，总是会有偶然因素作祟。

斯皮克伦战役和维桑堡战役等于将法兰西的大门撬开一条缝，弗罗埃斯克维莱战役则相当于直接拆除了法兰西的大门。一战之下，麦克马洪不仅失去了孚日山高地的强固位置，被普军第三军团切断了同莱茵军团的联系，该军本身也遭遇重创。王储弗里德里希·威廉在战斗日记中写道：“今天，我彻底击溃了麦克马洪元帅，令他的大军陷入大混乱和大撤退之中。”[54] 弗罗埃斯克维莱战役之后，电报疯狂地在巴黎、梅斯和沙隆之间传递，麦克马洪在电文中告诉各方，他的各个师不得不仓皇撤退，一路之上，丢掉了所有的帐篷、厨具、餐具、炒锅、食物，还有枪支、弹药和火炮。接下来的一个星期，法军第一军将会毫无用处。此时，王储弗里德里希·威廉却变得游刃有余，他可以对麦克马洪从容地展开追击，也可以去填补自己和毛奇部署在梅斯附近的两支大军的裂隙。[55] 柏林的一家报纸在此役过后发表了一篇社论，即便是亲法之人也不得不承认这篇社论说得在理：

> 就在路易－拿破仑炫耀萨尔布吕肯桂冠的时候，麦克马洪的大军已然瓦解，那些散兵游勇将会告诉法国人，舞台的荣光与冷酷的现实之间有着何等差距。战局既已发生此等决定性的转变，即便是中立国也会比以往任何时候都更为严肃地掂量一下，将自己暴露在这样的战场上是否明智。[56]

# 第六章　马斯拉图尔战役

不出俾斯麦所料，斯皮克伦战役和弗罗埃斯克维莱战役的 138
消息传来，最先感到惊惧的是法国的潜在同盟者。普军的进攻速度令这些国家极为惊恐，先是奥地利，接着是意大利，最后则是丹麦。它们都不免垂头丧气，暗自拒绝了介入这么一场注定了普鲁士是赢家的战争。[1]此时的法国人仍然受制于新闻封锁和审查，更有种种狂放谣言在传播，因此，他们的反应倒没有那么肯定。实际上，就在斯皮克伦战役和弗罗埃斯克维莱战役的当天，法国的两个骗子正在谋划一场骗局。前方正在打仗时，巴黎人群集在股票交易所（the Bourse）等待战争的消息，这是因为他们都认为，“为着券商和投机客的利益”，战争的消息将会第一时间送达股票交易所。其时，一个骗子站在交易所的入口，另一个骗子则伪装成送信人，骑着快马而来，穿过人群，挥舞着一张纸片，叫喊着“官方消息！”于是，两个骗子兵打一处，其中那个穿着考究的骗子乃以股票交易所发言人的姿态，高声宣示如下的“战争消息”：“一场大战，法国取得了伟大胜利，俘虏25000普鲁士士兵，包括王储和40门火炮。”

伊莱休·沃什伯恩（Elihu Washburne），美国驻法国大使，评说过当时的情形：“一个落在弹药库里的火星也未必能产生这么大的爆炸。”人群疯狂了，人们纷纷击掌庆祝，亲吻、跳舞、唱歌。也就是几分钟的时间，交易所附近的街道和林荫大道就挤满了人，人们挥舞旗帜，高唱《马赛曲》。这幸福的消息如同野火一般传遍整个城市。在和平街，一个很有名的女歌手被人群认出，随即被拉下马车，在街道上一遍又一遍地演唱国歌。交易所里面，法兰西的股票也因为此消息而一路上扬，令这两
139 个于当天早上低位入市的骗子，赚得盆满钵满。到了下午早些时候，人群在激奋之后落入疲惫境地，此时，又有消息开始以同样的方式传布开来：先前的事情完全是一场骗局。欢乐遂转为愤怒，法国股票一下子跌落谷底。愤怒的人群成百上千，闯入股票交易所，“将交易所的掮客们整个提起来，从窗户和大门扔了出去”。更有数百人拥向埃米尔·奥利维耶在旺多姆广场的住地，帝国的首席大臣，也是这场战争的设计师，现身阳台，试图安抚人群，人群却兀自宣泄着愤怒和仇恨，要求即刻解除所有新闻控制。群情激愤，令奥利维耶赶紧跑回屋内，清场工作当然也交给军队了。第二天早上，也就是 8 月 7 日的早上，所有的法国报纸都承认：“弗罗萨尔将军的军正在撤退，详情不明。”

8 月 7 日中午，欧仁妮·德·蒙蒂若皇后命人在巴黎贴出如下简报：“麦克马洪元帅退守第二防线。那里一切都好……无须争吵，无须分歧！我们拥有巨大的资源，坚定战斗，法兰西将会得救。”[2] 皇后自己是没有这样的信心。她顶着一定的风险，从圣克卢进入巴黎，试图控制这场危机。据皇后的一个朋友回忆说，皇后央求自己的丈夫“做点什么，遏制一下普鲁士人的攻势”，让公众情绪平复一下。[3] 此时的奥利维耶也在做同样的事情，帝国的首席大臣对军队的撤退发出叹息，并提醒皇帝道：“军事形势已经开始决定政治形势了。”[4] 美国驻巴黎大使沃什伯恩评论说：“除非有一场大雨，否则，聚集在街道上的人群是不会散去的。各处的人群都在阅读报纸，一时之间，议

论纷纷，情绪激奋。”[5]革命的火星开始爆裂并广为散播，奥利维耶遂派出军队将巴黎控制起来，并命令所有成年男性都报名加入国民卫队，不满三十岁的人必须在“机动卫队”服役，三十到四十岁之间的人则加入非机动卫队（sédentaires）。[6]

压制民众情绪的大雨只持续了三天，这是奥利维耶的不幸。弗罗埃斯克维莱战役结束三天之后，雨便停了。此时，夏季休会的立法团遂召集紧急会期，商讨眼前的战争问题。一开始，会期是定在 8 月中召开的，但公众情绪令皇后将会期提前了。这天，波旁宫四围由军队护卫起来，人群则从码头的两个方向蜂拥而来，拥挤在协和广场及另一侧的巨大广场上。当时的一名外交官评论道：“1848 年之后，乃至大革命之后，很久都没有见到如此壮观的集会。”

事实上，一个月之后将要爆发的那场最终驱逐波拿巴家族 140
的共和派革命，在此时此刻的激烈辩论中，便已经显山露水。议长打算以常规的方式开启这一会期，确切地说，就是以“法兰西皇帝以及上帝的恩典”这样的词句作为开幕致辞，但 16 名共和派代表高呼“不要再搞这些啦！”本来作为第一个发言人的奥利维耶，甚至都没有获得发言机会。儒勒·法夫尔在 30 个同盟者的支持下，对奥利维耶展开抨击：“你的愚蠢让法兰西备受劫难！从台上下来吧！”奥利维耶只得顺从。此时，埃马纽埃尔·阿拉戈（Emmanuel Arago）抓住时机提出共和派的“总体防御”战略：“内阁滚蛋！你们的表现实在软弱，且让人民自求安全吧！”法夫尔接着便申述了“总体防御”战略的具体操持之法：拿破仑三世和“混蛋将领们”即刻放弃军权，返回巴黎，并在巴黎接受审判。立法团获得“全权”，借由一个“十五人委员会”，将战争推进下去。此等体制不免令人想起 1793 ~

1794 年间的恐怖体制，当时的雅各宾派及其“十二人委员会”恰恰就是用这样的方式攫取大权（进而审判、处决了一批“混蛋将领”）。又有一名共和派成员要求召回“主将”勒伯夫，向立法会议解释兵败详情。此时，作为自由派的梯也尔则冒险将追责的级别提高，要求向“无能至极的统治集团”追责。[7]一切秩序的影子就此瓦解，法夫尔及其支持者对内阁展开猛烈攻击，就在格拉蒙的眼前摇晃着拳头。右侧的“马穆鲁克”集团则高声叫嚷着说，共和派都是叛国者，必须立即逮捕。“上百号的人在立法会议上彼此攻击，尖叫不止。”议长鸣钟，试图恢复秩序，但没有任何效果。英国驻巴黎大使则用这样的话来形容眼前的场景：“我算是见到了法兰西历史上最暴烈也最混乱的立法会议。”[8]

此时的奥利维耶内阁倘若能够更强硬一些，是有机会将法夫尔、甘必大及其共和派势力压制下来的，共和派的这场表演实在是太过夸张。此时，法兰西的公众舆论也不支持共和派，而且，奥利维耶尚且有整团建制的军队驻扎在旁边的奥赛码头花园里面。然而，帝国的首席大臣此时已经失去心志，同时也已经失去了皇室的支持。当晚，皇后便要求奥利维耶辞职并提名一个新内阁来应对这场危机。新任内阁首领是夏尔·库赞·德·蒙托邦将军（Charles Cousin de Montauban）。库赞·德·蒙托邦是人们常常说起的“八里桥伯爵”，这是因为 1860 年，他曾率军在八里桥击败清军，令中国重新开放了对欧贸易。他虽然成为新任内阁首领，但并不意味着法兰西要同过去有个了断。实际上，和奥利维耶比起来，他与皇帝的关系要亲近得多。这位八里桥伯爵，正如一个英国分析人士说的那样，是“极右之人……他之
141 所以能够继任，仅仅是因为奥利维耶惹了众怒”。说白了，八里

桥伯爵背后基本上没有公众支持度可言。更确切地说，他之所以能登上政治舞台，仅仅是为了“维持帝制的脸面而已”，毕竟，此时的莱茵军团正在重组之中。“倘若法国再吃一场败仗，”英国驻巴黎大使禁不住告诫说，“革命也就无可避免。”[9]

奥利维耶并非8月9日的唯一牺牲品。梅斯方面，拿破仑三世也同意放弃莱茵军团的指挥权，由巴赞元帅接掌。这一变动来得正是时候；斯皮克伦战役和弗罗埃斯克维莱战役之后，皇帝的指挥部便乱成一锅粥。8月7日，勒伯夫元帅电告战争大臣说，“皇帝已经决定在沙隆重新集结大军，”皇帝本人在给皇后的电报中却说，“向沙隆撤退已经太危险了，我将统领十万大军坐镇梅斯，这样用处会更大一些。”[10]很显然，在这样一个节点上，的确是需要一个强力人物来掌舵的。然而，在此等紧急情况下，皇帝交接指挥权的过程却充满犹疑且极为迟缓，这就令此举措完全失去了效能。皇后方面的确建议扩大巴赞的权力，但也警告拿破仑三世要保持限度。但是，拿破仑三世一开始先是提名巴赞担任正在酝酿中的“梅斯军团”的统帅。这样一个新的集团军建制意味着“莱茵军团”会继续存在，当然也意味着巴赞、麦克马洪和康罗贝尔依然要听命于皇帝和“主将”勒伯夫。8月11日，立法团酝酿弹劾勒伯夫，这才令皇帝最终同意将勒伯夫解职，一同遭到解职的还有巴泰勒米·勒布伦将军。然而，整件事用了两天时间才得以尘埃落定，而且，事已至此，拿破仑三世还命令巴赞将勒伯夫的首席幕僚路易·雅拉斯接收过来，作为巴赞的参谋长，更命令巴赞“接收勒伯夫帐下的所有军官进入参谋部”。[11]很显然，巴赞履行新的任命时并没有一个好的开端。

8月14日，普鲁士骑兵部队开始对莱茵军团的后卫展开打击，切断了巴黎和南锡之间的通信线路，同时也对梅斯附近的摩泽尔河桥梁实施侦察。到了这个时候，拿破仑三世才极不情愿地将“主帅”位置给了巴赞。此时，斯皮克伦战役和弗罗埃斯克维莱战役已经过去了一个多星期的时间，巴赞才算开始对莱茵军团行使全面指挥权。然而，这个指挥权名副其实吗？很难说，此时的皇帝虽然承诺要转移到沙隆或者巴黎，但实际上仍然在梅斯徘徊，仍然把持着总司令的头衔，这当然是皇后的意思。[12]实际上，就在斯皮克伦战役结束三天之后，路易－拿
142 破仑还告诉八里桥伯爵说，他“打算在几天之后，御驾亲征，亲自前往指挥法军发起进攻”。毫无疑问，皇帝的态度既然如此犹疑，巴赞的指挥权力肯定会受到抑制。巴赞遂在8月13日的一封函件中发泄了自己的愤懑，这份函件是颇能说明问题的。皇帝的一名副官告诉巴赞，路易－拿破仑打算将莱茵军团从摩泽尔河的右岸转移到左岸，对此，巴赞回复道：“哦，是的，我明白，昨天，这是一项‘命令’，今天就成了皇帝的‘意愿’。我当然明白其中的道理，还是那个套路，只不过换了语词而已。”[13]

巴赞的这种愤怒在随后的几次通信和言谈中都表露无遗，这令巴赞自己和皇帝一样，身陷法兰西败局之中。弗罗埃斯克维莱战役之后的数天时间里，巴赞的军事主导权实际上是很明确的，不过，在这段日子里，巴赞并没有任何的行动意向。这种状况一直持续到8月13日，晚些时候，巴赞才命令梅斯附近的四个军采取机动，挺进到摩泽尔河，与正奔袭而来的普军夹河对峙。然而，这样的举措不但是杯水车薪，而且更来得太迟。巴赞的愤懑当然是其中的一个因素，如同他根本不愿意与新任参谋长路易·雅拉斯合作一样。一名见证人如此评议：“巴赞尽

可能地不与雅拉斯接触，认为雅拉斯是‘皇帝的人’。实际上，巴赞从未征询过雅拉斯的意见，也从未信任过他眼中这个‘皇帝的人’，不过，他却没有足够的勇气彻底摆脱这个‘皇帝的人’。”[14]巴赞同其他将领的接触和交往同样少得可怜，也没有产生实质效果。近卫军的指挥官夏尔·布尔巴基将军曾回忆说，在弗罗埃斯克维莱战役结束两天之后同巴赞会面，希望巴赞能赞同自己提出的两套方案之一：其一是从摩泽尔河东岸实施强力反击，其二是“且战且退，退往巴黎，补充兵力后再展开反击”。据布尔巴基记述，当时的巴赞看起来已经麻木了，“法兰西的种种苦难已经令这位元帅不能自拔”。巴赞给布尔巴基的唯一回复就是一句不知所谓的“你也许是对的”。而后，巴赞依然没有任何行动。[15]

斯皮克伦和弗罗埃斯克维莱战役之后，布尔巴基和勒伯夫写下措辞十分严厉的战术分析报告，这份报告同时提出法军应就这两次战役的教训进行一系列的改变，但巴赞对此无动于衷。在这两场战役中，法军步兵一直在超过 1000 码的射程上白白地浪费火力，普军则以阿尔萨斯－洛林的多林和多山地形为掩护，从容推进到法军的射程之内，更以强劲的火炮和预备队为后援。虽然他们的步兵装备并不好，但依然可以在最后时刻发起“决定性的攻击”。[16]布尔巴基－勒伯夫报告共印发了 3000 份之多，分发给各军，但巴赞作为作战经验丰富的统帅，对这件事情从始至终不曾表达过自己的看法。与 1866 年的贝内德克一样，此时的巴赞也埋头于军营琐碎之中，借此聊以自慰：“明天告诉我你需要多少餐具和厨具，”这是 8 月 11 日他写给弗罗萨尔的函 143
件。“告诉你的军官，好好利用在梅斯的这段时间，把军营所需的细碎物品购置完毕”，这是他给拉德米罗的函件。[17]奥匈帝国的军事分析人士在战后解析这些材料时不免都将罪责全部推在巴赞身上，却把路易－拿破仑摘得干干净净，尽管后者的无能是再明显不过的事情："巴赞试图将罪责追究到皇帝身上，认为皇帝变更指挥权的决定来得太迟。事实上，主要罪责应当由这位虚荣且犹疑不决的元帅自己来承担，因为正是这位元帅在关键时刻推卸职责，无动于衷，没有采取任何行动。"[18]

1870 年 8 月的这段日子，梅斯方面的此番犹疑迁延，最终令法国输掉了这场战争。拿破仑三世和巴赞元帅在恐惧和退缩中甚至忘记了将梅斯附近的关键桥梁摧毁，以阻滞普军的合围攻势。毛奇则当仁不让地加快进程，对集结在梅斯周边的二十万法军展开钳形攻势。此时的法军，唯一的希望便是将精锐部队撤出毛奇布置好的"摩泽尔口袋阵"。这些兵力都是法军的精华，唯有撤出这个口袋阵，方有机会寻求同麦克马洪军以及此时正在法国其他地方集结起来的数万新军会合。倘若此时的法兰西能够在沙隆或者巴黎重新集结起一支四十万人的大军，那么普军的这场入侵行动很可能会就此结束，并且普军也很可能会在深入法兰西领土之后受阻瓦解。如此一来，正规战和游击战造成的人力和财力的巨大折损，很可能会令本来脆弱的德意志同盟顷刻之间瓦解。实际上，法国直到 8 月中，一直都在加紧动员和征召，力图让所有能战斗的人都参军，包括公园巡逻队员以及消防员。此等情形之下，法军是完全有可能将战争拖延下去并赢得一个非常有利的结果，至少是无须割地甚至无须赔款。[19]巴赞或者路易－拿破仑却没有此等战略考量，这个情况倒也确实很有意思，此二人除了非常呆板地令一批参谋人员驻守梅斯大教堂以观察普军的攻势之外，没有做更多的事情去侦察毛奇的动向和意图。8 月 9 日，法军情报人员告诉勒伯夫，普鲁士第三军团的分布显示，他们的三支大军在合围莱茵军团之后，将在巴勒迪克（Bar-le-Duc）完成会合。对于此等重大情报，勒伯夫竟然没有任何反应。[20] 路易·特罗胥将军于 8 月 10 日向皇帝建言，希望皇帝将莱茵军团撤回巴黎，同样没有得到任何答复。可怜的特罗胥，不久将要担当起巴黎城防的重大职责，同时还将主持整个法兰西的战时事务，此时的他已然洞悉这场战争的终局：

> 若要守住巴黎，援军是重中之重，必须在各个省区集结部队，令普军无法全力进攻巴黎，同时也必须保持南方道路和铁路开放，为巴黎提供给养和武装。“你们”就是那援军，然而，你们已经被三支敌军系统且严密地包围起来，敌军的效率之高令人称奇，他们只进行短暂的休整， 144
> 完成撤离伤员、重整部队的工作，并完成决定性集结行动的准备工作。敌人的三支大军中，将有一支负责歼灭工作，为此，他们不会计较伤亡，却会源源不断地投入巨大兵力。倘若你们在梅斯逗留太长的时间，难免会遭遇合围的命运，法兰西将因此失去自己的军队，而这些军队是法兰西的最后希望。[21]

巴赞很清楚自己是法兰西最后的希望，不过，法兰西的这位元帅对此并无表示。他于 8 月 14 日才命令麾下的第一批兵力撤出梅斯，白白地浪费了整整一周的时间。两天后，拿破仑三世离开梅斯要塞，仓皇地向西撤离，意图与麦克马洪在沙隆会合。此二人都是此时才意识到，沙隆乃是一处完美之地，从这里完全可以执行且战且退的计划，要么向巴黎的防御体系撤退，要么转移到卢瓦尔河左岸，在那里完全可以集结起一支大军，如同匕首一样直插毛奇的侧翼，如此一来，便可以解救巴黎。然而，这一计划的时机已然错过。[22]梅斯后方是阿芒维莱尔山脊（Amanvillers），这是一处宽阔的山脊，这场战争的决定性战役很快就要在此地展开。皇帝率军翻越此处山脊之时，在通往格拉沃洛特（Gravelotte）的道路上有两处风景如画的村落，皇帝遂询问这两处村落的名字。当地传闻说，皇帝听到的答复是“莫斯科和莱比锡”时，不免就地坐下，沉思良久。[23]他理应沉思，这两个名字毫无疑问令他想起1812年的莫斯科之败和1813年的莱比锡之败，正是这两场败仗瓦解了他那名扬天下的叔叔的第一帝国。如今，格拉沃洛特将要把他的帝国送入坟墓。

皇帝的身后，是圣普里瓦（St. Privat）、阿芒维莱尔和格拉沃洛特环构而成的山间洼地，莱茵军团就蜷缩在这洼地里面。此时的梅斯已经挤满了难民，这些人都是当地的农民，因惧怕普鲁士的征召、抢掠和报复而逃到梅斯，难民已经拥挤不堪，令梅斯的城门不得不关闭，将更多的难民拒之门外。梅斯要塞的指挥官也只能无可奈何地告诉城外的难民：“回家去吧，要不就继续向前，进入法国。”[24]约瑟夫·安德洛上尉——巴赞指挥部的一名参谋军官注意到，在这么早的时候，法军便已经开始“灰心丧气”。[25]这其中的原因倒是不难看出，比如说路易·拉德米罗的军在战场上一直是没有明确目标地跑来跑去，先是向前推进，协助萨尔布吕肯行动，接着便后撤，而后又向前推进，接着又后撤。8月9日，拉德米罗记述了麾下军队的疲惫和低落情绪：“我的人前前后后已经奔跑了五天，昨天还是在大雨和泥泞中挣扎行军。我们基本上没有睡眠时间，泥泞和一路艰辛已然令马匹和火炮运输人员疲惫到极限。我们需要梅斯要塞的防护，需要在城墙后面长长地休整一下。”[26]

此时的普军，纷纷以永不停歇的骑兵侦察队为先导，展开 145
机动，当然也已注意到法军的离乱态势。路易－拿破仑的各路将领丝毫不曾给普军的三支大军造成任何困扰，令普军在法军犹疑不决的这一个星期时间里，势如破竹，急速推进。施泰因梅茨已经越过尼德河（the Nied），并且已经在前往梅斯的道路上行进了大半路程。弗里德里希·卡尔亲王也已占领蓬塔穆松（Pont-à-Mousson）的关键桥梁，他的骑兵侦察队也已经越过摩泽尔河，直抵左岸的图勒（Toul）城门前。王太子弗里德里希·威廉和布卢门塔尔的进展更是令人印象深刻，二人已经挥军穿越了孚日山隘路，进抵吕内维尔（Lunéville）和南锡。一路之上，德军在同法国居民的关系方面，基本上没有什么顾忌。军官们只是向士兵们传授了一些基本用语，除此之外，德军士兵便一直使用德语。比如说，需要盐的时候，德军士兵不说“盐”，而是说“盐腌”。面对法国居民的抗议，德军士兵也总是不耐烦地以强有力的摇头作为回应，并伸出三根手指说：“听不懂啊！”德军士兵就地取材，拿走了能够拿走的一切，嘴里更是念念有词，嘟囔着军中的惯常说辞：“Der Deutsche hasst den Franzmann, doch seine Weine trint er gern”，意思就是“德国人恨法国佬派，独爱法国酒”[27]。法兰西皇帝持续不断的“战略退却”，对法国农民来说，实在是一场灾难。萨克森的一名中尉在梅斯附近的一处村落里注意到如下情形：“战争带给此地农民的惨状令我触目惊心……军队如同蝗虫掠过，这些地方的所有村庄被吃得干干净净，即便如此，还有饥渴不已的军队源源不断地经过此地。”一番抢掠、偷盗之后，普军军官通常还会安慰垂头丧气的村民说，“没办法，这就是战争”。毛奇的三支大军步步为营，迅速向前推进，一个令人生畏的巨大包围圈就这样形成了。[28]

8 月 13 日，毛奇得到情报说，法军刚刚开始越过摩泽尔河后撤，此消息令毛奇有点丈二和尚摸不着头脑。这情形实在是极像 1866 年，当时，贝内德克令人匪夷所思地背对着易北河发起克尼格雷茨战役。那么，此时的法军为何会在摩泽尔河前面展开呢？1870 年的情形恰与 1866 年一样，毛奇也不得不考虑敌军会策动一场大反攻的可能性。毛奇正是考虑到这一点，非常精巧地变更了作战计划，具体来说，施泰因梅茨的军团继续向前推进，咬住莱茵军团，与此同时，派出弗里德里希·卡尔亲王的两个军前往威胁法军侧翼。倘若法军据守阵地或者发动进攻，毛奇则希望施泰因梅茨和第二军团的部分兵力能够应付。倘若法军选择后撤，并且撤过摩泽尔河，毛奇会令第二军团的主力实施转进，并最终协同第三军团对法军的侧翼和后卫展开打击。后面这种情形的可能性当然更大一些。

此时的法军方面，巴赞和皇后之间正展开激烈的争斗和较量。拿破仑三世于 8 月 13 日命令巴赞撤退到摩泽尔河对岸并继续向凡尔登撤退，巴赞拒绝从命，他申述说："敌人的大军正在
146 迫近，此等情形之下，敌军当然会对我军保持密切观察，一旦向摩泽尔河左岸撤退，那将对我军极为不利。"巴赞曾在自己的回忆录里面以近乎抒情的语言赞誉默兹河（the Meuse）和埃纳河（the Aisne）战线的防御优势，同时也赞扬了"牢不可破的阿登高地"（the Ardennes）。既然写下这样的文字，却又采取这样的战术，实在是令人费解。[29] 很显然，此时的巴赞更倾向于据守波尔尼（Borny），并在此寻求一战。一开始，皇帝的确是给予巴赞完全的自由度，不过很快，路易－波拿巴便在皇后的

怂恿下，又在对待巴赞的问题上犹疑不决。皇后在背后警告皇帝说，施泰因梅茨和弗里德里希·卡尔亲王的军团很可能会对巴赞的背面侧翼实施包抄，于是皇帝又动了心思，命令巴赞撤退："你必须尽一切可能地实施后撤，倘若你觉得有必要实施一场攻击行动，那也不是不可以，但你必须保证这样的攻击行动不会影响你后撤到摩泽尔河左岸。"[30]事实上，此时的形势，英国的军事参赞做出了正确的猜断，巴赞事实上是必须撤退的。确切地说，巴赞并没有对南锡或者弗鲁瓦尔（Frouard）展开争夺，此乃摩泽尔河和默尔特河（Meurthe）汇流处的一个强固阵地，这就等于是在没有任何战斗的情况下放弃了一条重要补给线。鉴于巴黎－南锡铁路线之于梅斯的重要性，没有这条铁路线，梅斯将无法自存，"巴赞没有别的选择，只能取道凡尔登，退往沙隆"[31]。

巴赞没有看到眼前的紧迫形势。8 月 14 日，他停止了撤退的步伐，在摩泽尔河右岸的波尔尼同普军接战，这是一场半心半意的战斗。普军也没有全力投入战斗，不过是出于不同的考量。斯皮克伦战役之后，毛奇和国王均斥责施泰因梅茨，此等情形之下，施泰因梅茨当然也就不会再轻易地触发战事。实际情形是，波尔尼战役，如同斯皮克伦战役和弗罗埃斯克维莱战役一样，也是因为鲁莽下属的冒进行动而触发的，此时扮演莽夫角色的是迪特里希·冯·察斯特罗（Dietrich von Zastrow）第七军的将领卡尔·冯·德·戈尔茨（Karl von der Goltz）。其时，巴赞军团的后卫，也就是克洛德·德康（Claude Decaen）率领的第三军和拉德米罗的一个师，正打算自东向西越过摩泽尔河，戈尔茨遂率领麾下的第二十五旅群起追击，越过波尔尼附近的丛林地带，于下午晚些时候同法军余部接战。双方遂展开火力，战斗一直持续到夜幕降临。在这场战斗中，巴赞方面遭遇普军16 个营和 7 个炮群的攻击，最终溃败，遂脱离了这场没有任何决定性可言的战斗。施泰因梅茨本人来得太晚，没能赶上战斗，这已经是他在此次战争中第二次面临这样的情况。傍晚八点半，施泰因梅茨赶到科隆贝（Colombey），此时，战斗已经全面打响。[32]就伤亡数量而言，法军的情况要好过普军。法军拥有预设阵地而且具有数量优势，造成普军 4600 人的伤亡，法军自己伤亡 3900 人。不过，对后卫战来说，这样的伤亡已经是相当沉重的，由此足见战斗之激烈。戈尔茨的炮兵和步兵虽然居于数量劣势，仍然深深地扎进巴赞的脚踝，巴赞及其将领则近乎疯
147 狂地将之踢开。总体而论，波尔尼战役是法军的又一场战略失误。克洛德·德康在第三军指挥官的位置上只待了 36 个小时，便在这场战斗中阵亡，巴赞遂取而代之。此时的巴赞元帅一心只想着放弃自己的指挥责任并回归自己在波尔尼的旧部。来到波尔尼之后，巴赞便英勇地策马投入战斗，挥舞军刀，在战场上奔驰，直到一个榴霰弹弹片击伤他的肩膀，令他不得不返回梅斯。在梅斯，他又错过了更为珍贵的战机。

从战术上讲，德康、巴赞和拉德米罗显然未能利用波尔尼之战的良好战机，确切地说，他们未能好好地利用勒伯夫在弗罗埃斯克维莱和斯皮克伦战役之后所做的分析和提醒："坚守防御态势，等待敌军停顿并出现动摇，而后便迅速发动攻击，转守为攻，每个营都以排为单位组成攻击纵队，并以散兵线为先导。"[33]实际情况却是恰恰相反，法军既没有反攻，也没有撤退，因此也就正中毛奇的下怀。法军由此拖延了向凡尔登撤退的行动，给了普鲁士第二军团足够的时间集结后续兵源，而后普军便迅速进抵摩泽尔河并开始渡河。[34]8 月 15 日，普鲁士国

王威廉一世沿着波尔尼东侧努瓦斯维尔高地（Noisseville plateau）策马勘察，法军行动之迟缓令他吃惊不已。威廉一世注意到法军主力仍然驻留在梅斯及其附近地区，国王遂命令毛奇即刻催动第二军团在梅斯要塞南面越过摩泽尔河，同时催动第三军团火速向图勒和沙隆进发。如此一来，普军便卡住了法军的咽喉，令法军从洛林地区实施撤退的行动更为复杂和艰难。[35]然而，这一系列的情势变化都未曾触动巴赞。8月15日，这位法兰西元帅竟然举着白旗在波尔尼地区巡查，为此又白白浪费了几个小时的时间。此次巡查最令巴赞受到触动的，并非迅速迫近的普军威胁，而是洛林农民劫掠的效率，战斗刚刚结束也就是几个小时的时间，波尔尼附近的农民便已经劫掠了战场上的每一具尸体：

> 背包已经被劫掠一空，没有价值的东西，诸如纸张、信笺、书本和照片，都散落一地，至于钱财则完全不见踪迹。为了从一个受伤军官身上偷走戒指，这些混蛋的洛林人竟然直接砍掉军官的手指，连手套都懒得摘下来……此时的我正举着白旗，已经是非战斗人员，否则的话，我会立刻拿起步枪，将这些卑劣的农民射死，只要是普军未曾设置岗哨的地方，他们一概不会放过。[36]

此时的巴黎方面，前线传来的坏消息令政治情势更加恶化。皇后向自己的丈夫发出警报："叛乱已经是迫在眉睫。"[37]尽管欧仁妮·德·蒙蒂若劝说已经老朽不堪的阿希尔·巴拉盖·迪里埃元帅（Marshal Achille Baraguay d'Hilliers）放弃极为关键的 148
巴黎卫戍部队的指挥权，但皇后自己也已经失去了珍贵的时间去甄选继任者。皇后的第一人选是六十一岁的弗朗索瓦·康罗贝尔元帅，此人颇有几分将才，也是波拿巴家族的朋友。但此时，康罗贝尔已经率军登上赶赴梅斯的火车，在巴黎协商一天之后，康罗贝尔请辞离开巴黎。接着又损失了几天时间，在这些天里，欧仁妮·德·蒙蒂若显然忽略了一个颇受欢迎的人选——路易·特罗胥将军，他是战前军事体制的批评者。相反，皇后的眼睛一直盯着儒勒·苏曼（Jules Soumain）将军，此人是郊区城防体系的指挥官。最终，皇后还是选择了约瑟夫·维努瓦将军（General Joseph Vinoy）。

8 月 14 日，维努瓦将军受命成为第十三军的指挥官，这一插曲令人费解，因为此前巴黎卫戍部队的编号是第八军。英国驻巴黎军事参赞不免询问此一任命的由来，从第八军到第十二军，这些建制又是怎么回事，最终了解到，中间这些军实际上并不存在：“八里桥伯爵此举是在释放烟幕弹，用来迷惑公众的眼睛。实际上，哪里会有这么多的人啊。”就在维努瓦忙于这支基本上是子虚乌有的军队事务之时，特罗胥将军更是奉派前往沙隆，据说是要执掌第十二军。实际上，这支军队更是子虚乌有。当特罗胥抵达传说中的沙隆大营时，虽然此地在和平时期是法军的大本营和演练之地，但在此时，特罗胥只看到 23 个完全不成样子的营，且基本上是没有武器装备的“机动卫队”。这支军队非但没有配备“夏塞波”，只是发放了一批备受世人嘲笑的“鼻烟盒步枪”（fusil à tabatière），这是 1850 年代的一款前膛枪，经过相当粗糙的改造，设置了一个鼻烟盒式的填弹装置。这样的步枪当然会采用比“夏塞波”更大的弹夹，如此一来，势必会令法军的后勤供应变得更为复杂。[38] 8 月 10 日，皇后就是将这样一批糟糕透顶的军队送给皇帝，皇帝则坚决拒绝接收这样的军队，而且说得很干脆：“我拒绝这些机动营。”[39]尽管此时的法军已经在兵力短缺的泥潭中越陷越深，但皇帝仍然不肯接收这样的部队。

巴赞在梅斯迁延了整整一个星期的时间，到了8月15日，才开始向沙隆撤退。波尔尼附近最后的法军部队于这一天撤退到摩泽尔河左岸，主力部队先前已经渡过了摩泽尔河。而后，便开始离开梅斯，踏上这趟艰难的撤退之旅。这一天正是“拿破仑日”（Jour Napoléon），是纪念波拿巴家族的节日，且已经是法兰西全国性的节日。在这样的日子里，法军走上撤退之路，那情形的确很痛苦。除了普鲁士入侵者之外，实际上，其他人在这一天实在是没什么好庆祝的。这也是我们的法兰西皇帝同自己的军队一同度过的最后一天，当然也是极为悲惨的一天，皇帝就在格拉沃洛特焦急万分地等待自己的近卫军骑兵从梅斯赶来，以便护送自己前往凡尔登。当近卫军龙骑兵最终抵达的时候，已经是精疲力竭，根本没有精力于当晚护送皇帝出发。路易-拿破仑只得继续等待，等到第二天早上再出发，这相当危险，这一拖延差点将此时正急于摆脱皇帝的巴赞逼疯。[40] 149

8月15日的夜幕终于降临，此时，莱茵军团正沿着向西的道路蹒跚而行，具体的兵力分配如下：雅尼（Jarny）和马斯拉图尔各驻有一个骑兵师，弗罗萨尔的军驻守维永维尔（Vionville），康罗贝尔的军驻守勒宗维尔（Rezonville），布尔巴基的军驻守格拉沃洛特。拉德米洛特的师沿着从梅斯伸展而来的陡峭且蜿蜒的道路一番跋涉之后，此时刚刚翻过阿芒维莱尔山脊。此时由勒伯夫统领的第三军则在后跟进。巴赞在巡视波尔尼之后，再度越过摩泽尔河，策马上行，前往格拉沃洛特，抵达格拉沃洛特之后，在当地的驿站里面过夜。[41]拿破仑三世则在一处破旧的小客栈里面过夜，8 月 16 日一大早，法兰西皇帝便醒来了。大约凌晨四点半的时候，这位皇帝从房屋里面出来，爬上马车，而后便重重地陷在马车的坐垫里面。“疲惫、哀伤和焦虑都写在他的脸上，”一名在场的人回忆说。“那样的情形实在是太过惨淡，令我们都疼在心里。在士兵们准备战斗的时候，皇帝离自己的士兵而去。”在为皇帝和王太子的车仗送行时，巴赞倒也说了一些礼节性的话语。车驾离开之后，巴赞转向自己的参谋军官，“毫不遮掩自己此时的满意心情”。他终于可以“做自己的主人”了。[42]然而，8 月 16 日，这位新主人却令人失望地命令部队利用早上的时间稍事休息，并补充给养和弹药，厘清补给车辆的混乱，以便为下午“可能的”行动做好准备。[43]此时的巴赞也许并不知道，他即将为整整一个星期的迁延付出代价。此时的普军骑兵已经向凡尔登和色当急速奔袭而去，一路之上可以说是畅通无阻。此等情形之下，巴赞不应该如此简单地收拾辎重车辆，而后便令这些车辆向西而去。确切地说，他必须对这些车辆实施武装押运，如此一来，法军撤退之旅所需的后勤保障将变得无比复杂。巴赞的补给车队就这么一线排开，足足绵延 40 英里。无怪乎士兵们都称之为“累赘”。至于作战部队，虽然在这一天凌晨四点半的时候便已经整装完毕，却不得不呆坐着，等待辎重车辆、救护设备以及架桥设备先行通过，就这么白白地将一天的大部分时间浪费掉。[44]拿破仑三世于中午时分抵达凡尔登，而后便即刻赶奔一家酒店吃饭并休息，皇帝向市长保证说，巴赞紧跟在后面，将会在第二天抵达。[45]

第二天，巴赞当然不会来，第三天也不会来。巴赞的迁延怠惰，在战后给共和派提供了口实，共和派据此指控巴赞犯下叛国大罪，这样的迁延怠惰当然是送给普鲁士人的大礼。此时，普鲁士的三支大军从莱茵河突入法国之后，便将巨大的战争舞

台铺展开来。施泰因梅茨的先头部队出现在波尔尼，第一军团剩下的兵力向后一直伸展到尼德河一线。第三军团此时仍然在 150
追击麦克马洪，麦克马洪军团已然疲惫不堪，战线从若茵维莱（Joinville）一直拖到沙隆。普军的第三军团此时已经进抵南锡。[46]只有第二军团仍然在巴赞的攻击距离之内，即便如此，巴赞也只能抓住第二军团很小的一个部分。弗里德里希·卡尔亲王统领的近卫军和第四军乃在这个巨大战场上构成普军的左翼，这个左翼此时太靠南，暂时还派不上用场。第九和第十二军则太靠东，只留下两个骑兵师还置身此处战场，这两个骑兵师的侦察中队差点在通往凡尔登的路上逮到拿破仑三世，至于第三军和第十军，则于8月14日，刚刚开始催动炮群和步兵越过摩泽尔河。

此时的毛奇再次孤注一掷。1866年，毛奇将三支大军在极为宽阔的区域散开，采取齐头并进的策略，火速穿越苏台德山区，对波希米亚的奥军实施合围。如此一来，奥军的北方军团实际上有数天的时间可以对分散的普军实施攻击，可惜他们错过了机会，最终只能眼睁睁地看着自己遭到合围，在克尼格雷茨差点被全部歼灭。如今，面对法军，毛奇故技重施，确切地说，在8月中的数天时间里，普军第二军团的两个军和第一军团的三个军以梅斯附近的区域为轴心实施转进，此等情形之下，法军是很容易对此次转进的普军展开集群打击的，而且，此时最南面的几个军因为距离中轴太远，正在穿越摩泽尔河，是根本没有机会参战的。[47]南锡的第三军团的作战目标是沙隆和巴黎，因此也就更没有可能参与梅斯方面的战事。中央位置的第二军团此时已经分解为诸多机动部队，目的是以多路出击的态势，拦截试图西进的巴赞，以防巴赞及时利用斯皮克伦战役之后的 10 天时间，催动大军赶奔凡尔登。

此等情形之下，毛奇要求第二军团尽速抵达摩泽尔河并且尽速越过这条河流，以便参与未来的战役。毛奇只能寄望巴赞不会真的对普军第三和第十军展开攻击，因为此时的普军第三和第十军还在以梅斯附近区域为轴心的大转进格局之中，是极易受到打击的中轴，并且他们此时也正试图在蓬塔穆松及其附近桥梁区域越过摩泽尔河。置身波尔尼的巴赞表现得十分克制和谨慎，同时，这位元帅也不再据守南锡和弗鲁瓦尔，这极大地疏解了毛奇的风险和压力。实际上，在波尔尼，施泰因梅茨那小小的第一军团曾与法军整个莱茵军团发生过碰撞，最终还是相当侥幸地躲过一劫。法军撤出弗鲁瓦尔，这也就意味着，普军可以完全自由地进抵摩泽尔河，并且还可以随心所欲地在任何地方越过这条大河，完全用不着担心侧翼以及后方补给线的问题。到了 8 月 15 日，毛奇依托摩泽尔河上的四座大桥，日夜不停地向前输送军队，这四座桥梁分别位于迪约卢瓦尔（Dieulouard）、蓬塔穆松、帕尼（Pagny）和诺维昂（Novéant）。此时的普军战线因铺展太宽而变得相当薄弱，但法军未能探察到此情况，同时也未曾探察到普军在摩泽尔河上的任何动静，这是法军骑兵侦察队的又一大失误。8 月 15 日法军骑兵同普军发生了接触和冲突，这样的冲突一直向西伸展到马斯拉图尔。接触之后，法军骑兵便撤回维永维尔过夜，并没有对普军的进攻力量和方向予以确认。

## 马斯拉图尔战役，1870 年 8 月 16 日

151 如此一来，普军就可以在当天夜里不受任何阻碍地将火炮向前推进，将凡尔登大道上的巴赞军营纳入射程，普军也的确

是这么做的。就在普军的步兵在巴赞大军后面奋力追赶的同时，4个普鲁士炮群已经向亨利·德·福尔东将军（General Henri de Forton）的重骑兵师开火了。前一天，这个师已相当劳累，此时，也就是8月16日早间，正在维永维尔休整。军官刚刚坐下来在长桌周围享用早餐；很多士兵仍然在营帐里面酣睡，其余的人围拢在篝火旁边，正往各自的碗里面盛汤，普军的六磅炮弹就在人群中炸开花，[48]令福尔东的这个师一下子散开，军士们纷纷骑上战马，逃离轰击现场，战马如同脱缰野兽一般，急速穿过弗罗萨尔的第二军，且从格拉沃洛特附近呆若木鸡的巴赞眼前一掠而过。此时的巴赞元帅与往常一样，不免疑窦丛生，认为毛奇此举不过是调虎离山之计，意图将自己骗离梅斯要塞的工事群，而后在开阔地实施打击。实际上，此时的毛奇苦于兵力短缺，此番炮击的真正目的是想要将巴赞钉住，并迫使巴赞退回梅斯，以此来阻止巴赞大军向麦克马洪以及沙隆方面特罗胥的预备队实施“战略撤退”。普军的3个师，第五、第六和第二十师正以令人生畏的态势向勒宗维尔高地推进，此处是一处低缓的高地，扼守着梅斯方向的凡尔登大道，此时的巴赞将自己的指挥部建在格拉沃洛特，三个军以半圆形排开，把指挥部围拢起来，形成防御态势。确切地说，康罗贝尔的第六军和弗罗萨尔的第二军部署在勒宗维尔的南北两处，并且依托凡尔登大道排开，布尔巴基的近卫军则部署在勒宗维尔和格拉沃洛特之间的区域。这样的阵法的确是十分怪异。8月16日整整一天，巴赞都享有绝对的兵力优势。麾下士兵已经休整完毕，都急切地想要一战。勒伯夫的第三军和拉德米罗的第四军此时已经脱离梅斯，并且也已越过通往阿芒维莱尔的狭窄、崎岖的隘路。这两个军此时已经占据相当理想的作战位置，正俯临维永维尔和马斯拉图尔，在这样的位置上，巴赞的右翼可以实施伸展，据此对前来进攻的普军纵队实施包抄。然而，这一切的选项，巴赞均不予考虑。相反，这位法兰西元帅就那么安静地在原地等待，将马斯拉图尔白白地留给普鲁士人，而那里正是弗里德里希·卡尔亲王的最终目标所在。可以说，这是如今的这位总指挥在这场战争中经历的第一场真正考验，但巴赞的表现令很多人失望不已，这其中也包括一批很是失望的法国外交官。实际上，其中一人在三天前就已经说过这样的话："梅斯附近大战在即，这场战役绝对是关键战役。我们必须向朋友和敌人证明，法国仍然有能力打赢。"[49]

此时，毛奇和俾斯麦想速战速决，他们要向世人证明相反
152 的东西。毛奇刚一确认法军正在撤退，便即刻派出三个骑兵团越过摩泽尔河，并催动全军急行军。为了阻止法军进抵凡尔登和默兹河一线，毛奇命令第十军向迈泽赖（Maizeray）推进，第三军则向马斯拉图尔推进。与此同时，为了对法军实施合围，毛奇派出骑兵第五师进抵梅斯－凡尔登大道，由此触发了 8 月 15 日的遭遇战。[50] 但是，8 月 15 日，毛奇尚且身在赫尔尼（Herny），这是摩泽尔以东大约二十英里处的一座小村落。毛奇认为，弗里德里希·卡尔亲王在勒宗维尔顶多也不过是遭遇法军的一支后卫部队，因此也就没有计划在 8 月 16 日打一场大的战役。确切地说，毛奇认为，要等到第二军团赶上来，第一军团再继续推进，最终将巴赞从西面牵引过来之后，才有可能打一场大战。此等情形之下，马斯拉图尔战役，恰如此前的那些战役一样，都是由普军的下级将领触发的，这些将领都自认为是在实施毛奇的总体战略意图，确切地说就是"合围战略"。所谓的合围战略，是普军战法的一个关键要素，不过，此等战

法也并非没有风险。此前的战事足以说明，倘若麾下将领意图在这场战争中身先士卒，表现一番，采取冒进之策，将会给普军带来不必要的重大伤亡。在这样的战事中，普军也完全是依靠后续兵员不断涌来，面对孤立无援的法军逐渐累积起足够的数量优势，方才取胜。但现在，普军面对的可是整个莱茵军团，若是就此陷入战事泥沼当中，普军很可能会遭遇灾难性的失败。然而，第三军指挥官康斯坦丁·冯·阿尔文斯莱本根本就没有这样的考量。他的第五师是在经历十二个小时的强行军之后，才于 8 月 16 日凌晨两点跌跌撞撞地进入这个名叫戈尔泽（Gorze）村落。士兵们刚一进驻，便即刻瘫软在道路之上，尽管如此，阿尔文施莱本只让士兵们休息了三个小时，而后便催动军队越过戈尔泽丛林，向维永维尔进发，那里正是法国的西向交通线最为密集的地方。

法军本来应当是马斯拉图尔战役的胜利者。阿尔文斯莱本并未得到毛奇的指令便发动了这场战役，因此他麾下的兵力基本上是没有后援支撑的。只有第十军的两个普鲁士师会协同进攻，不过，这两个师在阿尔文斯莱本的北部越过摩泽尔河之后，便依次向南而行，远离马斯拉图尔战场，直到下午很晚的时候，才抵达战场。与此同时，巴赞握有四个完整建制的军，正严阵以待，此时的法军毫无疑问处在相当完美的作战位置上，完全可以将阿尔文斯莱本的部队彻底歼灭。但法军未能轻易取得此役的胜利，这就更能证明巴赞此时的混乱，同时也足以表明，法军高级将领普遍缺乏主动意识。

骑兵方面提出了明确的警告，前方从格拉沃洛特到马斯拉图尔的道路上出现了法军的密集战阵，但阿尔文斯莱本仍然认定，这只不过是莱茵军团在撤退过程中留下的后卫部队，并且认为莱茵军团方面的主力正在向凡尔登逃窜。于是，阿尔文斯莱本便决定拿下这支后卫部队，遂命令第五师钉住勒宗维尔的法军，第六师的侧翼则尽速向马斯拉图尔伸展，以此阻断这条
154 西行道路。第五师的师长费迪南德·冯·施蒂尔普纳格尔将军（General Ferdinand von Stülpnagel）是来自普鲁士心脏地带的勃兰登堡人，得到阿尔文斯莱本的命令之后，他便催动麾下军队，以宽广正面摆开战线，以连级纵队的方式展开进攻。夏尔·弗洛萨尔第二军的火力，当场将此次攻势击碎。这实际上是斯皮克伦战役初始阶段的重演，法军炮火全部倾泻在普军的攻击纵队之中，造成的伤亡基本上可以说是惩罚性的。

第五师旋即溃退，此时，阿尔文斯莱本才算意识到自己的误判是何等严重。若非火炮支援，阿尔文斯莱本想必已经全军覆灭。法军方面发布的战后报告中，也极为惊恐地谈到普军六磅炮弹产生的“可怕火力”，简直是“一阵炮雨”。[51] 到了上午十一点，维永维尔和弗拉维尼（Flavigny）南面的高地上便已经集结了普军的 90 门火炮。密集的炮火阻止了康罗贝尔和弗罗萨尔扩大施蒂尔普纳格尔溃败的战果。法军战地医生和担架员提供的报告，令人们很快便意识到普军的炮火是何等密集：六成的法军伤兵都被击中背部或脖子，就那么躺倒在地。弗罗萨尔麾下的一个预备旅，就布置在战线后面的草丛里，即便如此，这支预备部队还是在未发一枪一弹的情况下，阵亡 60 名军官，两个团各阵亡 30 名军官。[52] 康罗贝尔麾下的这个旅基本上完全笼罩在普军的弹雨之下。第一批阵亡的军官中包括法军第十步兵团的上尉夏尔·阿尔当·杜·皮克（Charles Ardant du Picq），一颗炮弹当场要了他的命，根据这位军官的战争理论，这样的命运完全是因为法军将领犹疑不决，没有“勇敢行动”。

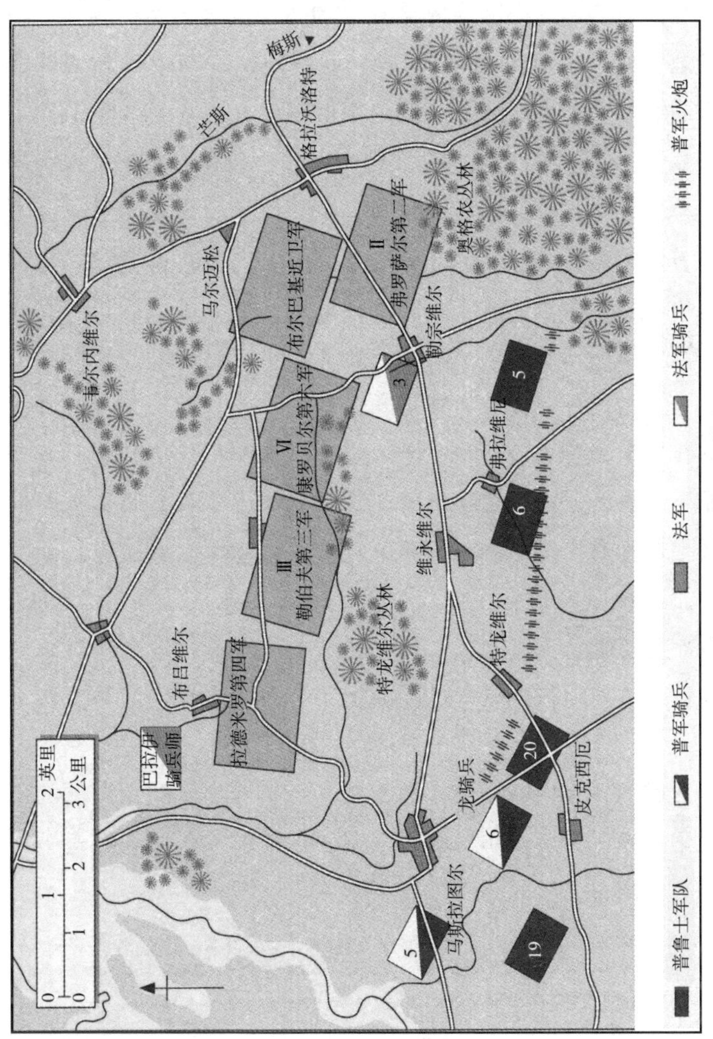
梅斯
格拉沃洛特
芒斯
韦尔内维尔
马尔迈松
布尔巴基近卫军
II
弗罗萨尔第二军
奥格农丛林
勒宗维尔
3
5
VI
康罗贝尔第六军
弗拉维尼
6
维永维尔
III
勒伯夫第三军
特龙维尔丛林
特龙维尔
布吕维尔
拉德米罗第四军
巴拉伊骑兵师
20
龙骑兵
皮克西尼
6
马斯拉图尔
5
19
0 1 2 英里
0 1 2 3 公里
普鲁士军队
普军骑兵
法军
法军骑兵
普军火炮

地图 7　马斯拉图尔战役

普军的火炮威力更大，也更为精准，令康罗贝尔的炮群遭到压制。普军正是凭借这样的火炮优势，“十分精准且有序地将炮弹和榴霰弹向法军的炮群倾泻”。于是，普军的火炮逼迫法军炮群散开或开始转移，炮击也进入间歇期，不过这样的间歇期是极为短暂的，很快，普军的火炮便再度开火，其“精准度令人震惊”。[53]不过，在这样一个时刻，这一切对阿尔文斯莱本来说可不是什么安慰，此时这位普军将领感觉自己误入蜂巢。为了给自己的第五师减压，并赢得足够的时间等待此时尚在南面数英里之外的第十军赶来，阿尔文斯莱本命令第六师暂时停驻在距离马斯拉图尔两英里之外的特龙维尔（Tronville），等到十一点半再从西面对弗罗萨尔重新发起攻击。此时，第六师已经在弗拉维尼南侧炮群的掩护下，渗透到法军的中央战线，并一度拿下维永维尔，不过很快就被村落背面康罗贝尔第六军的火炮和榴霰弹赶出维永维尔。弗罗萨尔的第二军则协助实施了这场打击，此时的第二军已经在勒宗维尔的东端重新集结起来。巴登布鲁克将军（General Buddenbrock）的第六师则在犹疑之中向勒宗维尔略微推进一些便撤退了，因为这样的战斗实在是太不对等。

155 此时的普军已被彻底压制，法军将领却未能利用这样的机会将之歼灭。弗罗萨尔后来指责康罗贝尔留下他一人在这一天的多数时间里单独对阵阿尔文斯莱本。康罗贝尔则指责拉德米罗“推进得太过迟缓”，令自己的侧翼失去保护。[54]然而，阿尔文斯莱本的侧翼却是暴露得最厉害的，中午时分，阿尔文斯莱本陷入极度的险境之中。康斯坦丁·冯·弗希茨·罗茨将军（General Konstantin von Voights-Rhetz）的第十军此时距离战场尚有几个小时的路程，阿尔文斯莱本此时已经耗尽全部兵力，连预备队都消耗掉了。两个已经遭遇重创的师被困在特龙维尔和弗拉维尼之间的地带，显然已经成为路易·德·拉德米罗第四军的囊中物。此时，他正在向马斯拉图尔附近的炮群靠拢，而勒伯夫的第三军正驻守圣马塞尔（St. Marcel），康罗贝尔的第六军驻扎在维永维尔背面，弗罗萨尔的第二军镇守勒宗维尔，布尔巴基的近卫军则在格拉沃洛特驻守。然而，此时的巴赞却在担心阿尔文斯莱本的此次贸然进攻乃是一场佯攻，目的是引诱自己离开梅斯及其要塞体系，于是便固执地约束将领们不得出击。

布尔巴基距离驻扎在格拉沃洛特的巴赞最近，对如此无所事事的态势备感愤怒。十二点四十五分，巴赞的侄子乔治（Georges）气喘吁吁地策马来到近卫军指挥部，告诉布尔巴基“要确保撤退，否则的话元帅就会沦为俘虏”。此讯息想必令布尔巴基内心涌起一阵希望，不过，这希望很快便消散而去，因为驻扎在驿站方面的巴赞指挥部再次传来防御指令：“分出一个师前往掩护奥格农丛林（Bois d’Ognons）和阿尔斯峡谷（Ars ravine）。”巴赞向布尔巴基发出“确保撤退”的命令时，正是法军赢得显著胜势之际，由此便颇能解释元帅的内心想法。[55]此时仍然担任“主将”之职的勒伯夫元帅，对巴赞如此的退缩行径极为失望。当天一大早，听到两军雷鸣般的火炮之声，勒伯夫便敦促身在格拉沃洛特的巴赞“即刻加入战团……不得浪费眼前的良机”[56]。这一点足以证明，此时的法军方面已经意识到眼前的局部优势。然而，勒伯夫自己也没有做任何事情，他只是白白地浪费了三个小时的时间，之后才在中午时分骑上战马，向战场的方向瞥了一眼，而后告诉已经急不可耐的参谋军官说，他“要等巴赞的命令”[57]。此等情形，若是换作一个普鲁士将领，早就凭借本能奔赴战场了。

此时的普军第三军团尽管没有遭遇法军毁灭性的反攻，但也必须承受康罗贝尔和弗罗萨尔军的密集炮击，时间长达数个小时之久。法军火炮的引信有问题，这多少缓解了普军的压力，确切地说，法军的炮弹引信是在空中引燃的，要不就是在炮弹
156 落地很长时间之后才引燃，这就令对方士兵有时间躲避到安全之地，不过，也只有部分士兵有此运气而已。法军的炮火极为密集，仅此一点，足以弥补引信和准确度的缺陷，而且还绰绰有余。[58]此等火力之下，即便是最为顽强的部队也会惊惧发抖，阿尔文斯莱本只能孤注一掷。他命令身边的第十二骑兵旅疾驰向前，攻击康罗贝尔的炮群。在现代战场上，像这样的轻骑兵冲锋战术，无异于自杀，骑兵旅旅长弗里德里希·威廉·冯·布雷多将军（General Friedrich Wilhelm von Bredow）当然很清楚这一点，但也只能尽可能地拖延，最后迫于情势，下午两点才引领麾下的六个骑兵中队实施冲锋。出发前，他以典型的普鲁士风格留下最后的话：“该走的迟早会走。”[59]

康罗贝尔的机枪、火炮以及榴霰弹齐发，向普军的骑兵倾泻而出，布雷多的这次骑兵冲锋本来注定会惨败，不过，这位骑兵旅长还是巧妙地利用了向法军勒宗维尔阵地伸展开去的波浪地形，令自己的骑兵部队隐藏在低垂的硝烟中，最终穿越一系列沟槽和洼地，突入康罗贝尔的战阵，在里面炸开了花。“冯·布雷多的死亡冲锋”成就了一个罕见的战例，在面对现代枪械和火炮的时候，竟然取得了成功。此次冲锋，布雷多的 800 骑兵折损 420 人，其中包括俾斯麦的儿子赫伯特（Herbert）。赫伯特受伤之后跌落马下。尽管如此，此次冲锋还是绞杀了康罗贝尔的炮群，并在法军阵地制造了巨大恐慌，令巴赞更为紧密

地收缩在格拉沃洛特周围。此时，福尔东的骑兵师在早上经历一场折辱之后，曾短暂地对布雷多骑兵部队的侧翼和后部实施打击，但很快便被驱散。这并非由于普军的刺刀和军刀，而是康罗贝尔麾下那些紧张不已的步兵胡乱开枪所致。一阵乱枪之下，也就几分钟的时间，法军步兵便射杀本方 154 名重骑兵。[60]一名在特龙维尔观看这场混战的汉诺威炮手，毫无疑问对布雷多此次冲锋的效能相当吃惊："法军的密集炮火将我们击溃，我们炮群的所有马匹都阵亡了，我们也眼看着即将被拿下，恰在此时，布雷多的骑兵部队突现战场。是他拯救了这一天的战事，因为我们旅已经被击败。"[61]

然而，即便法军缺乏坚定的指挥，数量上的绝对优势看来仍然令法军是不可战胜的。就在布雷多对第六军发起最后冲击的时候，拉德米罗和勒伯夫已经离开前往色当的道路，向战场进发了，并且正在向康罗贝尔旁边的马斯拉图尔和维永维尔靠拢。这里本来会有一场决定性的攻击行动。此时，拉德米罗的右侧是弗朗索瓦·杜·巴拉伊（Francois du Barail）的一个完整建制的骑兵师。因此，拉德米罗的侧翼是安全无忧的，他的正前方是阿尔文斯莱本的军队，也就是为数寥寥的几个已经遭受重挫的步兵营和一个骑兵师，正在法军蒙蒂尼机枪和步枪的连
续火力之下，瑟瑟发抖。此处是整个战场的关键地带，法军在 157
此集结的兵力比普军多出 20000 人。不过，此时的巴赞甚至都没有靠近马斯拉图尔。实际上，巴赞巡查了勒宗维尔和格拉沃洛特的整个战场，也就是自己所在位置的左翼，唯独漏掉了至为关键的右翼区域，而那里才是法军能够赢得这场战役并将战果最大化的地方。元帅的这一举动令身边的参谋军官百思不得其解。[62]更为奇怪的是，巴赞在此次战役之后给皇帝的函件中

表功说，自己实施了一次决定性的“迂回”，但实际上，巴赞既没有发出过这样的命令，也根本未曾实施过这样的动作，尽管函件中申述说：“接近中午时分，我们实际上已经取胜，勒伯夫和拉德米罗也率军抵达战场，并对敌军的左翼实施了火力覆盖。”[63]

实际上，巴赞军团的将领们根本未曾收到过这样的指令，而且这些将领一直都牢牢地坚持防守思维，这样的思维自克尼格雷茨战役之后便已深深地烙印在他们的军事头脑之中。拉德米罗的手下大将弗朗索瓦·格勒尼耶（Francois Grenier）向拉德米罗报告，此时的普军第三军团仍然处于战斗状态。于是，拉德米罗便叫停朝向特龙维尔的进攻行动，转而将麾下的兵力围绕马斯拉图尔摆出防御态势。勒伯夫第三军的攻击矛头原本显然是指向维永维尔的，巴赞也亲自叫停这个军的攻势，并指令勒伯夫调度麾下的兵力，汇入格拉沃洛特周边的防御集群。挥军进抵这个防御集群之后，勒伯夫基本上沦落为无所事事的状态，遂有了大胆想法，派出自己的军顺路而下，进抵摩泽尔河畔的阿尔斯（Ars-sur-Moselle），以此切断普军的最后退路。勒伯夫的军就这样出发了，不过，还没有走到一英里，巴赞便策马追了上来，显然是愤怒已极，他命令勒伯夫即刻转回格拉沃洛特。整个进军和回撤行动都暴露在弗拉维尼的普军炮群火力之下，这么一番折腾下来，法军已然在炮火下折损了 500 人之多。[64]近卫军指挥官布尔巴基将军在战报中难掩自己的吃惊，巴赞竟然将自己关在格拉沃洛特的驿站里面，白白耗去这一天的大部分时间，只考虑向梅斯撤退的路线问题，其他的均不予关切。[65]

拉德米罗就这样错失了时机。下午三点半到四点之间，康斯坦丁·冯·弗希茨-莱茨第十军的第一批部队抵达战场。一开始，莱茨命令自己的部队向默兹河一线挺进，意图截断巴赞的退路，于是第十军便向北转进，前往增援阿尔文斯莱本。这支部队乃是“新普鲁士人”的混合体，包括弗里西亚人、奥尔登堡人、汉诺威人以及不伦瑞克人，他们踉踉跄跄地投入战争中。他们在蓬塔穆松和蒂欧库尔（Thiaucourt）的灼热且灰尘弥漫的道路上艰难跋涉了十二个小时。其中，第二十师进驻特龙维尔，对阿尔文斯莱本的左翼形成拱卫之势，施瓦茨科彭（Schwarzkoppen）的第十九师则即刻奔赴战场，迎击法军，向马斯拉图尔进击，他们认为那里是拉德米罗的侧翼。事实上，那里正是拉德米罗军的正面。三十分钟的剧烈战斗之后，法军的“营级火力”战术完成了屠杀工作。在获得埃内斯特·德· 158
西塞（General Ernest de Cissey）师的增援之后，格勒尼耶将炮火向普军的攻击集群倾泻而下，没等普军的撞针枪发挥威力，便将他们击溃。施瓦茨科彭的第一旅损失六成的战斗力，其中45%的士兵阵亡，包括引领此次进攻的旅长和几个上尉军官。普军也试图将炮群推进到高地上，以便支援此次进攻，但都被法军的夏塞波打散。“子弹从一个不可思议的距离击中我们，”普军的一名炮手后来记述说，“射击密度之高，足以抵偿精度方面的缺陷，而且还绰绰有余。”[66]

为了将普军的攻击部队彻底歼灭，西塞命令自己的第二旅组成营级攻击纵队，上刺刀进行冲锋，这实际上更加证明1866年之后的法军，实际上并没有培育出可行的攻击手段。第二旅的士兵很多都是来自塔埃纳河（the Tarn）地区的南方人，很是精明，在接到进攻命令之后，便上演了一场颇为有趣的闹剧。在军官的引领之下，他们也的确组成了攻击纵队，但只是尽可能大声喊叫“冲啊”，就是拒绝前进。“每个人都在喊叫，但没有人动作”，这是第五十七步兵团一名军官对当时情形的观察。普法两军的关键差别之一，也就在此处显现出来。德军在此次战斗以及随后的战役中，只要有命令，是可以做任何事情的。若有需要，他们可以付出极为惨重的伤亡。相比之下，法军部队则精明得多。1866 年，普军撞针枪造成的毁灭性伤亡，法军将士当然是知道的，因此，他们通常都会拒绝对普军步兵发起攻击，特别是在自己的军官们都拒绝进入普军撞针枪的射程时。［第五十七步兵团的卡米耶·勒鲁什中尉回忆说，自己敦促该团的上校马里－阿德里安·吉罗（Marie-Adrien Giraud）引领几个营从正面发动攻击，但吉罗拒绝了。］于是，士兵们的表现更加强化了参谋部和高级将领的防御心性，令法军在一切情况下，都学会了依靠“夏塞波”的卓绝射程来解决问题。西塞的这个旅，面对的只是普军的一个步兵团，最终也的确发动了进攻，由众所周知的低级军官引领步兵向前推进，士兵们喊叫着“是的，长官”，但结果只是强化了法军的防御心性。法军就这么迫近对面的普军，令自己的射击变得更为有效，不过同时也进入普军撞针枪的射程。在法军耗尽弹药之后，普军只用了一轮反攻，便将法军击退：“他们成群成群地向我们碾压而来，就像野蛮人那样号叫着。”这一天的战事造成数千人的伤亡，勒鲁什中尉便是其中一员，他的脚被射中，双腿也被子弹穿透，他就那么倒在马斯拉图尔附近的草地上。[67]

战事遂陷入僵局，这主要是因为普军那无往而不利的炮群，这一天结束的时候，普军已经集结起 21 个炮群，从弗拉维尼环绕特龙维尔，长达两英里。这个“大炮阵”由 130 门火炮组
159 成，几乎与当年奥军在克尼格雷茨组建的传奇炮阵规模相当，

并且更具威力。[68]普军炮手回忆说，下午晚些时候，法军发起几轮反攻，普军则用炮火阻击法军的反攻浪潮，普军的炮弹硬生生地在法军攻击纵队的身上“撕开了口子”。[69]实际上，整整这一天，胜利的钥匙始终掌握在法军手中，但法军未能抓住机会。施泰因梅茨在波尔尼战役之后，未能催动自己的第一军团越过摩泽尔河，这实际上给了巴赞绝佳机会，可以集结起麾下整支大军对弗里德里希·卡尔亲王的部分兵力展开打击，并将之摧毁，而后再向凡尔登撤退。在这场战争中，法军总是让机会白白溜走，这一次可能是最令人惋惜的。布尔巴基将军回忆说，这一天下午五点“毫无疑问是发起总攻的绝佳时刻。巴赞只需要挥一挥手，我们就可以……将普军赶入摩泽尔河”。[70]约瑟夫·安德洛上校，巴赞参谋部的一名军官，对元帅的此番消极态度也是备感震惊，他回忆说：“很显然，敌军只有两个孤立的军，我们拥有绝对的数量优势。”[71]正如一名奥地利军官说的那样，马斯拉图尔乃是那种典型的“准胜利”，但凡有点能力的将领都知道如何利用这样的局面。[72]普军尽管弱势明显，但仍然在下午六点夜幕即将降临的时候，向着胜利迈出最后一步。阿尔伯特·冯·莱茵巴本将军（General Albert von Rheinbaben）命令自己的第五骑兵师向西北方向迅速推进，对拉德米罗的侧翼实施强力压迫。于是，这支骑兵部队便在马斯拉图尔和伊隆河畔（the Yron）长满杂草的平原上实施机动，伊隆河位于战场西面一英里的地方，北面就是凡尔登大道。在迫近拉德米罗的时候，莱茵巴本的轻、重骑兵旅与杜·巴拉伊指挥的整个骑兵师展开厮杀，这个骑兵师驻扎在拉德米罗的侧翼，就是为了防范来袭的普军骑兵。一场大混战随之展开，双方的40个中队都加入战斗。刀、枪和火器一时间杀作一团。

其他地方的普军步兵部队则在夜色掩护之下，展开奔袭。普军的散兵线令法军第七十步兵团陷入恐慌之中，并最终击溃法军的这个步兵团。这条散兵线采用了相当巧妙的战术，他们大胆地径直走向法军，在昏暗难辨的天光之下，呼喊着“我们是法军，不要开枪”。法军刚一放低枪口，普军便即刻抬起自己的枪，并向对面的集群连队急速射击。结果便是法军方面的一场大恐慌，恐慌如同潮涌，将第六军和军团的其他大量部队吞没。此时，普军更是催动自己的枪骑兵部队穿越撤退的法军部队，喊叫着“法兰西万岁！皇帝万岁!”，令局面更加混乱，还没等法军士兵回过神来，便已经被普军骑兵刺穿。[73]夜幕降临，
160 令这场乱战隐没在黑暗当中，双方渐渐停息了这场屠杀，法军退回格拉沃洛特附近的主力阵列，普军则据守马斯拉图尔和维永维尔阵地。很有意思，此时的巴赞尽管拥有巨大的数量优势，却根本没有向凡尔登方向移动。恰恰相反，他还亲自率领近卫军的一个炮群，前往掩护弗罗萨尔从勒宗维尔撤退。[74]这实际上是重演了他在波尔尼时的举动，而且此时法军的境况还算是很有希望的，在这样的情况下，这样的举动实际上是没什么意义的。克尼格雷茨战役时，贝内德克也曾展现出这种自取灭亡的倾向，试图在琐碎的军务当中寻求逃避，要不就是在一些琐碎战事上消耗心思，这样的战事是根本不能与他身上的责任担当相匹配的。布尔巴基后来在很大程度上将法军的失败归在巴赞身上，认为巴赞的指挥太过心不在焉：“我白白地浪费了整整一天的时间，完全不知道巴赞元帅是何打算，也完全不知道他的最终目标是什么。”[75]

巴赞的这些举动和这种态度，令奥地利驻巴黎军事参赞备感困惑，这位军事参赞与自己的上级随时保持通信联系，他在

函件中留下这样的记述："除非巴赞避免在洛林决战并退往巴黎，令默兹河和马埃纳河横亘在自己与普军之间，否则的话，法兰西是绝对没有胜机的。"[76]倘若巴赞退往巴黎，普军的境遇将会相当艰难，前往巴黎的道路上有梅斯要塞及其驻军予以阻截，巴赞更统领大军横亘在马埃纳河一线，通往巴黎的两百英里道路不但漫长，更是荆棘密布，此等情形之下，普军完全有可能因为过度伸展而濒临瓦解。可惜的是，巴赞元帅并没有体悟这一战略。就这样，在整整一天的时间里，巴赞与普军僵持着，也没有更多的想法，他告诉皇帝说，他已经统领第三和第四军"包抄了普军的右翼"，并击退普军的进攻。[77]这简直就是厚颜无耻的编造。事实上，两军之间确实是展开了一场血战，都打光了弹药并且也都伤亡巨大，普军伤亡 16500 人，法军伤亡 16600 人。这场"遭遇战"更令双方折损 2000 多名军官，普军军官伤亡 626 人，法军方面的数字为 837 人。[78]此等折损，普军的承受力要胜过法军。法军的一个间谍在毛奇的指挥部极为吃惊地偷听到，毛奇和罗恩彼此保证说："即便损失两万人，也不会有什么困扰，因为会得到源源不断的补充。"[79]法国的后备兵员比普鲁士少很多，人力资源可没有普鲁士那般丰沛。也许，正是这一点解释了巴赞为何会做出那么奇怪的决定，不对凡尔登大道实施争夺，当晚便直接让给弗里德里希·卡尔亲王，并且命令自己的军队退守格拉沃洛特，将战场留给普鲁士
人。[80]第二天，英国驻巴黎军事参赞便阐发了巴赞这一决定背 161
后的深意：

> 若是法军能够在沙隆实施集结，则此举的分量是巨大的，原因很简单，如此一来，莱茵军团就可以成为一个强

> 大的内核，将法兰西后方的兵力都吸纳过来。这样的话，沙隆一线有望很快便可以集结起三十万的大军，这样一支大军也可以退守更为强固的位置。倘若巴赞的撤退路线被切断，那可真的是一场灾难，这样的话，法军就没有这样的内核去吸纳并集结更为庞大的兵力，到了那个时候，也就没有什么能阻止普军挺进巴黎了。[81]

马斯拉图尔战役，双方都没有斩获任何战利品，没有军旗，没有枪械和火炮，双方都宣称自己取得胜利。不过，基本上可以肯定，巴赞是真正的输家，并且是在稳操胜券的情况下输掉这场战役。在这场战役中，巴赞在所有方面都占据优势；梅斯的要塞体系和三万守军本应牢牢钉死至少九万普鲁士军队，本来可以迫使普军包围要塞，如此一来，法军便可以腾出手来对毛奇的交通线展开攻击。事实上，梅斯及其外围工事之巨大体量，足以令施泰因梅茨的军队无法推进，而且普军一整天也只能留出第二军团的 7 个师单独面对巴赞的 20 个师。[82]但巴赞根本没有利用如此有利的机会，将领们热切求战，纷纷向格拉沃洛特的驿站指挥部发出请战信息，但巴赞一概予以否决。梅斯要塞指挥官格雷瓜尔·科菲尼埃·德·诺德克（General Grégoire Coffinières de Nordeck）告诉巴赞说，这座要塞拥有强大的防御能力，于是巴赞便决定驻留梅斯及其附近区域。这一情状也就更能说明巴赞此时的防御心态。科菲尼埃认为梅斯要塞是“无可攻克”的，巴赞可以以这个要塞为依托，“随心所欲地对敌军实施突击，背后总会有一个安全庇护所”。[83]最佳的突击机会实际上就出现在 8 月 16 日，但巴赞让这个机会溜走了。马斯拉图尔战役之后，海因里希·安东诺维奇·里尔将军

（General Heinrich Antonovich Leer），俄国顶级军事学院的战略分析家，曾表达过自己的震惊，因为弗里德里希·卡尔亲王竟然如此轻易地就越过摩泽尔河，并控制了凡尔登大道，他说："理论上讲，像梅斯这样的要塞，拥有 3 万守军……更有 10 万甚至更多大军在其侧翼和后部实施拱卫，要对付这样的要塞和此等规模的守军，至少需要 60 万大军。"[84] 弗里德里希·卡尔亲王只用 6 万人便完成了这一壮举。卡尔亲王的士兵们当然是极为勇敢的，不过，最大的责任却应算在巴赞身上，他的确应当在弗里德里希·卡尔的战绩面前羞愤而死。

从战术角度来看，马斯拉图尔战役只不过是普军火炮取得的又一场胜利。法军的一名步兵指挥官干脆将这场战役称为"炮群大决斗"，普军很明显赢得了这场炮战，凭借密集的炮群抵冲了兵力上的弱势，令法军无从展开反攻。马斯拉图尔战役第一次见证了普军大范围地使用"集群炮阵"战术（Artillerie-Massen），所谓"集群炮阵"战术，就是将原来归属各个步兵 162
旅或者骑兵旅的火炮临时抽调出来，在任何有需要的地方集结成临时炮阵。马斯拉图尔战役当天快要结束的时候，普军临时炮阵组成的战线已经从戈尔茨丛林的边缘借由弗拉维尼一直伸展到特龙维尔，长达两英里。即便是在法军榴霰弹和"夏塞波"的强大火力压制下，普军炮手依然在不知停歇地缩短射程，前进到正对着法军炮群的位置上，法军炮手一旦遭遇敌方火力的压制，便会习惯性地后撤。当然，这与普军建立起来的"战场兄弟情谊"操典（code of Waffenbrüderschaft）有关系，操典要求每个士兵为了他人都应懂得牺牲自己，无论对方是哪个部队的。换言之，据此操典，普军的炮兵必须懂得为步兵做出牺牲，反之亦然，并且此操典不容许有任何借口。当然，在面对法军“夏塞波”和蒙蒂尼机枪组成的强大火力时，普军的很多步兵部队指挥官都会因为自己的火炮被抽调而备感痛苦，但集群炮阵在集中且交叉轰击之下形成的密集火力，在这一天的战争中发挥了决定性的作用。[85]法军第三预备骑兵师的师长亨利·德·福尔东在战役开启之际，便被普军的“密集火炮”给吓住了，下午时分，福尔东便被布雷多的“小分队战术”击败。[86]所谓的“小分队”（goum）原本是阿尔及利亚的非正规骑兵部队，擅长运用速度和诈术对敌阵形成冲击，实在是极像布雷多的风格。菲利普·齐贝林（Philippe Zibelin），康罗贝尔麾下的一个低级军官，置身弗拉维尼战场的时候，就对普军此等炮阵的要命威力震惊不已。实际上，齐贝林当天上午在维永维尔和勒宗维尔观看过普军的进攻，已经对普军连级纵队的指挥官展现出的“卓越的主动精神”佩服有加，战场上的普军纵队指挥官们娴熟地操控着自己的攻击集群，“利用起伏不平的地形，尽可能地避开‘夏塞波’的强大火力”。齐贝林认为，普军取得的这些胜利应归功于一种法军战术中完全缺乏的特征，齐贝林称之为“连续进攻原则”。这样的原则实质上意味着普军的每个进攻单位都会本能地彼此联合，相互拱卫，由此开辟出宽广且纵深的侧翼攻势，这样的攻势是法军没有能力抵挡的。[87]

巴黎方面从这场战役中得出了错误的结论。八里桥伯爵于8月16日向立法团保证说，莱茵军团已经准备好了在沙隆“重新集结”[88]。取代格拉蒙任职外交部的奥弗涅亲王（Prince de la Tour d'Auvergne）则告诉各国使节说，巴赞已经扫清向西的道路，“确保会撤退到马埃纳河后面”。鉴于巴赞指挥部的一名
163 随员也传递出同样的信息，那么看起来即便是巴赞本人应当也

是这么看问题的。[89]然而，即便是此等虚假信息，对拿破仑三世已然坠落谷底的体制也没有任何帮助，这套体制看来已经放弃了一切获胜的希望。在马斯拉图尔战役结果的消息传到巴黎之前，奥弗涅亲王就已经在恳求英国大使，希望后者能够组建一个“中立国同盟”，以此来达成并确保一份停战协定，对这份翘首以待的停战协定，法国只提出两个条件：其一，领土完整；其二，维持波拿巴的王朝。说白了，其余的一切都是可以商量的，比如说，战争赔款、睦邻友好、裁撤军队以及割让殖民地等，都不是问题。[90]第二帝国已经摇摇欲坠了。

# 第七章　格拉沃洛特战役

164　就在马斯拉图尔和维永维尔火光冲天之时，毛奇、威廉一世和俾斯麦也正夹在萨克森第十二军的行军纵队中间，在蓬塔穆松越过摩泽尔河。弗里德里希·卡尔亲王已经于当天早些时候越过这条大河，并在这一天的大部分时间里驻扎在戈尔茨，指挥这场拉锯战并进行扫尾工作。[1]毛奇凭借其一贯的洞察力，把握了马斯拉图尔战役的深层意义。此战过后，巴赞已沦落孤立境地，普鲁士和德意志大军将法兰西的这位元帅同法兰西腹地隔离开来。[2]此等情形之下，毛奇即刻命令大军停止向默兹河进军，转而命令第四、第七、第八和第十二军实施转进，在勒宗维尔和格拉沃洛特一线向阿尔文斯莱本和弗希茨-罗茨的军队靠拢。为了避免施泰因梅茨再次犯错，毛奇将其第八军调配给第二军团，并命令施泰因梅茨统领麾下仅剩的一个军，驻守在格拉沃洛特附近，普军的其余军队则驻扎在他的北面。当然，未来的战事还是相当艰苦的，此时的巴赞背后还有强大的要塞，同时也据有一个强固的防御位置，尽管如此，毛奇还是悄悄展开了决定性的合围攻势。办法有两个，其一是在梅斯外围将巴赞合围起来，把巴赞逼入丛林挨饿，其二是向北驱赶巴赞，将其赶至卢森堡。依据战争法，若将巴赞驱赶到卢森堡，法军是必须放下武器的。[3]此时，巴赞的考量相较则肤浅很多。这位元帅一直思考到夜里十点钟，最终和自己的总参谋长路易·雅拉斯一起从格拉沃洛特的驿站发布了一连串令人沮丧的命令：

> 鉴于步兵和炮兵方面的巨大弹药消耗，我们将撤往普
> 拉珀维尔（Plappeville）高地，寻求一处新的作战位置。明 165
> 天，也就是8月17日凌晨四点开始撤退。

据约瑟夫·安德洛上校回忆，法军将士接到上述的命令时都“傻了”：“波尔尼战役的时候，巴赞曾命令军队不得放开手脚进攻，尽早脱离战斗，以便尽快撤往凡尔登……现在，今晚，法军经历了一场大战并取得胜局……用两万将士的鲜血确保了凡尔登大道，但是，我们却要撤退！还是撤往梅斯！”夏尔·费伊少校，巴赞的另一名参谋军官，与安德洛一样失望，他指出，法军“在经历了马斯拉图尔战役之后，应当尽速撤往凡尔登，因为普军的第一批援军直到第二天下午三点才出现”[4]。即便接受巴赞的看法，认为凡尔登大道太过危险，但西北方向前往色当的道路却是敞开的。马里-爱德华·奥尔邦上校（Colonel Marie-Edouard d'Ornant），原为尼埃尔元帅的高级副官，现在是勒伯夫的副官，不免于8月17日，对巴赞的此番消极行径说出一番议论：若是紧接着马斯拉图尔战役，“我们再打上一场战役，天知道结果会是什么。”据奥尔邦记述，此时的普军显然已经过度分散，莱茵军团则弹药和食物都很充足，完全可以向凡尔登且战且退：“很显然，此等情形之下，催动大军向前比撤往梅斯更容易。”[5]布尔巴基将军甚至咆哮着说道：“8月16日的整个白天和夜晚，凡尔登大道都是敞开的，巴赞完全可以借由这条大道同麦克马洪会合，只要他愿意。”布尔巴基给“只要他愿意”这几个字做了特别标注，很显然，此时的布尔巴基已然怀疑巴赞的计划是要不惜一切代价，摆脱皇帝和皇后的干涉。[6]

巴赞当然有自己的理由：在这么晚的时刻赶往凡尔登，他必须丢掉大部分给养和物资，侧翼也会暴露给普军，这都是相当危险的事情。此外，倘若在开阔地带被普军钉住，那将毫无疑问会遭遇悲惨的命运。确切地说，此时法军的给养和弹药根本不足以维持太长时间，脱离梅斯要塞之后，身后也将失去屏障。应该说，巴赞有可能是在综合考量这些因素之后，做出了他认为最为稳妥的决定，那就是撤往普拉珀维尔，这是梅斯的一处外围阵地。[7] 8 月 17 日，巴赞给皇帝的函件也证实了布尔巴基的说法，即巴赞打算待在梅斯："我会于两天内继续向凡尔登进发，如果有可能的话，我不会耽搁时间，除非有新的战事发生
166 令此安排受挫。"[8] 此时的普军已经重兵集结在巴赞周围，巴赞当然很清楚，自己根本没有"两天"的时间去规制眼前的事情。他这种令人莫可名状的畏缩态度更加削减了莱茵军团的士气，令阴谋论在军中传播，比如说，将士们议论纷纷，认为军中贵族派军官正在与普军保守派势力和巴黎方面的共和势力密谋，要将他们带回他们刚刚脱离的战场，而他们正是在付出 17000 人的伤亡之后才脱离那个战场，这显然是要将士兵们置于死地。

次日，巴赞发布命令，在格拉沃洛特点燃巨大的篝火，这令偏执者的阴谋论得到证实。此时，普军正从摩泽尔河的各处桥梁蜂拥而来，巴赞在前一天，也就是 8 月 16 日，尚且催动给养和伤员沿着凡尔登大道推进，但在这样一个关口上，他又将军队撤回。大部分伤兵则直接滞留在救护所，等于直接送给普军。给养和物资则送进格拉沃洛特的广场上，堆积起来，直接烧掉。行军和作战所需的最低限度给养便都就此付之一炬，包括成箱成箱的白酒、一袋又一袋的咖啡，还有牛肉块、面包、

上衣、裤子、鞋子、毛毯和帐篷等。鉴于巴赞此前已经选定梅斯作为庇护所，以此来保存部分给养。因此，这把火也就令人感到不可思议的沮丧，特别是饱受战争之苦的近卫军士兵，在回撤梅斯之际，他们都极为阴沉地背着 70 磅重的背包路过火堆。[9]

到了下午晚些时候，大军完成了重新调配。巴赞选择的是“阿芒维莱尔阵地”，这是格拉沃洛特北面一处六英里长的山脊，扼守着从西面通往梅斯的要道。此时，两军阵地发生了“错位”：普军背对着法国，法军则背对着德国。此等情势之下，巴赞可以在自己和普军之间设置一个很难对付的障碍。若是远观，这样一处障碍，或者说这样的阵地是相当强固的，不过，细察之下，这个位置也有弱点。法军的左翼伸展到山地和峡谷地带，地形以极为陡峭的态势向下沉降到摩泽尔河，这对法军左翼形成了很好的防护，但右翼的圣普里瓦则没有任何防护。康罗贝尔元帅的第六军在此镇守一处高地村落，或者说是一处位于“空中”的村落，没有任何自然屏障可用于阻挡来自右方的进攻，如此一来，普军就可以畅通无阻地在右翼展开攻势。巴赞并没有将额外的火炮调派此地以弥补这个弱点，甚至都没有警告驻守此地的军指挥官，普军很可能会从这里打开缺口。实际上，梅斯大教堂以及圣康坦要塞（Fort St. Quentin）的法军岗哨已经将这个情况报告给巴赞，此外，当地的数百农民在毛奇及其劫掠成性的军需官们抵达之前便已火速逃离此地。正如 1866 年克尼格雷茨战役进入白热化阶段前夕的贝内德克那样，此时的巴赞也正是在这么一个关键时刻抛弃了自己的军队，把自己关在普拉珀维尔的要塞里面，如同一名军官说的那样的，沉浸在“彻头彻尾的阿拉伯宿命主义”之中。[10]

此时的沙隆大营，同样上演着令人哀婉的一幕，拿破仑
167 三世率领的已经疲惫不堪的随从，终于抵达沙隆，同刚刚从阿尔萨斯抵达的麦克马洪元帅及第十二军指挥官、脾气暴躁的路易·特罗胥会商战局。这也是法军目前能够赶来参会的仅有的高级将领，其余的高级将领都被围困在梅斯附近。8 月 17 日一大早，拿破仑三世便召集了一次作战会议，商讨眼前的军事形势。热罗姆－拿破仑亲王——路易－拿破仑那野心勃勃的表弟，直截了当地指出皇帝的处境，以此开启了此次会议。

> 此前，皇帝已经完全放弃了政权，转而执掌军队；现在，皇帝又将军队指挥权交给巴赞。现在的皇帝，在沙隆大营里形单影只，身边根本就没有军队。这意味着，皇帝已经没有了政权，也没有了军权。这实际上等于逊位，倘若皇帝不想沦落至真正的逊位境地，必须重新控制政权或者军权，二者必选一个。

对此，皇帝在疲惫中表示赞同，并申述说，他现在这种情况，已经没有能力再去统率军队，最好还是“以坚定的手腕重掌政府”。时年已经四十八岁的热罗姆亲王，对自己这位已然疲软不堪的表兄拥有更大的影响力，他遂坚持认为，拿破仑三世此次回归巴黎，应当“以一个军团将领作为先导，这个将领必须先行前往巴黎，做好政治和军事上的双重准备，迎接皇帝回归”。特罗胥同意担当这一不讨好的工作。随后事态的发展令人吃惊，此事实际上为路易·特罗胥的反动政府——也就是后来

共和派史学家们所说的“护国政府”（Government of National Defense）——埋下了种子。特罗胥开出的唯一条件是，麦克马洪麾下如今已经很小的兵力不得转进前往梅斯，若去了梅斯，很可能会就此迷失，因此应当前往巴黎，担当护城的，若置身巴黎，麦克马洪的军队是可以压制普军的进攻，并将战事拖延下去，以此来寻找解决这场战争的机会。对此，拿破仑三世和麦克马洪也都同意，并最终达成一致：巴黎才是麦克马洪麾下军队的“正当归宿”。皇帝和皇后再次产生分歧。巴黎方面，欧仁妮·德·蒙蒂若及战争大臣皮埃尔·德让（General Pierre Dejean）此前早已经决定，麦克马洪的军队只是在沙隆暂时停留以便“重新集结”，而后便火速前往解救巴赞。实际上，8 月 16 日中午，麦克马洪就已经接到巴黎方面传来的此番指令。[11] 8 月 17 日，皇后得到丈夫召集作战会议的消息，遂驳回此次会议的决议，并给“沙隆军团”指定了完全不同的行动路线。当晚，德让将军便将相应的作战指令发送给此时已然颤颤巍巍的皇帝：

> 皇后已经让我看了陛下发来的函件，陛下在函件中宣称，沙隆大军将要退守巴黎。我在此恳请陛下收回成命，因为在公众眼里，这样的计划看来就像是要就此放弃莱茵大军了，因为莱茵军团显然是已经无力回归凡尔登。三天内，沙隆大军将会达到 85000 人的规模，杜艾的军加入之
> 后，这支大军将再扩容 18000 人。此时的普军已经被多次 168
> 战役折磨得疲惫不堪，此等情形之下，完全可以催动我们的沙隆大军，对普军实施强力牵制。我的意见与皇后是一样的。[12]

拿破仑三世软弱无力地认可了巴黎方面的指令。格拉沃洛特战役的前夜，理查德·梅特涅亲王向维也纳发出函件，记述了此时的皇帝已经“极为消沉……皇太子更是极度紧张且已染病，皇后已然惊恐万状”[13]。

正当拿破仑三世和皇后欧仁妮·德·蒙蒂若酝酿大计，准备对普军实施一次强力牵制行动，借此解救巴赞的时候，俾斯麦正于 8 月 17 日的晚些时候巡视马斯拉图尔战场。拿破仑三世和皇后的所谓“牵制”行动最终将会如同滚雪球一样，膨胀成灾难性的色当战役。此时的俾斯麦当然很高兴这场战争的节奏控制权一直都掌握在普军手里，不过，这位帝国宰相也对卡梅克、基希巴赫以及阿尔文斯莱本这类将领鲁莽且有勇无谋的作战风格，暗自感到惊惧。在勒宗维尔时，俾斯麦颇具戏剧性地同巴赞遗留下来的数百名伤兵中的一个，进行了一番交谈。这个法国伤兵对普鲁士军队敬慕有加，并向俾斯麦表达了这种心情。俾斯麦则回答说，普军本应当做得更好，而且“若是也装备‘夏塞波’的话，只需十五天就能赢得这场战争”。这位帝国宰相兀自思量了几分钟，而后又补充说：“不过，若你们拥有我们这样的将领，这场战争想必也会很快便结束，当然，结果相反。”[14]这场对话是颇能说明问题的。当时的俾斯麦显然是在严肃地思量普鲁士军事体系中的一系列缺陷，这些缺陷只能是依靠岁月打磨，方能平复下去，比如说，军官团的年轻化、军事技术的完善等。本质而言，在 1870 年的普鲁士军中，有两大类型的军官，很多军官则融合了两种类型的部分品性，由此处于某种程度的中间位置上。一种类型的军官认为，战争中诸如“意志”“勇气”和“本能”等“道德”因素是不可战胜的。（不妨回想一下施泰因梅茨或者“死亡冲锋”前夕布雷多说的“该走的总是要走”。）另外一种类型的军官则更推崇科学、战法以及革新等，希望以最小的代价和伤亡去赢得战争。实际上，后一种类型也正是毛奇和俾斯麦的观念，用毛奇的一句格训来说就是：“伟大的胜利当然需要不惧危险。但是，冒险之前必须缜密思考。”两种军官之间的持续冲撞和张力，令普军参谋部在这场战争中承受了不小的额外压力。

不过话又说回来，尽管阿尔文斯莱本于 8 月 16 日招致惨重的伤亡，但这个将领最终还是成功地拖住巴赞，并迫使巴赞退往梅斯。这对毛奇来说，当然是相当有利的结果。现在，毛奇就有足够的时间将麾下三支大军中的两支推进到梅斯和凡尔登之间的地带，如此一来，便可以切断巴赞同法国其余地区的联 169
系。为了确保巴赞不会突发奇想，向默兹河转进，弗里德里希·卡尔亲王下令于 8 月 17 日黎明之前实施又一场夜间行军。卡尔的军团遂向北转进，趁夜进抵梅斯－凡尔登大道，而后便向各个方向派出骑兵侦察队，力图坐实法军的位置和动向。[15] 此时的格拉沃洛特西面还有法军的身影，不过全部都是落单或者逃跑的士兵。这一下，毛奇心里的一块大石头总算是落地了。很显然，莱茵军团已经全军退往巴赞在阿芒维莱尔山脊选定的新位置。

## 格拉沃洛特战役，1870 年 8 月 18 日

巴赞退往普拉珀维尔，毛奇则驱动大军实施转进，正面针对巴赞的新位置，由此便引发了这场战争中的第一次阵地战。此前的所有战斗都是“遭遇战”，都是因为偶然的遭遇或者将领的鲁莽引发的。此次战役则有预先规划，而且双方都经过缜

密的盘算和计划。毛奇将第一和第二军团的二十万大军和730门火炮从维永维尔和马斯拉图尔开始向北呈扇形排开，巴赞则将麾下的十六万大军和520门火炮布置在格拉沃洛特和圣普里瓦之间隆起的山坡沿线阵地上。

法军战线的南端是弗罗萨尔的第二军，该军驻守在格拉沃洛特上方的一个村落，勒伯夫元帅的第三军据守“莫斯科”和“莱比锡”这两个村庄两侧的田地，对法国人来说，这两个村庄的名字实在不怎么好听，第三军就在田地里挖掘壕沟，隐藏在壕沟里面，对巴赞阵地脚下的施泰因梅茨军团可能发起的进攻实施阻击。拉德米罗的第四军则部署在勒伯夫的右侧，那是阿芒维莱尔附近一处翻滚着麦浪的开阔地。拉德米罗的右侧是康罗贝尔元帅的第六军，也是莱茵大军中力量最弱的军，然而，却令人费解地受命镇守最为脆弱的位置，也就是圣普里瓦的山顶区域。康罗贝尔军距离巴赞设在普拉珀维尔的指挥部相当远，有四英里之遥，巴赞本人统领布尔巴基的近卫军作为预备队，驻守指挥部，这就令康罗贝尔军的这个软弱环节更加放大。倘若康罗贝尔遭到威胁或者包抄，巴赞的预备队需要数小时的时间方能赶到。[16]

8月18日一大早，弗里德里希·卡尔亲王下令进攻，普军即刻在勒宗维尔和马斯拉图尔之间的田野和农田里集结起来，形成攻击纵队，朝着法军阵地推进。对此时的很多部队来说，这样一个进攻过程是相当恐怖的，因为攻击纵队要穿越的田野堆满了马斯拉图尔战役留下的尸体，都没有埋葬。弗里德里希·弗洛伊登塔尔（Friedrich Freudenthal），普军的一名炮兵指挥官，跟随第九军一起展开进攻，当时的情形令他终生难忘，他回忆说：“那情景的确可怕；我们不得不催逼战马在尸堆里面穿行，头盖骨在车轮下面碎裂开来，不断地有胳膊和腿卷进车轮里面，那碎裂和折断的声音，我永远都忘不了。我们的马匹很快便陷入狂乱和惊惧之中，遂试图寻找其他可以绕过尸堆的道路，此等情形之下，根本不可能保持队列稳定的。”[17]第二军
团以黑森第九军为军团主力的右翼，开始逼近格拉沃洛特，并 170
在这个过程中向施泰因梅茨麾下的第七军靠拢，施泰因梅茨的第七军已经同弗罗萨尔的军间歇性地缠斗了一个晚上。这两个军的左边是普鲁士近卫军、已经遭遇重创的第三军和作为预备队的第十军，形成普军攻势的中央战阵，萨克森第十二军则部署在左翼。

卡尔亲王判断巴赞此时已经前往梅斯，要不就是已向北转进。于是，一开始他就认定在阿芒维莱尔附近出现的军队和火炮不过是法军的后卫部队罢了。因此，他便以一个狭窄的正面催动军队向前推进，对着山脊阵地实施正面进攻。上午十点半，毛奇抵达现场，研究了法军的营帐和灶火之后，毛奇确认卡尔亲王判断失误，遂果断地予以纠正，令第二军团的正面更为分散，同时命令第十二军向龙库尔（Roncourt）和圣普里瓦推进。[18]尽管萨克森军的进攻之路相当艰难，且承担了这场战役中的决定性攻击，进而切断巴赞的右翼，据此对莱茵军团实施合围。

此时的阿尔弗雷德·冯·瓦尔德泽少校也在现场，他将于十八年后继任毛奇的总参谋长之职。据瓦尔德泽回忆，直接对巴赞的强固阵地发起攻击，此举是否明智，这个问题在普军指挥部中并无一致的看法。一些将领支持卡尔亲王发起正面的突然攻击，另外一些将领则主张徐图缓进，等到法军右翼的位置确定下来之后，缓缓展开兵力对之实施包抄。美国将军菲尔·谢里登

(General Phil Sheridan) 8 月 18 日正在普军指挥部，他当时是以格兰特总统（President Ulysses S. Grant）观察员的身份进驻普军指挥部的，据他回忆说，当时的普军指挥部涌动着不安的情绪："想要迫近法军阵地，必须经过一片缓冲区域，这个缓冲区是天然形成的开放斜堤，法军的火力完全可以密集地覆盖并横扫这片区域。"[19]此时，马斯拉图尔战役留下来的成堆尸体都还没有埋葬，空气中散发着浓烈的恶臭。谢里登记述了国王卫士们边呕吐，边将尸体捆扎起来，在最后时刻将之推下谢里登所在的山顶。此等恶臭环境下，看来是没有人特别急于重新发起进攻的。此时的毛奇待在弗拉维尼的临时指挥所里，研究卡尔亲王的动向。战争部长阿尔布雷希特·冯·罗恩则告诉国王，暂时不要发起进攻："我们的目标已经达成，法军的退路已被切断。现在倒没有必要急着将法军赶出阵地，否则将会造成毫无必要的伤亡。"[20]罗恩将军是对的，随后的事态也证明了这一点。然而，格拉沃洛特战役此时已经打响了。

这场战役是在格拉沃洛特和韦尔内维尔（Verneville）之间的地带打响的，正是在这片区域，阿尔布雷希特·冯·曼施泰因（Albrecht von Manstein）的第九军率先开火，于中午时分，对拉德米罗和勒伯夫两个军实施密集轰击。此时的曼施坦因将军还因斯皮克伦战役中失去自己的一个儿子而悲痛不已，这也是曼施坦因在这场战争中第一次有机会以复仇的态势痛击法军。
172 曼施泰因并没有等待上级的命令，也不清楚对面法军的兵力究竟如何，便命令预备炮队向前推进，同时也准备好了催动第十八步兵师展开进攻。此时，普军的一名军官在引领一支炮队向前挺进的时候，经过第十八步兵师，他还记得这个师在韦尔内维尔周围的马铃薯地里集结并排布兵力，士兵们都低着头，接受随军牧师的最后赐福。就在曼施泰因的步兵部队备战的时候，第九军也已组建起54门火炮的炮群，炮群遂即向前推进，对法军阿芒维莱尔周围的中央战阵以及蒙蒂涅农庄（Montigny la Grange）的法军炮群实施火力覆盖。实际上，曾经有那么一段时间，法军压制住普军火炮。曼施泰因的炮队错误地撞入法军的强固阵地，法军的交叉火力即刻便将曼施泰因的炮队歼灭。弗里德里希·弗洛伊登塔尔中尉眼睁睁地看着五人组的炮兵就地瓦解，一人被射穿喉咙，一人被子弹当胸穿过，一人死于炮击。在重组炮队的时候，一颗炮弹击中前车爆炸，当场便炸死三匹马，将第四个炮手抛在弗洛伊登塔尔脚下的地上，就那么躺在地上嚎叫，试图将流出来的内脏压回去。片刻之间，最后一名炮手也倒在地上，腹股沟中弹，在地上爬行大约20码之后便死去了。弗洛伊登塔尔在绝望中发出增援信号，却发现汉诺威后援部队已然在万分惊恐之下，“像黄油一般消散不见了”。[21]

听闻曼施泰因方面的炮声，施泰因梅茨即刻命令迪特里希·冯·察斯特罗的第七军和奥古斯特·冯·格本的第八军前往助战。此时，曼施泰因的攻势已然有些动摇。施泰因梅茨此举是公开违抗毛奇于前一天下达的指令，前一天，毛奇特别指令第八军转归第二军团指挥。不过，这也特别贴合施泰因梅茨的暴烈脾性。于是，这个强行拼凑起来的第一军团开始向前推进，步兵部队已经攻入弗罗萨尔位于“黎明”村的工事体系和勒伯夫在“莫斯科”（法语拼写是Moscou）的阵地。与此同时，150门克虏伯火炮一起开火，这个炮群是依照普军新的战法，临时抽调来的，对法军的战壕实施覆盖炮击，将战场上的农家建筑也一一轰倒，以此缓解步兵纵队的压力。

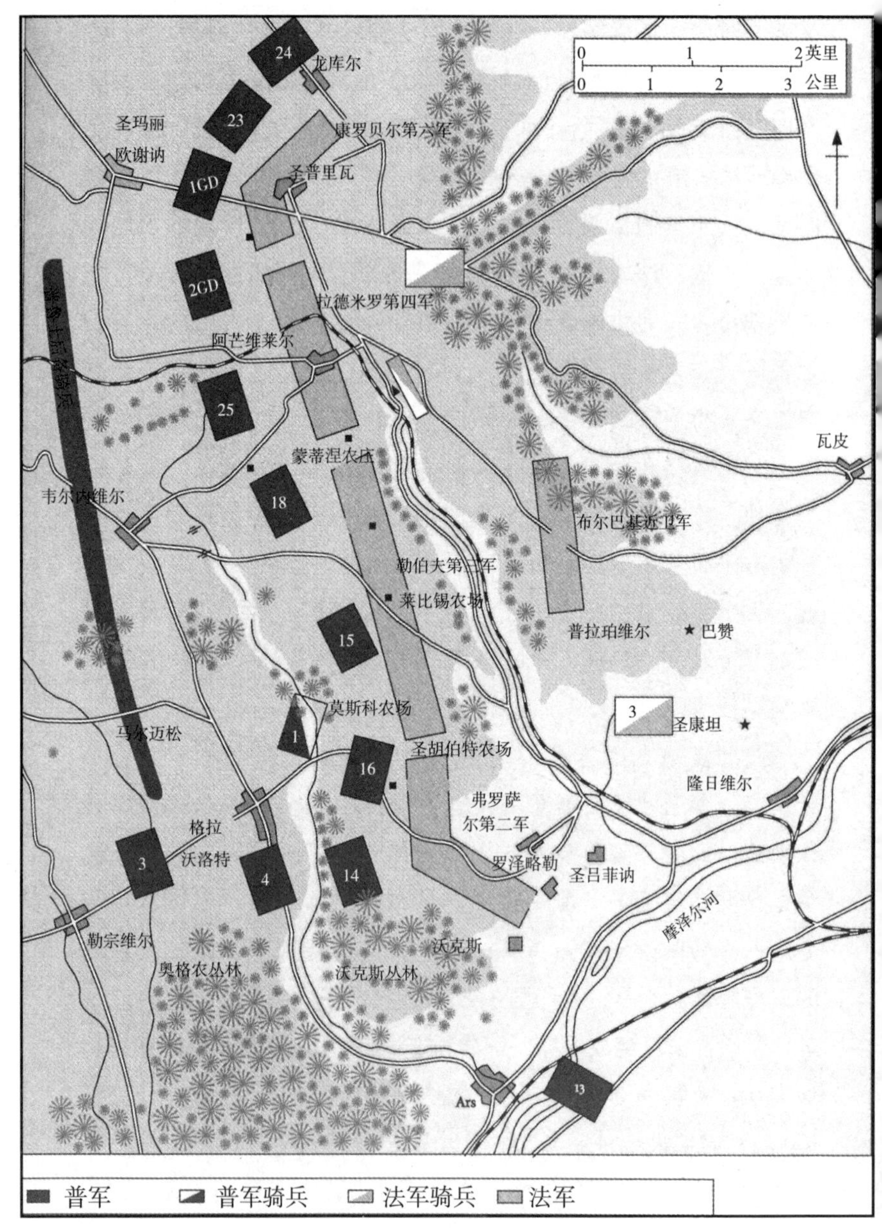
0 1 2 英里
0 1 2 3 公里
24
龙库尔
23
圣玛丽
欧谢讷
1GD
康罗贝尔第六军
圣普里瓦
2GD
拉德米罗第四军
阿芒维莱尔
25
蒙蒂涅农庄
瓦皮
18
韦尔内维尔
布尔巴基近卫军
勒伯夫第三军
莱比锡农场
15
普拉珀维尔
巴赞
莫斯科农场
3
圣康坦
1
马尔迈松
圣胡伯特农场
16
隆日维尔
弗罗萨
尔第二军
格拉
沃洛特
3
4
14
罗泽略勒
圣吕菲讷
勒宗维尔
摩泽尔河
沃克斯
奥格农丛林
沃克斯丛林
13
Ars
普军
普军骑兵
法军骑兵
法军

地图 8　格拉沃洛特战役

格拉沃洛特将成为七旬老将卡尔·冯·施泰因梅茨最后的告别演出。战役开初的几个小时，毛奇就在格拉沃洛特后面的山坡上，时而坐在背包堆上，时而又“来回走动，踢着脚下的土块和小石子，步伐有些沉重，眉头紧锁，一直在思忖什么”，眼前的场景让这位普军参谋总长目瞪口呆。[22] 毛奇的确不能原谅施泰因梅茨沿着芒斯峡谷（Mance ravine）发起的这场有勇无谋的自杀式进攻。这是普军计划好的一场合围战，这样的战法，最基本的要求便是等待侧翼攻势展开的时刻，以强大攻势对敌军的强固正面实施攻击，以此来钉死敌军的正面。然而，此时的萨克森军团尚需几个小时方能抵达圣普里瓦下方的战场，已经在法军战线前面埋伏的施泰因梅茨再一次提前发起进攻，这等于他再次将麾下的将士送入法军的虎口，在一场毫无胜机的局部攻势中，白白消耗兵力。毛奇给施泰因梅茨的战前指令是
在原地等待总攻命令，但施泰因梅茨在下午刚过三点，便将毛 173
奇的指令抛诸脑后，催动第七军、第八军的精锐以及第一骑兵师沿着一条狭窄道路向上推进，这条道路向东蜿蜒而去，从格拉沃洛特通往梅斯。这是一条石子路，深深扎入芒斯峡谷，并且正好需穿越弗罗萨尔位于“黎明”和“莫斯科”防御阵地的核心区域。就这样，普军的 7 个步兵团在这条道路上被自己的骑兵部队和炮兵部队阻滞，一下子便落入法军 140 门火炮和多个“夏塞波”步兵师组成的火力网中。在蒙蒂尼机枪和“营级火力”汇集的火力网面前，这片战场上的普军是根本没有机会获胜的。很快，普军便在低缓的坡地上停止进攻，并撤回格拉沃洛特。此时的威廉一世不顾毛奇的警告，策马向前，第一时间查看这一溃败的详情。毛奇和谢里登陪护在国王身边，谢里登回忆说，已经七十三岁的老国王“用德语痛斥败逃下来的士

兵，此等暴怒令我禁不住想起‘我童年时代在俄亥俄州经常听到的荷兰人的诅咒’”[23]。在格拉沃洛特之外的普军指挥部，烦恼的国王遇到了施泰因梅茨，于是便有了下面的著名对话。“你的人为什么不向前推进?”国王厉声问道。施泰因梅茨回答说，“已经没有军官了，军官要么阵亡，要么受伤了。”正在奔逃的士兵令老国王怒不可遏，遂伸手抓住正从身边经过的士兵，命令他们重归部队。“都是懦夫。”老国王低声呵斥着，不过倒也没有特别针对谁。这激怒了毛奇，这位总参谋长高声回应说：“但士兵们正像英雄一样，为陛下您献出了生命啊!”国王冷冷地看了一眼毛奇，脱口而出：“我才是判官。”这更令毛奇怒火中烧，遂策马而去，将老国王独自留在芒斯峡谷附近。[24]

这的确是巴赞的好机会，他完全可以利用这个机会发动反攻，将普军第一军团撕碎。战线的另一端，普鲁士近卫军刚刚抵达阿芒维莱尔下方，此时基本上无事可做，士兵们只能斜靠在步枪上面，等待萨克森第十二军抵达他们的左侧。就在普鲁士近卫军卸去火炮前车并选取位置，将炮口对准对面的拉德米罗时，萨克森军也正在快速穿越普鲁士近卫军身后的丛林和野地，最终于下午三点半在圣玛丽欧谢讷（St. Marie-les-Chênes）攻入法军的外围阵地。很快，萨克森军和普鲁士近卫军便集结起总计 180 门火炮的“临时炮阵”，并步步为营地向前推进，对拉德米罗和康罗贝尔渐渐削弱的各个师发起轰击。

普军第二轮炮阵轰击产生的效果是极为可怕的。圣普里瓦下方的战场完全暴露在外，萨克森军很明智地在此处战场上留出一片宽阔区域，侧翼则继续向北，向龙库尔伸展。如此一来，萨克森军便可以改变自己的正面，对康罗贝尔的侧翼和后背实施攻击。很快，阿芒维莱尔和圣普利瓦便在普军的弹雨中化为

齑粉。此战过后，拉德米罗便引领法军改革了那种静态的、防御性质的战术。他发现士兵们在战斗白热化阶段，总是“无精 174
打采，毫无斗志”。很显然，法军士兵在心理上已经崩溃，就是因为“普军火炮的持续威胁……那样的弹雨在空中嘶鸣着，把人的神经都撕碎了”。[25]康罗贝尔的第一旅，是皮克中尉的老部队，这个旅在圣普里瓦下方的圣玛丽欧谢讷坚持了一段时间，不过很快就顶不住普军火炮和步兵纵队的攻势。皮克身后的名声很大，因为正是他建立了这样的战争理论：军队的“勇敢行动”，终将战胜冰冷枪炮的“毁灭行动”，也正是此等愚蠢的观念促成了1914年战场上法军的巨大伤亡，皮克若是读过自己的同僚约瑟夫·万桑东中尉（Colonel Joseph Vincendon）的战记，想必能从中吸取教训：“普军散兵线每次在我军重火力之下撤退的时候，我们的士兵都是高喊着‘上刺刀’，并试图展开反攻。实际上，我看到已经有四个士兵越过石垒，向普军发起冲锋，可惜，他们即刻便被普军射倒。”[26]各处战场上，所谓的“勇敢行动”如果面对普军六磅火炮的“毁灭行动”，实际上毫无价值可言。普军的270门火炮对圣普里瓦、阿芒维莱尔以及中间的农田区域实施了全覆盖式的轰击，轰击持续了整个下午和晚上，普军的大约两万枚炮弹倾泻在法军阵地上。在这场战役中，普军发射的炮弹数量乃三倍于法军。[27]法军全员遭到屠杀，战壕坍塌，建筑物着火，屋顶在惊恐万状的守军头顶塌陷下来。

埃内斯特·普拉迪耶将军（General Ernest Pradier），拉德米罗麾下的一名旅长，对普军“炮阵”的威力既惊叹又哀叹。下午，普军的32门火炮便将普拉迪耶的旅死死咬住，如同咬住猎物的鳄鱼一样，晃动着，撕扯着，直到夜幕降临：“他们不间断地开炮，想把我们闷死在弹雨里面。”[28]拉德米罗的另一个军官更是愤愤然，认为格拉沃洛特战役根本就不是一场公平决斗："我们的步兵完全优于对方，但这无济于事，从头至尾，我们都是普军炮阵的口中餐。”[29]这一天快结束的时候，普军炮阵将威力发挥到极致，法军的火炮和机枪，只要一露面，便即刻被普军的炮弹摧毁，即使在土围工事后面隐藏完好的炮群也难逃厄运。法军当然拥有优越的作战位置，在德军的战记材料中，通常都会谈论说，战场上根本看不到法军身影，顶多也只是看到法军的平顶帽而已，尽管如此，法军还是伤亡了数千人之多，显然都是葬身在普军的火炮之下。算起来，在这场战役当中，法军的七成伤亡都是拜德军火炮所赐。（德军方面的数据正好相反，他们的七成伤亡都是拜法军步兵的“夏塞波”所赐。）[30]正如马斯拉图尔战场上的情况一样，“卧
175 倒”是不会有太大作用的。此战过后，法军的两名医生注意到，六成的伤亡士兵都是在卧倒之后，被普军的火炮击中背部和脖颈部位。这些医生不免得出结论说，“在普军火炮的射程之内卧倒，还不如直接向那些火炮发起攻击来得安全。”这倒也真是印证了阿尔当·杜·皮克的“勇敢行动”哲学。[31]

到了下午晚些时候，一度对法军十分有利的这场格拉沃洛特战役，开始偏向普军。巴赞忽略了康罗贝尔的增援请求，并拒绝给前线部队补充弹药，此等形势之下，法军的右翼面对敌军的合围攻势，已经没有抵抗能力。[32]山坡下普鲁士近卫军将康罗贝尔牢牢地钉死在原地，尽管康罗贝尔仍然在为争夺圣玛丽欧谢讷而血战。这是一处位于阿芒维莱尔高地下面的村落，但对于萨克森侧翼向奥埃纳河谷以及自己右翼的龙库尔的攻势，
176 康罗贝尔则只能是无助的看客。一旦萨克森军来到他的后面，

图7　普军步兵准备进攻圣普里瓦

这个军团完全可以协同骑兵部队横扫圣普里瓦，并且还可以自北向南，对整个的法军阵地形成漫卷之势。如此一来，虽然击溃了施泰因梅茨，但到了下午晚些时候，勒伯夫和弗罗萨尔也极有可能遭到合围并最终被歼灭。若真是这样，巴赞也就只能孤零零地困守普拉珀维尔要塞。

这也正是毛奇制订的进攻计划。不过，克劳塞维茨所说的“战争的迷雾和乱象”，再一次令毛奇的计划受挫。此时的奥古斯特·冯·维滕贝格将军（General August von Württemberg）可能是因为法军火炮沉寂下来而产生误判（法军火炮都已经被克虏伯火炮摧毁或者就此隐匿起来），也可能纯粹是为了抢在萨克森人前面采摘胜利花环，遂将整个近卫军排布成攻击纵队，于下午五点催动部队沿着陡峭的坡地对圣普里瓦实施仰攻。此等情形，令康罗贝尔元帅的受困军队简直不敢相信会有这等好运。

为了尽快穿越法军的“夏塞波”火力区，普军军官们竟然愚蠢地将士兵们集结成连级纵队阵形，而不是松散的散兵线。这当然会令攻击纵队成为法军的活靶子，法军纷纷从圣普里瓦阵地的硝烟和瓦砾中冒出来，站着、跪着或趴着，以立体层级体系让手中的“夏塞波”发威。保罗·冯·兴登堡，也就是第一次世界大战时的德军统帅及魏玛共和国的总统，此时正随同自己的营长策马向前，勘察法军阵地。眼前的情形令兴登堡大吃一惊，他根本不敢相信法军的火力竟有如此密度，其火力网“如同龙卷风一般”席卷而来。法军采取漫射战术，此等战术之下，法军军官将“营级火力”以梯次形式排开，由此形成火力集群。此时，普军方面的指挥体系已然失效，因为雷鸣般的火力网已经湮没了鼓声和传令兵的声音。

普军沿着山坡继续向上仰攻，阿尔弗雷德·冯·埃贝斯泰因上尉（Captain Alfred von Eberstein）引领第三近卫步兵团的一个连队，反复尝试攻入圣普里瓦。但这显然是不可能的，法军的“营级火力”逼迫普军的攻击纵队集结成一团，数千士兵绝望地拥挤在狭窄地带，法军的火炮和“夏塞波”总算找到合适的目标，可以尽情开火。与此同时，龙库尔方面的萨克森还发生了误判，竟然将火力向圣普里瓦下方的普军倾泻。埃贝斯泰因腿部中弹，一瘸一拐地奔向自己的营长，而营长的手臂也已中弹。就在埃贝斯泰因使用止血带包扎的时候，一枚炮弹正好击中二人，少校当场被撕为两半，埃贝斯泰因再次受伤。至此，已有 8000 多名普军卫队官兵倒地身亡或负伤。数百士兵意欲丢弃阵地，他们在极度恐慌中试图后撤，躲避法军火力，但遭到埃贝斯泰因这等顽强军官的阻拦。埃贝斯泰因摇摇晃晃，重新站立起来，大叫着说，“有谁后退，我就开枪打死谁！”埃贝斯泰因同时也看到另一名军官手持军刀，一路追赶一个试图脱离战场的军士长。[33]

普鲁士近卫军的右侧是普军第二十五师，这个师主要由1866 年合并过来的黑森人组建，该师也试图杀出一条血路，攻 177
入阿芒维莱尔附近拉德米罗的阵地，但取得的成效更为可怜。这一天，黑森师的每门火炮，发弹量都在一百发以上，但对拉德米罗军的威慑并不如以往那么大，毕竟，拉德米罗军都有战壕掩护，不是卧倒在胸墙后面，就是躲在农家的石头建筑里面。失去有效的压制性炮火，德军步兵只有穿越 1800 码的坡地，才能进抵法军阵地，这 1800 码的距离，大部分都是开阔坡地。很显然，这是不可能完成的任务。一名普鲁士近卫军的军官此时正在黑森师的侧翼指挥作战，他记述了当时法军的“夏塞波”火力是如何将自己的整个营摧毁的。幸存下来的德军士兵则尽可能地快速射击，试图压制住“泰山压顶般的法军火力”。在弹药消耗殆尽之后，德军士兵便开始在伤亡士兵里面搜寻弹夹，此时，法军的轻骑兵部队发起反攻，将德军赶下高地，令其仓皇奔逃，撤回自己的阵地。[34]汉诺威军的一名上尉军官透过望远镜观看了这一场景，不禁哀叹这场“巨大的伤亡”。此次战斗，黑森师在阿芒维莱尔展开的攻势在法军的防御火力面前惨遭挫败。与此同时，普军向圣普里瓦实施的每一次进攻，都只是留下成队成队的伤亡。[35]德军军官纷纷中弹跌落战马，连级纵队被撕成碎片，各排各班等战斗单位纷纷被驱赶到村庄下方600 码的草丛里面。也就半个小时，仅仅维滕贝格将军一个军折损的人数，差不多等于整个普军在十年前克尼格雷茨战役中折损的总人数。兴登堡回忆了自己当时对眼前的情形是何等震惊，即便如此，兴登堡仍然很惊讶，法军并没有反攻，否则的话，这个“遭到重创且千疮百孔”的近卫军早就被彻底歼灭了。[36]战后，法军一名新兵写下的信笺中，也许对法军的此番消极态势给出了解释：

> 为什么我们的军官不带领我们反攻呢？为什么在这么一个关键时刻，他竟然将指挥权交给已经受伤的少尉，让我们成了无头苍蝇呢？为什么我们的参谋军官都蜷缩在战线后面，足足有一个小时的时间，只是在战斗结束之后，才如同惊弓之鸟一样，从上面下到我们连队，对英勇作战的士兵们又是训斥，又是批评。这些绅士实在是荒唐可笑。[37]

法军军官的平均年龄比普军军官大很多，倘若说他们畏惧炮火，那么法军的参谋军官也未能履行协调并鼓励作战的职责，这就很容易理解为什么法军步兵军团会采用此等消极怠惰的防御战法了。既然没有遭遇法军的反攻，萨克森第十二军便在普军最后一批散兵从圣普里瓦撤下来的时候，即刻排开部队，发动进攻。在 14 门火炮的掩护下，萨克森军于下午七点从龙库尔
178 方面发起侧翼攻势，轻松拿下正面战线已经被牢牢钉死的康罗贝尔军。就在几分钟之前，康罗贝尔还在考虑是不是要反攻普军的近卫军。在龙库尔方向上，法军突然溃败，令康罗贝尔惊慌失措，也就几分钟的时间，康罗贝尔便开始撤退，原因很简单，他麾下的士兵已经惊恐万状，纷纷溃退，康罗贝尔也裹挟其中，一同撤退。战后在对法军右翼的这场溃败进行分析之后，人们发现，当时，康罗贝尔麾下很多连队的士兵干脆都停止战斗，并且溜回营地去吃东西或者休息了。很多百人连队，竟然

会有多达二十人脱离前线，“去准备晚餐”，剩下的人则在继续战斗。[38]

由于康罗贝尔已经撤退，拉德米罗也撑不下去了。第六军既已撤退，拉德米罗的右翼及后卫便暴露出来，遭遇猛烈的攻击，拉德米罗便只能无助地看着自己的师在他所谓的“大混乱”中纷纷瓦解。第六军的士兵们纷纷扔掉背包和宿营装备，逃离普军火力，这中间有些士兵会停顿一下，但仅仅是为了抢劫停放在高地附近的物资车辆。[39]此时，布尔巴基将军仍然统领自己的两个帝国近卫师据守普拉珀维尔附近的阵地，不过到了这个时候，康罗贝尔和拉德米罗都向他发出了增援请求，他也只能二选一。阿芒维莱尔前面的普军同拉德米罗军战斗了一整天，此时也终于打开法军阵地的缺口。据法军少校路易·卡雷（Major Louis Carré）回忆，普军是又一次凭借诈术取得了这次突破，头脑灵光的普军在使用诈术方面是出了名的。法军火力将他们压制在草丛里，无法起身，普军士兵遂将枪举到空中，并高喊“停火”。这令法军一时之间备感迷惑，遂停止射击，由此留下的间隙足够普军士兵起身，而后便快速跑过两军的中间地带，与此同时，他们的撞针枪也已经开火了。[40]

此时的德军可以说在法军阵地上全面开花，法军的整个战线正在瓦解和颤抖，面对此等情形，巴赞没有给出任何指令。布尔巴基再三追问，巴赞只是极为含混地回复说：“无论何时，只要你觉得合适，就让你的部队行动起来吧。”[41]这样的措辞真是典型的巴赞风格：生硬、含混、不甚了了。未能从主帅那里得到指令，布尔巴基遂派遣副官路易·德·博蒙上尉（Captain Louis de Beaumont），急速前往圣康坦要塞，那里能观察到整个战场。此时的布尔巴基特别想弄清楚，普军是否严重威胁到巴赞格拉沃洛特和沃克斯（Vaux）的左侧翼。倘若没有，布尔巴基便打算将自己的预备队投入阿芒维莱尔和圣普里瓦的战斗。博蒙在要塞的高处观察了几分钟，在与要塞指挥官短暂交流之后，便弄清楚了沃克斯根本没有普军出现，而且此时置身格拉
179 沃洛特战场的施泰因梅茨也正处于败退之中。到了下午四点半，博蒙飞奔而归，准备将情况报告布尔巴基，但布尔巴基已经骑马前往阿芒维莱尔去评估战局了。中途，博蒙遇到巴赞，巴赞正同自己的参谋军官从圣康坦返回普拉珀维尔。巴赞一眼便认出了博蒙，博蒙可是第二帝国的显贵，身着皇后赐予的绿色和猩红色相间的龙纹制服，巴赞遂叫住上尉并询问说："博蒙上尉，你要去哪儿?""我刚从圣康坦要塞回来，"博蒙回答说，"我是奉布尔巴基将军的命令前往圣康坦的。"巴赞思忖片刻，说道："既然你要回布尔巴基将军那里，就给他带个口信吧。"博蒙后来记述说，"巴赞接着给出的指令让我极度震惊，我不得不将这一指令连同接下来的谈话记录下来。"

博蒙的这些记录，在战后审讯巴赞的时候，成为呈堂证供，里面活生生地记下了巴赞元帅在格拉沃洛特战役的白热化阶段是怎样的迁延犹疑。尽管此时的法军仍然占据上风，但巴赞拒绝考量这个情况。"去告诉布尔巴基，让他提醒康罗贝尔元帅，他应该后退。"这一指令仍然是那么含混而且充斥了悲观，令博蒙一下子"傻眼了"，用博蒙的话来说，他自己"完全不知道这话的意思"。拉德米罗不久前还告诉布尔巴基说，普鲁士近卫军已经战败，胜利在望。于是，博蒙便脱口问道："元帅大人，您是否允许我重复一下你刚才的指令，确保我没有理解错误?"巴赞点头同意。博蒙遂说道："你的意思是不是说，康罗贝尔元帅应当在通知布尔巴基将军之后再行撤退，还是说，布尔巴基

将军应当在通知康罗贝尔元帅之后，再行撤退？”巴赞沉思一番，没有吭声，且让自己的一个将官作答：“这话的意思是说，布尔巴基将军必须提醒康罗贝尔元帅，他无法再支持，而后，他应当撤回营地。”此时的布尔巴基在巡察过阿芒维莱尔的大部分阵地之后，没有开一枪一弹，便准备在战事正酣时返回普拉珀维尔。听闻此番解释，博蒙如同五雷轰顶，彻底懵了，此时，巴赞突然大声说道：“没错，就是这个意思！普军正要进攻我们，这一天也快结束了。现在正是撤退的时候。”[42]

就在巴赞这么打发博蒙的时候，布尔巴基也在继续思量该前往何处增援。主帅显然是没有给出明确指令的，这就令布尔巴基很担心自己的军就这么无所事事地白白消磨时间。就在布尔巴基思量的时候，巴赞实际上正好骑马从他身边经过，一言未发。巴赞只是瞥了一眼帝国近卫军，此时的帝国近卫军已然集结为行军纵队，巴赞只是看了一眼，之后便掉头前往普拉珀维尔，在普拉珀维尔要塞绕墙骑行一番之后，巴赞便消失在要塞里面，看起来闷闷不乐。[43]布尔巴基基本上没有表现出主动性，只是极为胆怯地将自己的一个近卫师调派给拉德米罗，另一个近卫师则按兵不动。这样的支援兵力显然是太小了，也来得太晚。当布尔巴基率领自己的近卫师骑马前往阿芒维莱尔的
时候，被一波惊恐万状的撤退士兵裹挟着退回来，这一些士兵 180
来自拉德米罗军，另一些则来自康罗贝尔军，还有就是先前受命攻袭萨克森军先头部队的弗朗索瓦·杜·巴拉伊骑兵师的残余，这个骑兵师发起进攻之后，便遭遇普军火炮的毁灭性打击。[44]

法军的后撤很快便演变成布尔巴基所谓的“大混乱”，说白了，就是一场惨烈的溃败。没有规划好的撤退路线，没有集

结点，甚至也没有秩序可言，军官们根本无法引领士兵撤退。各个军的参谋军官纷纷前往普拉珀维尔寻求指令，但都遭到巴赞元帅的冷硬回绝："你们有你们的位置，你们应当据守你们的位置。倘若你们现在有了麻烦，那都是你们自己的错。"约瑟夫·安德洛上校是这场溃败的见证者之一，后来，他对巴赞的怪异行径给出了一种解释："将好的位置分配下去之后，巴赞便拒绝发布进一步的指令，甚至拒绝制定计划，这也许是因为，倘若进一步的指令或计划失败，巴赞自己就得饱受批评。"安德洛发现有一个情况很有意思，也颇能说明问题，巴赞在所有的函件中，但凡提到格拉沃洛特，都没有以"战役"来称谓，而是冠之以"防御战"，如此说来，所谓的"阿芒维莱尔防御战"本来就是精心布局的一场战事，只不过因为庸碌无能的将领而被毁掉了。[45]

很显然，巴赞元帅甚至都没有考虑过利用自己上佳的作战位置，在格拉沃洛特集结重兵，以机动战法重创分散的普军。战役当天上午在给康罗贝尔的函件中，巴赞指令康罗贝尔"用这样的方式"据守圣普里瓦，"令右翼可以改变自己的正面，以便据守后面的新阵地。"这实际上等于说，"可以用允许右翼撤退的方式"来据守圣普里瓦。[46]这实际上更进一步地意味着，甚至在战役开启之前，巴赞就已经觉得自己将要退出这场战斗，或者干脆就已经认为自己会输掉这场战役了。随着夜色降临，此等悲观和胆怯的情绪对军队的影响便已经转变成悲剧性的，甚至看来也是无止境的。此时，已然陷入恐慌的法军各个部队已经失去目标，混杂一团，成千上万的士兵藏身在面朝梅斯的斜坡上的丛林中。高地前部边缘的法军士兵，有很多人被封堵在农户的建筑物里面，纷纷乞求路过的部队在墙壁上凿出缺口，把自己释放出来。运气不错的士兵可以从裂隙中挤出来，不过，枪支和背包只能留在里面。[47]第六军倒是一直英勇战斗到最后，不断发起反攻，夺回被普军和萨克森军队掠走的火炮和蒙蒂尼机枪，即便这样，康罗贝尔的几个师仍然在撤退中被撕成碎片，圣普里瓦高地后面的战场上到处都是丢弃的枪支，还有一千多个尚未开封的弹夹箱。[48]至于“黎明”村阵地中的法军，虽然没有战败，但当普军散兵线于幽暗的微光中在“莫斯科”和圣胡伯特（St. Hubert）后面展开动作，并开始在背后攻袭勒伯夫的时候，他们最终也放弃了阵地。第三军和弗罗萨尔的第二军 181
也加入了涌向梅斯的大撤退。仅仅是因为毛奇的军队已经疲惫不堪，普军才没有实施强力的追击，否则的话，巴赞的大军在抵达壕沟营地之前，很可能便已经被摧毁了。[49]

整场战役，巴赞的行为都可以说是匪夷所思的。这位主帅只发布了一两个无关紧要的指令，从未自普拉珀维尔前往前线督导战事，甚至都不曾观察一下阿芒维莱尔或者圣普里瓦的战况。[50]将官们时常前来索取指令，得到的总是主帅不冷不热的回复：“你们已经拥有很强大的阵地，那就守住阵地吧。”[51]显然，这样的回复不会有任何帮助。他的参谋军官们充满挫折感，参谋人员本来是受训搜集并发布情报和战况的，但巴赞却禁止他们去往前线。夏尔·费伊少校就是这些参谋军官中的一个，整场战役，他实际上就待在普拉珀维尔，以研究、琢磨巴赞来消磨时光。令他百思不得其解的是，这位主帅甚至都不曾考虑过骑马到前线督导战斗。恰恰相反，元帅整天都蜷缩在房间里，忙于琐碎的文件工作，四周是一片怪异的寂静，风儿已经将战场的喧嚣从普拉珀维尔带走了。[52]只有那么一次，巴赞好像是兴奋起来了。下午两点的时候，这位主帅带着五个军官策马前往圣康坦要塞，此处要塞可俯察格拉沃洛特以及“黎明”村附近的战况。尽管此时的施泰因梅茨正在进攻这个地方，但据在场人士的回忆，随行将官们纷纷指出战线北端的威胁大得多，当然，那些威胁本身也是很明显的，因为那里的德军火力圈正环绕着圣普里瓦实施收缩，很可能要将康罗贝尔军吞没并切断巴赞最后一条撤退路线，也就是西北方向通往布里埃（Briey）和色当的那条道路。然而，巴赞却只是巡查了一个十二磅火炮组成的要塞炮群，仿佛是在和平时期巡查阵地一样，对眼前的战况基本上没有任何关切可言。麾下一名军官万般无奈之下，只得催逼主帅发出指令，巴赞只是抬眼望天，嘴里念念有词，不过仍然是惯常的那种指令：“他们的位置很好，他们必须守住那些位置。”约略思忖几分钟之后，这位主帅便发出了当天为数寥寥的指令之一。这样的指令只能说是聊胜于无：“派遣两个预备炮队前往守卫通往布里埃的道路，如果仍然有这个可能的话。”[53]

此时的巴赞仍拥有 120 门火炮和三万精锐预备队，但他没有动用这个后备兵力做任何事情。他禁止将官们打储备弹药的主意，前线的很多战斗单位在战役的第一阶段就已经打光了弹药，要不就是被普军火炮摧毁了弹药库，巴赞此举当然也就很有效地解除了这些部队的战斗力。[54]布尔巴基将军请求下午加入战斗，巴赞硬生生将他拉了回来。战后，很多军官提供了对巴赞不利的证言。驻守普拉珀维尔的炮兵军官、让－保罗·拉
182 卡兹（Jean-Paul Lacaze）上尉就是其中的一员，拉卡兹感觉情况十分“诡异”，巴赞只是待在距离前线任何地方都只有二三英里的普拉珀维尔。因此，他很“奇怪”，巴赞就那么蜷缩在要塞里面，“当时的情形，也就是下午四点或者四点半，普军正

对圣普里瓦展开全力进攻。”[55]的确很奇怪：仔细研究一下巴赞在8月18日下午晚些时候发出的函件、电报以及指令就不难看出此等情形是何等奇怪。

下午四点十五分，施泰因梅茨正沿着格本先前的进攻路线，催动大军对察斯特罗的军团展开攻击，此时的巴赞却安坐在普拉珀维尔，起草当天阵亡将官的名单。他将这份名单呈送皇帝的时候，在名单下面加了一句话，“就在此时，普鲁士国王亲率一支大军，正对我军实施全线进攻。”此等情形之下，人们当然会觉得，即便仅仅是受好奇心驱使，巴赞也应动身前往前线看一看。下午五点十一分，格拉沃洛特上方的血战仍在继续，而且普军近卫军正沿着坡地仰攻而上，从圣玛丽欧谢讷攻向圣普里瓦，此时的巴赞却忙着起草电文，以华丽、自满的口吻向巴黎的内政大臣描述马斯拉图尔战役：“那天我们俘虏了600人，还有一面军旗。”下午五点半到八点二十这个时段，是战役的决定阶段，施泰因梅茨将国王的最后几个师投入“黎明”村战场，萨克森军对康罗贝尔的左侧翼发起进攻，由此对整个法军阵地展开打击。此时，巴赞则忙着与拿破仑三世通电，商讨凡尔登方面的补给安排问题。“我是不是应当把已经运往凡尔登的大量物资留在凡尔登呢？”路易-拿破仑如此问询巴赞。下午八点二十，德军已经横掠法军阵地，巴赞的大军已经归于瓦解，此时的巴赞起草并发布了这致命一天的最后信息：“我还不知道凡尔登方面竟然已经储备了这么多的物资。我觉得只留下我需要的物资就可以了，如果我最终能抵达凡尔登的话。”[56]

战后，巴赞对自己的此番怪异行为做出了解释，但那些解释无法服人。巴赞并没有将这些糟糕的函件和电文牵扯进来，法庭也宽大为怀，没有提及这些函件和电文。至于同路易·

德·博蒙上校的那次遭遇和谈话，巴赞一度申述说，博蒙“误解”了自己。他的本意是说“驻守阵地”（rester），不是“撤退”（rentrer），不过另有多名证人出庭确认巴赞当时说得很清楚，就是“撤退”，而且对布尔巴基的多名副官都是这么说的。更为怪异的是，巴赞试图将自己同博蒙上校在圣康坦要塞和普拉珀维尔之间道路上的此番遭遇，以全然不同的方式呈现出来。巴赞在法庭上宣称，他对博蒙是这么说的：“明确告诉布尔巴基，就待在原地，同康罗贝尔保持接触，不可轻易投入战
183 斗。”[57]这完全是一派胡言，这位法兰西元帅无论言谈还是文字，从来都不会是这种毛奇式的直截了当的风格，恰恰相反，巴赞从来都是含糊其词，躲躲闪闪。倘若有像样的指挥，莱茵军团是完全可以赢得格拉沃洛特战役并改变战局的。但巴赞的指挥，对法军来说，完全是一场灾难，因此也就不用奇怪，为何巴赞会在战后遭到审判并成为人们常常说起的替罪羊。

巴赞的阵地开始陷落，施泰因梅茨决定抓住机会，实施最后一击。国王是他的老朋友，对他颇为纵容，前次在芒斯峡谷毫无意义、毫无结果的进攻，施泰因梅茨已经牺牲掉不少的普鲁士营，现在，施泰因梅茨开始催动更多的营投入进攻。当施泰因梅茨命令格本第八军的残余兵力以及爱德华·冯·弗兰泽基（General Eduard von Fransecky）的第二军再次对“黎明”和“莫斯科”发动进攻的时候，毛奇一直保持沉默，这实际上也说明，毛奇的权力是有限的。弗兰泽基回忆了这场进攻行动的准备工作，他、格本、察斯特罗、卡梅克和沃伊纳就在格拉沃洛特附近的一个地方下马，在地上摊开地图，围坐在地图周围，上面就是梯次排开的法军阵地。几个将领当场议定，格本进攻“莫斯科”，弗兰泽基进攻“黎明”。[58]格本遂率领极为强悍的

东普鲁士军队展开进攻，但此次攻势很快便瓦解了，普军陷入罕见的恐慌，格本的军队沿着朝向“莫斯科”的大路展开仰攻，遭遇弗罗萨尔和勒伯夫两个军精准火力自上而下的掩杀，令格本的攻势迅速归于瓦解，很显然，法军阵地的火力并没有遭到压制。（此次战斗中，法军大部分蒙蒂尼机枪都射出超过600发子弹，这样的火力，即便是最为顽强的普军部队，也是无从招架的。）[59]

此时，普军火炮也从格拉沃洛特盲目开火，甚至在普军部队中开了花，令恐慌加剧。当弗兰泽基统领部队来到格本那已经摇摇欲坠的旅身后时，恐慌和混乱达到了极点。弗兰泽基本人也被一群近乎疯狂的士兵包围，这些士兵纷纷喊叫着，“将军，我们这是自己人打自己人啊！”就在弗兰泽基竭力平复部队并恢复秩序的时候，他麾下的炮兵和步兵因为光线不足而判断失误，朝着上方影影绰绰的人群开火。上方这些人实际上正是第八军的东普鲁士士兵，他们正展开机动，竭力摆脱弗罗萨尔军的火力追剿。遭到弗兰泽基的火力打击后，第八军的后卫便瓦解了。弗兰泽基及其参谋军官被败退的士兵裹挟着向后退出50码的距离。弗兰泽基站稳脚跟之后，命令麾下的士兵围成圆圈，力图阻滞这场败退。他清楚地记得当时有一匹受伤的战马，在整个混乱过程中，一直靠在他身边，“就像一条狗一样”，无论他去哪里，这匹马都紧紧贴着他。[60]第二轮恐慌很快便横掠了格拉沃洛特，普军新兵推推搡搡，拥挤不堪地从受惊吓的国王面前经过，高喊着
“输惨啦！”在芒斯大道上，普军成群成群的溃散步兵拥挤在已经 184
侧翻的车辆和弹药车后面，朝着前面正在徒劳地寻找安全位置的自己人疯狂开火，此时夜幕已经降临。[61]

奇怪的是，率军驻守芒斯峡谷的法军军官竟然发现，自己

的军队也是同样的恐慌和混乱。下午七点，弗罗萨尔的第八步兵团从后备队的位置上向前推进，意图解救“莫斯科”农田地带的第二十三步兵团，后者在阻击施泰因梅茨的疯狂进攻时，已经耗尽了弹药。第八步兵团顶着敌军的强大火力，推进到“莫斯科”农田区域，却发现第二十三步兵团的士兵死活都不愿意离开战壕和石墙。尽管弹药已经完全打光，他们也不敢越过身后的开阔地带回撤，因为这个开阔地带已经处于普军克虏伯火炮的覆盖之下。加斯帕尔·普热将军在战线后面等着第八步兵团回来，却发现自己的整个旅都如同地鼠一般躲进“莫斯科”周围阵地的壕沟里面，令他简直不敢相信自己的眼睛。如此的拖沓和迁延，发生在前线而非后卫，这样的情况也的确太过罕见。[62]实际上，若是大胆撤退的话，情况会好很多。第二天，尤利乌斯·韦尔迪将军（General Julius Verdy）登上“莫斯科”阵地，发现法军的掩体和战壕里面仍然满是士兵和枪支。他举起白旗，策马走近时才发现里面的人都已经死去，都是被头顶爆炸的榴霰弹击毙的：“他们躺在那里，仍然呈现出队列形态，他们的步枪都越过胸墙向前推，仿佛在准备射击。”[63]

夜色降临，成千上万已经疲惫不堪的德军士兵，加入了胜利大合唱，而今，“我们感谢上帝”响彻战场，不过，威廉一世尚需数小时时间才最终确认，普鲁士赢得了格拉沃洛特战役。此时的威廉一世身在芒斯峡谷附近，菲尔·谢里登发现这位普鲁士老国王蹲坐在“非常不舒服的座位上，两个箱子将一架短梯子的两端支撑起来，那是老国王的座位”，威廉正是从这个位置上凝望远处的战场，看起来，那更像一场浴血之后的惨败。[64]为了将法军从山脊阵地上赶走，普军付出两万人的代价。弗兰泽基的第二军，毛奇最后的预备队，在此战中遭遇重创，并在恐慌中溃散。国王自己的近卫军已经在圣普里瓦战场毫无意义地消耗掉了，在那次战斗中，老国王的贵族血亲成批成批地阵亡或者受伤。大部分普军伤兵仍然在哀号，在痛楚，“夏塞波”的子弹通常会穿透身体，击碎骨头，撕裂肌体组织，出口的弹孔会呈炸裂状，比入口弹孔要大上四倍。德军的所有伤兵都会提到法军子弹造成的痛感，如同“剃刀割肉”一般。[65]巴赞的军队远没有遭遇决定性的合围，恰恰相反，大部都已经逃离战场，等待再战，此时的巴赞已经率军退往梅斯，伤亡 12000 人，相对而言，并不算太大。普军方面，对于这样一场打得糟糕的战役，威廉一
世当然会有罪孽感，为此，这位老国王坚持同军队一起在高地宿 185
营。最后大家还是连哄带骗地把老国王弄到勒宗维尔，在勒宗维尔，老国王临时凑合在一处肮脏的棚舍里面过夜，睡在铁架行军床上面。[66]

尽管威廉一世有着如此的罪孽感和担忧，格拉沃洛特也绝对不能说是法军的胜利之地。主帅巴赞在这场战役中表现糟糕，整场战役中，对总体战局、战况均茫然无知，更没有体悟到自己的大军必须设法与沙隆方面日益壮大起来的麦克马洪大军联合起来。8 月 18 日中午时分，巴赞向麦克马洪和法伊发出电文，从这些电文中，足以见出巴赞作为主帅的诸般失误。给麦克马洪的电文是这么说的：“我相信战争大臣已经向你发布了指令。你的行动是绝对超出我的行动范围的，所以我担心我若再发出什么指令或者有别的什么建言，会把你引入错误的方向。”对于法伊那漫无目标、四处浪荡的第七军，巴赞在电文中留下这样的话：“你向我索要指令或者建议，抱歉，我无法回复……你的行动应当由你自己来决定。”[67]

此等犹疑、多虑，的确是相当怪异的，若是那伟大统帅拿破

仑泉下有知，想必是死不瞑目的，战役的结果是法军的一场战略灾难。普军已然携手越过摩泽尔河，将法兰西同其主力军团切割开来。普鲁士《民族报》倒也没有夸张，在评说格拉沃洛特战役时，给出如下的文字，“就战争结果而言，实可谓最具分量的事件。法军已然没有可能重新集结，通往巴黎的道路完全敞开。”困守梅斯的巴赞“已经没有能力保卫法兰西了”，这的确是说中了要害。[68]原因究竟为何呢？实际上，早在格拉沃洛特战役开始之前，巴赞便已经接到通知，梅斯要塞的“夏塞波”子弹存量不足八十万发，勉强够法军步兵消耗一天，至于炮弹和食物更为短缺。[69]此等情形，恰如大革命时期一名伟大将领哀叹过的那样，“我的兔子都没有面包了。没有面包就没有兔子，没有兔子，就没有胜利。”[70]没有足够的给养和弹药，梅斯就是陷阱，不是避难所。

弗里德里希·威廉王子在埃布尔·杜艾将军的尸体旁（维桑堡，1870 年 8 月 4 日）
Author: Anton von Werner, public domain, wiki commons.

1870 年马斯拉图尔战役，藏于俾斯麦纪念馆（Bismarck-Museum）
Author: Emil Hünten, public domain, wiki commons.

1870 年 8 月 18 日格拉沃洛特战场

Author: Alphonse-Marie-Adolphe de Neuville, public domain, wiki commons.

法国波罗的海舰队 1870 年 7 月 17 日于海上
Author: Wilhelm Müller, public domain, wiki commons.

1870 年 9 月 1 日色当战役（局部）
Author: Édouard Detaille，public domain, wiki commons.

垂死的德军军官及其战马，尚皮尼战役全景图（局部）
Author: Édouard Detaille，public domain, wiki commons.

俾斯麦押解投降的拿破仑三世，藏于 Deutsches Historisches Museum Berlin
Author: Wilhelm Camphausen, public domain, wiki commons.

1870 年 10 月 24 日，德军占领了巴黎郊外的城堡
Author:Anton von Werner, public domain, wiki commons.

1870 年 12 月法国香槟区
Author: Édouard Detaille， public domain, wiki commons.

1871 年 1 月 28 日停战，藏于 Deutsches Historisches Museum Berlin
Author: Édouard Detaille， public domain, wiki commons.

拿破仑三世的后卫军官
Author: Édouard Detaille，
public domain, wiki commons.

# 第八章　色当之路

格拉沃洛特战役结束那一天，俾斯麦在一间草棚里面过夜， 186
第二天早上醒来之后，便与美国将军菲尔·谢里登一起策马巡视战场。谢里登回忆当时的情形，两人畅饮了一瓶白兰地，边饮酒，边从“可怕的屠杀场”中策马走过。“那场景令人恶心至极”，身边的宰相也不由拨转马头，从两个尸堆之间的空地上穿过去，这条道路乃是向上通往“莫斯科”和“莱比锡”的。[1]军阶较低的普军将官和士兵便没那么幸运，战役结束之后，他们花了一天的时间埋葬阵亡将士，并将伤兵送到战时救护站。很多人已经被恐惧、饥渴、疲惫以及埋葬死者的事务推到极限。相形之下，打仗倒好受很多，对他们来说，这才是最可怕的战争体验。人们挖下万人冢，将九千具正在腐烂的尸体填入其中。有一名德军军官，脑海中对此场景的记忆永远无法淡化，在战后的很长时间里，这一记忆一直追随着他，甚至随他一起入梦：“战役、射击，还有冰冷透骨的冬季营地，所有这一切都让我长久无法忘怀。不过，在圣普里瓦埋葬死者的事情不在其中，因为那场景实在是太恐怖，直到今天，我依然梦回圣普里瓦，然后被恐怖的景象惊醒。”[2]

此时的巴赞也刚刚从怠惰和昏聩中醒转过来，在阿芒维莱尔高地附近将破碎的军队集结起来。失败和撤退似乎令这位元帅有了活力。8 月 19 ~ 20 日，莱茵军团的十四万大军退往梅斯，在普拉珀维尔和摩泽尔河的中间区域留下巨大的半圆形营寨烙印。此时，这支残军暂时是安全的，不过，大批的人员、车辆、马匹和炮队，还是极易受到炮火攻击的，同时食物和饮水也变得很困难。“莱茵军团”已然不复存在，更名为“梅斯军团”，这便折射出这支大军的力量、势力范围和野心已然缩减。[3]国际红十字会的人排除万难，于 8 月 21 日来到阿芒维莱
187 尔高地的时候，便注意到，普军已经用护墙和壕沟将梅斯包围起来，封堵了西向的道路，将出入梅斯的铁路也悉数切断，同时掠走周边村落的所有食物、饮水和牲畜。[4]巴赞的溃败和撤退，令法兰西已然黯淡的战略处境更加黯淡。现在，三十万普军已然将巴赞的大军封锁在梅斯，毛奇的其他部队则开始向巴黎推进，那里是法兰西的政治中枢所在。[5]

此时的巴黎城倒是很幸福，格拉沃洛特战役的消息尚没有传到这里，因为普军已经于 8 月 18 日晚些时候，切断了梅斯的所有电报线路。巴赞只能手写函件，将此次战役的情况传送给巴黎，不过，这份函件在 8 月 22 日才送达巴黎。实际上，8 月 20 日，儒勒·法夫尔便要求八里桥伯爵解释一下普鲁士方面有关格拉沃洛特一场大战的报道，催逼之下，八里桥伯爵不得不承认，他没有接获这方面的任何消息。[6]无知催生了巨大的幻象。此时的奥地利驻法大使馆——格勒纳勒大街（Rue de Grenelle）上的一处华丽宫殿，是波拿巴家族为了赢得奥地利的亲善而送出的礼物，尽管这手法并不微妙，在这座宫殿里面，理查德·梅特涅亲王仍然相信巴赞已经挥军前往沙隆或者兰斯（Reims），与麦克马洪的大军会合了。因此，此时的梅特涅仍然对法国的前景相当看好，特别是巴赞和麦克马洪会合之后，可以继续跟卢瓦尔河方面的军团会合，这样的话就可以形成法兰西的“又一支大军”。[7]若如此，已经疲惫不堪的普军最终也

只能停止这场入侵行动。可惜，退往梅斯的巴赞已然破灭了这场充满希望的好戏。现在，毛奇的任务则轻松多了；他只需要用部分兵力将巴赞困在梅斯，便可以腾出手，催动剩余兵力前往追击麦克马洪。巴赞的消极怠惰令这场追击变得简单。没有莱茵军团在前面阻挡或者在侧翼威胁，王太子弗里德里希·威廉的第三军团就可以完全放开手脚，展开追击。既可以在开阔地带寻求与麦克马洪决战，倘若麦克马洪继续待在沙隆或者兰斯的话，也可以取道奥布河谷将麦克马洪驱离沙隆或者兰斯，由此便可以直接挺进巴黎。[8]

俾斯麦在格拉沃洛特战役之后，正承受着相当大的外交压力。8 月 21 日，奥地利大使电告维也纳，“是时候叫停这场战争并开启外交谈判了”。[9]同一天，热罗姆 - 拿破仑亲王协同自己的皮埃蒙特夫人，直奔佛罗伦萨，力图让意大利政府也加入这场和平斡旋。意大利外长埃米利奥·维斯孔蒂 - 韦诺斯塔（Emilio Visconti-Venosta）遂向英国和奥地利发出正式邀约，组成一个“中立国同盟”，协助意大利“维持法兰西领土完 188
整……扫除这场欧洲灾难”。维斯孔蒂 - 韦诺斯塔告诉英国大使，“肢解法兰西，将会摧毁欧洲均势，播下未来战争的种子”。[10]在所有这三场德意志统一战争中，俄国均维持善意的中立，这成为德意志取胜的一个关键因素，而今也不免对毛奇取得的闪电胜利感到不安。在格拉沃洛特战役之后的日子里，英国驻圣彼得堡大使注意到，俄国媒体、公众以及军方“都开始对普鲁士的巨大力量以及领土的巨大扩张感到惶恐”。素来就痛恨俾斯麦名声日隆的俄国外长，遂提请召开欧洲和会来解决这场战争问题。唯有美国宣布“严守中立”。此时，欧洲列强看来都将会正视英国外交大臣在斯图加特所说的德国人的极度“傲慢和自满”，德国人已经在暗示说，他们希望将德意志的西部边界从莱茵河推进到摩泽尔河，“甚至推进到阿戈讷地区”。[11]赫尔曼·冯·蒂勒（Hermann von Thile），自俾斯麦随军期间，代为打理德意志外交部，此时也开始变得“焦虑且疑惧”，他担心奥地利和俄国会联合英国和意大利夺走柏林的收益。[12]

身在梅斯的巴赞，此时可谓十分安稳，遂开始恢复活力。在给麦克马洪的一封信中，他似乎是很高兴地传递了这样的信息，“我们再一次开始防御”。[13]这是巴赞最喜欢的角色，因为如此一来，所有的艰难决定便都抛给敌军了。8 月 20 日，巴赞的指挥部发布了一份语气决然的公报，公报的内容对普鲁士取得的这些于法兰西而言是毁灭性的胜利，倒是满不在乎：“法兰西的一支大军如今集结在梅斯。另一支大军已经在沙隆集结起来，并且以最富名望的两位法军统帅担当指挥，即麦克马洪元帅和法伊将军。”这份公报显然是将无知和盲目推进到了极端，竟然得出结论说，“敌人现在必定对自己的困境备感绝望，因为他们的战线在所有地方都拉得过长。”为了填充这种过度伸展的战线之中日益加宽的裂隙，据说柏林方面“正在征召所有年龄在三十一岁之下的人入伍，并且德意志波罗的海和北海海岸地区已经没有防护了。”于是，这份公告便总结说，“现在，我们可以派出舰队攻击普鲁士。”[14]

## 普法海战

这充满希望的劝勉之词，显然是给法兰西海军传递的信息，此时的法兰西海军正无所事事地在北海和波罗的海闲逛，搜寻
189 煤炭，同时也在等待指令。可以肯定，此时的法兰西海军是充

满希望地挑起战争，决心对普鲁士实施一场决定性的打击。为此，这支海军乃非常精良地装备起来。1870 年，法兰西海军拥有 470 艘战舰，仅次于英国海军，差不多是普鲁士海军规模的十倍。正是此等规模的海上力量，令拿破仑三世有能力维持一个从越南一直到马提尼克岛（Martinique）的全球帝国。若是同另一个海上强权开战，拿破仑三世可以倚仗 45 艘铁甲战舰、护卫舰和炮艇。此时的普鲁士，是海上力量的后来者，只有 5 艘铁甲战舰，来护卫长达 600 英里的海岸线，这条海岸线上既有新建的威廉港，还有一系列繁荣的港口，诸如不来梅、汉堡、吕贝克、罗斯托克、斯德丁（Stettin）、但泽以及哥尼斯堡等。[15]

拿破仑三世原来的计划是利用舰队输送一个步兵军在普鲁士海岸登陆，这个军包括 9000 人的海军陆战队和两万人的预备队。四十八岁的热罗姆 - 拿破仑亲王实际上已经被视为此次远征的指挥官人选之一，并且还让路易·特罗胥将军担任这个军的参谋长，鉴于亲王尚且只是军事上的“新手”，特罗胥实际上将成为亲王的“主心骨”。[16] 这样一支大军，即便是以热罗姆 - 拿破仑为统帅，依然可以构成重大的威胁。从军事角度看，普鲁士倚仗的就是快速机动和快速调派的能力，若从海上进攻，则普鲁士的很多关键道路和铁路都在法军的攻击距离之内。法国海军也注意到这个情况。1870 年，法兰西北海舰队司令官是海军上将马丁·富里雄（Admiral Martin Fourichon），在他搜集的材料中就有一副北德意志铁路地图，是 1870 年 8 月法国海军大臣给他的。当时，海军大臣曾将如下铁路线用红线特别标注出来：默默尔 - 哥尼斯堡 - 柏林、斯德丁 - 柏林、施特拉尔松德 - 柏林、弗伦斯堡 - 汉堡以及不来梅 - 汉诺威。[17] 此举的意图很明显：倘若法国实施“舰队围攻”战略，就可以派出 14 艘铁甲平底战船，携带重炮，组成海上炮阵，横掠德意志滨海地带，对那里的各个港口实施轰击，法国海军陆战队也可以借助舰队的力量，直击德意志战略铁路线，这样的话，毛奇就必须调整作战计划，分出大批兵力担负海岸防御任务。1870 年 7 月，法国谍报人员就已经注意到普鲁士计划派出不下 16 万的兵力实施海岸防御。容克集团特别担心法军会将部队倾注到波美拉尼亚，这样的话，波兰人也会受到鼓舞，起兵反抗德意志。[18]

从经济角度讲，此时的普鲁士无论人口还是工业都在扩张之中，因此也就极为倚重进出口贸易，此等情形之下，即便是深受资金短缺之苦的普鲁士战争部也不免花费 1000 万泰勒（约合今天的一亿两千万美元），于开战前两年加强海岸防御设施。诸如罗斯托克－瓦尔纳明德这样的大型海港综合体，每天都会有 700 艘船只停靠。这样的港口一旦遭到封锁，就会对德意志的经济带来重创，同时也会大幅度地降低重要原材料的进
190 口。[19]从政治角度讲，法国外交部认为，丹麦拥有令人敬重的海上力量，更有五万人的陆上兵力，若要得到丹麦的援助，法兰西海军必须在德意志海岸成功地实施登陆。“若要与丹麦结盟，我们必须尽快派出一支远征军。”这是 1870 年 8 月 4 日雨夜，身在哥本哈根的法国海军大臣写给格拉蒙的信。[20]

即便是一次小规模的远征，报偿也是相当丰厚的，有鉴于此，英国驻巴黎军事参赞爱德华·克莱尔蒙特也就完全不能理解路易－拿破仑为何会让机会就这么溜走。法国的地中海舰队拥有 12 艘铁甲战舰，并且此时正在驶向布雷斯特，而后便会按计划转进北海，却于 7 月 4 日十分可惜地接到命令，要在马耳

他停靠，普法战争的危机恰恰就是在这一天开始的。如此一来，地中海舰队若要重新定向前往布雷斯特，则需要整整三个星期的时间，部分原因在于当时的电报系统，海上电报指令的传递是在巴黎、米尔斯克比尔（Mers-el-Kebir）和舰队之间跳转，至少需要整整一个星期的时间，此外，取消休假和征召兵员的工作差不多也需要一个星期的时间。[21]当六十一岁的海军上将富里雄率领地中海舰队抵达北海的时候，已经是8月的第二个星期，显然来得太迟，错过了阻止毛奇入侵法国的时机，而且到了这个时候，也已经错过了在北海海域开启持久海上行动的时机，因为这片海域到了10月就已经无法通航。一开始，克莱尔蒙特认为之所以会有此等延误，乃是因为皇帝并没有这方面的兴趣，“海上行动令皇帝感到厌烦，因此皇帝便没有任何行动”，不过，克莱尔蒙特后来发现热罗姆-拿破仑和法国海军大臣、海军上将夏尔·里戈（Admiral Charles Rigault）之间是有争斗的，后者非常明确地拒绝将法兰西这个强大的新舰队交托给皇帝的表弟。此外，还有另外一些政治难题。特罗胥将军曾向克莱尔蒙特抱怨说，英、俄两国竟然向丹麦施压，强使后者保持中立。若没有丹麦人的基地和支持，法国“激励石勒苏益格-荷尔斯泰因地区的丹麦人反抗普鲁士”的计划，也就只能是想一想而已。[22]到了8月3日，克莱尔蒙特便已经在报告中给出这样的结论，“不会有远征军派往波罗的海，只是一个噱头而已。”对于法国，这样一场挫败乃是一场战略挫败。毕竟，海岸地带没有行动，普军就可以放开手脚，没有任何后顾之忧地向法国边境地带集结兵力，毛奇也完全用不着分兵防御海岸地带，并据此占据压倒性的数量优势。不过，据克莱尔蒙特说，恰恰就是为了与普军人数相匹敌，才使法兰西陷入瘫痪。原因很简单，为了削减普军的数量优势，法国动员了一切可能的人员和炮群，将之部署到德意志边界地带："莱茵军团已然吸纳了全部的人力和物力……后方没有留驻哪怕一个将官，只有五个参谋军官。"[23]

法国计划炮击并封锁德意志海岸地带的计划同样遭遇挫折。在地中海舰队尽速从马耳他赶回的时候，海峡舰队也正在瑟堡
191 （Cherbourg）集结，瑟堡市民满怀仇恨和敌意地看着这支舰队，因为瑟堡的8月正是充满希望的丰收时节，瑟堡的赛马季能够带来丰厚的收益，舰队的到来看来将会令这一切都泡汤。首先是赛道被法国的海军陆战师接管，接着便是赛马会本身，法国的肯塔基赛马会，此时也被取消。在皇后的注视之下，此时已经更名"波罗的海舰队"（Baltic Squadron）的海峡舰队扬帆出海，于7月24日带着封缄指令向东北方向而去。[24]62岁的海军上将布埃－维尧姆（Bouët-Willaumez），早在卢森堡危机的三年之前便已经制订了在普鲁士海岸地带登陆四万大军的计划。此时，他获得了这支舰队的指挥权：四艘7000吨位的铁甲战舰，配备十英寸口径的火炮和多艘护卫舰。

此时，布埃的舰队正待攻袭弗里西亚海岸地带，富里雄的舰队也正从地中海赶赴北海，不过，两支舰队很快便感受到煤炭短缺之苦，令舰队后来根本无法采取行动，并最终于9月放弃行动计划。布埃的舰队规模更大一些，这个舰队每天要消耗350吨煤炭，煤炭短缺对这支舰队的限制也是最为明显的，实际上，布埃的每一份函件和电文在开头和结尾都会着重提及"煤炭问题"。富里雄的舰队规模要小一些，不过每天也要消耗200吨的煤炭，舰队的煤库里面只装载了250吨的煤炭。毫无疑问，两支舰队都需要持续补给，但北海和波罗的海的这片水

域并非亲善法国之地，舰队很难找到补给来源，也许黑尔戈兰岛（Heligoland）上的丹麦人或者英国人能够提供一些煤炭，但主要还是从数百英里之外的敦刻尔克获得补给，那里是距离舰队最近的法国码头。

没有正常的燃料补给，法国的海上行动也就只能局限在斯卡格拉克海峡东西两侧。为了节约日益缩水的燃料补给，布埃和富里雄的舰队都降低了航行速度，并且尽可能在白天保持抛锚状态，希望仅仅凭借舰队在这片水域的存在，能够阻止普军打破封锁。到了晚上，舰队会给半数的锅炉点火，沿着德意志海岸巡游一番。如此一来，情形便变得极为讽刺，本来是渴望在瑟堡有所行动、有所斩获的法兰西舰队的船长们，而今都视普军的战船为一场巨大的灾难，因为一旦发生这样的情况，法兰西舰队就不得不展开追击，而这样的追击毫无用处，也毫无意义，只能是白白消耗无可替代的燃料而已。[25]8 月 12 日，已经失去耐心的皇后和海军大臣命令舰队“有所行动，选择一个地方实施登陆，并给予敌人一次打击”，布埃遂在基尔港附近停泊的旗舰上召集作战会议。将官们研究了从弗伦斯堡到默默尔的整个普鲁士海岸地带，先是决定对阿尔森（Alsen）下手，不过很快又放弃了这个想法。“此处海湾防守严密，若没有登陆部队，这样的行动毫无意义。”[26]实际上，舰队将领们考量过的任何地方，都面临同样的问题，即那些海湾都太浅，吃水很深的护卫舰无法靠近，而且，普军在海岸地带设置的克虏伯炮群火力很是强大，射程更是达到 4000 码，差不多是法国舰载火炮有效射程的两倍。

同样的问题也令富里雄舰队在北海的行动受挫。与布埃一 192
样，富里雄对这片海域也是相当陌生，而且还没有海域图可供参考，只能白白地在丹麦海港驻留，等待海图送达。此时的普鲁士海军正驻扎在尚未完工的威廉港，富里雄接到命令对威廉港的普鲁士舰队实施打击，并顺易北河和威悉河而上，攻击汉堡和不来梅，这样的命令不禁令富里雄咬牙切齿，极度沮丧。当然不会有德意志海员引领他穿越近岸水域，而且，威廉港前面的水域布满水雷、缆绳、铁链和水栅，根本无法接近。易北河和威悉河也实行了同样的布防，更有沉船予以阻拦，若强行发起攻击，毫无疑问风险太高。普军的炮艇和快船采取的是打一枪换一个地方的战法，打了就跑，面对这样的攻击行动，法军舰队的煤炭短缺问题更加突出，用富里雄的话来说，这样的战法简直就是在“毁灭性地消耗法国舰队的煤炭”，毕竟，法国舰队需要先实施机动，避开普军快艇的攻击，而后又必须向纵深追击。最终，富里雄绝望了，于格拉沃洛特战役当天电告巴黎，“一事无成”。[27]普鲁士的三艘装甲护卫舰即便驶出威廉港，法军舰队也根本逮不到，因为没有监视器或者移动炮位——克里米亚战争结束之后便封存了，如今仍然在修缮，这就令法国海军的对地攻击能力变得非常有限。事实上，法兰西海军是一支典型的“深水海军”，本来是用于同英国展开远海争夺的。在普鲁士海岸地带的浅水水域，效能当然要大打折扣。此等情形之下，布埃舰队的封锁只能是漏洞百出，并且也只能维持到9月。到了9月，恶劣的天气以及巴黎方面的批评浪潮令布埃和富里雄备受困扰，遂将无所施展的舰队撤回瑟堡和敦刻尔克过冬。普法海战就此结束。

此时，法军的海军陆战队也不再跟随舰队，原因很简单，巴赞军团陷落马斯拉图尔和格拉沃洛特之后，陆军野战军团便迫切需要陆战队缓解兵力紧张的态势，此时麦克马洪的沙隆军团只有13万人和420门火炮。拿破仑三世于8月16日抵达沙隆，监督麦克马洪已然遭受重挫的第　军与法国仅存的战略预备队融合重组，这个战略预备队是由第七军的残余兵力和“机动卫队”的几十个营组成的。此时，军中的老兵经历过弗罗埃斯克维莱战役，也经历过阿尔萨斯大撤退，已然士气低落。不受管束，纪律意识差的“机动卫队”，没有多少人愿意随军，这令当时的情形糟糕透顶。“简直就是一群乌合之众，”一名参谋军官记述说，“这些人活着与死去没什么两样，即便是踢打他们，他们也懒得动一动，还抱怨说，我们无权打扰他们的清梦。”[28]

催动麦克马洪的沙隆军团离开巴黎的安全之地前往梅斯，毫无疑问是灾难性的决定。这是皇后欧仁妮·德·蒙蒂若、八里桥伯爵和皇帝的头号心腹欧仁·鲁埃做出的决定。此时的皇后显然是担心波拿巴家族的王朝，因此不惜一切代价地想要将巴赞从梅斯解救出来。在皇后的压力下，麦克马洪虽然极不情愿，但也只能同意大军向远离巴黎的方向推进。至于向东推进的指令则是鲁埃发出的，鲁埃后来承认，当时自己“没有任何 193
战略考量”。[29]8月21日，麦克马洪遂将指挥部搬迁到兰斯，并且以这个交通枢纽为起点，催动沙隆大军向北面的梅斯推进。夏尔·凯斯勒（Clarles Kessler），麦克马洪指挥部的一个上校军官回忆说，当时的兰斯和巴黎，根本没有人知道巴赞方面的任何情况，也没有人知道德军第三军团的位置，以及默兹军团这个新军团的情况。一时之间，无知催生并滋养了幻象，令法国人认为凭借这么一支小小的军团就能够独立对抗附近的巨大德意志军群。[30]此时，巴赞的一份函件令法军鼓起信心，在这份函件中，巴赞承诺会向色当方向突围，麦克马洪遂调度大军向色当方向前进，此举既是为了寻求同巴赞汇合，也是为了避开普军主力的攻击，那样的攻击是随时都有可能降临沙隆的。[31] 麦克马洪元帅对此举措实际上是没有信心的，不过，既然鲁埃特意将他晋升为“主帅”，而拿破仑三世更是在他面前自贬一番，用皇帝自己的话来说，皇帝要做“元帅的马前卒，并且已经准备好了去战斗并取胜，要么就战死沙场”[32]，那么麦克马洪自然也就无话可说了。

第一个月的战事可谓激烈且复杂，战局呈犬牙交错的态势，这也印证了毛奇的一个说法，“任何作战计划都不可能活过战争的第一轮冲击波”。毛奇原本的计划是将拿破仑三世的莱茵军团装入梅斯口袋阵，结果却是在一番猛烈进攻之后，将莱茵军团分割为两个部分，而且没有取得决定性的战果。这与 1866 年贝内德克军群的情形极为相像，当时的毛奇也是在克尼格雷茨布好口袋阵，但贝内德克的大军却从口袋的一个漏洞里逃脱，1870 年的巴赞最终也是从格拉沃洛特撤退到摩泽尔河畔的强固要塞里面去了。麦克马洪的军团则完全避开了普军的口袋阵，撤往马埃纳河地区，并在那里成为一支新军的核心。如此一来，毛奇在格拉沃洛特战役之后的处境不是更简单，而是更复杂了。确切地说，此时的毛奇不但要在梅斯对巴赞实施围困，同时还要挥军直指巴黎，力求同此前一直躲躲闪闪的麦克马洪来一场决战。为了达成这样的目标，毛奇从既有的三个军团中，抽调部分兵力，组成第四军团，将两个军团部署在梅斯，另外两个军团则分别向沙隆和巴黎推进。格拉沃洛特战役之前，第二军团的规模已然太大，毛奇遂从这个军团抽调 12 万人的兵力，包括近卫军、第四军、第十二军和两个骑兵师。由 43 岁的萨克森王储阿尔伯特担任主帅，此人是经历过 1866 年战阵的老兵，在圣普里瓦战场上，就是此人实施了那场关键的侧翼攻势，“默兹军团”由此诞生，并于8月23日开始向凡尔登推进，那是通向巴黎之路的第一阶段。[33]

阿尔伯特的左侧是普鲁士王储弗里德里希·威廉第三军团的18万大军，正继续向西推进。此时的第三军团已经越过摩泽尔河，并于8月20日抵达默兹河，8月24日又抵达马埃纳河。 194
与此同时，普鲁士那高效的征召体系也已开始弥补战争第一个月里的兵力折损。15万新兵已经抵达战场，更有30万兵员正在集结和调度之中。[34]法兰西方面对此备感震惊，但是，无论法国民众还是国民卫队基本上没有采取任何行动来遏制德军，任由德军步步为营，向前推进。普军抵达巴勒迪克之时，发现市长已经在城中张贴如下公告：“普鲁士侦察队快要来了。本城完全没有防御，因此，守城便没有意义而且很危险。我们只能团结起来，依靠顺从、审慎和平静来共克时艰。”[35]梅斯方面，弗里德里希·卡尔亲王统领第二军团的剩余兵力以及施泰因梅茨的第一军团，这支联军的兵力为12万人，将梅斯要塞围困起来，不过，包围圈并不十分厚实，具体来说，摩泽尔河左岸部署四个军，右岸则部署两个军。此时，施泰因梅茨需接受卡尔亲王的指挥，这令他非常愤怒，不久便被彻底剥夺了指挥权。9月15日，施泰因梅茨获得波森总督的任命，遂离开军队前往波森履新。波森位于战场以东五百英里的地方，这着实让军中松了一口气。

此时，巴赞被普军的六个军困在要塞之中，基本上没有任何动静。当然，他需要数天时间对军队实施重组和重新补给，不过，他也必须赶在对方援军赶来加固包围圈之前，实施突围，以便获得行动自由。朱尔·勒瓦尔上校（Colonel Jules Lewal），巴赞的一名参谋军官回忆说，8 月 22 日，巴赞收到麦克马洪的函件，请求两军能够配合起来行动，但巴赞对这样的请求根本就不理不睬。此信息是一名士兵主动请缨，穿越普军防线送到巴赞手中的，这名士兵当然会遇到普军的阻拦，为此，他将函件吞入腹中，而后再从大便中取出。函件传递的信息很明确：麦克马洪正统领 13 万人的大军向梅斯进发。[36]然而，即便巴赞对麦克马洪不闻不问，任其自生自灭，他自己在梅斯也不可能长时间安全无忧。他麾下的大军已经连遭挫败，此时实际上已经开始从内部瓦解了，巴赞曾亲自查访军队，并确证了这一情况，军官们向他传递的信息也揭示此时的军心并不稳定。[37]8 月 24 日，一名军官写道："纪律太糟糕，我们的军队确实该严明纪律了。太多的人只能说是盗匪或者逃兵，他们溜出军营，甚至开始对教官抗命不遵，还不断抱怨缺这个缺那个，比如，缺牧师，缺食物，缺弹药，还没有酒喝。"通常都中规中矩的教官甚至也开始对抗上级。8 月 23 日，第六十三步兵团的一名军士因为醉酒遭到军士长的斥责，醉意一下子上来，举枪便把军士长打死了。[38]据弗罗萨尔将军说，此时法军的军纪之所以堪忧，
195 是因为军中损失的大批军官都没有得到补充："士气和军纪开始出现滑坡，因为很多连队甚至都没有军官。"不少团、连和排都只能由更低等级的军官来执掌。当地的市政长官也纷纷抱怨法军士兵到处干坏事，其中一名长官还要求"军队提供保护，防范那些四处打劫的兵匪，他们偷盗、强奸、抢劫、无恶不作，甚至用梯子直接入户抢劫"。[39]士气低落，道德水准堪忧，除此之外，物质上的短缺也相当严重。在格拉沃洛特战役之后，普军已经切断了巴赞大军的主要供水渠道。梅斯军团以及 12000 名伤兵只能取摩泽尔河的浑水饮用，结果可想而知。此时，大

军只能奉行严格的食物配给，即便如此，也只够一个月罢了。此时的法军士兵尚要增加在要塞工事上的劳动量，也要在梅斯的炮台及阵地劳作，令军队的士气和战斗力大受影响，更加速了疾病的传播。[40]

面对此等情况，巴赞基本上无所作为，这实在是令人吃惊。实际上，突围并不是太大的问题，因为建于1860年代的梅斯桥梁体系和分立的要塞体系，完全可以让巴赞在摩泽尔河的任何一侧迅速集结兵力。如此一来，巴赞完全可以击溃任何一侧的围城军队，至于普军，为了对分立的要塞体系实施全覆盖，只能将人员和火炮分散在摩泽尔河两岸，军队的战线因此也就拉出去50英里之长，这样的战线显然并不厚实。巴赞后来断言说，“我的军队被困城中，当然不能指望我去增援麦克马洪军团，他的军团是有行动自由的”，此一论断实在是荒谬，当时的麦克马洪正被普军的优势兵力钳制在默兹河和阿戈讷之间的地方，若论起行动自由，是完全不能与巴赞相提并论的。[41]倘若巴赞挥军突围，从梅斯脱困，他也将会享有诸般很好的前景。既能够向南挺进摩泽尔河和塞耶河之间的地带，两条河流可以保护他的侧翼，如此便可以顺利进抵南锡和吕内维尔，在此地区休整和重新补给之后，便可以在弗鲁瓦尔或者朗格勒高地摆开防御阵地。[42]也可以向东转进乎日山，令大军横插毛奇大军及其补给和增援线路之间。如此一来，人们便可以纵情想象一下，一个拥有26个骑兵团的梅斯军团，一旦来到德军战线后方，会给毛奇造成怎样的劫难，法军的骑兵部队完全可以肆意摧毁德军战线后方的桥梁、铁路，可以尽情劫掠德军的辎重队，如此一来，等于慢慢绞杀了毛奇精心策划的这场战争。不妨再想象一下，这样一支14万人和440门火炮的大军，在法国东部纵横驰骋，毛奇根本没有别的选择，只能催动大军掉头攻打，这样的话，麦克马洪滞留默兹河的军团就真的自由了。

196 再不济，巴赞在脱困之后，也可以实施更为直接的策略，要么向西展开攻势，穿越格拉沃洛特，重新夺取色当大道，要么向北推进，直抵蒂永维尔。如此一来，就可以在边界地带获得休整和补给，并依托在这场战争中不受侵犯的比利时边界来保护侧翼，以外侧迂回的机动战术，越过夹在中间的普军，同色当附近的麦克马洪军团实现会师。夏尔·费伊将军回忆说，指挥部曾认真考量过向北实施突进。倘若法军的速度够快，完全能够击穿普军在摩泽尔河右岸设置的阻击屏障，这道防线是相当薄弱的。若如此，法军就可以向蒂永维尔进军，可以在弗里德里希·卡尔亲王的军队做出反应之前，让攻势强劲的先头部队越过摩泽尔河，主力军团继续跟进，突进到摩泽尔河左岸。如此一来，巴赞就可以同麦克马洪会师并重新集结大军。实际上，蒂永维尔的守军早就在期待巴赞军团的到来，为此，已经在周边区域搜寻了足够的给养，三列军用火车都已经装满食物和酒水，也准备好了在奥埃纳河和摩泽尔河上架设浮桥。[43]然而，这样的策略是需要速度和胆略的，而这恰恰是巴赞不具备的。他每天的“战况简报”只是近乎麻木地记述着弗里德里希·卡尔亲王的壕沟、工事以及材料征用等方面的进展情况：“今天，敌军占领了维尼厄勒……他正在构筑栅栏体系。”很显然，巴赞不但没有想着突围，相反，还将格拉沃洛特战后整整一个星期的时间用来督促军官们操持卫生和纪律方面的琐碎事情，这完全是在白白消耗时间而已。战后搜集的各方证言同样证明了此时的巴赞是何等慵懒怠惰，每天也就是短时间地工作一会儿，同自己的外甥闲聊，晚上的时间则用来玩牌。[44]8 月 25 日，也就是法军实施的那次软弱无力之突围行动的前夜，巴赞致信康罗贝尔，内容很长，列举了军队在圣普里瓦战役之前犯下的一些无关紧要的错误。[45]这的确是在浪费所有人的时间。与克尼格雷茨战前和战后那段时间的贝内德克一样，此时的巴赞也是用此类官样文章来自我安慰。8 月 22 日一名信使越过梅斯周边的普军防线，将麦克马洪的紧急请求传递给巴赞，巴赞开玩笑说，“很快，很快，但也不至于这么快吧！”[46]

巴赞如此慵懒怠惰，无所作为，他手下的将官们也没有付出努力去唤醒他们的主帅。8 月 26 日的作战会议上，巴赞手下的大多数将官实际上都建言他们的主帅待在要塞里不要动。第一个发言的是马里 - 朱斯坦·索莱耶将军（General Marie-Justin Soleille），这名将领负责指挥炮兵预备队，他认为，既然炮弹仅仅够一场战役，那么奋力实施突围也就没有意义，不过是浪费炮弹而已。因此，大军应当待在要塞里，好好地自我保全，这样的话，还可以作为一支“存在的力量”影响后续的停战谈判，普军进抵巴黎之后，肯定是要开启这样的谈判的。此等失败主义论调得到大多数将领的支持和认可。弗罗萨尔将军，早先曾主导针对萨尔布吕肯的攻击行动，而今则深深陷入悲观之 197
中，“绝对赞同”索莱耶的意见，并且还断言说，除了帝国近卫军之外的所有部队都已经士气尽丧，根本无力采取主动行动。康罗贝尔则担心，若不采取行动，军队的士气就会尽速瓦解，不过，这位元帅仍然认为，“携带此等数量的枪炮和辎重离开梅斯，根本就没有可能”。此时的勒伯夫元帅则漠然且阴沉，他先是花费几分钟时间为自己在先前战役中的糟糕表现做出一番辩解，而后便以赞同的口吻说：“按兵不动，保存兵力，乃是唯一合理的策略。”拉德米罗将军也秉持类似的看法，认为倘若没有足够弹药维持长时间的战斗，离开梅斯也就没有任何意义。[47]

布尔巴基将军的立场则要含混一些。此次会议的备忘录由巴赞的忠诚副官拿破仑·布瓦耶上校（Colonel Napoléon Boyer）保存下来，备忘录里面的布尔巴基是“绝对附议”大多数将领的意见的，不过，布尔巴基本人后来发誓说，他在此次作战会议上表达了不同意见，并且是主张突围并挺进孚日山的。这倒是很有可能的事情，毕竟，自 8 月 21 日之后，他便一直在向巴赞保证，“军队的身心状态都很好，食物充足，辎重火车也是满载的，步兵和炮兵的弹药同样是够用的”。[48]在这份备忘录中勒伯夫元帅是在愠怒中对索莱耶的提议表示赞同，后来则指控说，索莱耶严重低估了弹药储备，“每支步枪有 120 发子弹，每门火炮有 300 枚炮弹”，并且他还作证说，他在此次历时两个小时的作战会议上还同索莱耶展开了“激烈争论”。

布尔巴基关心的重点在于军队自由机动的能力，相形之下，勒伯夫的重点则在于军队的给养，勒伯夫很清楚，梅斯城中的食物可支撑 2 万人的驻军和 7 万市民。莱茵军团有 14 万人，还有 12000 名伤兵，这些给养显然是不够的。因此，倘若大军突围转移，令要塞守军的规模缩小，缩小到可以维持的程度，那么这座要塞就能够提升为法军的一份战略资产。[49]然而，在此次作战会议上，压倒性的观点是主张按兵不动，驻留梅斯。大多数将领都紧紧抓住索莱耶关于弹药不足的说辞和担忧，以此作为不采取行动的理由。然而，在格拉沃洛特战役之后的第三天，索莱耶提交的报告曾经说，足以给每个步兵配备 140 个弹夹，尚且还有 380 万个弹夹作为后备之用。[50]这样的火力是十分充沛的，足以催动法军突围梅斯且绰绰有余，也足以支撑法军一直战斗到同法兰西其他地方恢复联系和接触。因此，此次作战会议的主要考量原本应当是突围梅斯之后该怎么办，是增援默兹河区域的麦克马洪呢，还是择日同普军再战，然而，没有人关心这方面的问题。主导意见正是索莱耶和科芬尼埃的意见，就是放弃所有的军事行动，保存大军，等待在即将到来的和谈中让这支军队扮演“政治角色”。这样的考量实在是谨小慎微到令人不齿的地步。无论如何也应当考虑到，此时的麦克马洪很有可能将被消灭，而且此时的梅斯军团在装备精良、弹药充足的同时，每人每天的食物配给已经缩减到 375 克面包的 198
地步，已经明显开始感受到饥荒之痛。

在这一群悲观预言者的环绕下，巴赞元帅在格拉沃洛特和色当这两次战役之间的两个星期时间里，只尝试了两次软弱无力的突围行动，那样的行动只能说是聊胜于无。第一次是 8 月 26 日，一开始应该说是一次重大行动，巴赞下令在摩泽尔河上架设两座桥梁，意图将左岸的三个军输送到右岸。一旦这三个军在圣于连要塞集结起来，就可以对梅斯东北面的普军展开打击，并穿透普军的防线，因为普军在那里的防线是最为薄弱的，如此一来，巴赞的大军就完全可以扔掉背包，轻装上路，向蒂永维尔挺进，这就等于是朝着色当和巴黎迈出第一步。这就是此次突围的计划；但也只是计划。实际情况是，8 月 26 日的突围行动最终沦为软弱无力的花拳绣腿，在北面遭遇普军前沿兵力的阻击，很快便退回梅斯。[51] 康罗贝尔元帅现场观看了此次突围，他回忆说，糟糕的天气也造成不小的阻力，寒风和冷雨降低了突围速度，令普军有时间强化防御。然而，此次突围行动的失败似乎卸去了巴赞身上不小的压力。“先生们，”巴赞向军团指挥官们宣示说，“这狗娘养的天气又一次令我们动弹不得啊。”当然，此番“迁延”等于注定了麦克马洪沙隆军团的命运，不过，巴赞似乎并不关心这个，实际上，他甚至都没有将麦克马洪军团正在赶来的消息告诉手下的将领。“我们对麦克马洪元帅那边的情况几乎是一无所知，”康罗贝尔后来提供的证言说，“只知道他在弗罗埃斯克维莱遭遇挫败并迅速撤退了，我们甚至都不知道还有那么一个‘沙隆军团’，因为巴赞元帅根本就没有提过这件事。”[52]

第二次突围行动是 8 月 31 日的事情，此次行动计划应该说更为郑重其事，但最终也如同浮云一般散去。巴赞在这段时间的整个行为，成为战后指控他的基础，人们正是据此指控这位法兰西的元帅故意“拖延”大军。最终，巴赞还是将麦克马洪的位置和困境告诉了手下将领，而后，便于 8 月 30 日在夜色掩护下开始集结兵力实施突围。原本计划用整整 8 个师对努瓦斯维尔方面的 3 个普军营展开攻击，然而，巴赞却令人百思不得其解地延迟了此次行动。此时，摩泽尔河右岸的普军已经利用这段间歇期，于 8 月 31 日对各个部队实施了增援和强化，不过，在这个地方，他们顶多也只能派出 3 个师去面对法军的 8 个步兵师、若干骑兵旅和 162 门火炮，总计起来，法军可以派出 9 万人加入这个方向的突围行动。约瑟夫·安德洛这一天早上就站在圣于连要塞之内巴赞元帅的旁边，他回忆说，他和元帅很清楚地看到摩泽尔河对岸一片尘土飞扬的情景，那是福格茨－罗茨的第十军在奥孔库尔（Hauconcourt）越过摩泽尔河，赶来堵截法军突围部队而掀起的尘土，此处正在巴赞前往蒂永维尔的必经之路上。面对此番情形，巴赞唯一的点评是：“看吧，他们左岸的部队过来啦。”[53]

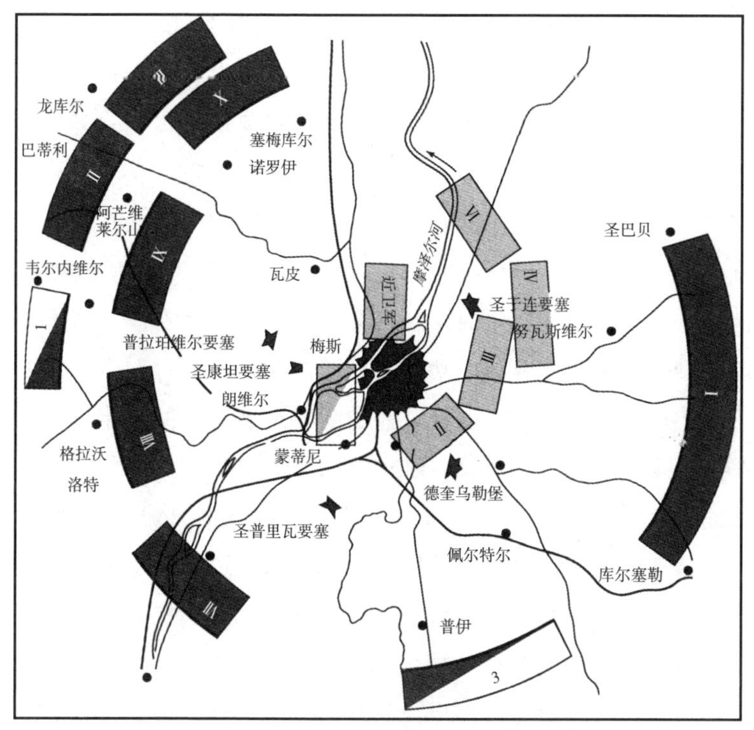


**地图 9　巴赞在梅斯的突围行动**

此情此景，看起来就像巴赞希望在突围路上遭遇阻击一样。布尔巴基 8 月 31 日在圣于连要塞见到巴赞，发现此时的元帅整 199
个人说话含混且无精打采：“当时我刚拿到皇帝的一封函件，皇帝希望我有所行动，前往蒂永维尔附近的区域援助麦克马洪。”[54] 事实上，真正应当向此时已然风雨飘摇的皇帝伸出援助之手的人，应该是巴赞。时间就这么消耗着，从上午到下午，巴赞仍然拒绝发出进攻命令。相反，他却命令士兵们将普军在摩泽尔河右岸设置的路障炸掉，为此，士兵们不得不把 24 磅要塞火炮从圣于连要塞推到圣巴贝（Ste. Barbe），并安放在那里，

这一行动毫无疑问又白白浪费了几个小时的时间。下午四点，巴赞终于登临这个新设置的炮位，在圣巴贝发射了法军此次突
200 围行动的第一枚炮弹。实际上这也是大军等待了很长时间的总攻信号：炮声一起，拉德米罗的第四军便攻入普军在圣巴贝的防线，与此同时，勒伯夫的第三军和康罗贝尔的第六军也分别从努瓦斯维尔和马尔鲁瓦（Malroy）两地向普军发起侧翼攻击。倘若在早上就执行这样的计划，法军肯定已经将右岸的普军小股防御兵力击溃并突围成功了。巴赞的此番迁延，一直持续到下午，这就给了弗里德里希·卡尔亲王足够的时间调集六万大军截断法军的突围之路，同时也对法军的侧翼实施威慑。法军在此次突围行动中，虽然奋力作战，但最终也只能无功而返。此次行动中，巴赞就在圣巴贝下面的一个路边客栈里面坐镇指挥，在整个指挥过程中，巴赞根本就没有想过将预备队投入战斗，巴赞只是将此次行动称为一次“火力试探”（tentative de vive force），普军的防御力量刚一强化，巴赞便即刻下令撤退。听到元帅的撤退命令，众人便禁不住大声哭喊起来：“我们没救了，他根本就没有提到突围的事情，军队都已经集结起来啦。”[55]

8 月 26 日和 8 月 31 日的两次突围行动，竟然出现如此怪异的情况，唯一的解释只能是作为主帅的巴赞本来就不愿意突围，也不愿意催动大军采取攻势。说实在的，身处梅斯要塞的巴赞是享有一切优势的，但他却将一切优势都挥霍掉了。很多人将此等情形归结为巴赞的背叛或者阴谋，认为巴赞是要加速拿破仑三世的倒台，要不就是为了打击自己的竞争对手麦克马洪。不过，巴赞的副官拿破仑·布瓦耶上尉并不以这么刻毒的眼光看问题，他认为，这一切不过是因为巴赞的悲观心绪而已，并

且认为，整个这场战争中，此等悲观心绪如同愁云惨雾一般始终笼罩在巴赞头顶。在8月31日的突围行动中，布瓦耶告诉随军医生说，“元帅打算突围，但元帅也认为这样的行动不会有成功的机会。”[56]于是，经历了整整一个白天的战斗之后，巴赞那愤怒但也失魂落魄的军队再次被击退，随之便碎裂为毫无军纪可言的兵匪。这次撤退本身也是相当有意思的，实际上并无撤退命令发出，是士兵们自发而为的，显然，士兵们早已厌烦了巴赞这种半途而废的风格。身在现场的爱德华·德利尼将军（General Edouard Deligny）看着眼前的大撤退，不经意间听到士兵们彼此问询，“怎么回事？”的确，没有人知道发生了什么，“士兵们也没有看到有人做任何事情，或者有人在指挥战斗，他们只是安静、平和地向后溜达。所有遇到此等问询的将官，给出的回答都一样：‘我们是在撤退啊，因为别人也都在撤退啊。’”[57]此等情形之下，布尔巴基也就不再避讳对元帅的不满：“努瓦斯维尔战役就这么结束了，没有为取胜采取任何行动。”[58]巴赞向圣巴贝和努瓦斯维尔突围的行动，实在是柔弱无力且半心半意，令弗里德里希·卡尔亲王都自感根本没有必要挥军越过摩泽尔河，毕竟，卡尔亲王还准备在必要时候介入色当方面的战事呢。于是，卡尔亲王便将梅斯战场留给自己的干将曼陀菲尔（Manteuffel）和福格茨-罗茨去应付，自己则继续守在布里埃（Briey）。[59]此次突围行动，令3000法军士兵受伤，因此也就令梅斯要塞的形势更加复杂，也需要更多的饮水和药 201
物。

此时的沙隆方面，麦克马洪本想催动自己的15万大军连同防御工事体系，一并撤回巴黎地区，但来自皇后和八里桥伯爵的政治压力令他放弃了这个念头。路易·沙格兰上校

（Colonel Louis Chagrin），法军第九十九步兵团的团长，他认为，麦克马洪此时已然认为依托巴黎要塞火炮体系，实施一场“防御战”，乃是“唯一合理的办法”，毕竟，他手里的半数兵力都是新兵，但最终还是在八里桥伯爵的逼迫之下，离开巴黎。八里桥伯爵的担心是：一支失魂落魄的军队一旦返回巴黎，很可能会触发一场反帝国政府的骚乱甚至革命。沙格兰据此给出了很有意思的评论：此等情形之下的麦克马洪本应辞去统帅之职，但是没有人愿意顶替他，他便只能这么坚持下去。[60]另有一些将官则相信，此时的麦克马洪内心里想要东进，以便“配合巴赞方面应有的军事行动”，以此保证两支法兰西大军不至于沦落到“战略孤立”的境地。事实上，麦克马洪此时的想法应该说更谨慎一些。他当然知道自己这支军队的缺陷，不过他只是不想给人抛弃巴赞的印象，否则的话就会有损自己的声望。[61]很可能就是在此等考量之下，麦克马洪留下约瑟夫·维努瓦将军的第十三军与十万“机动卫队”一起驻防巴黎，自己则催动大军行进。[62]此时的毛奇已经催动大军向北挺进，此等情形之下，速度便是沙隆军团生死存亡的关键。然而，普军的调度线路突然发生改变，向梅济耶尔（Mézières）和色当而去，这就完全打乱了法军的机动策略，令法军的后勤体系也陷入混乱，最终令法军的速度甚至比平常更慢。此等情形之下，既要避开漫卷而来的德军，又要喂饱已经是饥肠辘辘的沙隆军团，麦克马洪不得不向北转进，这里的行军线路乃是沿着陡峭的密林隘路而上，且只有一条处在超负荷状态下的铁路。

巴赞方面没有动作，这当然令人吃惊，不过也令毛奇大大松了口气，如此一来，毛奇便有足够时间来强化梅斯方面的包围圈，同时也可以提升对麦克马洪军团的追击力度。此时的普军骑兵巡逻队已经远远地走在大军前面，展开侦察，并于 8 月 24 日进入沙隆地区，发现沙隆大营已经空空如也，只剩下路易 - 拿破仑留下的已经烧黑的残余物资。此时的普军第三军团已经紧张好多天了，一直预期马埃纳河会有一场大战，至此也松了口气。另一些骑兵巡逻队已经进抵兰斯展开侦察，质问当地的市长，还突入邮局里面，掠走不少邮包。数千封还没有寄出的信笺被送到指挥部，希望能借此找到麦克马洪军团的线索，同时也希望借此了解麦克马洪军团当前的士气和意向。[63] 此时的萨克森王储阿尔伯特正引领新组建的默兹军团，在凡尔登要塞和图勒要塞之间的狭窄地带穿行，这支新军于 8 月的最后一个星期越过摩泽尔河，而后便以从圣默努尔德（Ste. Menehould）到维特里 - 勒弗朗索瓦（Vitry-le-Francois）的一个宽阔正面向兰斯和巴黎推进。

对很多德军士兵来说，这段日子可以说是这场战争中最难 202
熬的时间。阴雨不断，平日里的泥灰道路现已变成泥地和沼泽；靴子里满是冰冷的泥渣，食物也已少得可怜，“悲惨的香槟区”(Champagne pouilleuse)，基本上没有农田，人口更是稀少。二十英里的急行军都是在开阔地带的寒冷夜晚展开的，士兵们筋疲力尽，仅靠大米和沿途劫掠的东西为食。残忍的行径不断升级，德军士兵对沿途的农户实施劫掠和侵扰，只要怀疑是法军的狙击手或者作乱分子，便即刻开枪射杀。[64] 麦克马洪转进兰斯的行动令普军指挥部的所有人都迷惑不解；难道麦克马洪打算依托埃纳河和马埃纳河运河后方的防御阵地来保卫巴黎？还是说要实施一场大胆的侧翼机动，向东挺进，前往解救巴赞？据默兹军团的一名参谋军官说，后面这种可能性“是指挥部里所有人都没有当过真的”。[65]不过，此番疑虑还是相当深重的，毕竟，19 世纪的一支大军是不可能轻易采取如此突然的机动举措的。萨克森王储阿尔伯特的新军原本可以顺利且及时地赶到沙隆和兰斯，但是，这支新军并没有做好向北转进的准备。倘若麦克马洪的沙隆军团借由法国北方的道路和铁路网，迅速进抵梅济耶尔和色当，那就会对默兹军团形成侧翼打击，甚至还可以相当安全地越过默兹军团，前往攻击普军第二军团，那样的话，受命围困梅斯的第二军团将会遭遇麦克马洪和巴赞的两面夹攻。[66]

面对这样的可能性，毛奇于 8 月 26 日采取了一项精心谋划的冒险行动。巴伐利亚的列奥波德亲王于 8 月 25 日晚间同威廉一世、俾斯麦、毛奇和罗恩在巴勒迪克共进晚餐的时候，见证了一项重大决定的诞生。“餐桌上，我们没谈论别的，话题全都集中在法军此次行动的意图以及我们应当采取何种对策。”据列奥波德回忆说，“唯有毛奇的洞察力能够将不确定的未来沉淀为具体的计划。”[67]粗略的侦察报告，外加法国和英国方面的新闻，似乎都表明，麦克马洪的进军方向是蒙梅迪（Montmédy）和梅斯，据此，毛奇先后指令阿尔伯特亲王和王储弗里德里希·威廉催动本来是西进的大军向北转进。此举当然是在冒险，风险在于两点：其一，驱使两支大军穿越一个 30 英里的宽广前线实施转进时，很可能会面对装备精良的敌军集群。倘若麦克马洪迅速回应，完全有可能在普军实施转进之时，咬住毛奇的大军，分别击败默兹军团和第三军团。其二，毛奇判断失误的风险也是存在的，确切地说，毛奇此举很可能是白费力气。倘若麦克马洪的这一机动举措仅仅是假装东进，实际上是为了退
203 守巴黎，那么毛奇的这一举措就会白白浪费整整一个星期的时

间。如此一来，等于给了法军珍贵的时间来强化防御体系，输送新兵，同时也可以展开外交攻势。麦克马洪的东进行动极为缓慢，这就平添了普鲁士方面的担心，毕竟，这样一支均匀散布在兰斯到比藏西（Buzancy）一线的大军，应该说是有能力做任何事情的。此时毛奇最担心的，用这位参谋总长自己的话来说，就是法军的“不确定性”。这位普鲁士的参谋总长，是战略机动的大师，对毛奇来说，倘若麦克马洪和拿破仑三世“令巴黎处于不设防的境地，径直取道比利时边界地带，直奔梅斯”，这样的举动实在是“怪异且愚蠢的”，按说这样的事情也是不可能发生的。[68] 同样令人困惑的是，这支大军竟然没有骑兵。按照常规，这样一支东进大军应派出大批骑兵部队来防护暴露出来的右侧翼，但事实上，法军的骑兵拖在后面，令毛奇的骑兵侦察队能够毫无阻碍且在敌军毫不知情的情况下穿越阿戈讷地区。

此时身在普军总指挥部的一名萨克森上校后来评论说，这的确需要毛奇那样“切实的洞察力”，理清法军的动向和意图之谜，据此催动普军向北朝着色当转进。[69] 一旦行动开始，所有的犹疑便都顷刻消散。阿尔弗雷德·冯·瓦尔德泽少校在日记中记录了普军指挥部里的激奋情景；此时指挥部里的众人如同在观棋一样，判定麦克马洪正在实施一场灾难性的机动策略，俾斯麦认为这样的策略是一个“严重错误”。拿破仑三世和麦克马洪完全没有任何审慎可言，轻率地统领最后的 4 个军离开巴黎，纵身投入两支普鲁士军团的钳形攻势之中。毛奇令骑兵预备队快速地展开侦察，追踪并监视正从勒谢讷（La Chesne）向东面的拉伯萨斯（La Besace）移动的法军第一和第十二军，以及正从武济耶（Vouziers）向比藏西移动的法军第五和第七军。普军的一个侦察队于 8 月 28 日抓获了乔治·德·格鲁希（Georges de Grouchy）上校，此人乃携带着麦克马洪的完整作战命令和行军时刻表。[70] 此时，普军的第三军团正以一个宽阔的正面，从瓦雷讷（Varennes）向北面的武济耶漫卷而来，默兹军团则已进抵默兹河畔丹村（Dun-sur-Meuse）和比藏西地带，如此一来，麦克马洪便在毛奇的口袋阵中越陷越深。此时，普军已经控制了穿越阿戈讷高地的所有通道，因此也就能够在麦克马洪军团的后卫及右翼的任何节点上迅速集结火炮和步兵。此时的麦克马洪也在奋力催动混乱无序的大军向前移动，不过，倘若麦克马洪的速度提不上去，他的沙隆军团将被牢牢地钳制在默兹河和阿戈讷高地之间，并就此化为齑粉。[71]

甚至是在早期，俾斯麦和毛奇已经沮丧地发现，法兰西皇帝也在沙隆军团之中。倘若俘获陷落口袋阵中的皇帝，那么路易－拿破仑将就此失去自由，同时也失去皇位，如此一来，普
206 鲁士将无法达成尽速完成和谈的目标。“倘若我们就此俘获法兰西的皇帝，等于遭遇了重大挫折。”这是 8 月 25 日毛奇与巴伐利亚的列奥波德亲王的一番交心之论。[72] 说白了，一旦俘获拿破仑三世，法兰西第二帝国也将就此毁灭，取而代之的将会是一个共和国，而一个共和体制的法国很可能会将普鲁士拖入一场旷日持久的消耗战之中。不过，普军的首脑们还是预期，那只“狡猾的老狐狸”将会在战役打响前夜抛弃大军，返回巴黎。此时的普军已嗅到胜利的气味，遂向右转进。英国的一名战地记者一直尾随普军，这名记者发现毛奇的此次向北转进行动，在地上留下了相应的烙印。一路之上，德军砍伐了成千上万的树木，以便让电报线路随同进军路线一同伸展。这个英国

记者在巴勒迪克附近遇到一些法国农民，这些农民如此无知，如此易受谣言蛊惑，令这个英国人备感震惊。其中一个农民甚至还希望这个英国记者“讲一讲法军攻克柏林之后发生的事情”。实际上，整个村庄都相信，法国赢得了战争，而且还认定，他们的海军上将布埃已经率领舰队进入施普雷河（Spree），正在炮轰普鲁士的首都。[73]

毛奇当然要提防法军会发起进攻，不过，他认为麦克马洪很可能只是驻扎在穆宗（Mouzon）和斯特奈（Stenay）之间，背对着默兹河。如此一来，萨克森王储阿尔伯特的军团可以从东南面发起攻势，将法军的南端咬住，与此同时，王储弗里德里希·威廉可以从西面压迫而来，将口袋阵合拢。8 月 28 日晚些时候，毛奇命令默兹军团向北转进，朝着博蒙挺进，命令第三军团从比藏西和勒谢讷出发，向东进击。毫无疑问，这是对最初的作战计划实行的大胆调整。起初，毛奇计划在默兹河右岸将两大军团集结起来。不过毛奇很快便意识到麦克马洪正在犹疑不决，遂调整计划，决定就在默兹河左岸展开沙场，遂指令各路大军在阿戈讷附近的博蒙（Beaumont-en-Argonne）实施集结。[74]如此一来，毛奇和麦克马洪的进军路线便呈现出迎面相撞的态势。两军的第一次碰撞发生在 8 月 29 日，当时，法军第五军的指挥官皮埃尔·德·法伊将军，正统领法军右翼向蒙梅迪进发，直接遭遇比藏西附近的萨克森第十二军。一场遭遇战随之而起，经过长时间的战斗之后，法伊最终败北，退入贝尔瓦尔丛林（Belval Forest），此丛林横亘在向北前往穆宗的道路上。此时，麦克马洪元帅正指挥勒布伦的第十二军向默兹河右岸进发。

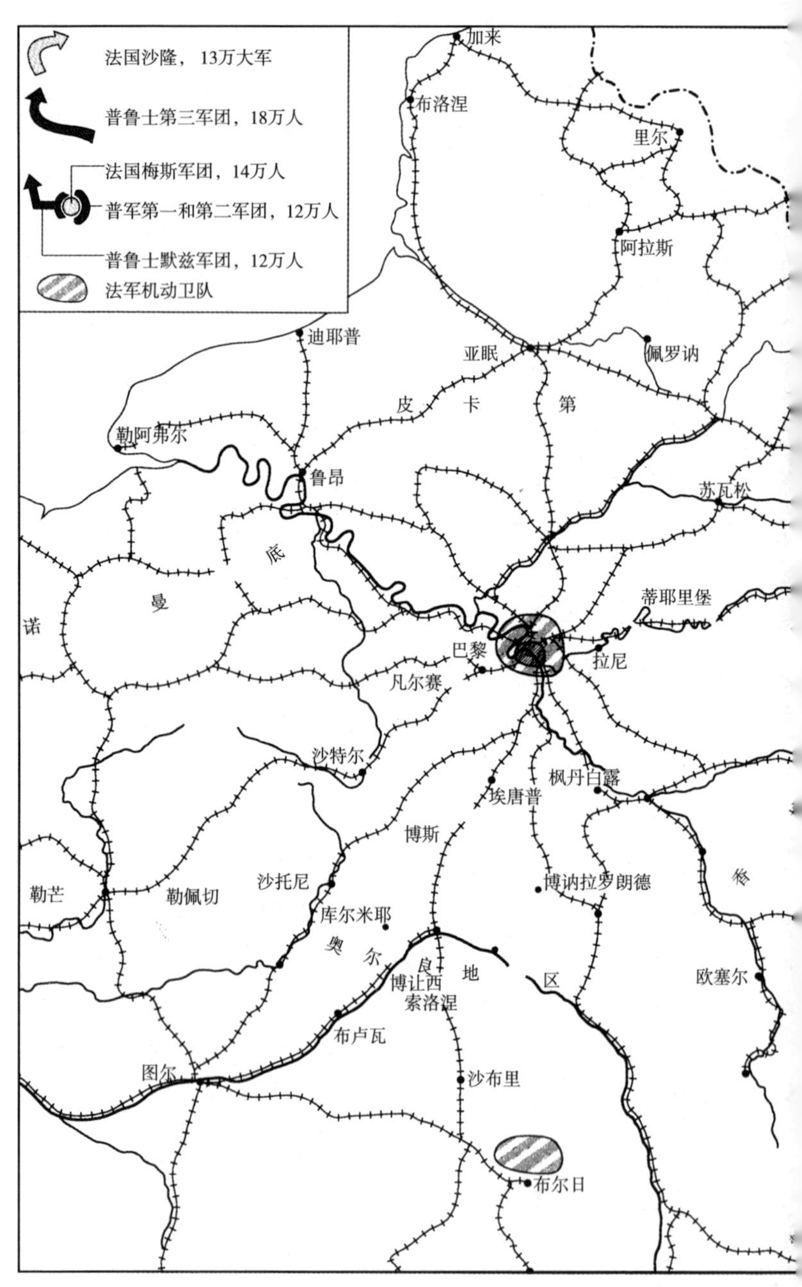


**地图 10　麦克马洪挺进色当，毛奇向北转进**

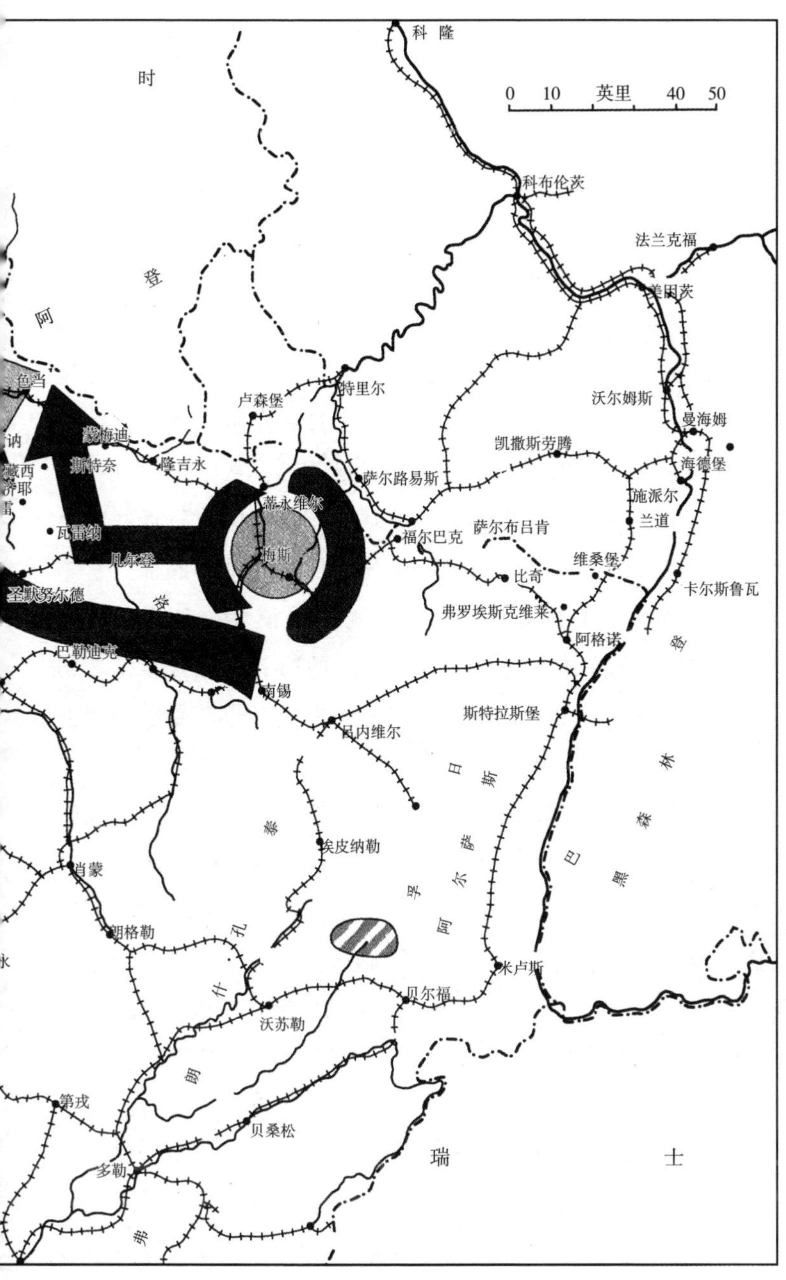
科隆
0 10 英里 40 50
时
科布伦茨
法兰克福
美因茨
登
阿
色当
特里尔
卢森堡
沃尔姆斯
曼海姆
蒙梅迪
斯特奈
隆吉永
凯撒斯劳腾
海德堡
萨尔路易斯
施派尔
蒂永维尔
兰道
瓦雷纳
福尔巴克
萨尔布吕肯
梅斯
维桑堡
凡尔登
比奇
圣默努尔德
卡尔斯鲁瓦
弗罗埃斯克维莱
阿格诺
巴勒迪克
南锡
斯特拉斯堡
吕内维尔
日
斯
泰
埃皮纳勒
萨
肖蒙
孚
尔
巴
黑
森
林
朗格勒
孔
阿
米卢斯
什
贝尔福
沃苏勒
朗
第戎
贝桑松
多勒
瑞
士
弗

## 博蒙战役，1870 年 8 月 30 日

法伊将军已经在弗罗埃斯克维莱战役中遭遇挫败，8 月 29 ~ 30 日的战事更令他颜面扫地。一番激战之后，他便交出维
207 塞普（Wiseppe）的阵地。维塞普河是斯特奈和比藏西之间的一条小河，从两地之间蜿蜒穿行而过。法伊溃败之时，正值夜幕降临，他的军队已经疲惫不堪，士气低落，法伊遂将败退之军集结起来，走上一条很是糟糕的道路，打算穿越一片黑暗的丛林。不难想见，这样一趟行程是相当艰苦的，从午夜时分一直到天亮，法伊的军队陆续走出丛林，最终来到博蒙附近的敞亮地带宿营，官兵纷纷停下，铺开毯子，倒头便睡。然而，这个地带恰恰是两支正在迫近的德意志大军的汇聚之地。8 月 29 日，默兹军团的左翼压迫而来，将法伊的第五军逼入维塞普南面的丛林中，8 月 30 日普军第三军团的右翼，也就是巴伐利亚第一军也迅速迫近法伊。

巴伐利亚的这个军先前已经得到消息，预期麦克马洪随时都有可能发动一次反击，于是，这个军团在对沙隆军团实施合围的时候，一直都小心翼翼，在派出龙骑兵和轻装步兵将所有的桥梁和丛林占领之后，才催动炮群和行军纵队向前。[75] 据约瑟夫·克伦佩尔（Joseph Krumper）中尉回忆说，他引领一个排于中午时分向索莫特（Sommauthe）附近的高地攀缘而上，士兵们已然疲惫不堪，恰在此时，遇到一群轻骑兵，还有总参谋部的军官们，他们正透过望远镜看着什么，很是兴奋。即便用肉眼也能清楚地看到不远处法伊军的“红裤子”（Rothosen），
208 一些士兵还在睡觉，另外一些士兵则在搜寻食物和饮水。就在巴伐利亚人观看的时候，普军第四军已经向这个基本上是坐以

**图 8　法伊第五军溃败博蒙**

待毙的目标开火了。正当法军士兵纷纷起身并到处寻找枪支的时候，巴伐利亚第二师已经迅速形成营级纵队，向山下攻袭而去。克伦佩尔对当时的紧急情形仍然记忆犹新，此时的巴伐利亚士兵都已经意识到，眼前的法军已经因为惊吓而混乱不堪，这可是不容错失的大好攻击机会。巴伐利亚军此时已经行军 19 英里，尽管如此，他们仍然发动了急速进攻。士兵们在冲锋过程中接受随军牧师的祷告和宽免，随着攻击纵队一个接一个冲过去，随军牧师都会呼叫“上帝与你同在，上帝与你同在!”，军官们则呼喊着“装弹，装弹!”。巴伐利亚第二师没有耗费一枪一弹，便攻入博蒙。此次冲锋，法军的“夏塞波”令巴伐利亚军遭遇重大伤亡，克伦佩尔率领的排在首轮冲锋中便折损 26 人，不过，这些士兵和军官都很清楚，速度和突袭就是最好的武器，足以扫除前进道路上的一切阻碍。[76]

法军在长时间行军之后，此时也是疲惫不堪，甚至都没有力气设置岗哨。实际上，早上当地农民就已经给了他们警报说“普军正在赶来”，但他们没有任何反应。法军第十七步兵团的瓦伦丁·维森布格尔上校（Colonel Valentin Weissenburger）回忆说，他手下的士兵大多都是加泰罗尼亚人，先前那些“毫无意义的前进和撤退”，已经令他们精疲力竭，到了这个时候，他们实在是不愿意再动，直到普军火炮从五百码外袭来的时候，他们才起身。[77]法军士兵纷纷从铺盖卷里面跑出来，向穆宗方向奔逃。德军的第一轮冲锋，令维森布格尔的团损失 207 人；其他团的情况更为糟糕。第八十六布列塔尼团损失 600 人，大部分都是在向穆宗奔逃的路上倒下的，辎重车辆堵塞了这条逃路，令大批士兵拥挤在一起，成为德军火炮和榴霰弹的牺牲品。[78]此地通往穆宗和默兹河的道路相当陡峭，法军在奔逃一段距离之后，便暂停下来，就地组建炮群和机枪阵地。一轮战斗之后，令攻袭而来的德军损失 3400 人，为法伊争取到足够的时间，引领大部队进抵默兹河。此战，法军伤亡和失踪人数加总起来为 7500 人。[79]

德军的攻袭浪潮和法伊的溃败，令通往维莱（Villers）和色当的整条交通线都乱作一团，此时正身处这条道路的杜艾第七军着实遭受了法伊军团大批落荒士兵的冲击，因为第七军此时正试图前往默兹河的右岸。第七军的士兵们朝着周围一切会动的东西开火，认为每棵树和每个栅栏的后面都是合围而来的德军士兵。[80]战后，一名巴伐利亚军官认为法军未能利用奔袭而来的德军犯下的一个战术错误，这名巴伐利亚军官所谓的战术错误指的是在急速奔袭之下，巴伐利亚军和普鲁士军之间留下了一道一英里宽的缝隙，这显然是两个军的预备队在过度兴奋之余犯下的错误。但是，这名巴伐利亚军官也的确应当体谅一下法伊，此时的法伊军在大白天遭到突袭，在惊慌和窘迫之下，除了奔逃，还能做什么呢。[81]此时，身在穆宗的麦克马洪 209
元帅，愤怒不已，德军正从南面和东面压迫而来，麦克马洪遂命令法伊军和其他军一起向北退往色当。现在，德军已然切断麦克马洪和巴赞的联系，借由梅济耶尔退往巴黎的可能性也已经微乎其微。在这样的情况下，即便他能够摆脱普军的追赶，也肯定要丢弃全部的物资和弹药，而且这中间也肯定会折损很多的人员和火炮。于是，作为中立国的比利时此时便是他唯一可行的撤退路线。[82]若取道比利时，会令军队舒服一些，但也意味着整支大军需要就地解散，如此一来，接下来的战事就无法支持下去了。此时的麦克马洪实际上没有别的选择，只能据守色当，迎面扑来的普军已经完全展开，肯定是要将他击溃，以消除侧翼威胁。这一情形正如英国驻巴黎的军事参赞于 8 月 29 日评说的那样，“这场战争取决于接下来将要发生的事情。”[83]

巴伐利亚的列奥波德亲王，此时在继续北上，追击法军第七军的后卫，在夜幕降临之时，便抵达博蒙。此时的博蒙及其周边地带到处都散落着法军的枪械、背包、马鞍、衣物、车辆、弹药箱和帐篷等物资装备。当天晚上拴在饲料边上的成行马匹，带着缰绳躺倒在地，一动也不动，都是被炮弹或者步枪射杀的。[84]尤利乌斯·韦尔迪将军（General Julius Verdy）此时正随同阿尔伯特亲王骑行。发现法伊的营帐前面还放置着桌子和凳子，摆放得相当整齐，二人即刻在桌子上摆开地图开始参详，同时也开始围着桌子进餐，食品有沙丁鱼罐头、腊肠以及鹅肝酱等。[85]副官阿道夫·希尼贝尔（Adolf Hinüber）对法军在博蒙的这种“随意态势”颇为不屑，正是这样的作战态度令法军死亡 5700 人，伤亡的士兵则散落在通往穆宗的道路上，博蒙的行军炉灶旁边也堆满法军士兵的尸体。辛奴伯还弯腰探察法军的一个阵亡军官，这名军官是在安装自己的假牙时遭到射杀的，他还看了看这名军官妻子的照片。总计起来，在此次追击中，德军俘获法军 28 门火炮、8 挺蒙蒂尼机枪和 1800 名法军士兵。同时，法军还丢弃了一个由六十辆车组成的弹药补给队。德军俘获这个车队的时候，该车队还整整齐齐地排布在博蒙，车夫们已经放掉马匹，令其各自逃生去了。[86]

在这场战争中，普军的总指挥部设置在比藏西，参谋军官们就从那里听闻、观看此次战事。毛奇也就是在这个位置上才
210 最终认清自己将麦克马洪逼迫到了何等境地。实际上，德军大营里的所有人都意识到了这个情况。萨克森王储在默兹河右岸，普鲁士王储在默兹河左岸，麦克马洪被活生生地钳制在中间。为了完成对麦克马洪的合围，毛奇即刻下令此时身在色当北侧的默兹军团之第五和第十一军，转进到麦克马洪军团和比利时边界之间的区域。第三军团从默兹河西面迫近色当，并在这个过程中将左翼伸展开来，截断法军向巴黎或者梅济耶尔方向的一切退路。[87]此时的谢里登将军正在毛奇和俾斯麦身边，密切地观察着普军是如何实施合围的：“德军士兵在不断推进……他们的步调特别轻快，仿佛是在自我激励，看起来一切都是那么轻松。看不到落后的士兵，都是强壮的小伙子，而且都是轻装上阵，只背着撞针枪和所需的弹药，还有就是小小的背包、一个水壶和一个袋子，这令他们的步伐都富于弹性，一个小时至少能行进三英里之多。”[88]德军迅速推进，在这个过程中，令德

军吃惊的是，竟然没有出现法军骑兵的身影。此时的法军骑兵非但没有掩护步兵和炮兵撤退，反而是泥菩萨过河自身难保，正在利用自己的速度和机动性，力图逃脱普军的追击。有人注意到，“麦克马洪的骑兵抵达色当整整一天之后，法军的最后一支步兵部队才抵达色当。”[89]这就给予德军一切可能的机会去扩大战线，并就此咬住法军，对之实施合围。博蒙战事之后，一名巴伐利亚炮兵军官对一个英国记者说道：

> 反正我是绝对不愿意落到麦克马洪那样的境地。无论他去哪里，我们都跟着他，将他置于我们的射程之内。我们就这么驱赶着他，从一个地方到另一个地方，这情形与狩猎没啥两样，直到最后我们逼迫他前往我们希望他去的方向。他的右翼不断遭遇打击，不得不正面对着我们。倘若他越过我们，就会遭遇萨克森王储的军团，实际上，他注定无路可走了。[90]

# 第九章　色当战役

211 法军如同潮水一般从博蒙朝着色当溃退，麦克马洪元帅显然是将色当作为自己的临时避难所，毛奇却是于 8 月 31 日起草了如下指令：默兹军团沿着默兹河右岸向前推进，展开右翼，直抵比利时边界。第三军团沿着默兹河左岸推进，直抵色当，占领沿途的所有桥梁，并就此渡过默兹河，而后推进到色当和巴黎之间的区域。[1] 正当毛奇忙碌的时候，俾斯麦也没有闲着，他提醒布鲁塞尔方面，作为中立国，比利时有义务将一切越过比利时边界的法军就地解除武装并予以拘押。倘若比利时允许法军在他们的中立之地重新集结并实施重组，那么普军将会自然而然地侵入比利时。截止到 8 月 31 日晚些时候，法军已经彻底失去向比利时撤退的可能性，因为萨克森军和普鲁士近卫军此时已经伸展到色当的北面和东面，普军的第六骑兵师已经伸展到梅济耶尔的北面和西面。色当南面，巴伐利亚军已经进抵巴泽耶（Bazeilles）、瓦德林库尔（Wadelincourt）和托尔西（Torcy），普军第五军已经进抵弗雷努瓦（Frénois），第十一和第五军则已进抵栋什里（Donchéry）。如此格局，毛奇完全能够催动自己的先头部队，越过默兹河，在各个方向上堵死麦克马洪的逃路，并由此开启这场著名的“合围攻势”。[2] 法军从色当派出工兵前往炸毁栋什里大桥，但发现所要的火药和雷管都已经转移到梅济耶尔去了，他们遂搜寻整个栋什里，希望找到能够替代的爆炸装置，但在这个过程中被普军散兵赶跑。[3] 毛奇置身默兹河左岸的高地之上，已然能够看到对面法军营地的全貌。“现在我们可以瓮中捉鳖了。”毛奇于8月31日晚些时候向威廉一世做出这样的保证。正在他给出此番保证的时候，普军第十
一军也在越过默兹河，并摧毁麦克马洪军团向西的唯一一条铁 212
路。在栋什里，已经饥饿不堪的普军士兵欣然发现法军丢弃的补给火车，遂蜂拥而入，大快朵颐，有腊肠、火腿、面包、黄油、奶酪、糖，还有油炸的沙丁鱼罐头，红酒和白酒一应俱全，更有成箱成箱的香槟。[4]对很多士兵来说，这也许是他们最后的晚餐了。弗雷努瓦上方草丛密布的坡地上，普军士兵正围成一个颇为华丽的围场，普鲁士国王、俾斯麦和毛奇将在这里约见德意志各国王公、外国使节以及新闻媒体，于9月1日观摩这场合围战。

参与此次战事的一名军官曾在几天前写下这样的话：“普军战法的精髓在于随时集中兵力，以大集群战术实施决定性的战役。”此时，麦克马洪元帅在色当战场上的排兵布阵，在这个军官看来，倒也的确展现出十分难得的愚钝。[5]此处战场，有三条平行的山脊线一直向下延伸到默兹河畔，这样的地形简直是为普军战术量身定做的，太适合一场“合围战”了，凭借这样的地形，德军可以很顺利地以集群炮阵和步兵的集团攻势，包围并歼灭敌军。此等情形之下，麦克马洪倒是放弃了对默兹河一线的争夺，转而以防御态势将大军部署在色当东北面由几条山脊的内侧组成的三角区域之内，如此一来，等于将毛奇的优势最大化了。默兹河及其古老的要塞体系能够为一支18世纪的军队提供足够的防护，确切地说，可以对大军的侧翼和后卫提供防护，由此便可以令整个兵力向北面或者东面伸展。然而，这是一场19世纪的战争，毛奇的克虏伯炮阵已经拉开了长长的战线，令法军这个

所谓的“完美位置”已然失去一切的传统优势。此时的毛奇拥有巨大的选择空间，既可以从默兹河左岸进击法军，也可以越过默兹河，来到右岸，催动大军进抵山脊线外侧，将蜷缩在内侧的法军包围起来，而后发起一场歼灭战，可以说游刃有余。麦克马洪的正面阵地拥有宽阔的河流及工事体系，不过，普军却可以绕到他的后面展开打击，恰如 1866 年的克尼格雷茨战役一样。用法军一名参战人士的话来说，麦克马洪如此布阵是有“严重缺陷”的，重要的原因之一就是法军没有给自己留出像样的撤退路线。[6]色当上方三角区域的整个防御阵线，长度不过十五英里。德军拥有 12 万大军和 700 门火炮，可以毫不费力地吞噬这么一小块防御区域，同时，德军每前进一步，都等于将法军的防御面积成倍地压缩掉，由此也就令普军火炮的威力成倍地增加，当然也令法军的压力倍增。[7]其时，奥古斯特·迪克罗将军曾建言麦克马洪将战线向北多伸展两到三英里，同弗卢万（Floing）、圣芒日（St. Menges）和伊村（Illy）地区的丛林高地形成接触，在此丛林高地地区，法军完全可以击退普军攻势，而后就可以向西实施火力撤退。但当时的麦克马洪已经因为博蒙的混乱撤退而精疲力竭，遂拒绝了迪克罗的提议，由此招致
213 迪克罗的有名抗议：“可是，在这该死的夜壶里面，我们会被屎尿闷死的。”[8]

凌晨四点，巴伐利亚第一军指挥官路德维希·冯·德·坦恩将军打响了色当战役。其时，他派出自己的第二师越过铁路桥，进入巴泽耶。此次攻击行动比毛奇希望的提早了一些，因为此时尚有大批普军仍然在推进途中，但坦恩的军队在 1866 年的战场上战绩十分悲惨，在弗罗埃斯克维莱战役中也表现糟糕，他们当然不会放过此次救赎的机会。此次攻击行动，将缺乏训

练的巴伐利亚军送入了极为血腥的巷战中，两军几乎是逐屋逐屋地展开厮杀和争夺，由此造成的本来可以避免的惨重伤亡遂在战后引发巨大的争议。法军设置在巴朗（Balan）的炮阵随即对巴伐利亚师展开轰击，法军步兵则以房屋、屋顶、树木以及阶梯为阵地，向进攻之敌开火，这一天很早的时候，这支巴伐利亚师便被打残。[9]普鲁士官修的战争史后来还是给予坦恩以赞誉，认为他将法军“牢牢地钉死”在巴泽耶，为毛奇赢得时间和机会以从侧翼对沙隆军团实施合围。但实际情况是，坦恩成了个人荣誉的牺牲品，当然，毛奇的指令也因为他而被扭曲。[10]不过有一个人曾提供证言说，他偶然听到阿尔布雷希特·冯·布卢门塔尔将军，也就是第三军团的参谋长给坦恩下达这样的命令：“拖住法军，不让他们向梅济耶尔撤退。”不过，布卢门塔尔后来否认下过这样的命令，他说：“我从未下过这样的命令，这样的命令岂不是太愚蠢了。”[11]的确是愚蠢，巴伐利亚这几个步兵团在破晓时分被困在巴泽耶那雾霭蒙蒙的街道上和巷子里，法军步兵和海军陆战队（这些陆战队士兵是在从波罗的海撤回之后，设法从瑟堡来到这里的）从四面八方开火，将巴伐利亚师的火力压制住，甚至很多市民都挖出自家的火铳和猎枪，朝着眼前的活靶子开火。

法军第十二军的巴泰勒米·勒布伦将军对巴伐利亚师的进攻迅速做出反应，他派出一个师占领巴泽耶，这个师迅速分成小股部队，夺回黎明时分被巴伐利亚师攻占的商店和房屋。想要将巴伐利亚军队驱逐出去，当然需要火炮协助。[12]法军的第一轮轰击如同雷鸣一般，令集结在栋什里的普军第十一师吃惊不小，这个师是准备攻击弗卢万和伊村的法军阵地的。默兹河在这里绕了一个弯，穿越色当和栋什里之间的地带，向北而去，因此，第十一师必须向北行进六英里才能向东转进，抵达法军阵地前面。格布哈特·冯·俾斯麦，普军第八十七步兵团的一名军官，据他回忆，当第十一师沿着这个 U 形路线行进的时候，听到火炮的轰鸣声以及步枪的嘶鸣声，手下士兵们感到“极度紧张且焦虑”：“突然，一个士兵在我眼前脱离了连级纵
214 队，爬上默兹河的河堤，还带着背包、铺盖和枪械，跳入下面的河水里面。扑通一声，声音很大，河水很快便将他淹没，水纹也遂即散开，而后便一切归于平静，仿佛什么都没发生。他再也没有浮出水面。周围的士兵们都目瞪口呆了很长时间，他们的神经遭受了太长时间的折磨，加上此等场景，令他们呕吐不已。”[13] 远处栋什里的高地上，他们的参谋长布卢门塔尔将军正迎风而立，丝毫没有感受到这样的压力。疾病已经令这个将军身体虚弱，不过，他仍然在用望远镜巡视战场，并宣示说：“我们赢定了。”[14]

215 在巴泽耶北面，默兹军团的第一批部队，也即作为默兹军团先头部队的萨克森军，已经出现在蒙塞勒（Moncelle）和代尼（Daigny），这里是山脊线的外侧，正对着色当东面的法军阵地。奥古斯特·迪克罗将军统领的法军第一军对萨克森军实施了强力反击，战斗持续了整整一个上午，在战斗的过程中，默兹军团也在奋力向第三军团靠拢，迪克罗则竭尽所能地将之击退。毫无疑问，这是一场意料之外的遭遇战，麦克马洪元帅骑马巡视此次战斗的时候，一枚炮弹在他附近爆炸，战马受惊，元帅应声落马。这位六十二岁的老人在勉力起身之后，发现自己已经无法再骑上战马，甚至走路都困难。弹片割伤了这个老人的腿。由于他的精力渐趋耗尽，麦克马洪遂任命迪克罗为沙隆军团的代理指挥官。

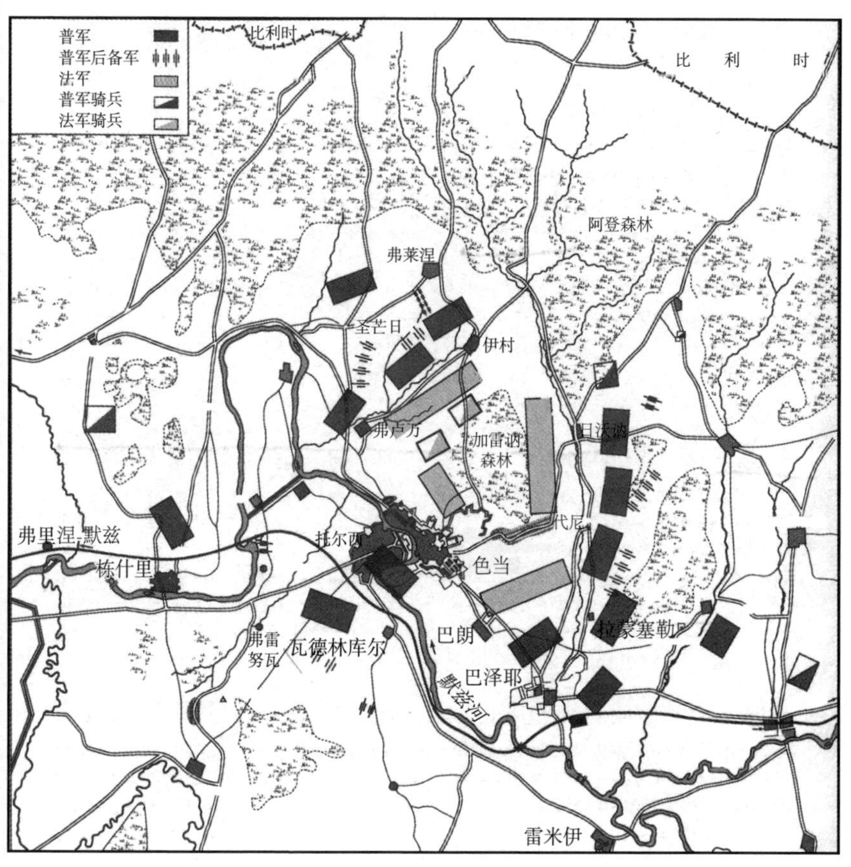


**地图 11　色当战役**

此时的普军乃全线忙碌起来。色当北面的战事逐渐展开，令法军部队一个接一个地被钉住，从巴泽耶阵地的第十二军到代尼和日沃讷（Givonne）的第一军，都陷入普军的攻势之中。普军第五和第十一军利用这样的形势，在栋什里顺利越过默兹河，而后便沿着色当－梅济耶尔大道向前推进。在推进了一段时间之后，又兵分两路，第十一军向弗卢万攻袭而去，第五军则朝着弗莱涅（Fleigneux）实施仰攻。在这个过程中，第五军

**图 9　普鲁士近卫军收紧色当口袋阵**

216 又与从东面迫近的普鲁士近卫军会师，由此完成合围，将法兰西最后一支军团包围起来。这场“合围攻势”是如此精确地展开，对德军步兵来说，时间节点的把控确实是恰如其分的。为了抓住麦克马洪，德军的大多数部队已经在数天时间里每天都轮轴转地行军十三到十四个小时。很多士兵在行军过程中没有配备食物，这些士兵实际上已经活生生地变成“公里猪猡”(Kilometerschweine)。符腾堡第一步兵团的一名军官回忆说，这些饥饿的士兵完全是靠着稳定的鼓点节奏向前移动的；他们在疼痛、疲惫和饥饿的折磨之下，近乎机械地向默兹河前进并越过默兹河。一名士兵还留下这样的话：“有人给了我一片面包，这才让我没有忘记吃东西的滋味。”[15]

迪克罗接掌指挥权之后的第一道指令是“向西撤退”，但普军的两个军已经将撤退路线堵死。此时的法军指挥部已陷入混乱之中，令任何撤退行动都归于难产。埃马纽埃尔·温普芬将军（General Emmanuel Wimpffen），几乎是在逼迫下离开巴黎，于博蒙战后前来解救遭遇耻辱性挫败之法伊的，他坚持认为，真正的代理指挥官应当是他而不是迪克罗。温普芬战前是奥兰（Oran）军团的指挥官，在法兰西的将官序列里名列第十六位，因此他拒绝听从迪克罗的指令，因为后者在将官序列中只排在第26位。迪克罗之所以下令从正在合拢的口袋阵中撤出，是基于这样一个前提：军团的野战火炮以及色当的要塞火炮能够在足够长的时间里遏制德军东南方向的攻势，这样的话就可以为步兵和骑兵争取时间，从西北方向实施突围。温普芬则挥舞着八里桥伯爵给他的“指令”，命令军队原地坚守。[16]此时，默兹军团正从东北方向迫近，第三军也正从西南方向迫近，法军实际上已经没有任何切实可行的选择，只能据守色当了。倘若法军尝试从巴泽耶或者代尼撤退，只能与补给队和后卫相撞，由此陷入巨大的混乱中，无从脱身，而德军可以利用这样的机会从各个方向发动攻击。倘若法军在火炮支援下实施突围，无论在哪个方向上都会被德军打成碎片。说白了，此时的法军唯有原地坚守这一条路可走了。上午十时，色当战役全线打响，从栋什里到巴泽耶，再到伊村。[17]

对法军来说，这场战争中至关重要的问题早已明摆着，他们的火炮根本不是普军火炮的对手。此等情形之下，麦克马洪在色当北面布下一个三角防御阵型，令费利克斯·杜艾第七军驻守在弗卢万和伊村之间，令迪克罗第一军驻守在日沃讷和代尼之间，令勒布伦第十二军驻守在代尼和巴泽耶之间，温普芬的第五军作为预备队驻扎于杜艾和迪克罗之间的缺口地带，此等防御阵型实际上等于让法军听凭普军更为强大也更为精准的火炮攻势摆布。如果说，法军步兵在马斯拉图尔战役中已然感觉到自己是“火炮下的肉片”的话，那么他们将在色当战役中进一步加深这种感受。普军火炮会将他们炸成肉末，因为在色
217 当战役中，普军的火炮将从一英里开外展开轰击，那样的射程是法军火炮根本够不着的。中午时分，巴伐利亚军已经扫清巴泽耶，并进一步向色当推进，随后该军的炮群也加入普军的炮阵，令整个炮阵组成的包围圈更为厚实。这个巨大的炮阵包围圈从坦恩的巴伐利亚第一军的新位置巴朗一直伸展到代尼上方萨克森军的炮群，再由此伸展到日沃讷近卫军的炮群，最终延伸到第五军在弗莱涅阵地的炮群。巴伐利亚军的炮群到位之后，便协同第十一军的炮群一起开火，对弗卢万实施密集的火力覆盖打击。如此密集的火炮形成了一个厚厚的火力圈，这是法国士兵不曾见过的情形。仅这一天的战斗中，就有两万枚炮弹在法军那狭窄的防御区炸开了花，令法军震慑不已。[18]

此番炮击之下，刚刚从巴黎来到战场的温普芬很快便意识到，原地坚守也不是办法。此时，迪克罗正率军朝着西北方向奋力推进，温普芬则选择了恰恰相反的东南方向，这样的选择显然不会对两支军队有任何帮助。倘若温普芬能够集结起足够的兵力，对坦恩麾下已经十分疲惫且相对缺乏训练的巴伐利亚军发起攻击，那么沙隆军团也许能够击穿普军的包围圈。这样的话，法军也许能够突破包围圈，进抵卡里尼昂（Carignan），最终同梅斯方面的巴赞会合。这只是一个计划而已，并无成功的可能性，但不管怎么说，据此计划，温普芬有可能把普军军群甩在身后。说白了，在此时的战局中，这毕竟是最有希望的计划。此时，德军方面的情况甚至令温普芬的这一计划有了些许生机。大部分巴伐利亚步兵都已经没有弹药了，而且他们似

乎也并不急于补充弹药。巴伐利亚的一名军士长回忆说，很多士兵抵达巴朗和巴泽耶的时候，便一屁股坐在地上，尽情地享受他们在地窖里找到的烟酒。[19]约瑟夫·克伦佩尔中尉也记述说，置身拉蒙塞勒的巴伐利亚军队士气已然跌落到极点，也就是在这个时候，他们感受到温普芬军团的火炮正在加速轰击。“地面在颤抖”，“炮弹如同暴风一样横掠而过”。士兵们感觉自己仿佛“置身火山口”一般，于是便纷纷离开设置在开阔地的阵地，躲进坚实的蒙塞勒城堡。在其他军官的协助下，克伦佩尔进入城堡，将军队赶回外面的战场，回过身来却发现，自己的巴伐利亚士兵正与已经没有指挥官的萨克森第一零七步兵团的士兵混在一起，“在房间里翻箱倒柜，到处找酒喝”。军官们遂手握军刀，将这些人赶到外面，而后还要花更多的宝贵时间来封住房间的门窗，目的不是防止温普芬军队的突击，而是防止自家士兵再一次破窗而入。在封堵门窗之时，克伦佩尔看到一名醉醺醺的萨克森士兵摇摇晃晃地走过院子，大声喊叫着要起瓶器。[20]

此时，温普芬正在准备突围，并恳请拿破仑三世从色当来到自己军中，引领此次穿越巴朗和巴泽耶的行动。也就是在这段时间，德军的炮群和步兵已然万箭齐发，将法军的正面阵地全部摧毁了。下午一点钟，温普芬军将巴伐利亚军赶出巴朗阵地，不过，此时的德军也已开始向杜艾第七军和迪克罗第一军 218
之间的裂隙渗透。普军第十一军在弗莱涅的 90 门火炮展开了令人颤抖的轰击，潜伏在炮群后面的普军步兵部队已经将卡瓦勒·德伊利阵地从已然无心恋战的法军余部手中夺回来，并将数千法军的落伍者逐回色当方向。在杜艾将军眼中，现在是整场战役的决定性时刻，此时实在是极像维桑堡战役杀死自己兄弟的那一刻。杜艾此处的防御位置本来是十分强固的，可以说是令人生畏，不过，德军配置在伊村的火炮和步兵军群乃对此处阵地的后方展开强力打击，由此便有效地协助了此时正在攻击杜艾阵地正面的萨克森第二十二师。[21] 直到最后，杜艾的军队都在奋力作战。奥斯卡·贝歇尔，普军的一名军士，提醒人们无论如何都不要忘记，即便是在一场“炮战”中，最终也都是需要步兵发起进攻，拿下阵地的，这可绝不是轻松的任务。贝歇尔所在的排成群地向加雷讷森林（Bois de la Garenne）西侧山脊进攻的时候，活生生地被法军的火炮和步兵火力击溃：

> 我左右两边的人纷纷倒下……我眼看着我手下最好的士兵被三颗子弹撂倒……我们的上校也在弹雨中阵亡了，法军在两百码之外的地方开了两枪。我记得我竭力躺倒在马铃薯地的犁沟里面，而后便在伤亡的士兵中间爬行，搜寻弹夹，然后将弹夹扔给我的士兵。在一名法军士兵的背包里，我找到一块糖，便吮吸起来，“夏塞波”的子弹正从头顶划过，嗖嗖的。

普军的另一支部队试图沿着贝歇尔的侧翼展开进攻，此时，贝歇尔的士兵利用这个机会起身，再次向前突进。很快，这个排的士兵便冲进法军的一处战壕，没有遭遇任何阻击。普军的榴霰弹和弹片已经将这个战壕里的所有法军士兵杀死了。贝歇尔遂回身向自己的士兵发出这样的指令：“继续前进，把我们这个位置充分利用起来。”[22] 实际上普军的任何军官在类似的情况下都会发出这样的指令，由此也就进一步证明了普军那优秀的军事素质。

色当要塞本身乃坐落在麦克马洪三角防御阵地的底部，此时已然成为抵御德军进攻的唯一屏障。卡尔·莱布中尉（Lieutenant Karl Leeb），巴伐利亚第二军轻装步兵部队的一名军官，他后来记述了巴伐利亚军是如何耗费一整天的时间，对托尔西的铁路路堤和栅栏工事发动进攻的，那样的进攻的确是太过软弱无力。当时，卡尔·莱布受命带领自己的排进入色当郊区，抵达之后，莱布发现手下 30 个士兵中竟有半数的人拒绝跟随他继续前进，“向前推进吧！”莱布几乎是用哀求的口气向这些士兵说话，但大多数士兵还是潜伏在掩体下面，不愿行动。弗雷努瓦方面普军的火炮将法军击退，莱布遂利用这个机会，引领自己的小队进抵靠近色当南门的一处房舍里面，士兵们抵达这里之后，大部分时间都是在竭力躲避法军火力。当然，最 219
终他们还是行动起来，却不是前往攻击附近的巴黎门（Porte de Paris），而是在躲避弗莱涅方面友军的炮火，那里的德军炮群没有看到莱布所部举起的白旗，直接用火炮攻击他们的藏身之处。托尔西战场上的一名巴伐利亚少校后来证实说，他手下有几十个士兵也是被友军火炮误杀的，士兵的脑袋被炸飞，后背嵌满了榴霰弹和炮弹的碎片。[23] 造成此等悲惨情状的主要原因在于普鲁士国王威廉一世，当他听说法兰西皇帝拿破仑三世就在色当城内的时候，复仇心切地命令所有的火炮向色当要塞展开轰击。当然，一些炮群在这个过程中表现得清醒一些。当一名巴伐利亚军官策马来到弗莱涅高地，命令普军停火的时候，却发现这些火炮乃属于一个符腾堡步兵团。该团炮兵用施瓦本方言高声告诉这名巴伐利亚军官，他只能忍受这样的炮击，因为所有人都在忍受：“我们已经拖着这些该死的火炮走遍了整个法国，竟然没有开过一炮；现在，我们终于可以开火啦，没有人能阻止我们。”[24]

**图10　被包围的法军**

220 此时，战场的其他所有地方，法军都已经无法据守阵地。截止到中午时分，普鲁士近卫军、萨克森军以及巴伐利亚军已经将222门火炮组成的炮阵展开，从弗卢万绕着圈，一直延伸到巴泽耶。火力猛烈且没有间断。三角防御区底端的法军不得不退回色当。顶端的法军则一头扎进加雷讷森林，在高耸的树林里面寻求庇护。德军炮阵和步兵部队遂向前推进，每一次推进都等于在提升火炮的精准度。就这样，德军炮阵逐渐以半圆形态聚拢起来，轰击密度也越来越高，直击法军的两翼及正面。至此，普军的火炮已经可以展开全方位的轰击，根本用不着担心法军火炮的还击。

弗卢万方面，法军的双重战壕体系乃在这一天的大部分时间里都将德军的攻势抵挡在外，不过到了下午早些时候，德军的火炮已将迪克罗军击溃，那是一个巨大的炮阵，从西面直接切进来，此外，默兹河左岸更有78门火炮在实施不间断的轰击。迪克罗第一军的士兵不得不渐渐撤回色当，这一回撤，令杜艾的左翼顿时失去防护，数千德军遂如同潮水一般涌入弗卢万和伊村之间的裂隙。温普芬于中午时分来到第一军和第七军的接合部查勘，眼前的情景令这位巴拉克拉瓦和索尔费里诺战场上的老将“惊恐不已”，普军的炮火太密集：“不到十分钟的时间，法军的整整三个炮群便在普军的轰击中化为齑粉。”[25]巴伐利亚的列奥波德亲王在德军一侧的高地上也观察到同样的情况：“法军每次尝试组织炮群、机枪射击，或者发动防守反击的时候，即刻便会被我军的炮火击碎。”普军炮火先是钉住目标，来一轮试射，而后便以集群炮火将目标清除。中午时分，朱尔·福尔若将军（General Jules Forgeot）——沙隆军团的炮兵指挥官，决定让法军火炮全线撤退。炮兵撤退后，被抛弃的步兵“根本不理解炮兵的处境”，也开始自行撤退，完全不顾军官的命令。

普军遂从四面八方压迫而来，杜艾将军回忆说，在这个节骨眼上，他于下午一点钟到处搜寻法军的炮群，却一无所获：“我的师已经被抛弃了，只有一挺机枪，除此之外，什么都没看到。”[26]此时身在日沃讷附近一处高地上的列奥波德亲王，回忆起当时已然狼狈不堪的法军如同潮水一般回撤色当的场景，仍然是历历在目。当时的普军炮阵从日沃讷、伊村和弗卢万，毫无间断地将法军覆盖起来。[27]为了遏制这股溃退的潮流，迪克罗调动了他此时能够找到的唯一一支预备队，也就是让·玛格丽特将军（General Jean Margueritte）统领的轻骑兵旅。普军炮火不间断地朝着卡扎勒轰击时，迪克罗命令玛格丽特出动骑兵

部队，阻击正在合围而来的德军，并争取在德军的包围圈上打
221 开一个缺口，那样的话，迪克罗就可以引领军队向西突围而出。此时的迪克罗和玛格丽特都不知道温普芬将军也在实施一次从战场的相反方向开始突围的计划，玛格丽特遂听从迪克罗的指令，引领自己的骑兵旅，分成两路集群纵队，从伊村向弗卢万突击而去。

此等场景令普军士兵瞪大了眼睛，不敢置信，毕竟，在这个三角区域，普军部署了整整两个步兵军团，更有 144 门火炮。法军的突围行动完全处于普军火炮的射程之内，而且普军炮兵也看得清清楚楚。普军第八十七步兵团的一名军官回忆说，普军炮兵看到此一场景的时候，不免兴奋不已；炮兵们纷纷拉起炮车，迎向正在迫近的法军骑兵部队，力图提升火炮的威力和精准度。“他们来啦，他们来啦”，普军炮兵在移动火炮的时候，都在窃窃私语，显然是高兴已极。普军的燧发枪手都跑回自己所在的步兵连队，并组织起战线。很快，普军火炮便开火了，榴霰弹和散弹筒顷刻间便喷射而出，将奔袭而来的战马纷纷放倒。与此同时，普军步兵也瞄准目标，三轮齐射，每一轮齐射都会放倒法军骑兵的一波冲锋浪潮，而后便转入“速射”模式，也就是单兵的快速射击。[28] 加斯东·德·加里费上校（Colonel Gaston de Gallifet）引领自己的第三骑兵团以及整个旅的余部，实施了第二和第三轮冲锋，但都被击溃。下午三点又发起了最后一次冲锋，结果也可想而知。最后，法军骑兵与其说是在冲锋，不如说是在阵亡的战马和骑兵的尸堆里面，摇摇晃晃地择路而行。[29] 此时，威廉一世正在弗雷努瓦观察这场骑兵冲锋，这位老国王禁不住地叹息说：“多勇敢啊”。[30] 这简直就是一场屠杀，普军第九十四步兵团的军士奥斯卡·贝歇尔看到的的确是近乎麻木的屠杀：

“到处都是成堆的尸体，根本找不到完整的尸身，炮火摧毁了这些士兵的躯体。我亲眼看到一双漂亮的马靴躺在地上，于是将它们捡起来，发现断腿和断脚还在里面。”[31]

此时，费利克斯·杜艾的第七军已经没有预备队了，遂在遭受普军炮火重创之后，归于瓦解。古斯塔夫·孔塞伊·杜梅尼第一师的侧翼和后卫遭到包抄，在战斗中折损了半数兵力。[32]一名在远处观看此次战事的普军军官不禁悲悯起来：“他们背靠着加雷讷森林高地，拥挤在炮群后面，空间是如此狭窄，彼此之间都没有间隙。每一次他们试图展开反攻的时候，我们的炮群指挥官都会高喊：‘向他们步兵团的右翼开火！’”[33]于是，炮弹便一枚接一枚地在法军阵地中开花。法军遂不再顾忌任何纪律，纷纷向后方奔逃，于是，从伊村到弗莱涅再到弗卢万的整个防御战线很快便归于瓦解。普军抓住法军此次溃退的机会，向前突进，占领了法军阵地，并向溃退的法军猛烈开火。此时，王太子弗里德里希·威廉正在栋什里高地上用望远镜观察这场战事，那样的场景令他的胃颇感不适，因为那场景的确 222
“痛苦且恶心，法军步兵已经没了武装，四处乱跑，不停地奔逃，没有方向”[34]。当初，麦克马洪在默兹河后面布下的这个三角形防御阵法的缺陷，借由而今的惨状终于显露出来。“法军各部队无论是进出中央战阵，还是沿着边缘运动，都会造成混乱，无论是哪个节点，一旦遭遇攻击，都将令法军失去斗志，失去方向，也无法提供增援。法军在战术上的此等乱象，简直不是语言能够形容的，各个军基本上是各自为战，根本无法形成集群突击的态势。”[35]

法军防御阵地的东侧角落更是混乱，那里是迪克罗第一军驻守的地方，该军被萨克森军和普鲁士近卫军击败而后撤，等到德军在代尼西侧山脊重建炮阵之后，该军便在顷刻间瓦解，第一军的大部分都已经后撤，其余士兵则朝着比利时边界地带突围。夏尔·瓦尔内上尉（Captain Charles Warnet）也在这些突围军队中间，他与第三轻步兵团一起，悄悄渗透到伊村和日沃讷两地德军之间的峡谷中，向北脱逃。[36]在这个过程中，第十七步兵团的团长瓦伦丁·维森布格尔试图将自己的团推进到萨克森军所在的道路上，结果只是眼睁睁地看着自己的步兵团归于瓦解："来自完全相反的两个方向的炮弹在我们的纵队中间开花，很显然，我们被包围了。"维森布格尔的这个步兵团，原本是第五军的组成部分，作为温普芬仅存的预备队，此时的第五军已经在普军的炮火中消耗殆尽，该步兵团在下午两点彻底瓦解，在此之前，该步兵团曾同所在旅的其余兵力有过短暂的会合："普军的火炮袭击了我们的后背，我们只有3500人，并且没有火炮，我们面对的是拥有48门火炮的6万萨克森大军。"维森布格尔高估了弗卢万方面萨克森军的兵力，不过，这也的确情有可原，毕竟，德军的攻击如利刃般一波又一波地袭来，肯定会给作为团长的维森布格尔留下歇斯底里的印象。他的步兵团瓦解之后，一些士兵逃向色当，另一些则干脆就地缴械。在撤退过程中，维森布格尔曾亲眼看见不少法军部队口中高喊着："不要开枪！我们已经放下武器了。"[37]

色当的包围圈逐渐收拢，德军的机动跑群在这个过程中乃进行了极为高效的协同攻击，其效率实在令人震惊，因为经常会有两股炮火呈90度夹角汇聚在同一个目标上，这实际上等于用炮火将已然惊恐万状的法军彻底吞没。[38]中午时分，普军和萨克森军队的200门火炮对加雷讷森林实施全方位的地毯式轰击，杀死数百名法军逃兵，并将剩余法军赶入此处丛林地带南面的洼地里。法军刚一在开阔地出现，德军的炮火便尾随而至。
普军炮群指挥官以教科书般的效率指挥着各自的炮群，走位极 223
为精准，由此赢得的战术优势看起来根本不像是在混战中建立起来的，而是在黑板上演绎出来的。仅在战场的这一角落里，德军就集结了200门火炮，与八年前邦联军队在弗雷德里克斯堡（Fredericksburg）集结的全部火炮一样多，而且，德军的火炮差不多是全覆盖的，法军的正面和侧翼都在轰击范围之内，炮弹如同雨点一般在法军聚集的丛林中开花。一旦德军开炮，法军基本上无处可躲。炮火交织成90度的扇面，如同暴雨一般袭来。若德军火炮是从单一的一个方向攻袭而来，那么法军还可以躲在一处坡地后面避开炮弹，但在90度的轰击扇面上，法军根本避无可避。更糟糕的是，炮弹一旦在树林里爆炸，就会在榴霰弹和炮弹碎片之外平添树木的碎片，这些碎片一起直接切入法军部队中，产生了更大的杀伤力。法军火炮完全没有还手的余地，此等单方面的轰击是德军炮手非常喜欢的，因为他们可以在没有任何抵抗的情况下肆意屠杀。法军则沦为无助的靶子，眼看着德军炮筒的闪光渐渐逼近，巨大的炮阵、雷鸣般的炮声以及巨大的冲击波，这场火炮大屠杀之恐怖已经不是语言能够形容的。

在德军六磅火炮不间断地轰击之下，法军迅速瓦解并四散奔逃，纷纷向色当溃退。抵达色当之后，法军士兵遂即跳入战壕，并疯狂地试图爬上要塞的墙体。这情形同样极像1866年的战事，1866年，克尼格雷茨战役的要塞指挥官也拒绝接纳贝内德克北方军团已然惊恐不已的残余兵力进入要塞。像色当这样的一座17世纪的小小要塞，是根本容不下这么一个巨大的野战军群的。在火炮攻袭之下，这支亡命大军拥挤在城门口、壕沟里以及甬道上，此乃典型的现代战争场景。要塞里面的守军，大概有一个师的规模，都是一些乌合之众，在德军包围圈逐渐合拢的时候，这些守军却在肆意作乱，到处劫掠，酗酒，搞破坏。[39]

下午晚些时候，加雷讷森林阵地便已经陷落于萨克森军和第三军团之手。进驻阵地的德军发现法军整整三个师的余部还在里面，完全失去了战斗能力和士气。再往南一些，在巴泽耶和拉蒙塞勒后面的高地上，约瑟夫·克伦佩尔被眼前的战争场景震惊了：成排成排的法军背包堆积起来，形成一道道的胸墙，但也不足以抵御德军的轰击，到处都是炸碎的尸体。现场留下数十门法军的火炮和机枪，炮手和机枪手要么已经逃命，要么已然战死。伤兵无数，“都已是残肢断体，将死之人。这主要是德军火炮所赐，基本上都是缺胳膊断腿的，很多人脑壳都被炸开，脑浆外泄。法军夏塞波造成的可怕创伤和极度痛楚之声也是此起彼伏，极为恐怖”。[40]法军的一个炮兵被炮弹直接击中，尸体已被完全肢解，一名巴伐利亚上尉军官见此情形，不免停下来，呕吐不止：“他只剩下脑袋、胸部和一只胳膊……炮弹直接命中，身体的其他部位都被炸飞。”不远处是一具被炸死的战马的尸体、一
224 个将官及其参谋军官的残肢，实际上都已成碎片。萨克森军中一名军官受命去辨认这个阵亡将军的身份，只找到此人的衬衣碎片，印有“Géneral T”字样。[41]

截止到战役结束的时候，德军已经集结了 700 门火炮。这一天很早的时候，德军的火炮便已经摧毁麦克马洪的 550 门火炮，而后便在战役的大部分时间里，用炮火来招呼法军步兵和骑兵。在伤亡率方面，两军是完全不对等的，足见普军火炮的可怕效率：法军方面阵亡 3000 人，受伤 14000 人，另有 21000 人沦为战俘；德军方面的伤亡和失踪士兵数量加总起来只有

9000 人。色当战役与格拉沃洛特战役完全不是一回事情，在格拉沃洛特战役中，两军的伤亡基本上是持平的。在色当战役中，两军的伤亡比例达到 4∶1，这样的比例是法军无法承受的。美军观察员菲尔·谢里登与俾斯麦和毛奇一起，在弗雷努瓦高地上观察了这场大屠杀，眼前的情形让谢里坦很难相信拿破仑三世竟然能活过这场战役："哦，没问题，"俾斯麦嘲讽说，"那只老狐狸是相当狡猾的，当然不会落入这个陷阱，他肯定已经溜回巴黎了。"[42]

实际情况却并非如此；这位法兰西皇帝于 8 月的最后几天，在边界地带将皇太子送入比利时，自己则留在色当战场。俾斯麦所谓的这只"老狐狸"，此时正在色当与将领们逐一谈话，先是杜艾，后是迪克罗，最后是勒布伦。迪克罗和勒布伦在等待皇帝召见之时，站在"王家营帐"外面的营垒边上，两人假装在研究要塞火炮。此时，唯有温普芬还决心向巴朗方向重新实施突围，却不知道自己的将官们都去了哪里。没有人回应他的指令。"这是错误的，"温普芬后来记述说，"我才是主帅，但皇帝取消了我的指挥权。"[43] 到了这个时刻，也就是下午三点，所谓指挥权已经没有意义了。杜艾在等待皇帝召见的时候，接到温普芬的命令，要求他"掩护大军的后卫"，对于温普芬这份迫切的指令，杜艾已经失去耐心，他给出的回复是："我只有三个旅还没有调动，基本上没有弹药，更没有火炮。"在这样的情况下，根本无法抵挡普军，无论是在后卫，还是在别的什么地方。[44]

勒布伦的师也一直冲锋在前，而今的情形一样糟糕。朱尔·格朗尚将军（General Jules Grandchamp）更是申述说，他的第一师已经在没有弹药的情况下挨过了整个战役："我这个师的弹药，在 8 月 30 日就差不多打光了。31 日，我们在渡过默兹河的时候，剩余的弹药都已浸湿。9 月 1 日，我们是在没有弹药的情况下度过的。当然要更换并补充弹药，但程序太过繁杂，太过耗时，根本来不及，我军的效率着实太低。”[45] 拿破仑三世则干脆对温普芬的要求不闻不问，直接策马而出，自领大军统帅。但他显然不是要引领残余兵力实施最后的突围，而是举起白旗。尽管白旗招
225 展，还是有不少士兵没有正确理解眼前的事态，他们兴奋地喊叫着说：“皇帝要离开色当啦，他会领着我们一起离开的。”温普芬的最后一次突围行动在巴泽耶外围瓦解，此时的巴泽耶阵地已经是残垣断壁、尸横遍野。温普芬向东望去，看到“一处宽阔平地，但完全没有敌军的影子”。他要么是在撒谎，要么就是产生了幻觉。因为普鲁士第八步兵师此时已经进抵此地，前来增援巴伐利亚军，就在他眼前的这片“没有人影的开阔地”。[46] 战后，有人巡视了整个战场，并最终提供证言说，法军阵亡士兵最为密集的区域位于色当和巴朗之间的园地，就是在这片区域，火炮将法军整个纵队整个纵队地撂倒，一个又一个连队在这里倒下。显然，这些部队是打算向巴泽耶突围，并经由这里撤离色当。[47]（实际上，今天前往造访巴泽耶的人们仍然能够看到那些可怜士兵的遗骨和满是弹孔的头盖骨，以法兰西风格收敛在罐子里面，供后人观瞻。）

最终，温普芬非但没有突围成功，反而自己也混杂在两千个落魄的逃兵中，骑马返回色当，“向卡里尼昂突围”，这就是温普芬突围行动的结局。在温普芬返回色当的时候，路易－拿破仑派出自己的一名副官，举着白旗，携带一封信前往面见普
226 鲁士国王。此时的毛奇和俾斯麦正在威廉一世身边，他们也只是刚刚才知道法兰西的皇帝与军队在一起，威廉一世遂让王太

**图 11　色当战役之后的巴泽耶**

子弗里德里希·威廉将来信大声读出来："未能追随我的士兵们一起战死，为今之计，我能做的就是将我的剑交在您的手中。"一时之间，高地上陷入一片"静穆和沉寂"，不过很快，众人便将普鲁士国王簇拥起来，纷纷祝贺。[48]此时的毛奇还是表现出一贯的职业风范，并不在意眼前的热闹，而是建言国王下令停火，而后便和布卢门塔尔退避一边，去思量第二天的计划。俾斯麦遂负责起草了给法兰西皇帝的回信："很遗憾您目前的处境，我接受您的剑，并指派毛奇将军……同您协商大军投降事宜，您的士兵在您的指挥下，一直在勇敢作战。"接着，俾斯麦的外甥给舅舅送上一杯白兰地，俾斯麦用英语致祝酒词："在此，谨祝德意志统一。"而后便一饮而尽。[49]

色当战役是毛奇军事技艺和普鲁士战术的又一次胜利。就像奥匈帝国的一个军官后来评说的那样，色当战役是“火炮战的典范”。在这场战争中，普军从拿破仑的“大炮群”传统中完全脱身出来，确切地说，就是放弃了传统的正面炮阵火力战术，转而采取“火炮集群”战术，并令这样的战术发挥出毁灭性的效能和威力。所谓“火炮集群”战术，说白了就是机动炮群战术，由富于胆略的指挥官在战场的关键节点上即时集结炮群，以交叉火力将敌军歼灭，而后再协同其他炮群继续实施机动。此等战术乃展现出令人震惊的速度、主动性和效率，这也就解释了这场战争中德军火炮所取得的巨大成功。预备队的230门火炮很快便向前推进，加入“合围战”，由此形成总共700门火炮的交叉火力，将法军牢牢压制并摧毁。[50]较之这场战役的最终结果，同样令人印象深刻的是普军虽然面临战争中难以避免的困顿和摩擦，但仍能以如此高效的方式实施机动和集结。整个色当战役都是毛奇在背后催动大军，但这位总参谋长实际上极少直接干预或者操控实战中的“合围攻势”。德军的各个战斗单位在不断向前推进的过程中最终完成了合围攻势，各个战斗单位的指挥官在这个伟大的“任务导向”的作战体系下，步步为营地向前推进，每推进一步，便会对相应战役的进展和影响进行精心研究。看看下面这段话，便不难明了，这中间是需要判断力和明辨力的。这场战役并不是在沙盘上凭借图钉和标识器完成的，而是由一支已然疲惫不堪的武装军群从另一个身陷混乱的武装军群手中夺取来的胜利：

> 下午，我一直与驻扎在伊村的左翼炮群的指挥官待在一起。他一直在用望远镜观察法军并且一直都在摇头叹息，喃喃自语。最后，他终于忍不住了，向身边离自己最近的

> 一名少尉喊道："那边究竟是咋回事啊？炮弹竟然在法军炮群的后面爆炸，那不是我们的炮弹！"那名少尉举起望远镜 227
> 看了一会儿，而后便回话说，"他们的右翼和中央炮群正在撤退。""这是什么意思？"——"有人从后面开炮了！"——"谁啊？"慢慢地，我们才弄明白，那是普鲁士近卫军的炮群，是默兹军团的右翼，正从东面向同一目标开炮，由此便对法军实施了完整的合围。直到这个时刻，我们这些身在前线的步兵军官和炮群指挥官才意识到，此次合围攻势是由整整两个军团协力完成的，我们只是其中的一个组成部分罢了。[51]

温普芬抵达色当之后，自命为军团主帅，这显然不是麦克马洪的意思，迪克罗更是反对，但无论如何，既然已经如此，此时的温普芬便只能接手这项令人憎恶的任务，负责同毛奇和俾斯麦商讨停战事宜，此二人可是当世欧洲最冷静、最不受情绪支配的谋划者。[52]温普芬要求"体面地投降"，确切地说，就是允许法军士兵携带武器、行囊以及完整的军事荣誉离开战场，毛奇拒绝了此要求。此时的法兰西皇帝也在战俘行列中，因此，毛奇认为，没有皇帝的法兰西现政府"是没有稳定前景可言的"，因此，法军必须解除武装，直到达成最终和平。[53]对此，俾斯麦表示赞同："这样的结果，可将法军最好的士兵和最好的军官交付我们手中。否则，若主动地还他们的自由，任凭他们再次起来阻击我们，这样的做法毫无疑问是疯了。"[54]温普芬申述说，"慷慨条款"能够赢得法国人的"感激"和善意，对此，俾斯麦咆哮地回敬道："依靠'感激'，特别是某个国家的'感激'，这可是大错特错……过去的两百年间，法国向普鲁士宣战过三十次，而且……你们还会这么干下去，对此我们必须有所准备，必须在你们和我们之间……划出一片缓冲区。”[55]实际上俾斯麦已经提出了普鲁士对阿尔萨斯和洛林的领土要求，到了这个时候，温普芬才算真正明白，“不割让领土，德意志人是不会退出法兰西之土地的”[56]。毛奇则警告温普芬，倘若他意图再战，法兰西已经溃不成军的 8 万军队将会在 25 万德军和 700 门火炮之下灰飞烟灭。普军的这位总参谋长更将普军炮阵的位置和布局告诉温普芬，还画了一张示意图给温普芬看，并以实事求是的态度告诉温普芬，普军不会拖延时间，将于第二天早上九点开始炮击。温普芬瞪大眼睛，直勾勾地盯着毛奇画给他的草图，肩膀一下子便耷拉下来，全部的斗志在那一瞬间便完全消散了。当然他并不知道，当天的战事已经打光了德军的所
228 有炮弹。“我和我的将领一致接受你们的条件。”这便是温普芬唯一的回应。[57]

此等严苛的条件，当然会招致国人的憎恶和痛骂，为了避免一人担当骂名，温普芬坚持让所有将领，包括勒布伦、迪克罗、杜艾、皮埃尔·德让和朱尔·福尔若在内，都在毛奇开出的条件上签名。将领们都照办了。路易-拿破仑没有签名。这位法兰西皇帝此时仍然对自己的王朝抱持希望，倘若能够令大军脱离毛奇的钳制并转进巴黎，扑灭那里的革命火焰，他也许仍然有希望从普鲁士人手中求得可以接受的条件，这样的话，他也许还能够为自己的儿子确保王位。[58]9 月 2 日，路易-拿破仑一大早便起床了，他骑马前往栋什里面见威廉一世，目的是请求普鲁士人宽大为怀。俾斯麦于中途截住这位法兰西皇帝，将他领到一家客栈的院子里面，二人在一张凳子上坐下，而后俾斯麦便开始数落皇帝，足足数落了一个小时。除了常规的投

降程序之外，普鲁士方面并没有表现出任何宽悯。当时有不少人在场，不过都与二人保持应有的距离，只是远远看见帝国宰相在那里手舞足蹈，一副愤愤然的架势，皇帝则耷拉着肩膀，深陷在座位里面。不久，毛奇也到场了，他向皇帝重申了沙隆军团必须无条件投降并解除武装。拿破仑三世一度认为毛奇会撤走包围梅斯的大军，以便增援色当。而今则彻底放弃了这个幻想，同时也不再抱持另一个幻想：巴赞会利用这段间歇期突围梅斯，将梅斯大军交给皇后欧仁妮·德·蒙蒂若。皇帝用童年流亡时学会的德语说道，“Ja，dann ist alles verloren”，意思是，“没错，我已经输得精光了”。最终，这位法兰西皇帝获准面见普鲁士国王，他身着将军制服，进入威廉一世所在的房间，脸颊上已经挂着泪水。[59]身后跟着他的随行人员：若阿基姆·缪拉和埃德加·奈伊两位亲王（Princes Achille Murat and Edgar Ney），还有两位将领，分别是亨利·卡斯泰尔诺（Henri Castelnau）和夏尔·帕若尔（Charles Pajol）。据瓦尔德泽回忆，看到路易-拿破仑的窘境，普鲁士国王差点没掩饰住内心的喜悦。威廉一世当然是有着漫长的回忆的，更将色当视为“我们的蒂尔西特”，后者是指1807年法国人强加给普鲁士的那份报复性的和约，此和约令普鲁士失去了半壁江山和半数的人口。[60]

两个小时之后，温普芬将军在贝尔维城堡签署了普鲁士方面起草的停战协定，贝尔维城堡是坐落在色当和栋什里之间一处坡地上的一位工业家的庄园。法军中，只有军官获得释放，2万战俘和在色当附近抓获的8万逃兵被运往战俘营。这样的结局对那个时代的人们造成的冲击和震动，是很难用语言来形容的。当时的一个奥地利人记述了自己的“感受”，将色当战役称为“历史

229 上最令人震惊的事件之一……10 万人的军团，曾纵横世界各地，赢得二十多场胜利，而今放下武器……法兰西的世界一流强国地位就此殒没，那可是法兰西历经多年的岁月砥砺，用千千万万法兰西好儿郎的热血换来的。”[61] 巴黎方面，理查德·梅特涅亲王前往拜会皇后欧仁妮·德·蒙蒂若，以示慰问，发现皇后“低落至极，彻夜难眠，正在绝望中哭泣”。[62]

**图 12　拿破仑三世与俾斯麦在栋什里会面**

# 第十章　危机中的法兰西

色当战役胜利的消息令德意志大地一片欢腾。柏林市民张灯结彩，人们纷纷涌入教堂，吟唱“感恩赞”（Te Deum）。德意志各邦国的贺电和公告如雪片一般涌向威廉一世，“德意志帝国”的称呼在其中涌动、回响，纷纷要求阿尔萨斯-洛林，要求战争赔款，要求“1815 年失去的东西：一个独立、统一且拥有安全稳固边界的德意志帝国”。从黑森林地区到波罗的海地区，德意志大地上的新闻报刊和市政文告已经将俾斯麦和普鲁士国王包围，人们在恭贺之余，也不忘提请俾斯麦和老国王多加留心，不要忘了拿下阿尔萨斯和洛林，因为那是必要条件，否则的话，“便无以抗拒法兰西的野心，并且那也是我们这场‘民族性’胜利应得的报偿”。麦克马洪战败了，拿破仑三世被俘了，德意志的所有人都不希望浪费这个绝佳的历史机缘。斯图加特的一次民众集会更是强调，阿尔萨斯和洛林，一直到 1582 年都是德意志的土地，如今，必须收回，以便确保德意志南北两地的联系和贯通。[1]没人敢发表不同言论，但凡有人反对兼并阿尔萨斯-洛林，便会遭到逮捕，反对者的报刊在印厂就会被没收。约翰·雅各比（Johann Jacoby），德意志自由派人士，俾斯麦的反对者，此人就因为发表了如下言论而被拖下讲台，遭到一顿毒打：“倘若波兰战胜普鲁士，并据此要求兼并波森和西普鲁士，那么波森和西普鲁士的德国人会做何感想呢？”针对俾斯麦的这一行径，英国驻柏林大使也只能是一脸苦笑地 230

评论说，“雅各比本来就是在与 4000 万德意志人的愿望作对。俾斯麦这么做，只不过是制造了一个殉道者，这毫无必要。”[2]

对数千法军士兵来说，色当战场上德军的密集火炮虽然给他们带来重创，但那也只是他们悲惨命运的开端而已。毛奇于 9 月 1 日令 83000 法军士兵沦为俘虏，这个人数毫无疑问是太多
231 了，普鲁士方面根本无法以人道方式予以收容，只得在一个破落地方开辟一个战俘营，此前，法军已经将这里收拾一番。德军没有在这里建立战俘营，而是直接将沙隆大军的战俘领入“伊泽斯半岛”（Iges peninsula），这是色当西面的一处河汊地带，默兹河将其三面环绕起来。法军战俘暂时拘押此地，等待转运工作安排停当，再运往德国。83000 人和 10000 马匹拥挤在六平方英里的肮脏草地上。即便是全副武装的德军卫队士兵，也都不愿意穿越这个半岛区域。一名普军军官在从一支阿尔及利亚部队旁边经过时，被打倒在地，遭到抢劫。即便法军士兵不出来侵扰，德军士兵若是路过这里，饥饿的马匹同样有可能对他们发起攻击。一名德军军官在伊泽斯附近的开阔地睡觉的时候，差点被饥饿的马匹压死，那些马都是来吃他口袋里面的面包的。

这的确是一个悲惨世界，法军士兵已然低落到谷底，困境令他们变成“没用的废渣、乌合之众或流浪汉”。数万人拥挤在一起，都已经肮脏不堪，散发出来的恶臭令人无法承受，但与大量濒死马匹散发出来的恶臭相比，根本就不算回事。众多马匹都死于饥饿或者创伤；专门有一个巴伐利亚营负责将这些看起来生病的马匹集体射杀，共杀掉了三千多匹战马。这些巴伐利亚士兵并没有设法埋葬这些马匹，而是将之直接扔进默兹河。腐尸冲积到半岛的岸边，夏日骄阳之下变得肿胀并发出恶

臭。[3]德军士兵日夜不停地劳作，整整花去六天时间才令战场恢复到可以住人的条件。与此同时，还有巴伐利亚第一军和普鲁士第十一军的数千士兵担当起劳役，维修从法军方面得来的火炮和弹药箱，清除没有爆炸的炮弹，收集法军在仓皇撤退之时丢弃的“夏塞波”步枪。这些枪支以一千支为单位，如同木柴一般堆放起来。数十名德军士兵和法军战俘在这个过程中被意外射杀，因为这些已经装填了子弹的步枪在扔进“柴堆”的时候，偶尔会发生走火事件。[4]这的确是艰苦的工作，甚至那些曾经信誓旦旦要与士兵共甘苦的法军军官，也都偷偷躲开，溜到更舒适的地方待着。法军的高级军官当然也不能返回家园，不过，他们倒是可以凭借“荣誉担保”，自由前往科尔马（Colmar）接受拘押。52 名军官利用这个机会逃脱了，其中最有名的是奥古斯特·迪克罗将军。他向普军立下保证书之后，便乘坐一辆马车前往蓬塔穆松，当晚便折返逃回巴黎。

色当战役的消息于 9 月 3 日抵达巴黎。各种消息慢慢汇聚起来，最终确认了麦克马洪元帅和路易－拿破仑已经率领大军投降，愤怒的民众即刻集结起来。此前，八里桥伯爵在“告国民书”中宣示说，皇帝带着四万人的军队遭到 30 万普军的袭击，此时的民众完全不再相信这样的说辞，遂在下午大张旗鼓地劫掠店铺，捣毁拿破仑的雕像或标志物，并以威胁的态势包 232
围政府建筑。立法团于 9 月 4 日凌晨一点钟召开紧急会议，儒勒·法夫尔提议罢黜拿破仑王朝，创立“临时政府”，让路易·特罗胥将军担任“巴黎总督”。基本上没有人表示异议，因为此时右翼集团的大部分“马穆鲁克”已经开始逃离巴黎。儿子在色当战死的消息令八里桥伯爵悲恸不已，遂提议将票决推迟到中午。代表们于 9 月 4 日中午重返波旁宫时，迎面撞上了汇聚在塞纳河两岸的大批人群。此时的协和广场已经挤满了男女老少，有 6 万人之众，“庞大的人群，都穿着罩衫或者粗糙的羊毛衫”，挥舞着拳头，高喊着“去死吧波拿巴！法兰西万岁！”国民卫队将立法团代表围拢在中间，予以保护，并将协和广场边上的那座桥梁也保护起来，但国民卫队本身对示威者也心怀同情，很快便无所顾忌地调转枪口，或用他们的平顶军帽盖住枪口，以此表示要与民众团结一致，而后便协同激愤的民众一起强行进入立法厅。立法厅里，莱昂·甘必大——共和派领袖，高声断喝，试图将入侵者赶出去。人群根本不搭理甘必大，而是直接越过甘必大，向法夫尔靠近，此时的法夫尔手舞足蹈地喊叫着说，“不要暴力……要团结……现在还不是宣布共和的时候！”但人群直接从法夫尔面前一拥而过，直接涌入半空的立法大厅。一些人瞪大了眼睛看着那富丽堂皇的装饰，一些人则坐在桌子上，在文件上一通涂鸦，另有人干脆将手中的枪支放在地板上，喊叫着要共和，要共和。[5]

甘必大和法夫尔都是清醒之人，他们很清楚，巴黎和法国几个工业中心的激进主义是必须与法兰西乡村和中等城镇的保守主义调和起来的，但眼前的情形也的确令二人大吃一惊。此次立法团特别会议是为了组建一个拥有广泛基础的“临时政府”而召集的，这个“临时政府”应当担当政府职能，“直到召集制宪会议”，制宪会议则需要从各个省区召集。这样的政治运作过程当然需要克制，然而，当革命群众涌入波旁宫并将温和派和保守派代表向出口驱赶的时候，这样的计划便流产了。甘必大和法夫尔此时也别无选择，只能加入革命游行队伍，越过塞纳河，前往市政厅。传统上，法兰西共和体制都是在那里的阳台上宣布成立的。

共和派领袖本来希望策动一场政治基础相当广泛的运动，并据此组建一个政治基础同样广泛的临时政府，但最终出现的临时政府，其基础基本上就是战前巴黎的共和派代表团，就这么一个小小的政治集团站在这个巨大国家的顶端，这哪里是共和啊。甘必大成了这个临时政府的内务部长，法夫尔担任外交部长，欧内斯特·皮卡尔接任财政部长，朱尔·西蒙和埃米尔·凯拉特里分别担任教育部长和警察署长。海军部和战争部 233
的部长职位则交给两个最没有威慑力的军人——马丁·富里雄海军上将和阿道夫·勒弗洛将军（General Adolphe Leflô）。六十一岁的富里雄，普法战争开启之际，担任地中海舰队的指挥官，作风内敛平和，想必不会给巴黎制造麻烦。至于六十六岁的勒弗洛将军，已经在吃养老金了，实际上自 1840 年代之后，这个老人便没有再行走政坛。1852 年因为忠于共和体制，他和另外几名“共和派将领”，包括尚加尼耶（Changarnier）、卡芬雅克和拉莫里西埃（Lamoricière）在内，一起遭到逮捕，并在哈姆要塞短暂囚禁，后来被拿破仑三世发配泽西岛。色当战役之后，他再度得到启用，不过这并没有激发人们太多的信心：“他毕竟已经有十八载的时光不曾有任何作为，在这样的时刻，他临危受命，应该说并不是好事情，”英国驻巴黎军事参赞的评论显然并不看好这个选择，“不过话又说回来，想寻找其他人选，也不是容易的事情。”[6]路易·特罗胥将军——议会自由派战前推崇的预言家，此时则惴惴不安地坐上新政府的头把交椅，并兼任巴黎武装力量总司令之职。

巴黎工人群集市政厅，为新的共和体制欢呼，也就在此时，一个代表团前往杜伊勒里宫拜会皇后欧仁妮·德·蒙蒂若，此行的目的是敦促皇后即刻逊位。波拿巴家族的其他成员都已经逃往海外，至于拿破仑三世，此时已被强行带往卡塞尔的威廉高地宫（Schloss Wilhelmshöhe），皇太子逃往黑斯廷斯，马蒂尔德公主逃往布鲁塞尔，热罗姆亲王则逃往佛罗伦萨。一开始，欧仁妮·德·蒙蒂若拒绝下台，不过，暴力浪潮很快便席卷而来，已经哗变的国民卫队也正迫近这座皇宫，此等情形之下，欧仁妮·德·蒙蒂若也别无选择，只得退位。皇后将自己的珠宝交给波利娜·马蒂尔德公主（Princess Pauline Metteruich），而后便只带着一个侍女，取道卢浮宫画廊出逃。一番乔装打扮之后，欧仁妮·德·蒙蒂若藏身在一辆马车的后座上，马车在巴黎到处乱转，欧仁妮·德·蒙蒂若已经惊恐不已，直到最后在皇后大道自己一个牙医的住所临时避难。9 月 5 日一大早，欧仁妮·德·蒙蒂若悄悄溜出巴黎。她的旅伴后来回忆说，前往多维尔的逃亡之旅历时 36 个小时，非常颠簸，一路之上，欧仁妮·德·蒙蒂若都伪装成一个疯女人，她也的确快疯了，一直都在咒骂特罗胥，因为此人倒是善于改换门庭，共和国刚一宣布成立，他便投身反对派阵营。[7]

后路易－拿破仑时代的这个新的“国防政府”刚一成立，便分裂为温和派和激进派两大集团，这一分裂令随后几个月间法国的军事状况及和平谈判变得复杂起来。温和派主张即刻与普鲁士方面达成和平并回归正轨，激进派则在巴黎贫困群体的拱卫和推动下，主张“战争最大化”政策，巴黎穷人将这场战争称为无产阶级美德和王朝盗匪集团之间的一场斗争，因此，他们希望凭借这样的政策，让德国人身陷血海之中，并不惜任何代价，将德国人赶出法国。法夫尔置身两派中间，竭力用自己那笨拙的辞令进行调和。9 月 8 日，法夫尔写下这样的话，“共和体制的困境在于，其行动不会真的是自由的，除非大家都

忠诚、无畏且温和，将热爱劳动以及尊重所有人的权利奉为准
则。”[8]此等辞令若是放在美国，当然会看作很平实的日常话 234
语，但在红色巴黎，这等辞令却是十分可憎的，此时的红色巴黎将第二帝国的解体视为良机，可以据此取缔“温和”以及“所有人的权利”，最终目的便是对财产实施集体化，并据此建立一个致力于无产阶级利益的极权国家。一开始，临时政府计划着取消招人痛恨的警察署，帝国时代，这个机构可是迫害了不少的共和派人士，不过很快，特罗胥和甘必大便发觉，此时较之以往反而更需要警察力量去遏制那些强硬到底的“红色”分子，诸如奥古斯特·布朗基（Auguste Blanqui）、费利克斯·皮亚（Félix Pyat）、古斯塔夫·弗路朗斯（Gustave Flourens）以及泰奥多尔·萨皮亚（Théodore Sappia）等人物，他们掌控了各个无产社区并策动民众以“叛乱”和“恐怖”对抗特罗胥－甘必大的温和派体制。“红色”派系拒绝多党民主体制和资本主义，要求建立“公社”体制，这是一种共享财富和财产的新秩序，新秩序之下，作为压迫工具的国家将归于消亡，地方性的“公社”制度将取而代之。

此等情形令特罗胥将军开始颤抖，开始畏缩。1870 年 9 月，在与英国驻巴黎军事参赞会面之时，他不再遮遮掩掩，而是坦率地告诉对方，巴黎的情况很糟，军队已经没有用了，“底层只想着劫掠”。[9]驻守巴黎的军队，各个部队都发生了非常危险的分裂，一派支持公社，一派支持共和制度。一些营高喊“公社万岁！”，另一些营则高喊“共和国万岁，打倒公社！”[10] 10 月初，特罗胥不得不将第十一区的区长雅克·莫蒂罢免，此人在自己的辖区内不仅将学校和医院的十字架清除掉，实际上更禁止本区居民前往教堂。（这个莫蒂可干下不少出名的事情，

比如将修女赶出修道院，并相当下流地命令这些修女“停止爱基督，开始爱男人，要为共和国生儿育女”。）10 月 8 日古斯塔夫·弗路朗斯实施了一次共产主义政变，率领数百名公社武装分子挺进市政厅。忠于特罗胥的军队镇压了这批所谓的“革命者”，不过此次镇压行动也在巴黎和法兰西腹地之间打下一个沾染了鲜血的楔子，令法兰西农民愈加信服比若元帅（Marshal Bugeaud）那句家喻户晓的格训：“多数派永远比少数派更倾向温和政策。”[11]

此时的普军大营里面，威廉一世则在竭力压制军官们因为胜利带来的亢奋情绪。色当战役结束之后，这位老国王在致辞时便明确指出，“我们前面还有很长一段血腥之路。”[12] 的确，倘若双方不能就和平条件达成一致，前面肯定还有含血腥之路。普鲁士方面本指望拿破仑三世能够在色当之后即刻完成和谈，然而，巴
235 黎的革命以及法兰西皇帝的失势令俾斯麦的此番希望落了空。色当战役之后的几天时间里，普法双方的代表有过一些会面，普方除了要求割让阿尔萨斯-洛林之外，还要求巨额的战争赔款。法兰西各方势力都回绝了普方提出的和谈条件，并坚持认为，停战协定必须“在领土完整的基础上”达成。换言之，法国愿意赔款，因为是法国率先挑起了战争，但用法夫尔那句有名的话来说，法国“不会让出一块泥土，也不会让出要塞的一块石头”。[13]

法国方面这种毫不妥协的态度，恰恰解释了毛奇和俾斯麦为什么会在俘获拿破仑三世的时候，竟然掩饰不住巨大的失望。色当战役之前的一个星期，毛奇和俾斯麦尚且觉得，倘若真的在色当俘获法兰西的皇帝，顶多只是会有些“尴尬”而已。而今，情况远比他们预想的要糟糕得多。皇帝被俘，巴黎随之出

图 13　法兰西机动卫队在巴黎

现骚乱，这也就意味着此时的法国已经没有一个稳定且值得信赖的政府可以作为普鲁士的谈判对象。古斯塔夫·弗莱舒茨少校，色当战役之后的某一天，正在原本是留给俾斯麦的色当行营里面休息，却很意外地遇到俾斯麦，二人遂就战争进程有了一场即兴谈话。“是不是抓住他们的皇帝，这场战争就算结束
了?”弗莱舒茨于9月2日收拾行囊的时候，向帝国宰相发出这 236
样的问询。俾斯麦正走进弗莱舒茨的房间，抽了一口方头雪茄，思考片刻，俾斯麦回答说，这场战争不会结束，除非“巴黎出现一个有能力、有资格展开谈判的政府。除非出现这样一个政府，否则的话，我们只能进军巴黎了”。俾斯麦也向美军观察员菲尔·谢里登将军坦承，法兰西皇太子已经安全逃亡英国，他倒是希望能够“借助德意志的力量”，将这个十四岁的皇太子

扶上皇位。[14]

在如此情形之下，要想真正地结束这场战争，色当战场上的胜利者必须对巴黎实施无情的围城。9 月 15 日，毛奇将指挥部推进到蒂耶里堡（Château Thierry），四天之后，又推进到费里耶尔（Ferrières）。一路之上，德军士兵对法国酒表现出无可遏制的欲望，令谢里登将军非常吃惊："一路之上，到处都是酒瓶子的玻璃碎渣，都是士兵们在喝干之后摔碎的……这条道路简直就是用玻璃碎渣堆砌起来的，士兵们从不浪费到手的酒，由此便不难想见，他们究竟喝了多少……从色当一路而来，道路的两侧几乎是用破碎的酒瓶子铺就的。"[15]就这样，德军那著名的钳形攻势朝着巴黎迅速突进，巴黎方面新的共和政府需要尽可能地化解这样的攻势，于是甘必大在 9 月 13 日派遣法夫尔和一个"代理政府"前往图尔。倘若巴黎被完全包围，法夫尔和这个"代理政府"就可以在卢瓦尔河后方策动并实施"最大化战争"政策。这一预防举措在几天之后便得到验证，因为几天之后，德军的默兹军团便循着塞纳河右岸漫卷而来，与此同时，德军第三军团也正迅速进抵塞纳河左岸，两军在圣日耳曼－昂莱会师，由此完成了对巴黎的合围，将巴黎同法兰西腹地的联系切断。

沿着湿滑的道路从东面迫近巴黎的德军步兵，永远无法忘怀初见巴黎时的感受，恰如一名士兵说的那样，"这可是世界之都，那样的塔楼，那样的穹顶，巴黎圣母院，还有凯旋门！我的天呐！"[16]然而，即便处在重兵围困之下，巴黎仍然是一个难啃的硬壳，即便对训练有素、士气高涨的德军来说也是如此。这座 200 万人口的城市，拥有 40 万的守城兵力，更有强大的外围防御体系，坐落在石灰岩峭壁之上，由此将这座都城牢牢地环绕起来。每一条入城路径都由要塞体系予以扼守，要塞体系配备 1300 门火炮，绕城形成一个 60 英里的防御圈。这个防御圈拥有四英里的纵深。实际上，每一处房舍、每一处村落、每一条道路，都已经处于防御状态，都拥有清晰的火力范围。此外，到处都设置了路障和墙垒，墙体和建筑物上都已经打好了枪眼。尽管法军的纪律令人遗憾，守城大军中正规军或预备队的兵力不足五分之一，余者都是机动卫队或国民卫队的士兵，不过，法军的火炮都据有很好的位置，平均每门火炮都配备
450 枚炮弹，应该说足以弥补纪律和训练上的不足，至少在战 237
争初始阶段是可以做到的。实际上，在 9 月和 10 月的战争中，法军炮群拥有丰沛的弹药，足以令整个炮群朝着单独一个德军战斗单位开火，令德军部队匍匐在壕沟里面无法起身，被炸开的泥土活活埋掉。[17]

理论上讲，毛奇是很难顶得住的；他麾下的兵力也就是特罗胥麾下兵力的一半，略微多一点而已，而且德军后方还有一条长长的补给线，需要给前线的 24 万大军提供吃穿，这样一条补给线是非常脆弱的。围城战的常规要求是围城兵力至少要两倍或者三倍于守城兵力，但在这场巴黎围城战中，这个比例却颠倒过来，这就令特罗胥方面的内线优势更明显。[18] 有了这样的内线优势，特罗胥实际上可以采取突袭战术，趁着夜色，在德军薄弱战线上几个分散的点集中优势兵力，在黎明时分以压倒性的兵力实施突袭。为了尽可能地给围城德军制造麻烦，特罗胥已经下令摧毁了各个方向上五十英里之内所有的道路、运河、桥梁以及铁路。在更靠近巴黎的区域，则实施了坚壁清野政策，令德军得不到食物和任何防护。他甚至下令烧毁了巴黎附近的巨大林区，包括布洛涅森林、圣克卢和凡尔赛的林区在

内。[19]“你根本无法想象巴黎周边的村落‘坚壁清野’到何等程度，”一名萨克森军官在 9 月份的一封家书中写道，“一切都被摧毁了，柜子碎了，床也不见了，镜子和家具也都损毁殆尽。是谁干的？不是普鲁士人，也不是萨克森人，是法国人自己。当地居民害怕法军远远超过害怕我们。”[20]但不管怎么说，法军很好地执行了这样的计划。没有食物，没有饲料，没有燃油，德军只能开始实施配给制度，并将火车皮用作建筑材料，这就令特罗胥那质量低劣的军队有了更多的时间来提升巴黎的防御能力。

此等情形之下，即便受困于梅斯的巴赞选择投降，德军也肯定无法积聚足够的人员和给养，对巴黎实施完整且严密的合围。因此，德军也就只能切断进出巴黎的人员和物资，这样的举措在巴黎周边那坡地林立且丛林不断的区域实施起来，可不是容易的事情，那样的地形地貌很快便成为走私势力的完美庇护所，同时也强有力地催生了一个新的兵种，那就是“非正规狙击兵”（franc－tireur），他们可能是先前法军的落跑者，也可能是普通市民，他们拿起武器，分散行动，神出鬼没，对德军实施阻击或者对德军附近的农田和房舍实施劫掠，令德军失去
238 给养源泉。到了 9 月中，这群非正规狙击兵已经在巴黎附近繁衍壮大起来，纷纷在丛林中对德军巡逻队实施伏击，或者藏身于村落中，射杀德军士兵。对此担忧万分的德国母亲们要求应征入伍的儿子们不要受那些“恶人”的伤害，母亲们说，那些“恶人，拿着刀子、炸弹和毒药杀人”。[21]德军将这样的“非正规狙击兵”视为罪犯而非士兵，因此，这些人的历次行动都会招致德军的严厉惩罚。一名萨克森军官在博韦附近的路上被杀害，萨克森军指挥部遂让整个博韦城缴纳 40 万法郎的罚款，约

合今天的四万美元。普军的一个侦察队在埃里库尔（Héricourt）受到炸弹攻击，普军的一支骑兵中队遂冲入村落，将村落付之一炬。[22]

就这样，德军同这些非正式狙击兵陷入一场肮脏不堪的战争中，在这个过程中，已然过度伸展的德军战线还必须小心应付特罗胥麾下守军及卢瓦尔河方面的法军预备队从前后两个方向实施的突袭。[23]法军的动员过程非常缓慢，不过，这倒也带来一个出人意料的好处：8 月 31 日，皇帝曾向机动卫队发出征召令，但机动卫队却在 9 月份很晚的时候才开始实施集结。这支军队没有受过像样的训练，比如第八十五机动步兵团在进入实战之前，仅仅有过三次实弹射击的训练。不过好的一面是，这数千兵力行动迟缓，并没有赶上德军对梅斯和色当实施的合围攻势。[24]约瑟夫·拉莫特·鲁热将军来到布尔日的时候，发现麾下已经集结了 6 万这样的新兵，加布里埃尔将军在贝尔福同样集结了 6 万人的机动卫队。倘若这些所谓的“南方军”能够汇聚起来，就能够对毛奇的后方展开打击，切断德军的主要交通线。确切地说，就是从南锡抵达巴黎的那条铁路线，这条铁路线是需要从图勒、沙隆和莫（Meaux）中转的。[25]显然，德军此时的处境相当糟糕，令俾斯麦也开始不计后果，明确地宣示说，倘若巴黎不屈服的话，德军就要炮轰法兰西的这座都城。此时，克虏伯发明了一种 15 厘米口径的线膛榴弹炮，这种火炮射程很短，不过，火炮的后膛火力曾将斯特拉斯堡的城墙摧毁，并于 9 月晚些时候迫使斯特拉斯堡投降。对于人口密集的巴黎，这种火炮的破坏性要大很多，现在德军就等着让它发挥威力了。

德军越是迫近巴黎，俾斯麦对即将到来的围城战越是感到担忧，因为时间不多了。此时的法军每天都在强化防御体系，时间一天一天消逝而去，普鲁士的国际声望也在不断遭受侵蚀。各个中立国曾经预言会有一场漫长且拖沓的普法战争，而今，这些中立国都瞪大了眼睛，盯着毛奇的推进速度和深度。在佛罗伦萨，意大利外长款待英国大使的时候，非常罕见地动怒了，他咆哮着说，“德意志必须停下来！拥有 6000 万人口的德意志一旦统一，法兰西再毁灭，那么均势何在呢？”[26] 此前，俾斯麦
239 为了取得沙皇亚历山大二世的谅解，曾承诺帮助俄国海军重回黑海和地中海（克里米亚战争令俄国海军失去了这些入海通道），但其他强国却没有这么容易顺从。意大利国王伊曼纽尔二世（Vittorio Emanuele Ⅱ）显然受到法国方面开出的条件的诱惑，法国提出将仍然由法军驻守的罗马和教皇国交给伊曼纽尔，还附赠尼斯和科西嘉，伊曼纽尔方面则以军事援助为回报。[27] 精明的法国政客更祭起“红色恐惧症”，借此怂恿国际社会实施友好干预。阿道夫·梯也尔于 9 月 8 日警告各国使节，倘若“温和派的临时政府”因为进一步的失利或者严苛的和平条件而归于瓦解，那么“一个奉行暴力的红色共和国就会在法兰西崛起，它的革命宣传攻势和原则都是为了颠覆社会而来的”。红色法国将会是这场革命的链条中倒下的第一块多米诺骨牌，如此一来，革命浪潮将从巴黎的红色郊区铺展开来，漫卷欧洲大地。（这一次，欧洲开始认真对待梯也尔的这个警告，此前，只有美国和西班牙给予新生的共和国以外交承认。）四天之后，梯也尔启程遍访欧洲各国首都，向各国面陈法兰西的局势，第一站是伦敦，而后是圣彼得堡，最后则是维也纳。“一个脆弱且焦虑的法国”，梯也尔警告列强，“虽然无力抵抗，无力援助……但也肯定会不惜一切代价去找回昔日的荣光”，这样一个法兰西，是肯定会摧毁欧洲和平的。在巴黎，大作家维克多·雨果

也动用了自己的文学声望来支撑梯也尔的这场外交攻势，力图告诉“人类和文明世界”，“拯救法兰西共和国乃是人类和文明世界的责任所在”。[28]

此时的法夫尔已经意识到俾斯麦的外交困境，同时也清楚，以现实主义著称的俾斯麦当然是希望以最小的混乱和代价结束这场战争的，于是，法夫尔便抓住俾斯麦的弱点。“俾斯麦不会要法国的任何省份的，”这是9月初，他对一名奥地利外交官坦言，“否则的话，持久和平就没有可能了。”色当战役之后，普军总指挥部转移到费里耶尔的一处城堡，这是罗斯柴尔德家族的一座华丽庄园，法夫尔前往此处庄园同普鲁士方面展开会晤，其时，法夫尔提出法国可以“支付数十亿的战争赔款，并交出部分舰队”，但“不会割让一寸领土”。俾斯麦冷冷地拒绝了这一提议，法夫尔则察觉到一些不同寻常的情况：一旦谈到法国，这位素日里冷静持重的帝国宰相便会即刻变得躁动起来，这位帝国宰相认为，自17世纪之后，德意志的一切灾难和悲惨，罪责都在法国身上。俾斯麦愤怒地提醒法夫尔不要忘记，黎塞留、路易十四以及拿破仑·波拿巴对德意志实施的劫掠和吞并。如今，法兰西必须为昔日的傲慢和暴行付出代价。“俾斯麦竟然与老国王及其随从一样疯狂起来，”费里耶尔会晤之后，法夫尔禁不住地喃喃自语道，“我从他那里得到的就是强硬，就是决不让步，除此之外，便没有别的了。”[29]

此时的俾斯麦已然决心在欧洲出现“中立国同盟”来抗议自己之前，便令法国屈服并达成最终解决方案。于是，他便设法去创立一个更合作一些的法国政府。两支普鲁士大军此时正在向巴黎挺进，但法夫尔仍然拒绝让出梅斯和斯特拉斯堡，俾 240
斯麦遂威胁说，他要释放巴赞和拿破仑三世，让这两个人来阻击“临时政府”。实际上，俾斯麦此前已经将这个棋局精心布置好了。色当战役之后，拿破仑三世虽然被俘，但普鲁士给予他的待遇可不一般，准确地说，拿破仑三世享受的并非战俘待遇，而是“来访君主”的礼遇，这种待遇自他抵达威廉高地宫那天起就开始了，这座庄园坐落在 1866 年普鲁士吞并的小邦国卡塞尔境内。普鲁士方面更是处心积虑地在这座庄园里面储存了上好的酒品和食物，这些可没有交给普鲁士士兵，而是交给色当战役中被俘的六英尺高的法军近卫军，让他们负责运往威廉高地宫，这也算给足了法国近卫军面子。简言之，俾斯麦就是这样，将这个已然臃肿且老迈不堪的皇帝，悬挂在初生的法兰西共和国头顶，如同一柄达摩克利斯之剑。他将拿破仑三世称为“法兰西的合法统治者”，进而将甘必大的新政府称为纯粹的“小集团”（un coup de parti）。[30] 9 月 13～14 日，在费里耶尔同俾斯麦晤谈之后，英国使馆的一个官员报告说，俾斯麦宣示了自己的决定，要将拿破仑视作普鲁士占领之下的法兰西各省的合法统治者，并威胁说，要让巴赞和海军去对付法夫尔的共和国：“巴赞元帅承认当前政府吗？舰队承认当前政府吗?”法夫尔试图为军队代言，俾斯麦则打断了他：“你们的安排和运作，你们的梅斯大军会承认吗?”[31] 俾斯麦显然是有所运作的，英国使馆方面对此也有所觉察：

> 普鲁士另有一番打算。倘若此时的巴赞元帅坚决站在皇帝这边，他将发现这正好应和了他自己的目的。如此一来，倘若皇帝愿意依从普鲁士的条件达成和平，普鲁士将会襄助他重登皇位，还会有巴赞及其 14 万大军的支持，不管怎么说，如今的巴赞及其 14 万大军正是普鲁士的阶下囚。[32]

色当战役的消息是以一种很是怪异的方式传递到梅斯的。9
月 6 日，要塞周边的岗哨报告说，一支军队正摆开长长的路线，
越过摩泽尔河，向东而去，正从摩泽尔河的左岸朝着右岸行进。
这个消息让巴赞激动不已，这意味着普军要逃跑了！但是很快，
岗哨便注意到，这支军队已经没有武装，而且还是法军。这正
是被俘的沙隆大军，正被押送德国。普军释放了一些士兵，随
同普军代表团进入梅斯，向法军传送这一令人沮丧的消息。一
开始，巴赞军中根本无人相信这样的消息，皇帝怎么可能成了
俘虏呢，他们的“营救大军”怎么可能就没了呢。然而，夜幕
降临的时候，梅斯要塞里面的法军听到了摩泽尔河两岸山呼海
啸般的庆祝声，有音乐，有颂歌，有狂欢，还有噼啪作响的篝
火。夜空中，虽然疾风冷雨，但那火焰却依然高涨，寒意尽散。
此时的法军已经对包括木料在内的一切物资都实施配给，因此 241
也就不会有篝火可言。法军士兵只能拥挤在帆布下面或者开阔
地里，已然饥肠辘辘。

饥荒笼罩着此时的梅斯城，配给额度自 9 月 4 日开始便严重削减下来。用于饲料的燕麦和甘草已经消耗殆尽。于是，巴赞不得不下达令所有人都傻眼的指令，用小麦来喂食马匹，由此便在一天之内将全军的面包消耗殆尽。[33] 如此一来，每人每天的配给只能是 350 克的无盐马肉和 250 毫升的白酒。一开始，只是屠宰用于运输的马匹，9 月 9 日，巴赞自己也开始吃战马了。巴赞还取消了勒伯夫、康罗贝尔和弗罗萨尔计划在默兹河右岸实施的一次突围行动，理由竟然是数量居于劣势的普军的“绝对优势”，而后，巴赞下令每个骑兵和炮兵团及工程连队都抽调 40 匹战马予以屠宰。到了 9 月 20 日，半数的战马便已经屠宰殆尽。[34]9 月 23 日，不堪饥饿的法军士兵试图在摩泽尔河

**图 14　梅斯圣于连要塞内部场景**

242 右岸采取行动，压迫普军后退，以便采集一些马铃薯，但结果是阵亡 200 名法军士兵。

困在城中不得动弹，且饥寒交迫，此等境况之下，巴赞于 10 月 7 日派出 4 万人一组的两组人马，沿着摩泽尔河两岸展开，这当然不是为了突围，而是为了搜索食物和物资，普军遂即实施了精准有度的炮火攻击，将法军的马车都轰出路面，普军步兵则在战壕里依次排开，使用色当战场上缴获的“夏塞波”，对法军实施高速且迅猛的射击，那样的射程是超乎想象的，此外更有普军自己的撞针枪配合。此次“搜索行动”造成 2000 名法军士兵伤亡。余者便在各处村落里四散开来，搜寻食物和饲料，将能够找到的一切食物吃进去之后，便将外套里面和两个胳膊之间塞满甘草和草料，而后便迅速撤退。[35]普军并没有展开追击。很显然，此时的普军并不是想要围攻梅斯，只是将之围住，等待法军弹尽粮绝。法军的散兵若推进得太远，普军就会动用骑兵予以打击，并抓回一些俘虏带回指挥部问话。“瘦弱不堪”，法军俘虏谈到已经饥饿不堪的守军士兵时候就是这么说的，的确，他们每天都只能吃马肉，喝摩泽尔河的脏水。[36]

于是，巴赞的行动自由一点点地丧失殆尽。色当战役之后，巴赞无所作为地度过整整一个星期的时间，而后才召集来到梅斯之后的第一次军事会议。10 月 10 日，巴赞再次召集众将领，“商议大军何去何从的问题”。巴赞以“阴沉的语调”开始此次会议，他解释说，他没有巴黎方面的消息渠道，也不指望会有大军前来解围，军中的配给顶多只能维持十天，十天之后，战马也将被屠宰殆尽。梅斯要塞指挥官科菲尼埃与巴赞一样悲观，在巴赞此次近乎葬礼演说的全过程中，他一直在频频点头。如今，梅斯城中医院的病患和伤员已经累积到 19000 人，天花和麻疹也在军中传播，那“不可征服的梅斯”正在走向死亡。此等情形表明已经是无力回天了。巴赞的将领们到了这个时候显然已经“习惯了顺天应人”，都纷纷点头表示赞同，如同置身事外的旁观者一样。驻守要塞外缘区域的法军步兵甚至都懒得向普军开火，免得自找麻烦，招致对方回击。在这样的情况下，普军运送食物和饮水的车队通常都能够大摇大摆地安全穿越法军的火力区，畅通无阻地输送给养。[37]这“令人悲叹的冷漠”摆在眼前，巴赞却有自己的一番解释，他说，士兵们这么做实际上起到了极为重要的作用，因为这样的话就可以令 20 万普军习惯懒洋洋地待在这里，“法兰西腹地却可以在这段时间里集结大军”。[38]

8 月 31 日的那次突围行动失败之后，巴赞的军事处境便从糟糕境地滑落到无望境地了。这之后，弗里德里希·卡尔亲王正在源源不断地从德意志方面得到增援，已经在摩泽尔河左岸积聚四个军和 300 门火炮，摩泽尔河右岸则配置了三个军和 288
243 门火炮。此时的德军部队全都驻防在刚刚超出法军要塞火炮射程的壕沟里，随时准备阻截法军的任何突围行动。[39] 此时，巴赞基本上已经没有机动的空间，即便他有这样的想法。不过很显然，他也并没有这方面的想法。9 月 12 日，他主持了色当战役之后的第一次军事会议，在此次会议上，他宣示说，不会再有“大突围行动”，顶多是一些“小小的动作”，目的是骚扰敌军并搜集食物而已。他强调说，“希望各位都能理解，我是不得不这么做，否则的话，麦克马洪元帅的命运很可能将落在咱们头上。”[40]

当然，有人怀疑这背后还有更隐晦的动机。巴赞的确天性犹疑，不过，政治野心也在这里面起作用。倘若拿破仑三世从色当战役的鬼门关闯过来，手握法兰西最后一支大军的巴赞便会在同麦克马洪的竞争中占据先手和优势地位。若真是如此，皇帝被俘和甘必大宣布成立新共和，可以说是毁灭了巴赞的整个算盘。若是皇帝从战争中闯过来，那么在俾斯麦的襄助之下，巴赞就可以率领大军从梅斯脱身，在皇帝或者皇太子座下引领一场法兰西的重建运动。但现实却是，共和派执掌了战后的天下，巴赞与共和派是没有买卖可谈的，在“墨西哥大冒险”这件事情上，共和派就已经对巴赞实施过尖刻的攻击。此外，甘必大选择特罗胥担当新政府的国防工作，这当然也令巴赞十分不快。特罗胥早先曾对巴赞在墨西哥的军事行动提出过尖刻的批评，并由此加深了巴赞和波拿巴家族的嫌隙。约瑟夫·安德洛上校，巴赞的同僚之一，曾回忆说："梅斯的所有人都知道巴赞憎恨特罗胥，他曾公开说过这件事情，并说，新政府是对他个人的羞辱。"据安德洛判断，是"混合动机"在促动此时的巴赞，"眼前的争斗、过往的顿挫、对共和国的敌意，当然，还有他那破灭的希望和受挫的野心"[41]。

安德洛并非巴赞的朋友，因此会有所渲染，有所夸张，不过，元帅自己肯定不是没有想法，这一点是毫无疑问的。整个9月和10月，巴赞都明确地不承认国防政府，并依然"以帝国政府的名义"发布指令。[42]到了10月初，甘必大乘坐气球离开巴黎前往图尔，给那里的"代理政府"打气，此时的甘必大非常焦虑。巴赞正在与俾斯麦单独接触，正统派势力和奥尔良派势力也正在佩里戈尔（Perigord）、圣东日（Saintonge）以及利穆赞（Limousin）等地蠢蠢欲动。尚博伯爵（Comte de Chambord），波旁王族的王位觊觎者，人称"亨利五世"（Heari V），也已经抵达瑞士边境地带，并且在呼吁法国人抛弃那"破碎的政治体制，回归恩典之路"，说白了，就是呼吁法国民众来一次波旁复辟。不那么守旧、偏狭的奥尔良派甚至更为强大。色当战役
结束不久，新共和国便宣布成立，这令奥尔良派大为震动，诸 244
如阿道夫·梯也尔这样的奥尔良派政客便纷纷在军官团以及各个外省城镇和村庄施展手脚，并期待"因国防政府失败以及红色集团的过火行为而招致的民众回潮"。[43]尽管新的共和国在包括梅斯在内的法兰西各地都得到了宣示，但巴赞一直都坚决不肯为新政府背书。[44]10月中，有传言说巴赞正准备同普鲁士单独达成和平，不是为了波拿巴家族复位，"而是为了自己实施独裁"。伦敦方面对此表示怀疑，英国驻柏林大使遂将这一传言表

述得有血有肉：“巴赞应该不会承认临时政府的权威，而且，这位元帅觉得自己才有资格代表法兰西。”[45]

巴赞也的确是这么干的：1870年9月和10月，他两次涉足俾斯麦的图谋，意图在法兰西恢复威权体制，令普鲁士方面的严苛和平条件得到接纳和实施。9月23日，俾斯麦派遣一个花名“雷尼尔”（Regnier）的代理人进入梅斯，意在与巴赞敲定协议。尽管雷尼尔和巴赞的此次会面是私下里进行的，所有其他将领都排除在外，而且还将冲入房间的勒伯夫元帅赶了出去，但梅斯方面的法军军官们后来还是依据巴赞偶然流露出来的一些说辞以及“雷尼尔”泄露的一些信息，重构出此次会谈的要点。大体上说，俾斯麦提议如下：允许莱茵军团携带武器和辎重离开梅斯，前往“中立区”，前革命时期的法兰西参议院和立法团代表将在那里集会，重建一个保守派政府并批准俾斯麦和巴赞达成的和平条件。而后，巴赞便负责“重建法兰西秩序，并强制推行新政府”，这个保守派政府既可以是皇太子称帝的复辟帝国，也可以是巴赞为首的威权主义摄政体制。俾斯麦将后一体制称为“巴赞独裁官体制”（Dictature Bazaine）。如此一来，这个政府也就可以变成服务普鲁士战争目标的橡皮图章。

安德烈·塔沙德（André Tachard）——甘必大派驻梅斯的密探，他依据“可靠来源”回报说，俾斯麦已经宣示，他愿意放弃阿尔萨斯和洛林，并满足于50亿法郎的战争赔款以及拆除法兰西东部地区的工事体系，只要法国愿意恢复波拿巴家族的帝国或者将其他王族扶上王位：“倘若法国坚持共和体制，那么法国将是德国的坏邻居，那样的话，我们将坚持我们的领土要
245 求。”[46]9月底的几天是一段紧张时期，这几天过后，巴赞看来是已经将法兰西的未来握在自己手中了。此时的巴赞既没有完

全依附俾斯麦，但也没有拒绝俾斯麦。“巴赞实在是让人捉摸不透，”塔沙德特别强调说，“他什么都不承诺，只是在倾听。”[47]

但对巴赞来说，时间也在流逝，手下这支陷入饥饿的大军正在变成负资产。在同“雷尼尔”晤谈之后，巴赞便骑马前往近卫军指挥官夏尔·布尔巴基将军的指挥部，布尔巴基同意将俾斯麦的建议传递给此时正随同皇太子路易流亡黑斯廷斯的欧仁妮·德·蒙蒂若，据此提议，巴赞将代表皇太子成为摄政王。布尔巴基乔装成一名教区医生，并在“雷尼尔”的陪同下，悄悄穿越普军的梅斯防线，布尔巴基后来承认，“当时穿越普军防区实在是太过顺利，令他不得不怀疑此事有德军方面的默契和配合”。刚从梅斯脱身，便有马车甚至专列在等候，好像已经为他预备好了一样，令他可以尽速赶往奥斯坦德。登船前往英格兰之前，“雷尼尔”给了布尔巴基一份假护照，这是为了避开英国媒体的耳目。护照里面夹了一份文件，内容是“同俾斯麦晤谈的概要，涉及重建帝国政府的重要性以及重建的方法等问题”[48]。

布尔巴基的这次使命以失败告终。此前欧仁妮·德·蒙蒂若惊险地逃出巴黎，且她也不愿意屈从巴赞的野心，于是只同意将“帝国中将”（Lieutenant - Général de l'Empire）的军衔和职位给予巴赞。[49]于是，两人便在这样的情况下玩起拖延战术。欧仁妮·德·蒙蒂若需要巴赞，巴赞也需要欧仁妮·德·蒙蒂若。尽管二人相互之间都非常瞧不起对方，但也都不会撕破脸皮。很快，巴赞便决定不能等待大军活活饿死，而是要利用这支大军，遂于10月12日再次同俾斯麦展开谈判，派出自己的副官与普鲁士方面直接接洽。于是，拿破仑·布瓦耶将军抵达凡尔赛，普军指挥部已经从费里耶尔转移到凡尔赛，时间是10

月14日，布瓦耶将军向普鲁士方面确认，“梅斯大军仍然忠诚于皇帝，同巴黎那帮律师们建立的共和国没有关系”。[50]布瓦耶的具体提议如下：将莱茵军团从梅斯释放出来，大军退入法国南方腹地，甚至退往阿尔及利亚，普军可以全力进攻巴黎并尽快结束这场战争。等到共和国垮台，普鲁士方面便将法兰西交付巴赞及其大军，德军战俘营里的14万法军战俘也应当用来拱卫巴赞的大军，这样的话，巴赞就可以彻底平息甘必大释放出来的“煽动性的无政府状态”，并恢复保守体制。

246 布瓦耶的此番提议，通篇都打上了巴赞元帅那散漫且回环曲折心性的烙印。如此一来，他就可以安居图卢兹或者阿尔及尔，置身事外，高枕无忧，且让德国人去干那些肮脏的事情，等待尘埃落定，他再以“救星”的姿态出现，并且可以宣称，自己是因为“红色革命”所迫，不得不在国家危难时刻引领大军，置身事外。[51]巴赞发布的“军队宣言”（military pronunciamento）德国媒体在整个10月做了连篇累牍的报道，法国媒体则予以压制，这样一份宣言对巴黎和图尔的共和派来说，实在是一场至深危机。[52]巴赞的大军为何没有选择突围，而是转而与德国人谈判呢？很显然，此时的巴赞对新政府已经是没什么好顾忌的，他直接越过新政府，图谋摧毁共和国，转而培植并确立王朝体制或者军事独裁体制。（梅斯陷落之后，接受讯问的军官都提供证言说，当时的法军大营里，人们议论纷纷，都在谈论“巴赞独裁”的事情。）[53]从国际角度来看，巴赞选择的时机是相当有利的，毕竟，此时已经有很多中立国开始仇恨法国临时政府那种不让步的态度，而且，这个临时政府还拒绝实行选举，据意大利外长说，法国若能在这样一个时刻举行选举，毫无疑问“会将一个有着强劲和平倾向的议会带入法兰西的政治生活”。[54]俾斯麦提出的停战条件的确严厉，但也不能说过分，毕竟要考虑到这场战争是由法国挑起的。倘若法国让出阿尔萨斯和半个洛林，支付战争赔款，并以圣瓦勒里安和圣但尼两处要塞为质，直到赔款交割完毕，那么普鲁士是会结束对巴黎的围困并就此宣布战争结束的。

美国将军安布罗斯·伯恩赛德（General Ambrose Burnside），受美国总统格兰特委派，此时也正穿梭于凡尔赛的俾斯麦和巴黎的法夫尔之间，力图促成双方达成和平协议，但这位美国将军发现，法夫尔甚至都不考虑普鲁士方面提出的条件，而是反复申述法国的立场，那就是，“除非最后一个德国人离开法兰西的土地，否则不会有停战可言”[55]。就在这个10月，意大利外长埃米利奥·维斯孔蒂－韦诺斯塔曾写下这样的话，“和平的障碍是巴黎”。他还申述说，法国的政客们不愿意“接受法兰西民族也许会接受的条件”，这个条件就是割让阿尔萨斯和洛林。[56]此时，有传言说，法兰西共和政府已经在做困兽之斗，开始支持俄国在黑海和巴尔干地区的扩张，同时也赞同普鲁士在荷兰、比利时和卢森堡的“自由行动”，目的是换取在阿尔萨斯－洛林问题上的让步，此等传言只会让各个中立国愈发地失去耐心。[57]不过，布瓦耶同普鲁士高层的晤谈也没有取得好结果。此时，普鲁士方面已经借由密探、逃兵以及素来大嘴巴 247
的法国新闻媒体了解到巴赞这支正在解体的大军的真实情况，于是对巴赞的提议，也就是同普鲁士方面“合作”打击“共和威胁”，只是冷冷地耸耸肩，以此作为回应。毛奇更是坚持说，现在，问题的关键是纯粹军事性质的。法兰西已经战败，普鲁士也就不需要“政治上的合作”。毛奇还颇为讥讽地发出问询，如今的法国政府分裂于巴黎和图尔两地，各个城市都在骚乱，在造反，北方、南方和西部纷纷威胁要寻求自治，在这样的情况下，您的大军会有何用呢？布瓦耶将军已经在梅斯困守一个月之久，也无可靠的信息来面对毛奇的这些夸张说辞，双方的谈判就此破裂。[58]巴赞曾指令布瓦耶带回好的谈判结果，但布瓦耶于10月17日返回梅斯的时候却是两手空空。

既然帝国政府无法复位，俾斯麦便计划诉求法兰西民族。他很清楚，法兰西各个外省比巴黎和图尔的那批政客会保守一些，绝对不会以毫无退让的态度去捍卫东部边界的“每一块泥土”。于是，俾斯麦便提出帮助法国重新召集立法团（从法理上讲，立法团并未解散），或者于10月份促成新的法国立法机构的普选，选出新一届制宪会议。10月2日，制宪会议的选举便提上了日程，此时，俾斯麦也给出承诺，“德军占领的所有法兰西领地都将全力配合”。巴黎方面担心选举会造成和平主义的政治滑坡（这样的担心足以让人对法兰西民意的真实状况有所洞察），遂将选举推迟两个星期。10月16日，甘必大和特罗胥再次推迟选举，这一次则是无限期推迟。理由是俾斯麦将阿尔萨斯－洛林排除在选举程序之外（“德国人似乎认为阿尔萨斯－洛林已经是德国的领土了”），当然，二人真正担忧的是，已经被战争折磨得疲惫不堪的农村选民势必会将秉持务实心性的保守派乃至王朝派人士选入议会，以便不惜一切代价地达成和平。[59]俾斯麦这步棋下得实在是漂亮，将城市共和派扒得体无完肤，令其虚伪和自私呈现在光天化日之下。这步棋一走出来，便迫使共和派于11月初彻底拒绝了俾斯麦将自由选举权赋予德军占领区人民的提议，一下子便翻转了“临时政府”的棋局，令世人都看清楚了这个政府真正关心的是把持权力而非结束战争。[60]

此时，普军正在按照军事计划，步步为营地向前推进，巴黎人也在深挖壕沟。9 月 28 日，拉斐尔·胡布纳（Raphael Hübner）——奥地利使馆的一名外交官，冒险前往布洛涅森林区域探察那里正在扩展的壕沟体系，沿途看到店铺、咖啡馆和 248
餐馆都已经关门了。食物也已开始出现短缺，或者被黑市囤积起来。蔬菜、黄油、奶酪、鸡蛋以及牛奶统统消失不见。“植物园”里所有能吃的东西都被洗劫一空之后，巴黎人开始靠红酒、面包屑和马肉维持生存。胡布纳在穿越布洛涅森林的时候，遭到枪击后曾被短暂拘留。“一个丑陋的妇女和一个狂热的抵抗者将我抓住并扣押，他们喊叫着说我肯定是个德国间谍。”胡布纳最后还是获得释放，返回大使馆，此时他已经确信，巴黎已是一座“火山口”，狂热和激进如同炽烈的岩浆一般在四处翻滚。[61]当然，特罗胥和法夫尔也在竭尽所能地平复这座都城的局势，不过，“红色共和派”方面滚滚而来的压力越来越大，“红色共和派”肯定不能接受特罗胥选任的战争部长，对此，他们非常愤怒。

此等情况之下，很难找出一个比阿道夫·勒弗洛将军更和善的人了。1852 年，勒弗洛还是法兰西最年轻的将领之一，而后经历过一段漫长的流放期，回归时已经是法兰西最年迈的将领之一，法兰西官僚体制的繁复层叠，令他已经衰弱的精力消耗殆尽。9 月 29 日，勒弗洛对特罗胥提出劝告，“为避免混乱，我们必须将‘炮兵高级指挥官’的头衔改换成‘巴黎城防炮兵高级指挥官’，这样就可以避免将战争部长的行政权力交付给后者了。”10 月 7 日，勒弗洛将法兰西所有的猎枪实行“国有化”，即便他自己也承认，这样的举措是毫无意义的，也是毫无效果的，毕竟，搜集此类枪支的难度极大，更不用说给这些枪支配备弹药了。[62]外省征召的新兵都是在极不情愿的情况下动身前往巴黎的。罗歇·德莫尼（Roger de Mauni），色当战役之后新征召的一名志愿兵，23 岁，他回忆起 10 月卡昂机动卫队的心态和态度："我们竭力装出一副兴高采烈的样子，但没有用。人们都在冷雨中低垂着脑袋……感觉到好日子结束了，接踵而来的将是一段悲惨之路。"[63]像德莫尼这样的爱国者们，尽管组成了部队，但没有面包，没有饲料，甚至没有子弹，这样的顿挫感令他们怒火中烧。10 月中，有爱国者致信特罗胥："官僚体制的繁文缛节、嫉贤妒能，还有那无可遏制的怠惰，把我们压垮了，你们必须要想想办法。"然而，这封信却是找错了人。实际上，到了 10 月份，巴黎人已经彻底厌倦了特罗胥的种种公告和规章，开始将他称为"读得太多将军"（Géneral Trop-lu）。[64]确实，政府的档案材料里填满了特罗胥发布的指令或者禁令，有些还十分荒诞："士兵若要获得弹夹，必须先由营长签字，而后再由巴黎市长签字。"[65]

249 巴黎防御战若想取得成功，关键还在梅斯。此时，梅斯要塞仍拥有 13.5 万职业军人和 600 门火炮可供调用，更有法兰西的三位元帅、五十名将军和 6000 名军官。因此，巴赞必须出手，要么挥动自己的大军从梅斯脱围而出，前往解救巴黎，要么设法让自己麾下的军官前往巴黎引领此次防御。然而，巴赞没有做任何事情，9 月，巴赞已经先后三次取消或者说是"延迟"了计划好的突围，到了 10 月，这样的事情又发生了六次之多。[66]巴赞本应当对毛奇的军队和交通线实施持续攻击，由此制造持续的压力，但实际上他一直都无所作为，这令毛奇简直不敢相信自己竟然有此等运气，碰到这么消极的一个对手。毛奇甚至于认为巴赞元帅的行为十分神秘，曾给出结论说，"巴赞考虑的不仅仅是军事因素，更有政治因素……他毕竟手握法兰西仅存的一个完整军团，想必是觉得自己的力量如今超越了国内的任何人。"[67]即便真是如此，这个秋天的秋雨也如同愁云惨雾一般，每一天都在消解巴赞的力量。10 月 10 日的一次"军事会议"笼罩在一片阴郁的氛围之中，巴赞的一个军指挥官于绝望中写下这样的话：

> 我们的骑兵已经没有战斗力了。我们的炮兵已经没有马匹了。士兵们饥饿不堪，根本没有能力实施八个小时的行军。普军的步枪和火炮随时准备给我们制造沉重的伤亡，我们的命数就此结束了，毫无疑问，每出现一个伤员，立刻就会有四到五个健康的士兵离队前往帮扶，借口是"急救"，实际上他们只是想脱离部队，安全返回梅斯，对此，我们无力阻止。

此次军事会议休会之时，军中的所有将领都认为，在这样的时刻实施突围，没有马匹，士兵们已经士气尽丧，没有丝毫的进攻意识，这样的突围毫无疑问是"天方夜谭"（c'est vraiment un rêve）。[68]此时，唯有帝国近卫军是可靠的，其余战斗单位的士兵甚至都懒得去擦洗枪械，懒得保持弹夹干燥。布尔巴基于 9 月神秘离开，由此触发了令人紧张且疯狂的传言，有人说，布尔巴基是在同巴赞决斗时死了，有人说，他是忍受不了巴赞的庸碌怯懦而愤然离去的，有人说他此去是图谋复位波拿巴家族，还有人说他是前往巴黎为新政府效力去了。[69]此等乱象，令法军逃兵向普鲁士方面保证说，"没有人愿意战斗了"。[70]巴赞当然是欢迎此等谣言的，而且他还希望听到更多，希望这些“军中谣言”就这么散播下去，但士兵们一直都无法理解这支大军为何会如此轻易地在经历了两场胶着战役之后，被围困起来并且不再战斗了，因此，士兵们会议论纷纷，他们会问：“为什么不做好准备，寻求撤退？这里面肯定有阴
250 谋！”[71]仍然抱持战斗意志的人寥寥无几。9 月 25 日，一封署名为“莱茵军团的一名士兵”的匿名信塞进巴赞的门缝里，从这封信的内容可见军中对巴赞的消极无为是怎样的愤懑和绝望：

> 过去的 22 天里，面对敌人，您无所作为，军中流言四起，这一点想必您很清楚……正是您的这种消极态度毁掉了我们的骑兵，并且很快就会毁掉我们的炮兵，如此一来，这支大军就将毫无用处了。色当的悲剧，加上士兵们对将领的计划仍然一无所知，这就为如下的传言提供了很好的温床：您是图谋让大军任人摆布并最终交给敌军。但外面的敌军在所有方面都逊于我们，这一点您也清楚。您拥有 13 万之众的精锐部队，这种情况下，您若将大军就这么交给敌人，您将如何向世人解释呢？这根本就是无法想象的。[72]

然而，洛林的糟糕天气不久就会将这最后的战斗意志彻底瓦解。10 月的天气实在是又冷又潮，雨一直下，根本没有停歇的迹象。普军战壕里面，士兵们在没过膝盖的泥泞里艰难挪动，还必须蹲下来避开那吼叫着的寒冷北风，大风已经将屋顶的瓦片掀开、吹走，更令结核病在军中传播开来，夺走数百名士兵的性命。法军大营里面，腐烂的稻草散发着恶臭，令数千士兵患上疟疾。此时梅斯要塞的长墙之上以及外缘工事上都布满了

反巴赞的涂鸦，一些是趁着夜色涂抹上去的，还有一些则是在光天化日之下涂抹上去的。[73]此时，巴赞却在每日简报中描述了普军“无可攻克的堡垒”，进一步打压军中士气。在一名军官看来，巴赞此举是在“故意挫伤军官的士气，是在故意吓唬士兵”，这样的话，就能够令投降事宜变得更能令人接受了。[74]到了10月的第三个星期，普军的前沿阵地得到指令，每天只可以容留两名法军逃兵，余者当场开火，将其逼退，让他们回去吃光巴赞那日益削减的给养。得到接纳的法军逃兵能够享受到普军的配给，这让他们兴高采烈，的确，终于逃出梅斯了。[75]

10月28日，巴赞发出指令，要求各个团收起军旗和鹰徽，将之存放在梅斯的弹药库里，准备投降普军。这一举措引发了巨大的争议，不过这还只是巴赞在最后这段日子里众多争议行为中的一个而已。其实，争议的原因很简单，任何军队都更愿意在投降之前烧毁战旗，而不是将之交给敌军，令敌人在广场上或者防区教堂里面载歌载舞，予以宣示。弗里德里希·卡尔亲王也曾提出给予投降的法军以完整的军事荣誉，但巴赞此举等于拒绝了此类提议。卡尔亲王是允许法军肩抗武器，前往普军阵地投降并接受检阅的，而且军官可以骑马，战旗也可以打开，但巴赞却命令士兵将枪械就地堆放在梅斯，等待运往德国。巴赞也没有将600门火炮就地钉死，而是直接交给普军，而且 251
那些火炮还都是能够即刻投入战场的。此等行径与叛国其实没有差别，这引发众多法军士兵的反抗，梅斯城内爆发了骚乱，士兵们向科菲尼埃将军的住处发起攻击，并且向教堂开枪。地方卫队相继点燃三堆大火，因为他们实在是太过愤怒，可以说到了狂怒的地步，他们苦苦等待这座城市的解放，如今却被巴赞的这些老兵破坏殆尽了。

第二天，梅斯要塞及 13.3 万守军连同 600 门火炮都交付普军，天空飘洒着冷雨。10 月 29 日，发生了那场著名的“分离事件”，就是将士兵同军官区分开来，更确切地说，就是法军军官将各自的部队交付普军，而后便在没有护卫的情况下独自返回。此举是对法军军事准则的严重践踏，“军官和士兵同样重要”，这样的举动只能是加深士兵的仇恨以及一直藏在内心的那个看法：巴赞和将领们“出卖”了他们。

至于巴赞，甚至都没有与士兵们打照面。10 月 27 日，他已经把老婆偷偷送到普军营地，并于 10 月 28 日同梅斯的军需官和财务官秘密会面，拿走了自己作为法兰西参议员和元帅的两个月薪水，而后便于 10 月 29 日凌晨，趁着黎明前的黑暗，投奔普军营地。[76]非常不幸的是，巴赞抵达阿尔斯地界的普军阵地之时，却被乱枪驱赶回来。当时的卡尔亲王正在科尔尼的城堡里面睡觉，因此也就不可能在这么早的时候去接待这位法兰西元帅。一时之间，石块和垃圾纷纷飞向这位元帅，法军士兵嘘声四起，巴赞不得不退避到圣康坦要塞炮群下面的一处小草棚里躲避了一天。在那里，他告诉自己的一个副官：“这事情的确令人悲伤，不过，至少还有一个好结果：这件事将会迫使巴黎方面停止抵抗，让这个备受磨难的国家恢复和平。”[77]

不幸的是，巴赞献出梅斯一事并没有带来好结果，反而适得其反。此时身在图尔的甘必大高声呐喊着要抵抗，几乎到了偏执狂的地步，那也正是法兰西共和派在最初几个月里的特点：“这位元帅令法兰西失去了 13 万大军，令贞洁的梅斯城不战而降。他不就是色当那个人的代理人嘛，那个人不就是侵略者的同谋嘛！”甘必大更宣示说，共和派是打不倒的，只能是越挫越勇，誓要驱除普军，恢复法兰西，誓要惩治巴赞的“叛国大罪”，恢复“已腐败”法军的“民族品性”，色当和梅斯之败并非军事之败，而是“1852 年 12 月那场军事政变的邪恶尾声”。[78]

不愧是“狂人”（fou furieux）甘必大，不过，即便是“狂人”也要面对眼前的现实处境，毕竟，法兰西共和国此时的军事境况已经发生了灾难性的变化。巴赞的大军投降了，此时的普军实际上已经降服了法兰西战前的全部军事力量，具体来说，252
就是25 万大军、四个元帅、140 个将军和一万军官。（“巴赞和麦克马洪终于会师了”，这是巴黎人的黑色幽默。）[79] 巴黎和卢瓦尔河集结的新的步兵师，如今只能由退休上校、海军上尉和海军将领来指挥了。一百个步兵团中，只有两个还驻扎在外，分别是第三十五步兵团和第四十二步兵团。这两个步兵团在战前即驻扎罗马，此时刚刚开始返回法国。“此等军事灾难的确是闻所未闻，见所未见，”这是英国军事参赞惊闻梅斯纳降一事的评说。甘必大遂将“巴黎之外的军队”交付夏尔·布尔巴基将军指挥，布尔巴基在憎恶中予以回绝。他后来向自己的老朋友英国驻巴黎大使解释说：“这个共和国的军事形势已经乱到极点，没有人员和物资登记，没办法确定人员和物资都在哪里，没有组织，没有纪律。”现在的法兰西，布尔巴基总结说，至少需要六个月的时间去严加整顿，否则的话根本没办法走上战场，与同等数量的德军对抗，倘若图尔方面“不将绝对的军事权威”下放给将领们，那就绝对不能指望会有整顿的可能性。[80]

10 月 31 日，特罗胥和国防政府就巴赞投降一事在市政厅展开商议，审议过程中遭到愤怒的工人和机动卫队的围攻，并将他作为“叛国者”囚禁了 15 个小时。忠于特罗胥的军队最后赶来救驾，虽然救出他们的将军，但塞纳河国民卫队的指挥官就此公然投奔“公社”，令市政厅方面只能与奥古斯特·布朗基媾和。“城外的敌军不是我们唯一的战斗对象，”迪克罗将军后来写道，“城墙里面就是革命。”巴黎开始燃烧了。[81]

梅斯陷落后整整三天，普鲁士人都对献城守军那没有限度的食欲惊奇万分。阿道夫·马蒂亚斯受命看管一队战俘，他写道，“从 10 月 29 日到 31 日，法军士兵都是在吃，要不就是在谈论食物。梅斯周围数英里的地带，随军灶火日夜不息，那是法军战俘在煎炒烹炸。”[82]在梅斯上方的工事里面走一走，随处可以发现先前法军士气极度低落的证据。房间和仓库里“脏乱不堪”，火炮上全是泥灰，步枪散落一地。弹药库的大门敞开，炮弹和弹夹散落在地上。倘若有人划一根火柴，或者刮擦一下平头钉的鞋子，再不济就是敲打一下管子，很可能就会发生爆炸，那样的话，附近的一切都会被直接炸飞。沿着梅斯城的主
253 干道向下两英里，那里的肮脏和怠惰的场景更为糟糕。理夏德·贝伦特中尉进入法军的骑兵营地巡视，这个营地坐落在摩泽尔河分流时形成的一处小岛上，随处可以看到没有埋葬的法军士兵和战马的尸体，“帐篷里面塞满了伤员和病患”。梅斯城中，酒店里满是法军士兵和军官，都已经喝得不省人事。[83]

尽管法军的结局令其颜面扫地，但观察家们还是对梅斯要塞的坚固印象深刻，这样一座要塞应该说是无法攻克的。巴赞当然浪费了这项巨大资本，不过，梅斯要塞倒也证明了独立要塞原则在 19 世纪后期的可行性。整整七十天的时间里，围城普军一直试图与巴赞交战，但都没有取得成功。有很多次，普军都将野战火炮大幅度向前推进，试图轰击法军，但都被圣康坦要塞、普拉珀维尔要塞、瓦皮要塞（Woippy）、圣于连要塞、奎勒乌（Queleu）要塞和圣普利瓦要塞的精准火力击溃或者击

退。倘若麦克马洪能够引领营救大军抵达梅斯，普军只能腹背受敌，沦落至极为糟糕的境地。即便没有麦克马洪，梅斯也容留了14万法军两个月之久，并就此拖住20万普军，在这两个月的时间里，普军甚至都没有能力穿越这巨大的要塞群，尝试发起一场像样的攻城战。这活生生的课程，想必欧洲的所有军队都已注意并关切到，也正因如此，很多国家都在一战前的几年时间里建造了类似梅斯这样的要塞群。

让俾斯麦震惊的是，即便梅斯陷落，也丝毫没有动摇法兰西共和派守护阿尔萨斯-洛林的决心。“我们是国防政府，”儒勒·法夫尔，法兰西的新外长，就是这么告诉俾斯麦的，“你知道我们的原则，‘不放弃我们的一块泥土，不放弃我们要塞的一块石头’。”这种斗鸡式的战斗精神已然将奉行实用主义原则的俾斯麦逼疯了，在这样一个时段，贝尔维尔和拉维耶特（La Vilette）等地的民众也正源源不断地涌向协和广场，要求政府采取强硬路线，此等民众压力更是强化了这种战斗精神。寒冷时节已经降临，德军大营里面开始出现流感病例。实际上，在10月的第一个星期，默兹军团已经有百分之十五的士兵患病，大多数都是因为伤口感染引起的，其余的士兵则患上了流感、痢疾和猩红热。[84]病患对伤员的比例不断攀升，此等情形令随军医生不免紧张起来，10月这一个月，仅巴伐利亚军即因此折损了17152人，超过军总兵力的半数且六倍于战场上的损失。[85]巴黎周边的法军要塞和工事体系已然全副武装，给养和弹药充足。布尔巴基将军最终也已经同意在里尔（Lille）为共和国组建一支军队。此时，守军还不停地实施近乎血腥的突击行动，令停战前景更加无望。

每隔几个星期，奥古斯特·迪克罗将军都会对巴黎周边的德军战线探察一番，以适当的兵力实施突击，对德军战线发起强力打击，而后便又迅速退回巴黎。迪克罗此举显然是在探测德军战壕体系的深度，而这显然是在为大规模的突击行动做准
254 备，只等着解围大军从南方出现。9 月 19 日，迪克罗引领一支军队向南进击图尔和卢瓦尔河，对沙蒂永（Chatillon）和巴涅（Bagneux）的德军实施攻击。德军守住了阵地，但就在德军即将展开反攻的时候，伊西（Issy）、旺沃（Vanves）和蒙鲁日（Montrouge）要塞的火炮对德军实施了精准轰击，将德军的攻势瓦解。同样的战斗模式于 10 月 13 日再次上演，其时，法军的 7 个营再次向南进击，将巴伐利亚军吸引到法军的火力洼地里。9 月时，巴伐利亚军团曾穿越此地。[86] 在巴伐利亚军团将要反攻的时候，瓦勒里昂山（Mont Valérien）的要塞炮群开火了，一路追打德军，令德军不得不取道圣克卢后撤，炮火摧毁了拿破仑一世的一座漂亮的夏季行宫，那里也正是 7 月拿破仑三世宣战的地方。

很显然，巴黎战役正在朝着堑壕战的方向发展，这令德军的士气开始萎靡不振。德军的前线和后方实施了五天轮换制度，一旦来到前线，就要像罪犯一样担负军中劳役，比如清除障碍、铁丝网、勾刺铁丝，及挖掘防炮击壕沟等，还要给法国人抛弃的房舍配置防寒设施。10 月的一个晚上，一名巴伐利亚军官从睡梦中醒来，发现一处当街房舍起了大火。这名军官立刻穿上靴子，跑过去叫醒自己的士兵。他冲进房屋，高喊着“着火啦”，发现里面的士兵实际上正醒着，但都在草垫子上一动不动。士兵们告诉这名军官，“我们知道，已经派人上去查看火势啦，等火焰靠近我们的时候，再警告也不迟。”[87] 此等没有战事

的情形，令士气低落，而且更是白白消耗时间，也令俾斯麦怒火中烧，由于他认为法国已经战败了。“想想吧，”有一天，俾斯麦对法夫尔咆哮起来，“为和平找一个基础，总得有所提议吧！”[88]法夫尔先前就认为德意志民族主义已经令俾斯麦“癫狂”了，俾斯麦则认为法夫尔同样“癫狂”至极，竟然执行毫无妥协可言的“战争最大化”政策。

为了向共和派施压，俾斯麦同意并支持在普军控制的14个
行政区和另外75个行政区实施普选。看来，成立一个同意割让
领土、支付战争赔款，并解决巴黎激进派国防政府和图尔地区
更为温和的“代理政府”之间的分歧的政府，这是唯一的办
法。俾斯麦和毛奇遂主张占领整个法国，直到选举结束，并选
出一个真正意义上的“国民”政府，二人认为，这样一个政府
是会接受普鲁士的和平条件的。弗里德里希·卡尔亲王于10月
份告诉一名英国外交官，普鲁士将会向巴黎施压，那样的压力
是巴黎政府无法承受的。卡尔亲王更具体地申述说，一旦梅斯
方面的巴赞投降，巴黎和图尔两地将会遭受普军的攻击，20万
德军将会占领从米卢斯（Mulhouse）一直到波尔多的整个南方
地区。这项举措应该说是最具威慑力的，因为依照这样的计划， 255
法兰西的农民群体和城镇群体是要支付占领军的日常费用的，
“直到选出一个稳定的政府并就此达成和平”。与此同时，德军
的两个军团也在酝酿对诺曼底地区实施攻击，以此来摧毁传言
中布尔巴基要在里尔组建的军队，更准备对这一地区实施坚壁
清野政策，将该地区的所有物资和给养都转入德军的给养体系。
俾斯麦同时也决定尽可能早地对巴黎实施炮击。炮击市民区，
对此，俾斯麦倒没有人道主义方面的顾虑。他真正挂怀的是冬
天的天气，若真是拖到寒冬，把火炮从贝尔福、斯特拉斯堡、 256

凡尔登和蒂永维尔的围城工事里面拖到巴黎周边的炮位上，将会相当困难。[89]

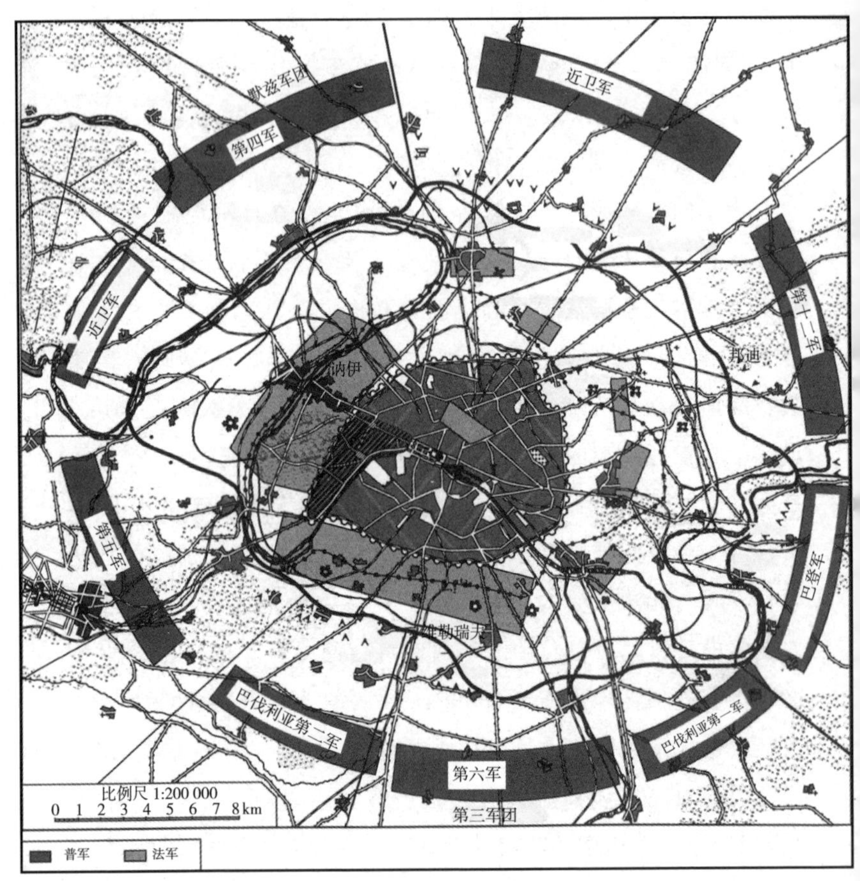


地图 12　德军围攻巴黎

普军的占领区实际上已经不堪重负。10 月份一家法国报纸估算了战争成本，法国民众要承担 120 亿法郎，约合今天的 310 亿美元。如此巨大的额度概算自动员成本、战败成本、财产损失以及商业损失。战争期间，贸易状况沦落至萧条境地，庄稼烂在地里，延迟分红令投资者损失惨重，大多数法国公司都难逃厄运。法兰西的市镇和城市，银币都已经消失不见。勒阿弗尔（Le Havre）、迪耶普（Dieppe）、里尔和埃夫勒（Evreux）都已经开始发行自己的纸币。里昂的银匠已经开始自行铸造银币，英镑和便士则开始成为波尔多的地方货币。[90] 在同英国大使的一次谈话中，阿道夫·梯也尔对波拿巴家族突然去位和共和国突然崛起一事哀叹不已，他说，“这样的事情只能激怒法兰西外省民众，令他们更加紧张和警觉。”[91] 巴黎之外的地区，人们对共和政府是深怀敌意的，至于图尔的那个“气球政府”，农民和外省布尔乔亚群体则越发将之等同于税吏、战争贩子和“红色革命”。共和派也在竭力扭转这样的舆论和民情，但结果只能是让情况更加恶化。忠于拿破仑三世的民选市长纷纷遭到解职，更具“共和”精神的人取而代之，这些人纷纷推行“外省专制”政策，这样的政策是极其不得人心的，“1870 年和 1871 年之间的那个冬天”，都是如此。[92]

1870 年 10 月初，路德维希·冯·坦恩将军策马穿行在这一悲惨场景中。此时的巴黎及其卫戍部队出奇地安静（“特罗胥，一个将剑蘸在墨水里、将笔插入剑鞘的士兵”，这是巴黎人的笑谈），毛奇遂觉得是时候派出坦恩的巴伐利亚第一军，协同普军的一个步兵师和两个骑兵师，“向南实施侦察，一直到卢瓦尔河地区”。色当战役和梅斯投降都没有令法国投降，在此情况下，毛奇便决定摧毁那所谓的“救援大军”，并瓦解正在奥尔良周边集结起来的作乱者。也许，再拿下几场胜利就能够说服图尔和巴黎方面，让法国人相信继续抵抗是毫无意义的。对毛奇来说，这样的计划堪称完美。但对寒风中已然十分疲惫的这支军队来说，则只不过是朝着泥潭再迈进一步而已。[93]

# 第十一章　法兰西陷落

257 坦恩这个新“军群”由一个巴伐利亚军、一个普鲁士步兵师和两个普鲁士骑兵师组成，该军群的直接目标是找到并歼灭约瑟夫·拉莫特－鲁热将军（General Joseph La Motterouge）统领的法军第十五军。先前，战争部长勒弗洛下达的指令说，“总得做点什么来挽救舆论”，于是，拉莫特－鲁热便从维耶尔宗（Vierzon）、布尔日和讷韦尔（Nevers）三地的多个旅抽调兵力，在奥尔良集结成军。毛奇派遣坦恩的新军群向南横掠，目的是防患于未然，消除这样的威胁，并“扫清巴黎和卢瓦尔河之间的区域”。于是，10 月初，坦恩便统领五个师动身离开埃唐普（Etampes）。

一路之上，德军行进在平坦的博斯地区，沿途一派秋日景观，金黄色的麦茬铺展开来，令人神清气爽，德军吃得也很不错，度过了一段难得的美好时光。沿途的每个岔路口本应都有法军把守，但这些路口要么弃守，要么就是不堪一击，令德军穿行起来极为顺畅。毕竟，在如此平坦且没有障碍物的地方，德军的骑兵和火炮是可以发挥最大威力的，那情形也正如一名老兵说的那样，“大地和蓝天就在我们眼前铺展开来”。此时，法兰西正规军大部已经被俘，德军遭遇的都是很奇特的非正规部队（soldatesca），包括那著名的“非正规狙击兵”在内，还有就是各式各样新组建的“战斗团”。德军的政策基本上就是将抓获的“非正规狙击兵”予以处决，借此来打击那些潜在游击队的士气，图尔方面的政府创建了这种半正规的连队，拿的是政府的薪酬且身穿制服，不过作战风格却是不走常规。普军在埃唐普遭遇的这种战斗单位，都身穿长长的黑色外套、黑色裤子，披着红色披肩，头戴宽边的卡拉布里亚帽子。大部分还是小孩，或者四十岁左右的男人，这就令普鲁士方面不免意识到，法兰西正规军、预备队以及机动卫队差不多已经将青壮男丁消耗殆尽。

维克多·雨果在 1870 年 9 月宣称，法兰西尚有 1000 万热血青年“燃烧着热情，要去战斗”，若真是如此，这些人到现在也燃烧得差不多了，而且他们周遭的人根本就没有燃烧起来：非正规部队的俘虏抱怨说，农民根本就不会帮助他们，既不给 260
他们领路，也不给他们提供给养，无论他们去往哪里，当地农民都是躲着他们，或者干脆将他们赶走，以免招致德军的报复。[1]对此时法兰西的很多适龄青年来说，既然巴赞已经在梅斯投降，他们也没有继续战斗下去的想法了：“连梅斯军团都不敢突击普军，那我们这些装备极差的新兵蛋子又怎么能对抗普军呢？巴赞元帅可是拥有 16 万大军，一度还被认为是不可征服的呢。”[2]这样的抵抗力量实在是不抗打，而且根本没有士气可言，德军也因此得以畅通无阻地于 10 月 9 日穿越昂热维尔（Angerville）和皮蒂维耶（Pithiviers）。然而，坦恩的新军群最终还是在奥尔良背面不远处的阿尔特奈（Artenay）-比西莱鲁瓦（Bucy-le-roi）一线遭遇了真正的抵抗。

## 奥尔良战役，1870 年 10 月 10 ~ 11 日

拉莫特-鲁热指挥麾下的正规军、非洲军和轻骑兵，坚持战斗了一个小时之多，不过，自己的军最终还是溃散了，主要

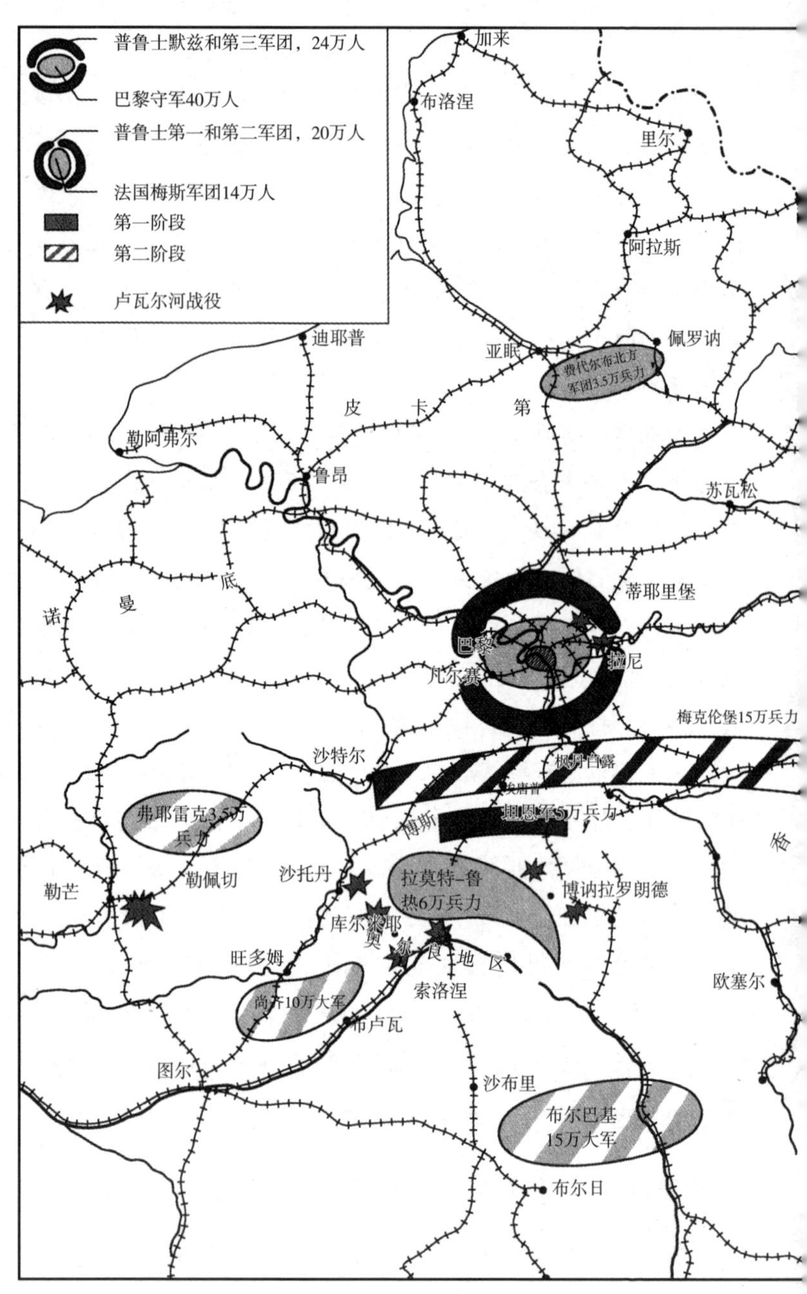


地图 13　色当战役之后的战局，1870 年 9 月 ~1871 年 2 月

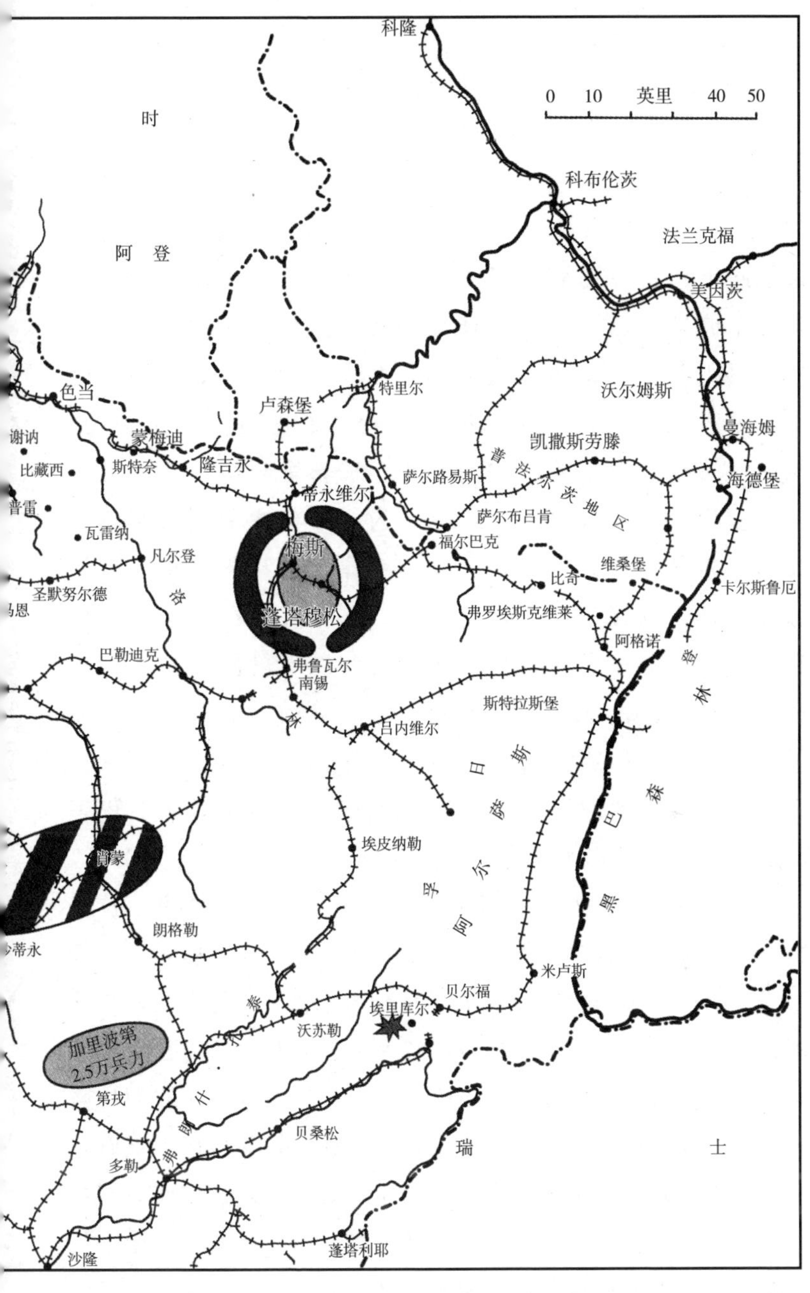

科隆
0 10 英里 40 50
时
科布伦茨
法兰克福
阿 登
美因茨
沃尔姆斯
色当
特里尔
卢森堡
曼海姆
谢讷
蒙梅迪
凯撒斯劳滕
比藏西
斯特奈
隆吉永
萨尔路易斯
海德堡
普 法 尔 茨 地 区
蒂永维尔
普雷
萨尔布吕肯
瓦雷纳
福尔巴克
梅斯
维桑堡
凡尔登
比奇
卡尔斯鲁厄
圣默努尔德
弗罗埃斯克维莱
蓬塔穆松
阿格诺
巴勒迪克
弗鲁瓦尔
南锡
斯特拉斯堡
吕内维尔
阿 尔 萨 斯
埃皮纳勒
肖蒙
朗格勒
米卢斯
贝尔福
埃里库尔
沃苏勒
加里波第
2.5万兵力
第戎
贝桑松
瑞 士
多勒
沙隆
蓬塔利耶

原因是毫无训练可言的机动卫队导致了此次溃败。德军火炮和步兵火力如同雷鸣一般倾泻在法军阵地上，与此同时，德军骑兵实施侧翼包抄，令法军惊恐万状，遂仓皇逃进奥尔良森林，此处森林地带向南直通奥尔良城及其周边桥梁。逃散路上，法军遇到一批奥尔良市民，他们衣着雅致，乘坐马车前来观战，一下子便被溃散来的法军吞噬。[3] 10 月 10 日夜幕降临，双方都进入休战状态，德军开始在附近的房舍里大吃大喝，当地人都是仓皇之下逃离那些房舍的，里面还储藏了大量的食物和酒水。现场看到法军第十五军惊恐万状的大溃散之后，坦恩认为，拉莫特－鲁热会趁着夜色撤离奥尔良并逃往卢瓦尔河南岸。对坦恩来说，这样的结果是可以接受的，这样的话，他就可以尽情采摘奥尔良的胜利果实并大肆宣传，同时也可以以奥尔良城及其桥梁体系为依托，从卢瓦尔河两岸同时对图尔展开攻势。但是，拉莫特－鲁热此时则下定了坚守奥尔良的决心。一旦丢掉奥尔良，他的军事生涯也将就此结束，甘必大的代理政府也只能继续向南逃亡。

10 月 11 日一大早，坦恩便下达命令，向前推进，拉莫特－鲁热将军里的剩余兵力在城北排布开来，准备防御。这条防线从萨朗（Saran）向南一直伸展到奥尔良外围，在奥尔良外围，奥尔良－勒芒铁路线的路基乃提供了强有力的掩护和火力点。这样的位置若是交给适当的守军，实际上可以无限期地坚守下去，因为这是一座天然要塞：到处都是石头房屋，更有以高墙围拢起来的铁路线，从当地的葡萄园和苹果园里面蜿蜒穿过。然而，眼前的这支法军预备队鱼龙混杂，基本上是由士气低落、无心恋战的预备队和机动卫队士兵组成的，这样的部队

是肯定不会有战斗到底的决心和意志的。战前检阅军队的时候， 261
拉莫特－鲁热手下一名中尉军官差点因为眼前的窘况笑出声来："他们穿得太破了，衣服脏得不忍目睹，鞋子也破旧不堪，很多人都没有皮带，裤子还需要提着，装备也差到极点：老式的燧发枪，身上的袋子很小，能装得下一个弹夹就很不错了。"事实上，很多营已经因为"疾病"折损了两成到三成的兵力，所谓"疾病"实际上指的是因为仓促征召来的平民根本不堪身体负荷，失去了行军甚至开枪的能力。大多数机动卫队的士兵都是平生第一次摸枪，这样的情况是很危险的，由此也就解释了色当和梅斯战场上，为什么会频繁出现"误射"的情况，当然也解释了色当和梅斯战役中法军为什么只损失了 26 挺蒙蒂尼机枪。[4]

**图 15　法军守卫奥尔良**

10月11日，坦恩派出三个纵队对奥尔良城前的法军阵地展开进攻，德军朝着沙特尔大道和巴黎大道推进。法军右翼的抵抗是极为强劲的，因为拉莫特－鲁热将麾下的正规部队部署在这里，其中主要是第三十九步兵团和刚从奥朗抽调来的“外
262 籍军团”的部分兵力。法军很巧妙地利用地形，同时强化了巴尼耶郊区（Faubourg Bannier）的阵地，据此将巴伐利亚第一军的攻势一直压制到下午两点，也即普军第二十二师借由拉布特方向碾压过来之时，他们对法军左翼实施打击，迫使拉莫特－鲁热全线后撤。事实上，此时的法军已经处于败退之中。第二十九步兵团的埃德蒙·迪歇纳上尉（Captain Edmond Duchesne）率军从森林边缘的塞尔科特（Cercottes）撤退，途中同正从附近的谢尔河和涅夫勒（Nièvre）撤退的机动卫队遭遇，这支部队已经无人指挥，“没有骑兵，没有火炮，全无方向感”。士气丧尽且饥饿不堪，他们实际上已经两天没有吃东西了，本已混乱不堪的法军在普军火炮轰击之下，很快便溃散了，但普军火炮仍在法军火炮射程之外尽情释放火力，令迪歇纳麾下的新兵及预备队惊恐万分。

然而，普军火炮仍在实施不间断的轰击，法军火炮的弹药实在是匮乏，不到一个小时就打光了炮弹。[5]一名从Les Aides和巴尼耶推进而来的巴伐利亚士兵不免将这两个地方称为“第二个巴泽耶”，指的是默兹河位于色当的分流区域，色当战役结束的时候，普军火炮已然将那里变成了硝烟弥漫的废墟。德军在奥尔良森林抓获的战俘都身穿灰色制服，这样的制服并不常见；实际上他们是法军于7月从罗马抽调来的轻步兵部队，此时才刚刚抵达战场。[6]这批士兵运气不错，逃过德军由北向南发起的钳形攻势，并逃入东面的丛林中，他们一路奔逃，身后则

是德军的庆祝之声。但是，更多的士兵被追上并沦为俘虏。拉莫特－鲁热实际上是承受不起这样的损失的，计算下来，1300人的“外籍军团”折损了900人，正规军方面则折损3000人。

截止到下午晚些时候，德军方面虽然在此次攻势中伤亡900人，但最终还是攻入奥尔良城。这支军队的识字率是非常高的，大多数士兵都捧读或者聆听过席勒的《奥尔良少女》，他们入城之后，群集中央广场，带着惊奇的眼光前往观瞻圣女贞德（“法兰西的救星”）的雕像，这场胜利来得如此轻松，也令他们吃惊不小。至此，甘必大的新军全军覆灭，德军将征服范围一路推进到卢瓦尔河。拉莫特－鲁热已经向南撤退到日安（Gien），在卢瓦尔河中游地区暂时停留下来，深恐德军继续追击，令他们极度紧张。[7] 10月的第二个星期，当世欧洲最伟大的共和派人士朱塞佩·加里波第刚刚从意大利抵达图尔，此时的加里波第肯定会想不通自己为什么要来这样一个地方。法兰西共和派无论政治上还是军事上都已经证明了自己的无能，甘必大的军队在一场又一场血腥战事中遭到碾压，他的政府奉行全然非共和的统治准则，再次“推迟”了已经逾期多次的全国选举，他们怕的就是选民将保守和平派送上权位。

此时，加里波第的到来引发了图尔和巴黎方面的激烈争论， 263
儒勒·法夫尔和特罗胥担心“红色意大利”会令他们无可挽回地疏远保守取向的法兰西农民群体和布尔乔亚阶层。在图尔和巴黎方面激烈争论的时候，坦恩也在权衡自己的策略。[8]若在这个时候对法军实施追击，显然已经不可能。坦恩麾下只有五万兵力，距离最近的友军还有着相当的距离，在这样的情况下穿行敌国领土，显然会令军队变得非常脆弱。法军的大批后备队正在布卢瓦和旺多姆集结，而且第十五军也在日安地区严阵以待，坦恩其人绝对不是那种极具胆略的将军，这样的境况令他不免生出孤立无援之感。巴伐利亚的列奥波德亲王曾描述过坦恩新军群此时的焦虑情态："我们觉得我们完全暴露了，对此感到万分恐惧，我们身陷敌军包围圈，敌军的数量远胜过我们，我们仿佛坐在口袋的底端，敌军只需抓住口袋顶端将之封住，我们就完蛋了。"毛奇当然不会准许坦恩军群从卢瓦尔河撤退，坦恩只能致力于强化自己的防御能力。德军工兵和法军战俘遂开始在卢瓦尔河南岸地区挖掘战壕，将之建成一座坚不可摧的桥头堡，同时，坦恩下令让大部分步兵都以被俘法军的"夏塞波"步枪重新装备起来，以此提升德军的防御火力。[9]

冬天正在迅速迫近，德军遂开始如松鼠一样储藏食物。"我们发现我们就在敌人的谷仓里，"德军一名军官记述说，"大地是一派丰收景象，一望无际，一直伸展到地中海海岸区域。"[10]自腓特烈大帝以来，战争法则一直在演化之中，到了这个时代，战争法则允许入侵者就地取材，享用被侵略一方的住房、食品、饮水、燃料、衣物以及弹药，德军当然无所顾忌地采用这一战争法则。至于付费问题，德军则设计出一套足以令法国农民和商人满意的支付方式，依据这样的支付方式，德军将征用券派发给一个城市的市长，由市长派发给农民和商人，农民和商人在提供征用券要求的物资之后，便可向图尔的代理政府申请支付相应的款项。绝少有人能拒绝涨价的诱惑，比如说，旅店的店主用五法郎招待一名普军参谋军官，不过在填写费用的时候会填上十个法郎，市长在认证之时，会将其中的三个法郎划拨为手续费。

并非所有人都可以从中牟利。普军的很多士兵都是直接取用自己所需，根本不予支付，要不就是写一张一文不值的便条，比如说，“总参谋部征用，六个鸡蛋”。德军于10月攻取奥尔良之后，坦恩下令该城向德军支付150万法郎，约合今天的450万美元。形式上，这可以说是战时的普遍做法，也就是所谓的“捐赠”，实质上就是劫掠。等于由城市支付赎金，以此避免遭到劫掠。在卢瓦尔河区域的战场上，德军的标配程序是在距离某座村落1500码的地方架起火炮，这个距离是法军步枪的射程够不到的，德军遂据此索要食物、饮水，并要求提供住宿。倘若村中的农民拒绝，村庄就会遭到炮击。随着战事的进展，天气也越发寒冷，此等情形之下，德军便会寻找一切借口，威胁 264
当地军民要实施“惩罚措施”。在沙特尔附近，德军遭遇一名非正规狙击兵的射击，虽然只是一个人干了这样的事情，德军还是派出一支萨克森骑兵队支起炮群，对最近的村庄实施炮击。四枚炮弹炸开花之后，当地市长便在村落外围地带现身，边喊叫边打手势。德军遂即停火，并索要食物和钱财，监视着市长挨家挨户地收集德军要求的东西。“我们拿走了他们给我们的所有东西，然后便离开了，”一名萨克森军士长回忆说，“当天的天气非常糟糕，大雪夹杂着雨水，漫天飘洒而来。”[11]每逢进驻一个村落，阴沉的德军士兵遇到的每个当地居民都会抱怨说，“我不懂您说什么!”，要不就是说，“闭嘴，你们这些外国佬”。很显然，法兰西的所有人都因为这场战争而备感压力，都希望结束这场战争。[12]

## 沙托丹战役，1870年10月18日

坦恩受毛奇之命统领新军群前往打击巴黎南面的一切有组织的抵抗力量，在赢得奥尔良战役之后，他便下令军队休整几天，而后派出普鲁士第二十二师进击沙托丹。但这肯定不是一

道很清晰的指令。约瑟夫·克伦佩尔中尉不免问询："具体是哪里?"得到的答复是，"不知道。军群指挥官很难明确这道指令，因为我们基本上还不清楚法军的位置。"克伦佩尔回忆了自己登上奥尔良大教堂环顾四周的情形，他说他只看到"村庄、葡萄园和一望无际的平原，至于敌军在哪里，实在是一个大大的问号"。[13]在沙托丹，一座城堡耸立在高地之上，卢瓦河——萨尔特河（the Sarthe）的支流，在此穿越坡地林立的武夫赖（Vouvray）葡萄园地区，普军于 10 月 18 日在此击退一支游击队和演习的宪兵。此时的法军制服已经没有统一性可言，此等情况下，沙托丹的守军担心普军，但也同样担心自己人。法军陆战队的一名上尉率领自己的连队加入了这场战事，他回忆说，自己率军抵达沙托丹的时候，遭到当地机动卫队整整一个营的炮火轰击，对方误将陆战队的蓝色夹克制服当成普军的制服。当天的战斗中，友军的"野蛮炮火"令这支部队折损 38 人。[14]沙托丹居民的情况更糟。非正规狙击兵日益增多，冷枪、伏击、炸桥，甚至还有阵地战，这样的情形令德军恼怒不已，遂催生一系列的报复行径。大部分德军士兵如今都开始奉行这样的格言："我不杀他，他就会杀我。"于是，法军战俘便纷纷遭到残害，德军还扣留人质以确保法国人的合作，因为怀疑有游击队
265 出没，遂将整个城镇付之一炬。回想起这样的情形，一名巴伐利亚上尉解释说，"在战争中，我们衡量人类激情的标尺肯定会与和平时代大学和教堂里面的尺度不一样。"[15]沙托丹，一个拥有 7000 人口的市镇，在战役结束之后，便彻底掩埋于硝烟和灰尘，至于当地居民的处境，美国观察员菲尔·谢里登给出了那句著名的说法，"只露出两支眼睛，那是用来哭泣战争的"。[16]

10 月 20 日，坦恩催动大军向北旋转，将沙特尔包围，并

迫使这座城市投降。在毛奇授命给他的任务中，这部分工作并不困难，毕竟，卢瓦河战役的最初阶段，法军实际上是没有火炮的。这种情况下，法军得到的作战命令是“隐藏在树林里，极为小心谨慎地”作战，这样的指令听起来的确让人哀伤，令所有关心这场战争的人都不免动容。[17]此时的毛奇是下定决心要在冬天来临之前结束战争，遂指令坦恩沿着卢瓦河西进，攻击图尔。10月9日，甘必大已经乘坐气球离开巴黎前往图尔，并且已经在那里建立了“代理政府”，实际上也已经控制了军权。来到图尔之后，甘必大实施的第一批举措之一就是将拉莫特-鲁热解职。甘必大任命路易·奥雷勒·帕拉迪纳将军（General Louis Aurelle de Paladines）接替拉莫特-鲁热的位置，执掌第十五军，同时也负责统领索尔德河（Sauldre）后方阿尔让（Argent）和阿尔布里（Salbris）之间集结起来的一支六万人的军队。奥雷勒遂将大批量的非正规狙击兵也纳入军中，指令这批非正规军队对整个作战区域实施侦察，由此也就掌握了德军动向的完整情报，同时也了解了正在布洛瓦方向集结的法军第十六军数千兵力的情况。奥雷勒集结的这支军对看起来是相当威武的，似乎有能力同巴黎守城部队会合，对毛奇实施挤压，那样的话，毛奇的压力可就相当大了。但实际上，奥雷勒的这支军队完全是外强中干，内部支离破碎，有旧军队，有基本上没有接受过训练的营，还有大批新征召的机动卫队，虽然现在给予一个好听的名字，“领土卫队”。即便用法军的标尺来衡量，这样的“领土卫队”也是完全缺乏训练和纪律的。他们自行选任军官，9月4日，他们又将波拿巴派的旧军官一扫而空，并且频繁地回绝来自战争部或者正规军指挥部的直接指令。[18]若想将如此涣散的军队打造得坚强一些，奥雷勒需要一个可以据守的基地，并且还需要靠近一个连接巴黎的枢纽，将法军的第十七军和第十八军集结起来，组成一支统一的军队，同时也令更具战斗力的第十五和第十六军据此汇集起来，对巴黎地区的敌军展开攻击。

奥尔良毫无疑问就是这样的地方。为了夺回奥尔良，甘必大于 10 月 24 日派遣夏尔·弗雷西内（Charles Freycinet）前往参加在阿尔布里举行的军事会议。此时的甘必大认为文官的军事控制权是共和国存续之关键要素，但他启用弗雷西内这样一个麻烦角色前往参加军事会议，也的确令将领们备感烦扰，甘必大历来都奉行这样的准则，“应当多关心军中规章”，这些毫
266 无疑问都是极为琐碎之事，同时也超出他的能力范围，此举同样令将领们不胜其扰。[19]对于军官，甘必大不分好坏，一概予以威慑、指责。安托万·尚齐将军（General Antoine Chanzy）是军中最优秀的将领之一，甘必大于 10 月中致信尚齐：“你的士兵人均弹夹消耗量已经超过 90，这个数字已经超过了全军的平均水平。”于是，尚齐只得满足于总共 20 万个燧发枪弹夹，但这样的弹夹显然不是给“夏塞波”配备的。[20] 10 月 31 日，甘必大在宣布巴赞投降的消息之时，评价它显示出“波拿巴主义的腐化”，以及“法兰西军官在民族危亡之际的叛国行径”，这就等于给原本相当糟糕的文武关系下了无法治愈的毒药，毕竟，甘必大眼前的这支大军，仍然是以波拿巴派的军官为主体的。[21]

## 库尔米耶（Coulmiers）战役，1870 年 11 月 9 日

甘必大扔出这颗“宣言炸弹”之前的那段日子，应该说是军队和政府度过的最后一段还算和衷共济的日子，不过，那也

是最后的好日子了，也就是在那段日子里，弗雷西内和将领们在阿尔布里的军事会议上达成一致，决定以12万人的兵力，从西面和南面对奥尔良实施合围。目的是将坦恩5万人的军包围并歼灭，如此一来，奥尔良就可以成为解放巴黎的后勤基地和交通枢纽。奥雷勒制订的作战计划之前提是：坦恩不会主动出击，而是会坐守奥尔良城中，这样的话，法军可以在11月11日将其围困。然而，得知法军来攻的消息，坦恩遂即统领2万兵力，于11月8日晚些时候出城迎击法军。为了保障自己在卢瓦河的基地，坦恩希望在开阔地决定性地挫败法军。11月9日，两军的部分部队在奥尔良以西一个名叫库尔米耶的村落相遇，这一天的天气寒冷，天空灰蒙蒙的，刮着大风。坦恩相信，自己的兵力虽然居于劣势，但自己的机动能力要胜过奥雷勒那支完全缺乏训练的大军，因此，坦恩还是决定冒险一战。上午晚些时候，坦恩的这支军队便已经与奥雷勒大军的大批部队接战了，余者作为预备队集结在桑特里（Saintry）。法军的兵力三倍于坦恩派出的这支军队，兵力对比是6万对2万，在此等兵力优势之下，法军先后两次试图击穿库尔米耶的德军防线，一次是在下午一点半，当时，法军步兵部队以绝对优势的兵力掀起进攻的浪潮，令赫米尼耶（Cheminiers）周围的巴伐利亚步兵部队在打光弹药之后只能无奈地看着，直到德军炮群赶上来将法军的攻击纵队击退。

法军后撤之后，暂时休整并重新集结，于下午三点在艾蒂安·巴里将军（General Etienne Barry）的统领下发起第二轮进攻，此次进攻，法军用七个步兵团将巴伐利亚军的一个步兵团孤立起来。海军上将让·若雷吉贝里（Jean Jauréguibery）的师遂趁机从法军的左翼向热米尼（Gémigny）和赫米尼耶推进，

267 然而，对面的巴伐利亚部队虽然在数量上处于绝对劣势，却依然展开殊死战斗，这也多多少少印证了俾斯麦的那句话，德国人（与法国人相比）“是有责任感的，这样的责任感足以让德国人在黑暗中孤身作战，不惧死亡”[22]。眼前的这支巴伐利亚部队显然是汲取了普鲁士的纪律意识和自我牺牲精神，不过，法军方面那糟糕的协同作战能力，也对他们帮助不小，巴里的这个师是再典型不过的“卢瓦河军群”风格。该师辖第七轻骑兵团的一个“行军营”（都是临时征召来的新兵和预备队士兵），第三十一“行军团”——真正的第三十一步兵团已经在梅斯全军投降了，还有机动卫队的第二十二步兵团——这个步兵团是从多尔多尼德河（Dordogne）抽调来的。这样的士兵，基本上没什么战斗力，只会站在原地开枪射击，而后高喊一声“法兰西万岁”就完事了。小部队战术完全不属于他们的能力范围。此等情形之下，相对而言精于作战且作风顽强的巴伐利亚人最终便成为战场的主人，事实也证明，1866 年之后的巴伐利亚军队已经能够相当娴熟地运用普军战术。巴伐利亚的一名排级军官将库尔米耶战役称为“散兵战”（Plänklergefecht），意思是说，巴伐利亚方面采取的是小股部队持续推进的战术，对前面的散兵线形成轮番且持续增援之势，用这样的方式配合快速射击的战术，将法军的攻势瓦解。[23]

库尔米耶战场上受伤的法军士兵到处寻找战地医护所，根本找不到，甚至连担架兵都找不到。实际上，法军方面根本没有医护所，也没有担架兵，很多伤兵回忆说，他们只能像狗一样爬进废弃的房舍里面，自己将伤口包扎起来，躲避严寒。[24]巴伐利亚士兵很清楚，倘若自己的阵地被攻陷，倘若被法军俘虏，他们很可能“会被送往阿尔及利亚去抓猴子”，遂背水一战，展开殊死的搏斗。对很多巴伐利亚士兵来说，这意味着要承受法军的强大炮火。奥雷勒临时拼凑起来的这个军，携带大量的12厘米口径的海军火炮，一名在场的德军士兵对这样的炮阵震惊不已，他回忆说，“炮弹如同面粉袋子一样，向我们抛来”。藏身蒙特皮波丛林（Montpipeau Wood）的巴伐利亚士兵这一次也算体验了一把色当战役之时法军在加雷讷森林的恐怖滋味。巴伐利亚军中一名低级军官写道，“我们太弱了，无力进攻，只能坐以待毙。”法军炮弹呼啸而来，形成密集的弹幕，把很多士兵都逼疯了：“炮弹先是把我们前面的地给犁了一遍，而后又砸进丛林，将树干击碎，树枝纷纷炸开，树木的碎片、弹片和榴霰弹四处横飞。”[25]

10月，甘必大从英国订购了50门野战炮，现在，第一批火炮已经到货并投入使用，此外还从英国和美国订购了数万只恩菲尔德和斯普林菲尔德步枪。[26]此时的德军军官普遍认为，共和国军群的步兵质量远逊于先前的帝国军群，不过，共和国倒是更好地利用了火炮，令炮群较之以往更贴近战场，法军炮群中更添置了大口径火炮，射程超过克虏伯火炮。[27]然而，法军不但未能突破薄弱的德军防线，反而在库尔米耶先行溃散， 268
巴里将军的机动卫队在撤退时彻底陷入混乱，令将军本人不得不前往军中压制乱象，重新集结兵力。最终在正规军的协助下，秩序得以恢复，巴里遂再次对库尔米耶发起攻击，此时，夜幕和冷雨一并降临，攻袭过来的法军却发现坦恩已经让出了阵地。海军上将若雷吉贝里的13个营实施的侧翼攻击，令坦恩感受到巨大压力，而且也已经没有预备队可用，于是，坦恩便率军向东而去，寻求同奥尔良北郊区域的第二十二师以及骑兵旅会合。在这个过程中，一名巴伐利亚军官在放弃阵地并试图加入撤退潮流的时候，差点被一枚 12 厘米直径的炮弹击中，那炮弹就砸落在他身边。他呆若木鸡地瞪着那枚炮弹在吱吱冒烟和抖动，但最终还是没有爆炸。[28]就这样，坦恩的军群用了两天的时间在这个冬天的第一场暴雪里穿行并撤退，这场暴雪在地面堆积起来，有数英寸厚，接着便是瓢泼的冷雨迎面袭来，令饥饿、疲惫的士兵们苦不堪言。[29]就在坦恩重组军队并向北面的昂热维尔撤退的时候，奥雷勒则于 11 月 10 日急忙前往解放奥尔良（在邀功时奥雷勒还要求给自己的薪水加倍）。图尔方面，甘必大总算品尝到了好消息的滋味（他很慷慨地应允了奥雷勒的要求），信鸽将消息传给特罗胥，特罗胥遂即下令在巴黎城中挂满三色旗，令这座疲惫不堪的城市振奋一番。[30]

此时，还有更多的好消息传来。三支新军终于要开赴战场了，分别是旺多姆的第十七军、日安的第十八军和沙托丹的第二十军。也许会有第二十一军在佩尔什（Le Perche）就位，应该是由 35000 名预备队士兵和机动卫队士兵组成的，这个军的指挥官是费耶雷克将军（General Fiereck）。佩尔什坐落在诺曼底南部多山的边界地带，位于勒芒附近。对于这些军的战斗力，没有一个法军军官抱有幻想。11 月 14 日，路易·迪里厄将军（General Louis Durrieu）在信中评价了第十八军：“我的第四十五步兵团倒是配备了夏塞波，但第七十步兵团用的还是 1822 年的老式滑膛枪，当然，大部分都配备了膛线，还有一些仍然是滑膛……至于我的非正规狙击兵连队，其中一些配备了雷明顿卡宾枪，一些用的是夏普斯或者斯派塞步枪，还有一些用的 12 毫米口径的左轮枪。”枪械的样式和口径根本没有统一性可言，这就令弹药补给变得非常困难。迪里厄麾下基本上没有哪个士兵拥有 10 个或者 15 个以上的弹夹，也没有润滑油或者刷子去清洗枪支。诺曼底方面，一名机动卫队军官在极度失望中抱怨说："倘若他们还是这么慢腾腾地给我们提供装备，我们只能等到战争结束后才能完成备战了。"这名军官麾下的士兵用的都是老式的燧发枪，平顶军帽甚至是用纸板糊的，一淋雨就会"立刻瘫软成一堆纸浆"。[31]医护状况更是令人震惊，比如说，迪里厄的第四十五步兵团，2460 个士兵，竟然只有一个战地医生。[32]在这种条件下，法军一旦交战，几分钟之内就会打光弹 269
药，而后便会伤兵遍野，无人照管。有时候，他们还会误射自己的军官。11 月 18 日，法军第三十六"行军团"的一位营长派出一名上尉和一名中尉，向前推进 30 码侦察德军阵地的情况，却遭遇因普军火力而陷入恐慌的自家士兵的乱枪射击，顷刻之间，两名法军军官就这么报销了。[33]然而，此时的甘必大仍然希望，这些新军能够凭借纯粹的数量优势有所作为，以此弥补经验和训练上的巨大缺陷。也难怪，新军兵力加总起来已然超过 25 万人，更有大批非正规狙击兵前来加盟。[34]

坦恩丢掉奥尔良，令毛奇相当震怒，而且在撤退途中，巴伐利亚军还丢下全部伤兵和 2000 名法军战俘。然而，奥雷勒在取胜之后却行动迟缓，令 10 月的全部胜势就此归零。普军总指挥部认为坦恩应当为此次挫败负责，遂将之贬为军指挥官，他的部队则划归一个新军群，同时又已经从梅斯方面调来大批兵力，以加强这个新军群。[35]这支强大的新军群的指挥官是梅克伦堡－什未林大公弗里德里希（Grand Duke Friedrich of Mecklenburg-Schwerin），"一个老人，留着胡子，眼神犀利，他的眼睛似乎永远都在盯着手中的地图"。[36]除了新来的巴伐利亚军之外，这个新军群还辖有普鲁士第三、第九和第十军以及第二军团的一个骑兵师。先前的肮脏战地曾令天花在军中流行，如今，普军的这些军都已经接种了疫苗，而后，便于 11 月初从梅斯向东急行军，并以防御的态势从特鲁瓦（Troyes）向沙特尔展开。新军群得到的指令是拦截并摧毁法军从西南方向向巴黎而来的一切攻势，当然，也要摧毁法军的抵抗。阿道夫·马蒂亚斯——普军部队中的一名大学生列兵（这个兵种在法军中是很罕见的），回忆说，一路之上基本上没有遇到任何抵抗。肖蒙（Chaumont）——梅斯和特鲁瓦之间的一座城镇，7000 人口，法军国民卫队本来已经在这里部署好了防御，但随后却撤得干干净净，将他们赶走的不是德军而是当地的居民和市长，人们纷纷恳求法军离开，“以免这座城市遭遇炮火轰击”。实际上，此时的很多法国居民一看到普军的行军纵队，便都舒了一口气，因为他们知道，“德军一来，秩序和好政府也就回来了”[37]。

此时的奥雷勒将军已经开始将奥尔良改造成一座防御重镇。机动卫队和预备队的数千士兵一起开始挖壕沟，筑路障和建仓库。卢瓦河北岸已经变成要塞化的桥头堡，此处防线的两侧分
270 别同铁路路基和奥尔良森林接连起来。设置了 20 个炮群阵地，可容纳 10 万兵力的战壕体系也已经开工。工程进度很是缓慢，奥雷勒和手下的将官向那些想逃避劳役的人发出大量的警告和劝诫。拉莫特－鲁热将军的办法则柔和一些，他首先命令军官“了解各自士兵的姓名、家庭背景、职业以及教育背景”，原因是，“士兵不愿意服从一个陌生军官，倘若军官与士兵交心相处，能够与士兵谈论家庭、工作以及未来规划，那么士兵即便想躲避军官，也没那么容易”[38]。其他的将官不像拉莫特－鲁热这般和善。“我屡次下令，禁止士兵擅自脱离营地，”巴里将军于 11 月 15 日怒气冲冲地记述说，“尽管如此，我还是听说，附近的帕泰挤满了擅自离营的士兵。”巴里遂下令“采取严厉

措施”，杜绝这种情况，并要求第二天处决一批违反纪律的士兵，以儆效尤。于是，两名非洲猎兵、两名法国轻步兵及其第三十七步兵团的两个朋友遭到枪决。接下来的几个星期，数十个士兵因此遭到处决，军事档案中也恰如其分地记下这些士兵的罪行：“抗命并威胁上级。”[39]

此时，弗里德里希大公并不知道奥雷勒的卢瓦军团内部的混乱已经到了此等地步，遂将整个普鲁士第九军留在枫丹白露，目的是阻截来自奥尔良方向的法军的进攻，而后便率领其余部队于 11 月中前往攻击费耶雷克的西部军团。这场战事是在一片饥饿的荒芜之地展开的战况实在是悲惨且令人不寒而栗。毛奇很是担心佩尔什方面日益壮大的法军会从西面攻击普军的巴黎包围圈，遂指令弗里德里希大公歼灭费耶雷克军团。然而，费耶雷克很快便被解职。因为在普军新军群面前撤退得太过轻易，甘必大将其解职并启用海军军官皮埃尔·饶勒斯上尉（Captain Pierre Jaurès）取而代之。然而，面对普军的攻击，饶勒斯上尉的军团同样是迅速瓦解了，令弗里德里希大公竟然一下子失去目标。此时的图尔方面，代理政府开始陷入痛苦之中。此时的普军新军群可以自由地穿越佩尔什，如此一来，大公的新军群向南转进并攻取图尔这个法国第二首都便只是时间问题了。法国方面必须做点什么转移德军的攻击矛头，而且要快。

此时，奥尔良方面的奥雷勒将军却是不紧不慢。甘必大和弗雷西内屡次请求他采取行动，他的回复总是一样：部队还没有准备好，这些人还需要几个月的时间才能变成合格的士兵，只能等到他们有能力实施机动作战的时候，才能让他们离开奥尔良的战壕体系。图尔方面，甘必大对奥雷勒的谨慎强烈反对并予以谴责。“巴黎正在挨饿，”他在每日简报中提醒奥雷勒，

“您就快点吧。”色当战役之后，法军战局即陷入一个重大悖论之中：法军必须采取战略攻势，以收复失地并解放巴黎，但面
271 对训练有素且战术素养高出一筹的德军，法军唯一的生存机会即在于防御。于是便很自然地出现这样的局面：将领们都采取应有的谨慎态度，比如说在奥尔良构筑战壕体系，“确保军队能够对抗敌军的进攻”，每个步兵连队实际上都超负荷地配备了营级规模的工兵工具——铲子和斧头等，用来构筑工事体系；政客们则置身于危险的生存境地，成为无所拘束的激进派。[40]“再努力一些吧，”甘必大于 11 月的时候这样央求奥雷勒，“找回你的活力，找回你的法兰西怒火。别忘了巴黎还在等着我们！”[41]

弗雷西内穿梭于图尔和军队之间，央求将领们展开攻势。奥雷勒予以拒绝：“我们所谓的数量优势，只是海市蜃楼，只是纸面上的东西，把这样的东西当真，那就太危险了。”[42]这话倒也切中要害：甘必大到了 11 月下旬才开始着手对毫无战斗力的机动卫队实施大规模的改革，每个连队的教官人数提升了一倍，同时要求每个团都挑选一批最优秀的士兵组成一个营，给予更高的薪酬和配给额度，以这样的方式来造就更好的士兵。与此同时，也开始推行更为基础的改革举措。将散乱的机动卫队作战单位，比如说卢瓦河营编入师的序列。序列编号超过一百的新建团则编入新的军，其序列编号从第十二开始计。可以原地驻防的国民卫队战斗单位，则就地转化为要塞防御力量。然而，所有这些改革举措都是需要时间的，比如说，图尔方面希望清除不合格的机动卫队军官，但这些军官往往都不会理睬甘必大要求他们放弃指挥权的指令。[43]尽管满身缺陷，令战斗力大为减弱，但甘必大和弗雷西内仍然催逼奥雷勒于 11 月的最后一个

星期向德军发起进攻。此时的共和国领导人已然获悉，弗里德里希·卡尔亲王已经引领更多的援军从梅斯赶来，遂感觉形势已经刻不容缓，必须尽早发动进攻。此时的奥雷勒对任何进攻的前景均不抱幻想，无论早晚。奥雷勒将第二十军的大部分兵力推进到奥尔良森林最北端，在那里遭遇弗里德里希·卡尔亲王最南端的部队。这是普军第十军的三个旅，这三个旅在康斯坦丁·冯·福格茨－罗茨将军统领之下，率先进抵博讷拉罗朗德（Beaune-la-Rolande），并在那里驻扎下来，以此警告法军，不要向巴黎方向进攻。

## 博讷拉罗朗德战役，1870 年 11 月 28 日

1870 年 11 月 28 日，奥雷勒将军便开始催动麾下的军队发起进攻。他对自己的军队当然没有什么信心，不过，在博讷拉罗朗德战场上，他毕竟还是享有巨大的数量优势的。具体而言， 272
他拥有第十八军和第二十军的 6 万大军和 140 门火炮，对面的福格茨－罗茨军只有 9000 兵力和 70 门火炮。此时的普军已经为追赶那四处出没的法国军队耗去了整整一天时间，走了十五英里的路，已然疲惫不堪。最近的增援力量是康斯坦丁·冯·阿尔文斯莱本的第五师，但也远在十英里之外的皮蒂维耶，需要整整一天的行程方能赶来。即使奥雷勒军团是由新兵组成的，包括来自奥弗涅地区（Auvergne）、多菲内（Dauphiné）和几个比利牛斯山行政区征召来的机动卫队，倘若能够在博讷（Beaune）迅速击败德军的话，奥雷勒还是有机会的。法军最初的攻势正是以此为目标，确切地说，正是出于这样的考量，法军才取道博讷南部的郊区展开攻势，整个第十八军在瑞朗维尔（Juranville）对普军第五十六步兵团的多个连队展开攻击，第十

八军本来是为布尔巴基征召的，不过，此时暂时交由比约将军（General Billot）指挥。与此同时，夏尔·克鲁扎将军（General Charles Crouzat）的第二十军则击退了普军的第五十七步兵团。如此一来，博讷拉罗朗德城墙里面也就只剩下普军的 13 个连队，即便是在最好的情况下，这个地方也是很难守住的。这座小城周围是隆起的高地，因此很容易遭到合围和炮击。南面的城墙有六英尺高，正对着狭窄的罗朗德河，还有就是城中高地上墙体环绕的教堂区域，只有这两个地方可以算比较稳固的防御点。普军从第十六步兵团和第五十七步兵团抽调了 1200 名精锐的兵力，对这些据点实施防御。

上午十一点半，法军第二十军的整整两个旅对博讷教堂区发起攻击。教堂区里面的普军士兵回忆起当时的情形说，法军越过罗朗德河的时候，他们只能眼睁睁地看着，罗朗德河的这个河段虽然距离教堂区的普军只有 400 码，但已经超出德莱塞步枪的射程。在这个时候，倘若守城普军配备了“夏塞波”的话，毫无疑问能够将罗朗德河变成血河，不过这只能是想想罢了。但是，当法军磕磕绊绊走过黏人的泥地或者穿过葡萄园和铁丝网，最终进入普军的有效射程时，法军的境遇开始变得糟糕了。普军军士长在确认每个步兵都瞄准一个法军士兵之后，便大声下令“开火”，就这样，在 200 码的距离上展开火力网，子弹和硝烟当即在法军攻击纵队里面开花，法军部队随之溃散，不过，法军即刻重组，再次发起进攻。每一次攻势都会在村落边缘完全瓦解，法军伤亡士兵的躯体堆积在战场上。克鲁扎后来曾回忆起博讷周围噩梦般的场景：法军攻击纵队朝着摆满路障的街道和满是射击孔的墙体推进，结局只能是被普军的齐射火力击退。克鲁扎麾下唯一有战斗力的是第三轻步兵团，但也是“用七百人的伤亡血染博讷外围阵地”。克鲁扎的参谋军官在组织进攻时，悉数阵亡或者受伤。诸如“孚日山机动卫队”这样基本上没有纪律和训练的部队，便是在混战中消失得无影无踪。[44]

此时，博讷拉罗朗德城内德军的神经也同样紧张，同样承受着巨大压力。法军炮弹正从西北方向呼啸着倾泻下来，蒙蒂尼机枪的火力如同胡椒面一样在墙体上播散开来，令大块大块的石头纷纷剥落，倘若有人不慎暴露出来，基本上难逃厄运。
一名汉诺威列兵回忆起当时的情形，他们的军官纷纷被撂倒， 273
恐惧开始在军中传播。这名列兵回忆说，第五十七步兵团的中尉指挥官一直在越来越单薄的战线上走动，鼓励士兵们继续战斗，同时也一直在提醒士兵们遵守射击纪律。在那个时候，法军的攻势看来是一波接一波，没有尽头，德军已经没有预备队了。最终，当法军的 11 个营在 30 门火炮的支持之下，向毅然决然的守军奋力进击的时候，战斗基本上演变成一场殊死近战，德军有时候甚至不得不将自己的营帐点燃，借助火势逼退克鲁扎的进攻。下午一点半，法军发起第二轮攻势，但同样被击退。战斗到了这个时候，普军的弹药也快打光了，于是便暂时停止射击，等待法军的刺刀冲锋，在法军快要冲到眼前的时候再行开火。三十分钟的厮杀之后，法军的攻势被瓦解，一些部队选择了撤退，另一些部队则设法绕到西北面，对普军防线的薄弱环节继续实施打击。

威廉·冯·沃伊纳将军自初战斯皮克伦之后，便一直率军马不停蹄地穿行法兰西，此时也已经做好了迎战前来攻袭的法军的准备。上午，沃伊纳率军撤退，而后便在博讷正北面重组普军第三十八旅。在罗曼维尔（Romainville），沃伊纳率军击退法军的一个旅，而后便派出几个连队前往勒罗什（Les Roches），这是一处平顶坡地，可以俯瞰博讷的东端。罗曼维尔方面，沃伊纳得到阿尔文斯莱本第五师、几个步兵连队及炮群的短暂增援，以此来对抗一支数千人的法军部队对博讷拉罗朗德西墙的攻势。在战场的另一端，沃伊纳的军队已经登上勒罗什，并向比约第十八军机动卫队的进攻集群实施跪地射击，此时的第十八军正试图攻下此处坡地。这场自上而下的火力网倾斜而下，射击距离都是在两百码之内，并且一直持续到夜幕降临。普军的十个连队长时间地阻击着法军 10 个营的进攻，最后，德军火炮的雷霆之声滚滚而来，比约便即刻率军向奥尔梅（Orme）撤退，那是博讷南面的一处小村落。博讷方面，已经疲惫不堪的德军即刻兴奋起来，这些被围困多时的士兵很高兴自己还活着，而且援兵马上就到了。

在漆黑的夜色中，克鲁扎从奥尔梅方向向上实施了最后一次进攻。法军步兵排布成相当厚实的纵队，沿着奥尔梅大道向前挺进，高喊着“向前！向前！”。守城德军则最后一次强行振作精神，组成战线。“冷静，冷静，严格遵守射击纪律！”守军军士长在不断提醒士兵们，此时的守军已经被先前经历的事情弄得摇摇晃晃。法军进攻的数营部队正漫卷而来，战场上杀声四起，更令守城士兵慌乱不已。不过，德军士兵仍然压住火力，静待法军进入一百步的距离之后，才开启速射模式。德军士兵都能够听到子弹击中目标的声音，法军阵中的惨叫声此起彼伏，一些法军士兵甚至已经推进到德军战线面前，但这一轮攻势最终还是退去。另一些法军士兵则没有这样的胆略。克鲁扎将军待在一个安全距离上，观察第十八军的此次攻势，他回忆说，法军的大部分士兵都忽略了进攻队列和秩序，在距离德军战线

很远的地方便开始射击，打了几枪之后便跑开了。[45]博讷拉罗
朗德战役的最后阶段，可以说是清晰地展示出德军职业素养的 274
力量，同时也揭示出法军那不堪调教的预备部队的软弱。“我们都已经百炼成钢了，”德军的一名老兵回忆说，“每个连队都失去了数十个战士，但剩下来的都是钢铁战士，都是精锐。你绝对可以信任你的左边和右边。”[46]就这样，9000 人的德军部队成功地击退 6 万法军的进攻，双方伤亡率的对比更是令人震惊，德军伤亡 850 人，法军伤亡 8000 人。俄国一流的军事评论人，海因里希·里尔将军在评论博讷拉罗朗德战役时，对法军的战场表现讥讽有加，他留下这样的话：“梅斯和色当之后，我们实际上对这场战争就完全没有兴趣了，法军太弱，这就给予德军以充分的战术自由。在这样的情况下，说实在的，一切皆有可能。德军在接下来的战事中甚至都不需要胆量，因为即便是最冒险的行动也都变得轻而易举。”[47]11 月 30 日，弗里德里希·卡尔亲王巡视布满尸体的战场，眼前的情形令他有足够的理由反对里尔将军所作评论中的最后那句论断。“只有格拉沃洛特战役才会如此血腥。”他喃喃自语道。[48]

巴黎方面原计划在博讷拉罗朗德战役的同时，实施一次突击，但此次突击行动最终还是推迟到 11 月 30 日。11 月 26 日，特罗胥便已经将巴黎方面将要实施突击的消息通过气球传递给图尔方面，但南风却将气球一路送到挪威去了。当气球最终被人发现并将消息送达图尔的时候，已经过去了整整四天时间。得到消息后，弗雷西内非常兴奋，于 11 月 30 日晚些时候，在奥尔良和沙托丹之间大道上的奥雷勒指挥部召集作战会议。会上，弗雷西内提议整个卢瓦尔河军团，9 万步兵、5600 骑兵和 260 门火炮，即刻向右转进，向巴黎挺进。奥雷勒对此表示反

对，他指出，已经太迟了。卢瓦尔河军团甚至还没有开始移动，巴黎方面的战事很有可能已经尘埃落定了。但无论如何，图尔方面不愿就此放弃，必须发动一场攻势，以便配合巴黎方面的行动。

## 卢瓦尼（Loigny）战役，1870 年 12 月 2 日

安托万·尚齐将军的第十六军于 12 月 2 日开始移动，准备对距离最近的德军新军群展开攻势，德军新军群的这一部分兵力驻扎在奥尔良正北面的卢瓦尼。双方的兵力基本上是对等的，都是 35000 人，历时三天的战斗，尚齐的军队被击溃，伤亡加上失踪人数，达到 7000 人，其中 2500 人沦为俘虏。战斗激烈
275 且血腥，双方都部署成旅一级规模的散兵线，在开阔地展开厮杀，在这样的开阔地里，没有任何防护可以抵挡呼啸而来的子弹和榴霰弹，德军的众多部队一下子便陷入法军蒙蒂尼机枪的火力网中，伤亡超过了法军，只能靠强行压制恐惧，朝着法军冲去，一天的战斗下来，德军便已经伤亡 4000 人。“战场上炮弹和子弹齐飞，声如雷鸣，根本听不到命令，甚至大声发出命令都不可能，”约瑟夫·克伦佩尔中尉回忆说，“我们唯一的机会就是蹲下来并尽可能地接近法军。当天的情况，我唯一记得的就是眼前一闪，我便倒地了，到处都是血，我的下颚直接被端掉。”[49]无论如何，克伦佩尔还是设法让自己的部队向前推进，奥雷勒的军队则在卢瓦尼和普普里（Poupry）被击退，部队随之瓦解并四散奔逃。幸存者回忆说，他们在昏暗中跌跌撞撞，仓皇逃窜，德军炮弹一直在身后追赶，不停地在身边炸开。[50]梅克伦堡 35000 人的军队，已经在很近的距离上击退了法军的多次强劲攻势，有时候法军甚至已经推进到五十码的距

离，那样的局面简直是千钧一发。士兵们已经累得不能动弹了。一名萨克森步兵回忆说："我的鞋子都烂了，只好用袖子把鞋底与鞋面绑在一起。"[51]

卢瓦尼战役敲响了奥雷勒卢瓦尔河军团的丧钟。寒冷、饥饿和大雪困扰之下，这个军团已经完全没有心思和精力继续战斗了，于是便就地停下，不再向巴黎推进。当弗里德里希·卡尔亲王集结奥尔良以北的全部兵力于 12 月 3 日发起攻击时，这个军群便即刻瓦解了。此战，普军采取的是色当战役中的成功战术，先是对奥尔良森林边缘地带密集的法军工事展开炮轰，将法军的防御火力彻底压制下去之后，才催动步兵纵队发起攻击。火炮的弹雨令法军震惊，万分惊恐之下，法军开始瓦解。约瑟夫·博尔塞特将军（General Joseph Pourcet）的第十五军是奥雷勒大军中最为精锐的部队，当这个军瓦解的时候，其余部队也只能随之瓦解，法军士兵遂即穿越森林、道路和村落，向奥尔良方向奔逃。如此狂乱的奔逃场景，令奥雷勒放弃了据守奥尔良的一切想法。大军在他眼前拆分为两半，而且是毫无协作可能的两半：一半是卢瓦尔河北面的第十六和第十七军，另一半是卢瓦尔河南面的第十五、第十八和第二十军。弗雷西内要求据守奥尔良，奥雷勒愤怒地予以回绝，并下令大军向索洛涅森林（Sologne）撤退，这是卢瓦尔河南面的一处丛林区域，对此时置身于卢瓦尔河北面的法军来说，这一命令显然是无法执行的。

12 月 4 日晚些时候，德军重新进入奥尔良，第一支入城的德军从一排又一排表情麻木的战俘和逃兵面前走过。奥雷勒率领一半兵力向南撤退。此战，他折损了 2 万人，但只有 2000 人真正伤亡，余者都没有受伤或只是轻伤，直接沦为战俘，由此足见法军士气是何等低落。德国报纸庆祝了这场一边倒的胜利：28000德军、196门火炮，击溃了拥有264门火炮、87000人的
276 法军。[52]甘必大在沮丧和绝望之下，放弃了图尔，决定将代理政府搬迁到波尔多，并于12月10日抵达波尔多。巴黎方面，特罗胥只能强装冷静，“奥尔良丢了，但这丝毫不能挫伤我们的决心”，但实际上，特罗胥已经沮丧至极。第二次奥尔良战役之前，法军认为将卢瓦尔河军团分置卢瓦尔河两岸，虽然令这两支部队都无法形成有效的战斗力，但这也许只是暂时的。现在，法国人明白了，这不是暂时的。[53]

## 围城巴黎，1870~1871年冬天

巴黎城中，生活质量每天都在下降。这座两百万人口的城市已经将食物储备消耗得差不多了，饥荒正在袭来。已经见不到肉，即便是驴肉和马肉也都没有了，一只鸡仔的售价至少是75美元，黄油价格则攀升到一磅60美元，一捆柴火要价750美元。市民只能买得起价格管制之下的面包，由此也就不难理解为何会频繁发生极为暴烈的“面包抢购潮”，毕竟，价格管制下的面包顷刻之间就会卖光。普通民众每天仅靠那么一点点的面包和酒为生，已然沦落至饥饿的境地。围城期间，仅美国大使馆就收容了4300个落魄不堪的巴黎市民，最终不得不提交如下报告：“我派了一名信差，带着钱前往走访一个七口之家，这家人住在一间63平方英尺的阁楼里，没有生火，仅靠干硬的面包为生，为了取暖，他们把床板都烧了，那也是他们最后的取暖材料。地板上躺着一个七岁的男孩，已然浑身无力，连头都抬不起来。”[54]

巨大的社会压力令特罗胥必须有所行动。11月29日，特

罗胥指令迪克罗将军发动一次突击行动，由此引发了东郊区域一场历时三天的惨烈战事。此次突击行动计划与奥尔良方面奥雷勒军团的北进行动配合起来，不过，此次行动也有其他目的，就是摧毁德军的补给线。按照计划，将于11月28日，搭建浮桥，令迪克罗的军队借此在若茵维莱（Joinville）、讷伊（Neuilly）和布里（Brie）三地越过马埃纳河，接着便压迫德军离开尚皮尼（Champigny）和维利耶（Villiers），这样的话，迪克罗的部队就可以进驻普军凡尔赛总指挥部（在巴黎西面）和拉尼（Lagny，在巴黎东面）之间的那条交通线，而拉尼则是毛奇保持同德意志联系的主要铁路终端。倘若法军能够在这个位置站稳脚跟，迪克罗的突击部队就可以力挫俾斯麦炮击巴黎的计划，并将巴黎南面和西面普军的所有物资库和弹药库一扫而空。如此一来，迪克罗也就能够越过马埃纳河，建立起外围工事。倘若这一步成功，法军可以将步兵和炮群部署在圣莫尔（St. Maur）高地和阿弗朗（Avron），并在文森森林（Bois de Vincennes）设立一处基地。这样的话，巴黎守军就可以在东南方向打开一个缺口，并最终同卢瓦尔河军团实现会师。[55]可谓法军的不幸，迪 277
克罗的工程兵在计算马埃纳河的流速和水深时，出现了错误，未能在28日将浮桥架设到计划好的位置上。11月29日，三个军的法军步兵被搁置在马埃纳河的对岸，无所事事，白白浪费时间。毛奇则在这一天催动数千人的预备队进驻维利耶和尚皮尼，并在那里迎候法军于30日发动的进攻。30日，浮桥终于漂到预定的位置，但是，德军也开始在法军渡河之际用步枪和火炮招呼法军。

前一天法军试图渡河未遂，立即引起普军的警觉，甚至没等法军靠近马埃纳河，普军便一直密切地关注法军纵队。迪克

**图 16　德军步兵在维利耶击退法军的进攻**

罗遂命令机动卫队对巴黎西郊的马尔迈松（Malmaison）实施佯攻，以此分散普军火力，但普军根本不吃这一套，继续将火力朝着尚皮尼和维利耶方向的法军倾泻。普军的一名老兵解释了其中的原委：“法军军裤的颜色是有差异的，主力军团从来都是红色裤子，这一点是绝对不会搞错的，因此，但凡红色裤子集中的地方，就是他们的主力方向。”29 日破晓时分，人们趁着微光可以看到马埃纳河战场上留下的数千具“红裤子”尸体，显然，法军彻底败退了。[56] 11 月 30 日，当“红裤子”的法军第三十五、第四十二和第一一四步兵团取道尚皮尼发起进攻的
278 时候，法军的两翼遭到萨克森和符腾堡步兵和炮群的攻击，法军只得撤过马埃纳河。营级纵队已然拥挤不堪，令法军受尽折磨，尽管在攻击点上聚集了八万兵力，远超对面的德军，但场地实在是太过狭窄，军队根本无法展开，数量优势遂荡然无存。

此等情形之下，德军需要做的则简单得多，不断开火就是，直到把弹药打光为止。

在维利耶公园（Parc de Villiers），符腾堡的部队将缴获的蒙蒂尼机枪调转枪口，朝着300码距离内的法军纵队极速开火，先是将法军第一三六步兵团打成血淋淋的碎片，而后再发起反攻，对之实施碾压。一名在维利耶被俘的法军军官难掩麾下士兵对德军的恐惧："他们咆哮着席卷而来，其势如同雪崩，顷刻之间，一切都结束了。"[57]维利耶和尚皮尼历时三天的惨烈战事结束了，法军损失12000人。此番折损之后，恐怕不会再有足够的"红裤子"部队去担当迪克罗的先锋。11月29日，迪克罗曾保证说，此次战斗，要么"战死，要么胜利"，到了这个时候，迪克罗也只能是充当人们嘲讽的靶子，这还是最好的情况。12月2日，德军发起的强劲反攻差点击破法军在尚皮尼的防线，而后，这一波攻势才退去。此时，甘必大仍然请求迪克罗继续向枫丹白露进攻，试图与卢瓦尔河军团的12万大军会合，迪克罗非但没有从命，反而将阵亡将士的尸体丢弃战场，没有殓葬，并率领十万大军撤过马埃纳河，于12月4日返回巴黎。实际上，直到12月3日，迪克罗一直率军在马埃纳河左岸坚持，并承受了巨大的伤亡，为的就是与承诺中的解围大军会合，但是这支承诺中的大军根本不曾出现。迪克罗遂对甘必大的承诺失去了信任，特罗胥也是如此。兵败维利耶之后，特罗胥在与英国军事参赞的一次谈话中承认，自己"一直在苦苦支撑，面对各种不幸……但为了军事荣誉，我将抵抗到底，不作他想"。[58]

此时，巴黎城中士气低落。不过，凡尔赛的普军总指挥部日子也不见得好过，普鲁士国王座下的文臣和武将就这场战争何去何从发生了激烈争执。法军的军事表现虽然软弱，但不管怎么说，法军还是成功地将战争拖延下去，这便令普军和德意志经济承受着巨大的压力。这一时期的毛奇，采取的政策也是大多数职业军人都会采取的政策，确切地说，就是步步为营，将军队向法兰西纵深推进，包围并解除法军剩余军队的武装。
279 俾斯麦此时身着后备军将领的外袍出现在会场上，此举令普军众将备感恼火，这样的繁文缛节不但消耗时间，而且也实在没有必要。现在的主要问题是如何迫使法兰西政府接受和平条件。以重炮炮群包围巴黎，对市区展开轰击，用这样的方式屠杀平民，直到共和政府醒悟过来接受条件为止，这当然是一个办法。

此时，有不少消息传来，说法兰西平民和非正规狙击兵正在不断杀害或者折磨德军战俘，这恰恰印证了俾斯麦的这个观点。这位帝国宰相一直都怀疑法军在里尔屠杀了 600 个健康的普军战俘。当刚刚从意大利抵达战场的加里波第部队威胁说，德国人若对维泰勒（Vittel）实施报复，他们将割掉 14 个普军战俘的耳朵。闻听此言，俾斯麦简直是气炸了，遂授命德军吊死或者射杀一切可疑的非正规狙击兵，并烧毁为这些可疑之人提供庇护的村落。仅 11 月份，德军就将瓦里赛、奥尔赛勒和阿布利等村落付之一炬，原因是当地村民切断德军的电报线，并帮助非正规狙击兵伏击德军。战争结束之前，还会有很多村镇葬身火海。六十年前，拿破仑的大军纵横欧洲时，也曾有过这样的野蛮暴行，时隔六十年，那样的暴行再次出现。俾斯麦的妻子说，“杀掉所有的法国人，小婴儿也不放过”，俾斯麦当然不至于走到这一步，不过，他仍然坚持认为，只要法兰西继续进行无意义的抵抗，“杀戮就不能松懈”。此等心境和情境之下，倘若某个法兰西村落拒绝德军的盘剥，俾斯麦会当即要求将这个村落的所有成年男性都吊死。若是法国男孩从桥上或者窗口向德军吐口水，俾斯麦希望当场将之射杀。若看到有妇女和孩童出现在巴黎周边，在垃圾堆里翻捡马铃薯，俾斯麦也会下令开枪。如果士兵抗命不遵，则以枪决论处。当然，俾斯麦只会负责下达这样的指令，具体的执行则交给士兵。1871 年 1 月份，400 名衣着粗陋的非正规狙击兵攻占了图勒附近的一处普军哨站，普军第五十七步兵团即刻发起反击，并将最近的村落、摩泽尔河畔的丰特努瓦（Fontenoy-sur-Moselle）付之一炬。普军在此处发现了“平民士兵”的踪迹，遂即将杀戮继续下去，用刺刀杀掉当地居民并将之扔进火堆。[59]一度哀叹美国内战之残忍和伤亡率的普鲁士军队，如今也如此残忍地将眼前这场普法战争整体地美国化了，威廉·T. 谢尔曼将军（General William T. Sherman）若见到此等场景，则毫无疑问会评论说，俾斯麦这是要尽其所能地“让法兰西哀号”。[60]

对此，毛奇持不同看法，他的看法毫无疑问更为持重一些。他指出，炮轰平民区将会触怒国际舆论，同时还指出，炮轰巴黎需要 15 厘米口径的克虏伯火炮和 21 厘米口径的迫击炮，还有所需的弹药，这些要到 1871 年 1 月才能到位，巴黎恐怕根本饿不到那个时候。实际上，到了 1 月份，阿尔布雷希特·冯· 280
布卢门塔尔已然喃喃自语着说，“让他们像疯狗一样死去吧，这是他们自找的。”[61]由此，这个决策过程便上演了一场教科书般标准的文武冲突。毛奇于 11 月 30 日致函国王说，“何时应当或者能够炮击巴黎的问题，须依据纯粹的军事观点予以定夺。政治因素只能在军事因素可以接收或者承受的范围内予以考量。”此时，毛奇最关心的还是德军的补给线。只有三条铁路线穿越法兰西腹地为德军输送给养，贝尔福、朗格勒和梅济耶尔的法军阻断了其中的两条，剩下一条被阻断在蒂耶里堡，那里距离巴黎和卢瓦尔河还有相当一段路程。这种情况一直持续到 11 月份，德军于 11 月份最终将仅存的这条路线延伸到拉尼，迪克罗指挥的 11 月 29 日突击行动的目标恰恰就是拉尼。[62] 此等情形之下，德军的给养、弹药和兵员在从德意志境内向前线输送的时候，都需要长时间的等待，还要面临交通阻塞，而后还需要人扛、车运，经过很长的路程才能从马埃纳河输送到巴黎外缘。俾斯麦曾提议，兵员、给养和榴霰弹火炮应当给克虏伯重炮以及这种重炮所需的弹药让路，但毛奇认为这样的要求太过蛮横而且不合理。

毛奇将后勤因素，也就是毛奇本人所谓“可以接受或承受的”因素，置于“政治”考量之上，这让俾斯麦愤怒不已，大发雷霆，“士兵们在挨冻，成群成群地病倒，战争正在拖延下去，中立国在与我们商讨这场战争，在消耗我们的时间……在这样的情况下，竟然还有人想要拯救‘文明’，还想因此得到奖赏，”俾斯麦这话当然是在指涉毛奇，指责毛奇在炮轰平民区这件事情上的犹疑顾虑。俾斯麦希望执行一种更具整体观的战争政策，并据此批评毛奇的“部门嫉妒心”及其对卢瓦尔河战局的“乐观预测”，俾斯麦对卢瓦尔河战局已然忧心忡忡，在那里，“数量居于绝对劣势的德军随时都有可能被敌军的优势兵力摧毁”，还要考虑到“霜冻、大雪天气，物资和弹药也是相当匮乏”。在俾斯麦看来，只要能结束这场战争，任何残忍行径都是可以接受的，毕竟，“战争中不可预见的偶然性，还有疾病、中立国的干预等”，随时都有可能削弱普鲁士。[63] 俾斯麦将此称为“战争政治”，所谓的“战争政治”意味着军事手段应当绝对服从政治目的。不难看出，此时的情形，传统角色发生了反转，将领在强调克制和温和，政治家则想着毁灭，最终，罗恩表态支持俾斯麦，国王也随之转到宰相一边。

普鲁士方面正在激烈争论的时候，迪克罗于 12 月 21 日向北面的布尔歇（Le Bourget）再次发起一次突击行动。此时，卢瓦尔河军团已经被击溃并切分成两半，迪克罗只能寻求同路易·费代尔布将军（General Louis Faidherbe）统领的北方军团会合，这个军团约有 35000 兵力。这个计划显然是没有任何可 281
能性的，由此也就足以看出此时的迪克罗已经沦落至何等困境，原因很简单，费代尔布的所谓军团，即便费代尔布将军本人也很清楚，那不过是一群“没有武器、没有将领、没有训练的乌合之众”，这个军团之所以能够存活下来，完全是因为该军团在里尔和亚眠的驻地周边基本上没有德军的影子。所以，对德军来说，将这些地方孤立起来已经足够了，这样的地方，如同巴黎一样，完全是靠“鸡毛信”或者信鸽同图尔和波尔多保持联系的，此等情形之下，德军只需集中兵力，反复敲打巴黎以及卢瓦尔河区域最后一支法军的残余部队即可。为了将费代尔布孤立起来，普鲁士近卫军于 12 月 21 日在布尔歇击退迪克罗的进攻，此战击毙了包括军官在内的 983 人。无论大家喜不喜欢（很可能是不喜欢的），而今的巴黎守军的确已开始坐实甘必大夸下的海口：共和国“即便是冒着自残的风险”也将维持下去。[64]

到了这个时候，对毛奇来说，剩下的唯一任务就是着手摧毁巴黎周边那些强大的法军工事，正是这些工事阻挡了普军的历次进攻。76 门重炮和丰沛的弹药此时总算到位，12 月 27 ~
28 日，德军的重炮开始发威，将阿弗朗高地的防御工事摧毁， 282
接着便向前推进，于 1 月 5 日相继将伊西、旺沃和蒙鲁日的防

**图 17　巴黎外围的一门巴伐利亚攻城火炮**

御工事摧毁。也就是在这一天，哈拉克公爵留下了毛奇的那幅著名画像，画中的毛奇颇为欣欣然，站在凡尔赛附近一座阁楼的圆形窗户面前，观看德军的炮击行动。也是在这一天，德军火炮的炮弹已经呼啸着砸入“左岸”，在卢森堡公园（Jardin du Luxembourg）和先贤祠（Panthéon）附近爆炸。1 月 4 日，普军炮火令 25 个巴黎平民伤亡，其中包括妇女和孩子。查尔斯·斯瓦格（Charles Swager）——一个来自路易维尔的美国人被炸掉一条腿，普军的一枚炮弹在圣叙尔比斯（St. Sulpice）他入住的酒店房间里爆炸。到了 1 月中旬，特罗胥提供的官方报告中记载了 189 个平民伤亡的案例，其中包括 45 名妇女和 21 个儿童。历时三个星期的炮击，巴黎的医院、学校、教堂、监狱以及公寓楼，都沦为德军炮火的牺牲品，不过，炮击造成的死亡同饥饿、寒冷造成的死亡仍然是无法比拟的，1 月的每个星期，饥饿、寒冷都会夺走三千到四千巴黎市民的性命。[65]

此等深重苦难之下，巴黎市民遂要求他们的四十万城防守军破釜沉舟，实施最后一次突围行动。特罗胥拒绝了市民的要求，理由是，突围行动是没有意义的，纯粹是“无望之举”，只能令更多的人阵亡。1 月 18 日的情况更令人绝望，这一天，德意志各邦国王公齐聚凡尔赛宫，宣布“德意志统一”，威廉一世正式加冕“皇帝”。加冕仪式在凡尔赛宫镜厅举行，此举是在刻意羞辱法兰西，凡尔赛宫和镜厅（salle des glaces）都是路易十四在 200 年前建造的，正是这位法兰西国王的军事征略令德意志沉沦于邦国林立的无能境地，而今，俾斯麦统一了德意志，旧日的无能状态总算结束。也许是德国人发力过猛，令加冕仪式的普鲁士色彩超过了德意志色彩。“我简直没法跟您说，”巴伐利亚的奥托亲王给自己的弟弟写信说，“这样的仪式太让人难受了……冷硬、傲慢、排场、炫耀、不走心、徒有其表。”事实上，这场“傲慢、炫耀”的加冕仪式尽管在绘画中呈现得淋漓尽致，却是俾斯麦历时三个月讨价还价的结晶，俾斯麦在这三个月里同德意志诸王公多番拉锯，耗尽耐心，终于有了这样的结晶。在这段时间里，普法战争也仍在拉锯之中，他却要在这个时候拉拢德意志诸王公前往凡尔赛接受皇帝检阅。大多数王公都要尝到甜头才会“免费加盟”这个新帝国，其中最甚者莫过于已经濒临癫狂境地的巴伐利亚国王路德维希二世，他急需一笔钱财来支撑自己修建宫殿，以及同理查德·瓦格纳（Richard Wagner）的旅行费用，遂要求这个新帝国为他预支资金，还要求用那著名的“韦尔夫基金”（Guelph Fund）支付他 30 万马克的年金，这可是 1866 年克尼格雷茨战役之后，普鲁士吞并的汉诺威国王的国库。路德维希二世一派瓦格纳式的端庄仪态，不过，仪态后面是他竭力掩饰的喜悦，正是这位国王于 1870 年 12 月 2 日在那有名的“皇帝印鉴”（Kaiser letter）上签名，代表德意志诸王公，将那顶新的德意志皇冠进献给普鲁
283 士国王威廉一世。威廉接受了皇冠，但是很不情愿。“我的老普鲁士没有了，”他向宰相抱怨说。[66]

巴黎陷落在即，俾斯麦也准备好了落幕大剧，那样的铁腕和无情也正是德国人在 1940 年展示的。倘若巴黎陷落而波尔多政府继续抵抗，俾斯麦就会决心肢解法国，并据此吸纳法兰西的经济元气。1 月 14 日，俾斯麦明确提出威慑：“倘若巴黎投降而法兰西继续抵抗，德意志将吞并阿尔萨斯－洛林，并占领巴黎以及海峡和卢瓦尔河之间的法兰西领土，迫使这些省份和巴黎承担全部的战争成本，直到一个和平党派在未被占领的法兰西土地上变得足够强大，能够让临时政府听命于它。”德意志占领区将形成一个“防御边界”，并据此实施有效的占领，直至德国的所有要求都得到满足。奥多·拉塞尔（Odo Russell），英国派驻凡尔赛的使节，在报告中申述说，此时的俾斯麦很担心法兰西共和制对欧洲诸王朝体制产生的蛊惑力，于是热望着一场拿破仑复辟，因此，在提到“临时政府”时是相当轻慢的。此时的法兰西民众都渴望和平，无论是何种制度。拉塞尔据此下结论说，甘必大政府正走在“慢性自杀”的道路上。[67]

身兼“临时大总统”的路易·特罗胥将军此时也毫不示弱，展现出誓死之决心。1 月 19 日，他同意实施第三次也是最后一次突击行动。9 万法军穿越瓦勒里安高地的丛林地带，进入布吉瓦尔（Bougival）和圣克卢之间德军把守的地区。法军以一个四英里宽的正面，集结在圣克卢和布松瓦尔（Buzenval），德军的炮火很快便将其撕裂并击溃。这场战事中，德军拥有地

势之利，从加尔什（Garches）高地向下开火，越来越多的炮群投入战斗，迪克罗的部队只能靠瘦弱不堪的劣马在崎岖的战场上艰难移动，被逼着步步后退。倘若法军能在圣克卢或者布松瓦尔的任何一个点上形成突破，就能够在夜幕降临的时候向凡尔赛群集而去，那样的话，正在进行中的德意志帝国成立仪式便会硬生生地遭到打击。然而，迪克罗最后这一次攻势很快便被削弱，并最终瓦解，大批士兵脱离部队，四散开来，到处挖掘马铃薯，要不就是劫掠德军的物资仓库。到了下午晚些时候，普军不间断的炮火将已经仓皇失措的法军反复轰炸成碎片。此战，法军阵亡和失踪 8000 人，有士兵，有军官（是普军的十六倍），迪克罗再次退回巴黎，当然，这也是最后一次了，回归巴黎之后，他便辞去指挥权，将之交托给约瑟夫·维努瓦将军（General Joseph Vinoy）。[68]

在卢瓦尔河战线，12 月份的奥尔良战役已然将法兰西最后一支完整的军队撕裂为两半。此等情形之下，甘必大并没有找人替代奥雷勒的总指挥权，而是将奥雷勒解职，并建立了两个 284
小规模的军团，于是，先前的那支大军便不见了。卢瓦尔河北方军团由第十六和第十七军组成，安托万·尚齐将军担任指挥官，格拉沃洛特战役之后从梅斯脱逃的夏尔·布尔巴基将军则取代奥雷勒执掌卢瓦尔河南方军团，接管第十五、第十八和第二十军，布尔巴基遂率领这个军团退往布尔日实施重组。12 月 7 日，南方军团取道维耶尔宗撤退。奥雷勒停下来同当地市长用餐，席间，这位老将军掩饰不住自己对弗雷西内的憎恶，讽刺说，弗雷西内就是“不知疲倦的卡诺”，还有“甘必大先生”——意大利杂货商的贱种，肯定是对普法尔茨的路易·奥雷勒公爵有刻骨恨意，这样的讽刺实在是尖刻。话语中谈到的卡诺，指的就是大革命时期的那个拉扎尔·卡诺（Lazare Carnot），在大革命生死存亡的时刻，拉扎尔·卡诺扮演了“胜利之组织者”的角色，确切地说，就是此人，凭借“变化无常、矛盾百出的指令”，令法兰西大军深陷困境，无法自拔，但凡有败绩，总是对将领们指手画脚，说那是将领们的错，令军中士气尽丧。的确，奥雷勒在用餐的时候，想必是活生生地见证法军士气低落到何等地步，数千士兵，已然是群氓无首，群集维耶尔宗，要吃要喝，当地居民已然惊恐不已。[69] 毛奇很清楚，这支法军此时已然落日黄昏，遂命令弗里德里希·卡尔亲王在新一轮停战谈判开启之前，将这支法军歼灭。倘若甘必大失去手里最后这一支宝剑，德意志就可以在谈判中肆意开价了。

## 博让西（Beaugency）战役，1870 年 12 月 8～9 日

为了将布尔巴基赶入包围圈，弗里德里希·卡尔派出第三军逆流而上，推进到日安，并命令第三军以日安为轴心向南转进，同第九军和一个骑兵师接触后展开协同作战，这个骑兵师先前已经从奥尔良进抵卢瓦尔河左岸，并向南进击布尔日。与此同时，梅克伦堡受命沿着卢瓦尔河而下，进抵图尔，尚齐的军队很可能会在那里与德军展开最后一战。此时，尚齐的大批兵力正在惊慌和混乱中沿河退往布卢瓦，尚齐在博让西积聚 3 个师并摆出防御阵型，打算据守此地，右翼靠近卢瓦尔河，左翼伸展到马什努瓦森林（Forest of Marchenoir），尚齐本人则身居若讷（Josnes），坐镇中军。此时，尚齐应当明智地前往卢瓦尔河左岸，避开普军的钳形攻势，与布尔巴基重新会合，可惜的是，奥雷勒和甘必大在这个时候传来的错误情报说，迪克罗已经于 12 月 2 日从巴黎突围而出且已经抵达埃唐普，这一情报

误导了尚齐。尚齐后来解释说，当时他觉得自己应当据守卢瓦尔河右岸，等待迪克罗，但实际上，他这么做完全是因为他麾下这支小小军团已然陷入“大混乱”之中。一系列的败绩，加之连绵不断的雨雪天气，已然令军队缺乏有效的组织，此等情 285
形之下，很难再实施什么机动战术。[70]热病在军中传播，尚齐本人也染上热病，已经无精打采，于是，他的目标也变得毫无抱负可言，那就是将法军这支最后的野战力量保存下来，作为和谈的筹码。他有10万大军在手，倘若德军逼人太甚，他也并非没有能力凭借这样的兵力重启战端。不过，他也不会轻易接战，毕竟，倘若这支大军遭到合围并彻底被歼灭，则法兰西什么筹码都没有了，只能匍匐人前。

12月8日和9日，两军最终还是在博让西展开全线厮杀。这场战役中的一位德意志老兵回忆说，他们也算身经百战，但这场战役是他们经历的最为惨烈的一次。尚齐拥有绝对的数量优势，遂向克拉旺（Cravant）和博蒙的德军中央战阵发起一轮又一轮的刺刀冲锋，这两个村落都有墙体环绕，两军都清楚，那里是这片平坦战场上的关键节点。奥斯卡·贝歇尔——普军第九十四步兵团的一名军士，他回忆说，法军向克拉旺发起冲锋之时，步调近乎疯狂，与1793年的刺刀冲锋基本上没有两样。如此众多且没有训练的士兵，简单地组织起来，形成营级纵队，而后便以榴霰弹和蒙蒂尼机枪组成的火力网为先导，直接向普军展开冲锋。贝歇尔所在的部队全面受压，士兵们打光一轮之后，便用还在颤抖的手直接从弹药车里取弹夹，很显然，此战普军也是拼了，直接将弹药车推到火线上。普军士兵取回弹药后，便继续射击，榴霰弹的弹片四处横飞，士兵们也只能是不管不顾。“几乎每分钟都会有炮弹在我身边十码之内爆炸，”贝歇尔回忆说，“很多人还能够活下来，完全是因为有些炮弹没有爆炸。”这场近战的惨烈场景深深地烙印在贝歇尔的脑海中，无从磨灭：炮弹直接将贝歇尔的排长的脑袋轰掉，脑浆溅在贝歇尔的衣服上，炮弹还将鼓手的两条腿炸飞，贝歇尔所在营的营长在战线上到处飞奔，为士兵们输送弹药箱，以满足速射所需。12月9日，德军的一次反攻浪潮甚至推进到距离尚齐指挥部不足半英里的地方（差点抓获前来视察战况的甘必大），但梅克伦堡并不愿意再向前推进。他的军中已经折损了大量军官，有效作战力量也不足24000人，特别是那些阵亡的军官，是没有办法顶替的，因此，他便就此裹足不前，若是继续深入尚齐十万大军的腹地，恐怕遭到合围和歼灭的就不是尚齐而是他自己了。“对我来说，”贝歇尔军士回忆说，“这场恐怖战役中，只有一件事情是亮点，那就是一个士兵的死亡，权且称之为列兵P吧。他是那种最喜欢逃避职责的人，为此我不得不多次惩罚他，甚至到了担心他会报复的地步，有那么一次，在酣战之中，我叫他过来帮我撕开一处防护网的时候，他的脑袋被一颗炮弹直接炸碎，这事就发生在我眼前，我再也不用担心他会报复我了。”[71]

286 实际上，梅克伦堡的士兵也饱尝饥饿、寒冷和疲惫之苦，其程度并不逊色于法军，从贝克尔军士最后的一席话中不难看出，此时的德军士兵也已濒临崩溃。到了1870年12月，无论德军士兵去往哪里索要东西，得到的回答都一样：“没有面包，没有肉，没有酒，我的好先生，没有，没有，什么都没有……”[72]自库尔米耶战役之后，饥饿的德军士兵基本上没有休息过，只有极少数人休息过那么一两天，身上的军服已经肮脏不堪，实际上已经烂掉。虱子是长久的折磨，如同肮脏军营和村落里面人们恐惧天花一样。脚上的靴子已经破碎了，或者干脆已经融化在泥泞中，临时找来的鞋子都太小，因为德军士兵的骨架本来就大。甚至巴伐利亚的列奥波德亲王对自己的炮团也爱莫能助，该炮团的士兵到了12月初的时候，只能用农民的木底鞋行走，顶多再垫上一些稻草，睡觉则靠四处搜刮来的毯子，毯子都已经是条条缕缕的，什么颜色都有。很多德军士兵干脆穿上法军的军服，这也就难怪会有一些法军战俘抱怨说，他们错把普军当成自己人，才不慎被俘的。

对刚刚登上这寒冷冬日战场的德军新兵来说，这样的苦难实在是难以承受。11月18日，巴伐利亚第三步兵团接收了32名新兵，其中有20人因为无法承受寒冷和疲惫，还没上战场，就直接住进医院。[73]至于身体够强壮，足以与所属部队会合的新兵，则被眼前的景象震惊，老兵们的样貌已经看不出是个士兵。气温不断下降，士兵们也越来越关切食物、性和疾病。一名汉诺威新兵回忆说，“那些玩笑话越来越脏”，每逢军队入城，士兵们都会喊叫着，“小姐，要做爱吗?”每到一地，士兵们都会高声喊叫着，“德意志，德意志高于一切”，以便激怒附近的法国人。“Rollen”——“征用”的另一种说法，成为德军士兵此时的主要消遣，士兵们彼此相见的时候，都是这么打招呼的，“今天又弄到啥好东西啦?”一名巴伐利亚军官仍然能回忆起自己那个排但凡路过一个村落，军纪便会涣散到何等地步：“倘若士兵们怀疑某处藏有面包，整个行军纵队就会当即散开，前往搜寻。士兵的行为就像野人，脑子里面只想着一个东西，面包。话说回来，他们已经几个星期没见到面包了。”[74]12月，德军进入图尔，一名列兵回忆起图尔城的居民对德军的那种仇恨，居民在咖啡馆里或者自家的窗户后面，直

勾勾地瞪着德军士兵。这名列兵后来写道：“我们当然也要瞪
287 回去。”[75]在布卢瓦附近的一处小屋里，列兵弗里德里希·列奥（Private Friedrich Leo），看到普军的一个士兵牵走主人的一头牛和一只牛崽。主人在后面追赶，满脸是泪，喊叫着说，“这是灾难啊。”那名士兵面露冷冷的笑意，对农夫的说法表示同意，他指向那头母牛说道，“大灾难”，而后又指着牛崽说，“小灾难”。[76]战区的法国农民已经被劫掠一空，对这些农民来说，法军同样也是一场灾难。罗歇·莫尼，一名二十三岁的法军机动卫队士兵，在勒芒附近的一处农户跟自己的部队宿营过夜，他回忆说：“尽管我多番邀请，那家农户的女主人仍然不敢靠近火堆。她一直在黑暗的角落里颤抖、抽泣……她的丈夫失去一条胳膊，她的孩子们都还小得很。这家人的处境实在是让人伤感。”[77]

卢瓦尔河方面的战事推进缓慢，这令毛奇很不满，遂命令弗里德里希·卡尔亲王增援梅克伦堡，并全面接掌卢瓦尔河战局，歼灭尚齐大军。此时的卡尔亲王很担心一旦调转大军面对尚齐，布尔巴基会攻袭自己的侧翼或者后卫，因此不愿意从命，遂命令第三军停驻日安，并以强行军的方式撤回奥尔良，在奥尔良跟随普军第十军，加入博让西战役。对此时的尚齐来说，命运取决于布尔巴基是否愿意催动先前那支卢瓦尔河军团的主力，尽速赶来，帮助自己脱困。时间是关键，第九军的黑森师已经于12月10日对尚博尔（Chambord）发起强攻，第二天便已经推进到布卢瓦，在尚齐的后方占领了一座桥梁和一处阵地。布尔巴基的15万大军仍然驻留布尔日，没有出动。不能说布尔巴基没有努力过，他的确下令第十五军前往保障从布尔日和维耶尔宗到奥尔良的交通线，但已然疲惫不堪的士兵们根本没有

听从他的命令。甘必大指令布尔巴基再次行动，布尔巴基只能请甘必大亲临现场，看看军队的疲态，以此作为回应。眼前的情形令甘必大震惊，遂电告弗雷西内，这是“我见过的最悲惨的场景”，一支“实际上已经解体的法兰西大军”。[78]

到了此时，德军实际上也已经疲弱不堪。卢瓦尔河战事，令南方新军群不下半数的军官伤亡，伤兵和流感也令德军各个作战单位严重受挫。一些营已经减员到 150 人左右，且只剩下少尉级别的军官担当指挥官。普军的很多步兵连队在 8 月份尚且是满员的 250 人，如今的有效战斗人员已经不足 50 人。[79]此时，法军方面向军官发布指令，对德军战俘展开讯问，讯问结果表明，法兰西正将身家性命赌在一场消耗战上：法军军官受命获取有关德军连队、中队以及军官团的准确信息，以及德意志方面兵员补充的频率和质量，据此来“评估德军的伤亡率、 288
战斗力以及士气等关键指标”。[80]此番大范围讯问的结果表明，德军的士气比尚齐麾下的这支杂乱的大军更为低落，在尚齐看来，这样的结论无异于天方夜谭。尚齐先前一直在塞内加尔担任总督之职，此时，这酷寒的战场令他卧病在床。没有布尔巴基的援助，尚齐只得悄悄离开卢瓦尔河区域，向勒芒撤退。勒芒是铁路枢纽重镇，通往南特、布雷斯特和巴黎的铁路在此交汇，毫无疑问，这样一个勒芒，已经是尚齐最后的希望。确切地说，在勒芒，他要么将德军的攻势阻截下来，要么凭借铁路脱逃，以便择日再战。

从军事角度看，尚齐此番改变战术方向，是有道理的，但他未能将自己的想法成功地灌输给已经士气尽丧的军队，此时的法军士兵，已然变成典型的小农，鼠目寸光，能歇就歇着，不会抬眼看看那作为希望之地的勒芒，那里是可以继续战斗，也是可以顺利撤退的地方。此时，甘必大和弗雷西内竭力希望延长战事，以便挫一挫德军的锐气，争取尽可能温和的和谈条件。于是，他们在布尔日和瑟堡组建了两个新的机动卫队军，并拨付了从美国和英国购置的战争物资，但前线的士兵们已经无心恋战。在士兵们看来，自己实际上正如谚语所说的，“为不知感恩之人做着得不到回报的事情。因此，对他们来说，这场战争是毫无意义的，他们当然不会错过前进道路上的一切机会，开溜或者解散。[81]凄风冷雨将他们包围，没有吃的，也没有喝的，在这样的情况下，当第二十一军开始向旺多姆撤退的时候，也就难怪会有数百名士兵躲在马什努瓦森林里不出来，一路行走下来，随时都有成打成打的士兵消失不见。

12 月 16 日，尚齐在旺多姆休整，而后继续向勒芒撤退，此时，勒芒就在尚齐大军西面五十英里的地方，中间隔着一片荒瘠的多山地带。卡尔亲王和梅克伦堡的追击速度并不快，这才令尚齐这支已经很是不堪的军队得以存续。12 月的白天很短，德军一直都在蹒跚而行，夜幕降临的时候，德军便尊奉那句再古老不过的军中格言，“破烂茅舍胜过豪华营地”，利用一切休息时间，四散开来，寻找一切可能的庇护之所，并尽可能地生火取暖。[82]即便是骑兵，此时也停止追赶，因为道路已经冰封，骑兵不得不下马，牵着马匹艰难前行。法军的非正规狙击兵神出鬼没，大肆袭扰，德军不得不耗费大量时间予以应对，非正规狙击兵当然熟悉路况和地形，相形之下，德军则是眼前一抹黑。非正规狙击兵当然无法与德军部队正面抗衡，但有能力给普军的补给线制造巨大压力。据战后德军方面的估计，法军这种非正规狙击兵大约有 37000 人之多，他们很聪明，将重点集中在德军的火车站、补给站和护送队。此时，德军的占领区已经覆盖法兰西三分之一的领土，德军身后因此也就留下数百英里长的脆弱补给线，此等情形之下，毛奇不得不分出105000 人的兵力来保护后方的补给线，否则的话，他的 50 万 289
前线大军将会失去后勤供应。[83]众多后备军部队以 15 英里的间距驻防补给线，那样的感受正如其中一个士兵说的那样，“如同牛仔进入印第安人的领地”。他们都躲藏在补给站或者仓库里面，与法军的非正规狙击兵展开反复拉锯，一次又一次地击退非正规狙击兵的攻袭，这些非正规狙击兵有一种本领，就是能凭直觉探察出普军防线的软肋。[84]甘必大和加里波第于 11 月发出号召，希望法兰西就此转变成一个“武装民族”，普军当然拒绝承认这样一个“武装民族”的合法性，并且拒绝承认这个“武装民族”的存在，并坚持认为，所有的法兰西战斗人员必须穿上军服才会受战争法的保护，否则便予以射杀。一旦脱掉军服，这些“公民志愿兵”很难识别，正如普军的一名军官说的那样，一旦同普军正面遭遇，他们总是“扔掉枪械，双手插兜，装成一副热爱和平的当地农民，像没事儿人一样，溜溜达达地走开”。[85]德军士兵对此类事情的反应，通常是对着“热爱和平”的农民的后脑勺开枪，无分真假，将所有身着“蓝色工作服”（Blaukittel）的人都视为暗藏的游击队员，所谓“蓝色工作服”是法兰西工人阶层的传统装扮。“我们抓住一个‘蓝色制服’的人，并用枪抵住他，”巴登军的一名少尉军官于 10 月从第戎发出的信中写道，“他哭喊着，哀求我们放了他。他发誓说，他的确是工人。这是不是太不把我们当回事了呢？这样一个工人，一个平民，向我们的士兵开枪射击，现在却要求我们放了他，就因为他‘只是一个工人’。他也太天真了。两分钟后，他就躺在森林边的草地上，尸体已经冷硬。”[86]

非正规狙击兵神出鬼没，不断地炸毁桥梁或者炸断铁路，这样的事情经常发生，一旦发生这样的事情，普军的后勤供应就会面临严重问题。不过，他们若是切断电报线，就会把事情搞糟。“我们当然要杀死很多很多的无辜者，以此作为报复，”一名德军军官解释说，“不过，这是他们的错，是他们先违背了那句古老谚语：‘鞋匠就应该好好做鞋’。”另一名普军军官则没有这么清高，他对针对德军的反叛行动有阴郁且严肃的回忆，他认为这样的游击战令他想起另一句老话：“每个人的口袋里都装着一个魔鬼，唯一的不同就是会将魔鬼释放到什么程度。”[87] 此时，德军的兵力已经全部投放到战场之上，弗里德里希·卡尔亲王的行军纵队里新兵的比例相当高（这些新兵很容易疲惫甚至起水肿），因此，德军的进军速度其实与法军一样迟缓。实际上，这场战争的最后一个月，两军基本上都是在慢动作中度过的，已经精疲力竭且差不多被冻僵的两军，就这么用麻木的手指互相攻击。“这的确是个问题，”一名巴伐利亚军官在日记
290 中匆匆写道，“这无休无止的行军或者血战，究竟还要夺走多少人的性命啊。我的排只剩下十个人了，有八个人‘失踪’。不过，他们最后还是会回来的，在这么一片荒芜之地，他们还能去哪呢？”[88]

毛奇和俾斯麦的关系此时如同这 1 月的天气般冷若冰霜，两人身上都担负着巨大的责任，快将二人压垮了。毛奇当然是要歼灭法军最后的抵抗，因此也就愈发地暴躁，1 月初的一次晚餐上，他告诉王太子弗里德里希·威廉，“我们必须结结实实地追打这个说谎成性的国家，要一竿子打到底。”若依照他的心思，他肯定是要把法兰西大地上所有地方的法军统统消灭，而后再炮轰巴黎，占领巴黎，将巴黎的全部守军如同奴隶一样，

用铁链绑缚，押送德意志。至于王太子，他是普鲁士高层中绝对罕见的宽和之人，他对这场战争的政治影响和国际反响是相当在意的，对此，毛奇牢骚满腹，不断申述说，自己“只关心军事”。俾斯麦当然更有头脑一些，而且他也明白战略和政策是无法拆分的：“我们正站在风口浪尖上，一旦失去我们好不容易才创造出来的平衡，那我们就会跌得很惨。”

俾斯麦的这场平衡行动，当然包括对毛奇进行约束，同时也要尽可能地拖延英国和俄国方面的外交行动。此时，英国和俄国希望就一批突出的外交问题尽快召开一次全欧洲的和会，如商讨如何结束普法战争以及俄国最近对黑海实施的再军事化政策。俄国当然不会放过普法战争令欧洲列强分心的这个时机，于 1870 年 11 月份，开始在黑海地区重建海军基地，这很明显是违背十年前用来结束克里米亚战争的那份和约。为了避免以战争方式令俄国重新服从克里米亚和约框架，英国希望尽快让法国恢复元气。这样的话，在面对咄咄逼人的俄国时，就多了一个盟友。当然，这也需要尽快结束普鲁士对法国的入侵，温和的和平条件当然也是题中之义。为了争取时间，俾斯麦于 1871 年 1 月 3 日抢先召集列强前来会商。现在，俾斯麦比任何时候都更希望结束这场战争，当他获悉毛奇背着自己同特罗胥秘密接触，以便促成特罗胥投降的时候，他的反应近乎狂怒，毕竟，此时的德意志大军正在与尚齐和布尔巴基血战。

实际上，色当战役之后，俾斯麦和毛奇在每一步的安排上都会出现分歧。帝国宰相希望在秋天时对巴黎实施一场全力出击，因此对毛奇在卢瓦尔河战区的徐图缓进之策颇为恼火，毕竟，如此一来意味着要将本来就吃紧的兵力分散在辽阔的战场之上，这很难让法兰西民众“感受”到战争之锤的威力。[89] 此

时的俾斯麦很清楚，巴黎是一切的关键，必须向巴黎施压，让
它投降，为此，放松一下外省方面的压力也是可以接受的。正
是在这样的情况下，这位帝国宰相在 1871 年 1 月耗费了大量时
291 间，去削弱毛奇在凡尔赛的影响力，为此，他甚至提出辞职作
为威胁，这一威胁换来威廉一世发出两道措辞清晰的内阁令，
命令毛奇必须时刻向俾斯麦汇报自己同特罗胥接触的情况，并
且更要将军事方面的信息全盘告知俾斯麦，“直到俾斯麦没有怨
292 言”，这样的措辞可谓聪明，令俾斯麦得以完全掌握毛奇的计划
和运作。[90]那个“披着战袍的平民”，这是毛奇给俾斯麦的诨
号，语含嘲讽，但就是这个“平民”征服了他这位总参谋长。

## 勒芒战役，1871 年 1 月 10～11 日

1871 年元旦这天，毛奇指令弗里德里希·卡尔亲王催动整个军群，以旺多姆到沙特尔一线呈弧形向西横掠，将尚齐集结在勒芒的三个军以及布雷顿机动卫队的二十多个营吃掉。梅克伦堡遂引领大军右翼，从沙特尔出发，沿着于讷河（Huisne）进军，右翼军由第二十二师和第十七师组成，此时重编为第十三军。弗里德里希·卡尔亲王的第十、第九和第三军则形成中央和左翼战阵，向前推进，在进抵勒芒途中，将一些分散的法军师清扫干净。尚齐已经在勒芒构筑起强大工事，正对着德军推进方向的丛林高地也已要塞化，萨尔特河则拱卫着分别置身勒芒上方和下方的侧翼和后卫。1 月 10 日，德军开始向此处阵地发起进攻。这场攻势并没有协调好，步兵和炮兵沿着狭窄且弯曲的小路向前推进，速度很慢，更有积雪封堵路面，战事的第一天，德军未能取得任何进展。11 日，战事继续，普军第三军首当其冲，对法军要塞化的高地——贝夫山口的舍曼高地

图 18 穿着硬底鞋的法国非正规狙击兵在战斗中

（Chemin aux Boeufs）——反复冲击，遭受了惨重的伤亡。夜幕降临很长时间之后，康斯坦丁·冯·福格茨－罗茨统领第十军抵达高地下方，即刻将旅排布成连级纵队，对此处阵地展开进攻。从战术角度讲，此举并不合理，是带有赌博性质的，但赌博奏效了，由此对法军一个机动卫队步兵团实施突袭之后，令恐慌情绪在法军阵地传播开来。德军从黑暗中突然现身，尚齐根本无法控制士兵。在困倦、潮湿、寒冷和饥饿多重压迫之下，法军士兵纷纷逃散。这一晚的战斗，令尚齐麾下的兵力折损过半，伤亡 25000 人，还有 5 万人逃散而去，至此，尚有战斗力的部队已然不复存在。“在记述我们向勒芒撤退的故事时，我常常在想，这辈子不可能见证更大的不幸了，”法军机动卫队的一名军官于 1 月 13 日留下这样的话，“但是我错了……法兰西正从一个深渊跌落至另一个深渊。”这名军官永远都忘不了那些惊恐万状的“逃兵，他们脸上写着极度的惊恐……还有遍布战场的马匹，要么已经死去，要么正在死去，躯体深埋冰雪之中，虽然还有呼吸，但骸骨已经裸露出来”[91]。

第二天巡察战场时，普军的一名列兵留下这样的记述：“法军不仅仅战败了，很明显，他们已经士气尽丧。山路之上到处都是背包和枪械。他们整支整支部队地投降。有三十个法军步
293 兵同时向我的一个朋友投降。我们不禁自问，就是这么一支军队，怎么会把我们折腾得如此疲惫呢？他们完全没有训练可言，没有战术能力，也不懂射击，无论身体上还是精神上都根本承受不了战争啊。”[92]很显然，普军这个敏锐的列兵战前是大学生，面对如此聪敏的入侵者，尚齐当然是不会有希望的，他引领士气尽丧的余部越过萨尔特河向拉瓦勒撤退，甘必大在那里迎候他们，此时的甘必大仍然那么乐观，他的乐观不可抑制。“入侵者……将何以对抗 3800 万誓死抵抗的法兰西民众呢?”甘必大的此番疯话令众人简直都不敢相信自己的耳朵。对尚齐的士兵来说，对法兰西民众来说，战争已经结束了，所有人都知道这一点，唯有甘必大不知道。[93]

## 东部战场的最后一搏

就在尚齐大军覆灭的这一天，埃德温·冯·曼陀菲尔将军

已经统领毛奇新组建的“南方军团”进抵沙蒂永，这个新军团由第十四、第七和第二军组成，该军团前往沙蒂永的任务就是找到并歼灭法兰西最后的野战军团，也就是布尔巴基统领的11万人的“东部军团”。南方军团从安静的鲁昂出发，进抵沙蒂永之后，便即刻进入急行军模式。现在，迪克罗已在巴黎的突击行动中失败，尚齐也在12月底撤离卢瓦尔河，此等情形之下，甘必大和弗雷西内也不得不彻底变更布尔巴基军团的任务。此时，布尔巴基军团既无望与尚齐会师，也无望进抵巴黎，如此一来，便只能尝试去歼灭第戎方面的那支驻防大军，将贝尔福要塞解救出来，而后尝试切断这一地区所有为驻法德军提供给养和弹药的道路、桥梁和铁路。倘若法军无法在战场上击败敌人，那就用这样的方法让德军陷入悲惨境地，这至少能让敌人收敛一些，接受温和的和平条件，而后收拾铺盖走人。

此新策略能否奏效，完全取决于布尔巴基的冲劲和头脑。不幸的是，将军令人失望了。为了将流散在第戎的三个军重新集结起来，确实需要花一些时间，但布尔巴基却消耗了太多的时间，最终才于1月初小心翼翼地进入战区。此时的道路已然被冰雪封堵起来，令布尔巴基比平常任何时候都更倚重索埃纳河畔沙隆的铁路线，但这条铁路线已经因为铁路服务人员纷纷逃散而荒废，这就令布尔巴基的速度迟缓到令人悲叹的地步，只能慢慢地输送人员和物资，这当然会令德军意识到法军也许有新计划，同时也给予德军时间从洛林、阿尔萨斯和巴登增派援军前来此地。[94]曾有几个星期的时间，弗雷西内一直在敦促甘必大将布尔巴基解职，他告诉甘必大，“就是因为我们太顾忌这些背着旧日军事光环的老家伙，我们才落到如此境地!”但此时的法军军官团已经被清洗，甘必大实在是找不出更好的人选，

294 因此也就只是在布尔巴基的参谋部增加一个“助理参谋”，此举实际上毫无意义。[95]

德军方面尚需一个星期的时间才能将普军第七军和第二军从洛林调至勃艮第，在此期间，德意志“南方军团”实际上只有奥古斯特·冯·韦尔德将军统领的以巴登第十四军为主的4万人。布尔巴基于12月底很轻松地将韦尔德赶出第戎，并没有战役发生，接着便于1月5日统领11万人的大军向沃苏勒（Vesoul）方向追击韦尔德。就这样，法军的庞大军团从西面漫卷而来，韦尔德的军队深受随军的工程器械以及从第戎、布尔日等地偷来的车辆所累，因此也就只能做最坏的打算。[96]然而，法军并没有发起进攻。此时，法军在冬日的荒芜之地饱受饥饿之苦，不得不将1月份的大部分时间用来寻找食物。波尔多方面虽然送来一批给养，但也是杯水车薪，一天之内便消耗殆尽。法军采用的是事后付款制度，而且代理政府也没有像普军那样向市长和农民支付食宿费用，所以此时的法军已沦落到挨家挨户乞讨的地步，当然，这种办法总是会吃闭门羹的。布尔巴基军团的大部分战马都已经在1月死亡，战马不但没有饲料，甚至没有梳过毛，没有配备马蹄铁，路边都是马匹的尸体，差不多全是活活饿死的，已经干瘪得不行，饥饿不堪的士兵们纷纷围拢在马匹的尸体周围，用刀子割肉吃。行军速度之迟缓甚至到了可笑的地步，主要是因为军中不合格的机动卫队士兵太多，这样的士兵走一段路都要休息一下。每次停下来歇息时，从将军到少尉的军官们都赶忙去找温暖之所，将自己的士兵交付军士和老兵管教，对这样的习气，士兵们当然“深感憎恶和抵触”。[97]

除了在韦尔德那狭窄的正面有过几次散兵战斗，布尔巴基完全拒绝接近眼前这个已经落单的德意志军，他告诉甘必大，他要保存兵力，以便“用计”让韦尔德离开法兰西。他还提议用同样不大可能的办法来解救贝尔福，此时的贝尔福正在德军围困之中，不过围城兵力只是 11 个营，而且还都是预备队。布尔巴基的这种小心谨慎主要是因为军中秩序太过混乱而且战斗力也十分可怜，同时，他也不相信素来不怕打硬仗的德军会不战而退，放弃这条东西走向的生命线。1 月 10 ~ 13 日，布尔巴基无所事事地待在沃苏勒和贝尔福之间的道路上。这情形仿佛他是刻意地给普军第七和第二军留出时间，让他们完成排兵布阵，让他们找出自己侧翼和后卫的薄弱环节。仿佛只有到达这一步，他才能合情合理地下令撤退。1 月 15 日，布尔巴基做出最后的努力，将全部四个军向贝尔福西面的利扎瓦尼德河（Lizaine）推进，其时，韦尔德已经与后面包抄而来的德军形成接触，正准备对布尔巴基实施最后的合围。

## 埃里库尔（Héricourt）战役，1871 年 1 月 15 ~ 17 日

气温零下，寒风彻骨，这场战役持续了整整三天。法军炮 295
群的哑弹再次扮演“光荣”的角色，哑弹数量达到令人警觉的地步，炮兵纷纷怀疑是有人在搞阴谋。[98] 16 日，法军强渡已经冰封的利扎瓦尼德河，在埃里库尔附近实施一次突围，并且已经打开了前往贝尔福的通道，但布尔巴基拒绝利用此次胜绩，选择撤退，前往保护贝松桑到贝尔福的铁路线。“丢了这条铁路，拿什么喂养这支大军呢?”这是布尔巴基此时留下的不朽名言。1 月 17 日，一名年轻军官请求他做最后一次努力，前往解救贝尔福，布尔巴基突然之间好像焕发出夏天时候的光彩，一下子年轻了好多，他对那个年轻军官说，“看，我也是二十岁。

将领就应当是这个年龄。”[99]这一决策令法军又伤亡 6000 人，而且是毫无意义的伤亡。甘必大派遣代表到军中查探情况，同军中数十名正规军士兵和军官会谈，在给甘必大的报告中代表得出如下结论：布尔巴基的失败主义令大军雪上加霜：“埃里库尔的情况实在是糟糕；无论士兵还是军官都无法理解布尔巴基为何会如此犹疑，简直是太神秘、太邪恶了。”士兵们也抱怨军官们小心翼翼，裹足不前，同普军军官形成鲜明的反差，他们“总是不愿意战斗在前，免得暴露在敌军火力的遏制下，他们总是躲在战线后面”。此等自我怀疑只能是令东部军团的内部关系更加紧张，“军官恨士兵，轻步兵恨步兵，所有人都恨机动卫队的人”。很多军官都承认自己是波拿巴派，在埃里库尔战场，这样的军官即便没有阻碍战事，也肯定不曾对战事有过帮助。[100]

此时，巴黎及其两百万居民正在普军愈发密集的轰击之下颤抖。二十四磅要塞炮在圣但尼和欧贝维利耶（Aubervilliers）就位，已经可以直接打击巴黎的心脏地带以及塞纳河两岸。[101]炮弹和燃烧弹更是加剧了巴黎城中的饥荒。1871 年 1 月，大多数巴黎市民仅靠每天九盎司的“面包”配给为生，说是面包，实际上是由面粉、燕麦麸子、豌豆和黄豆调配而成的，此外就是能够找到的零零碎碎的一些马肉或者鲱鱼肉。特罗胥最后的突围行动已然失败，尚齐也在勒芒溃败，遂于 1 月的第三个星期引发巴黎城中的骚乱。诸如贝尔维尔（Belleville）、拉维耶特（La Villette）和蒙马特（Montmartre）这些工人聚居区，已经在谣言和癫狂当中沸腾。个中原因其实很简单：工业化时代的巴
296 黎是一座年轻人的城市，挤满进城务工的农民。这些农民工无妻、无子、贫穷，没有受过教育，眼前的战争又令他们纷纷失业，只能是整天在咖啡馆里闲逛，要么自己阅读《早报》或

者《战斗报》，要么就是让别人读给自己听，这两份报纸恰恰都是对特罗胥以及共和政府的战争政策持强烈的批判态度。战争期间，大部分工厂和作坊都已关门，无所事事的工人们只能到处听人演说，借此打发时间，那些演说充斥着无政府和共产主义意识形态，号召将英国大使所说的那些对雇主和统治阶层怀有“刻骨仇恨”的工人，以及来自法国各地的大批贫穷农民工联合起来。[102]实际上，这个群体从来都是对第二帝国之秩序和稳定的威胁，而且这些人很快就会成为革命“社员”。对甘必大的口号“共和国是不朽的”，他们都从字面上加以理解，都坚信特罗胥、尚齐和布尔巴基只不过是一场巨大右翼阴谋的工具而已：“教士、官员和（帝国）军官正在密谋用下三烂的手段让法国输掉这场战争，一旦战败，这个国家就会回复王朝体制。所以反动派一直都想说，‘要普鲁士，不要共和国’。”[103]这番话出自甘必大的一个手下，很好地表达了巴黎工人群体的心思。1 月 20 日，巴黎城中一批暴民推倒马扎斯监狱的大门，释放了里面的所有“叛乱分子”，包括古斯塔夫·弗路朗斯在内，此人因为 1870 年 10 月 31 日的“革命”而遭到逮捕。此时，巴黎差不多有 50 万守军，尽管这样，没有一个人起来反对或者阻击骚乱者。暴力革命已经来到家门口，每天都有大批民众集结起来要求面包，要求解职特罗胥，要求“公社”。[104]

在此等爆炸性的压力之下，儒勒·法夫尔还算明智，他最终附议了特罗胥的看法，那就是必须想办法结束这场战争，而且要快。法军的前线部队正在大规模脱离战场，一些军官甚至前往德军大营，主动要求将麾下整支整支的连队或者营交给德军。[105]1 月 23 日，法夫尔最后一次穿过普军防线，前往凡尔赛同俾斯麦会面。三天谈判之后，于 26 日晚些时候签署了用来结束这场战争的停战协定。于是，为期三周的这份停战协定便于 1871 年的 1 月 28 日开始生效，巴黎的要塞和城防体系就此投降，同时交出 2000 门火炮、177000 支步枪，还有如山一般堆积着的弹药，并定于 2 月 19 日举行大选，新一届国民议会将对停战协定实施票决，以决定是否批准。倘若渴望和平的法兰西真的干下不可能的事情，否决了和平条款，那么普鲁士将继续战争，到了那个时候，已经大幅度解除武装的法兰西将重新面对普军的进攻，只不过，到了那个时候，普军的优势已然剧增。

297 此时，消息传来，曼陀菲尔军团已经顺着索埃纳河而下，在第戎咬住加里波第 25000 人的军队，这就给予布尔巴基所需的一切理由从贝尔福撤退，不过，布尔巴基这一次又行动得太晚。1 月的第三个星期，布尔巴基率军越过朗日高地之后，曼陀菲尔即催动麾下两个军进抵布尔巴基的西南面，驻扎在第戎和多勒（Dole），紧接着便于 1 月 21 日将法兰西这最后一支野战军包围。前一年 12 月布尔巴基奉派前往东部地区，目的是切断毛奇的生命交通线，如今，布尔巴基发现自己已沦落至之前给德军设计的那种困境中。他身陷贫瘠的瑞士边界地区，没有任何铁路线或者道路可以提供补给来喂养大军，索埃纳河、杜河（Doubs）和奥尼瓮河（Ognon）已形成一个死胡同，将 14 万法军牢牢困在其中。几天后，曼陀菲尔的大军攻取里昂铁路，布尔巴基便只剩一条退路，那就是向东前往蓬塔利耶（Pontarlier）和中立国瑞士的那条道路。

此前，甘必大仍然抱持希望，希望布尔巴基能够同加里波第会师，能够向西突围，将战斗继续下去，不过到了这个时候，也只能是结结实实地挨了一记闷棍：“你真的要去蓬塔利耶？瑞士边上那个蓬塔利耶？我没弄错吧？还是我傻了？你这意思是说，倘若敌军进攻，你就要进入瑞士，然后放下武器吗？”此时的布尔巴基与色当时的麦克马洪一样，一条不容侵犯的中立国边境线横在自己的眼前，压迫着自己。一旦法军触碰瑞士边境线，必须将武器交给瑞士，并接受瑞士方面在战争期间对他们实施的拘押。这一步一旦走出去，这场战争就算彻底结束了，怪不得甘必大从波尔多疯狂发电：“扔下你的辎重，带上你的精锐，勇敢回头，向多勒、第戎和欧索讷（Auxonne）进发。只有到达那里，你才能拯救法兰西！”[106]

不过，当时的麦克马洪元帅并没有跨越边境线进入比利时境内，进而放下武器，接受拘押，而是选择在法兰西的土地上，在色当同德军决战，而今的布尔巴基及其麾下军队并没有麦克马洪当时的顾虑。“您仍然相信您拥有一支精良大军，”布尔巴基于1月24日电告甘必大，“我已经无数次地提醒过您了，这不是真的。”的确，这个所谓的“东部军团”之所以仍然集结在一起，仅仅是为了在这片寒冷且荒芜的山区劫掠给养而已。（所谓“布尔巴基军团”这个说法也由此诞生，用来指涉军团或者军群大规模解体的情况，并且这个说法一直沿用到1960年代。）这支大军颤颤巍巍地跋涉着，穿过优瑞山，士兵们都没有鞋穿，并且完全拒绝同一路之上一直咬在后面的德军接战。军官根本没有这一地区的地图，正如一名老兵说的那样，军官们根本“不知道到哪里去，也不知道从哪里来”。[107]

1月26日，布尔巴基发布向蓬塔利耶撤退的命令，甘必大
和弗雷西内当然是一片谴责和追打之声，布尔巴基不堪重负，298
遂将自己的配枪顶在右太阳穴上扣动扳机。这一枪令布尔巴基向后踉跄了几步，在前额上划开一处难看的伤口，好在是没有

别的伤，子弹竟然神奇地紧贴着他的头骨下皮滑行到脑袋另一侧，后来医生将子弹取出。[108]布尔巴基，一个希腊移民的后代，历经艰辛，攀爬到第二帝国的高位，如此结局也实在是令人哀叹。很快，布尔巴基便被送往贝松桑的卫戍军医院，朱斯坦·克兰尚将军（General Justin Clinchant），一个军指挥官，接掌布尔巴基的军团，不过，指挥权虽然到手，克兰尚却发现根本没什么可以指挥的。大军早在德军在此处山区实施围堵之前就已经瓦解。1月29日，两军还是进行了整整一个白天的酣战，不过，很快，凡尔赛方面已经于26日晚些时候达成停战协定的消息便传达到两军。和平一度降临此处山区，不过不久，曼陀菲尔便了解到，过分乐观的法夫尔竟然将杜城、优瑞以及科多尔省排除在停战协定的范围之外，克兰尚于第二天也知道了这个情况。尽管布尔巴基于三天前因为自杀未遂而受伤，法夫尔仍然寄望东部军团能够取得一场大胜，这样的话就能够在谈判桌上打压德国人的气焰。在进一步核实消息之后，克兰尚急忙催动已然衣衫褴褛、组织散漫的大军进入瑞士境内。瑞士人要比普鲁士人好，这是克兰尚的判断，也正是基于这个判断，八万法军，也就是东部军团的全部残余兵力，于1871年2月1日，在莱韦里耶尔（Les Verrières）和莱索皮托（ Les Hopitaux）越过边境，进入瑞士。普法战争就此结束。

# 第十二章　和平

当初是两个人促成了这场普法战争，现在，只有其中一个 299
人留下来结束这场战争。另一个人则在色当战役之后，于卡塞尔经历了一段战俘生涯，而后于1871年3月获释前往英国，同皇后和皇太子一起开始了流亡生涯，坐落在英国肯特郡奇斯尔赫斯特（Chislehurst）的卡姆登宫是这个流亡家族的落脚之地，这里拥有20个房间。此时，法兰西共和派一直紧张地盯着波拿巴家族，共和派的紧张当然是有原因的，近来的历史实际上活生生地验证了埃米尔·左拉（Emile Zola）的话，他们是“一个诡异的家族，不会死去，是永恒存在，也许家族的子嗣会变得瘦弱且垂死……也许会变得身无分文，但总能够再次变得财大气粗，并且满血归来。他们可以住在皇宫庙堂，也可以死在荒岛石滩。他们用我们的鲜血铸造他们的货币。他们仍然活着，而且一直活着，时而卡着我们的脖颈，时而跌落谷底注视我们，准备着随时跳上我们的肩头”。[1]然而到了这个时候，我们总算见识到一个再也没办法攀爬回来的波拿巴，这个波拿巴当然是路易-拿破仑，1873年，也就是战争结束不到两年，身心两方面的极度痛楚便夺走了他的性命。在此期间，皇太子“路-路”成为伍利奇（Woolwich）军校的学生，不过，也在父亲谢世六年之后随父亲而去。当时，他随同“纳塔尔骑兵部队”（Natal Horse）到南非执行任务，以便为自己的军事履历增添光环，准备日后扮演拿破仑四世这个角色。不幸的是，在执行此次任务的过程中，被祖鲁人杀害，年仅 23 岁。俾斯麦曾一度成为法兰西和中欧无可争议的主人，这个“淑世天才”，这个对欧洲时代潮流最具见解和判断力的政治家，也开始以极为黯淡的方式蹒跚前行，并且最终以悲剧方式收场并退出历史舞台。

不妨分析一下俾斯麦的生平和生涯，从中不难看出，他全部的成功都是凭借他的精力和洞察力。在情感、传统、政治或者理论蒙蔽了其他人的眼睛时，独有俾斯麦能够拨云见日，直奔问题的根本：这对普鲁士会产生怎样的影响？倘若需要付出政治资本，那么这笔花销会给霍亨索伦王朝带来怎样的收益？无论面对克里米亚战争、普奥战争还是卢森堡危机，俾斯麦虽然都是在消耗政治资本，但他总是能够将分寸拿捏得恰到好处，
300 他的原则就是最大限度地强化普鲁士，毕竟，在那个时期，普鲁士虽然也侧身欧洲强权行列，却是其中最为弱小的；正是依托步步为营的策略，令柏林获得了相当稳固的位置，等待下一次的考验。若是情况需要克制，俾斯麦一定会做得完美无缺，比如在克里米亚战争中保持中立，在 1866 年普奥战争中开出温和的和平条件，在卢森堡危机时向拿破仑三世让步，为此，他甚至不惜同国王和将领们争吵、翻脸。“欧洲可不是只有我们一家，”俾斯麦一直都在提醒那些人，“至少还有三个强权在恨我们，在嫉妒我们。”[2] 他是天生的外交家。他没有真正意义上的朋友，也不曾借由选任的渠道担当任何职位，但是他能够获取巨大的信任，这是其他政治家做不到的。他说话坦率，不拐弯抹角，不玩虚词，通常都是有啥说啥，而且聚焦问题的能力也是十分出众。菲尔·谢里登将军在自己的回忆录里曾记述了在格拉沃洛特与俾斯麦同乘一辆马车赶赴前线的情形。尽管两人

是在激奋不已的军中穿行，并且普法战争的第一场关键战役就在耳边打响，俾斯麦却只谈自己对美国的感情，并且还相当特意地表示自己对格兰特总统的关切，因为格兰特总统似乎觉得是法国而非普鲁士挑起了战争。除此之外，俾斯麦便没有谈别的任何事情。[3]

眼前的这场普法战争，俾斯麦的确倾注并展现出惊人的谋略和锐见，不过，即便这样，俾斯麦对 1870 ~ 1871 年战争的速胜仍然感到吃惊，他并没有料到法军那些身经百战的元帅们会犯下那样的错误，当然也不曾预期法军会以那样的方式解体。俾斯麦生长其中的那个社会，对法兰西的富有和世界强国地位是颇为羡慕的，因此，他也相当大度地承认，诸如巴赞元帅犯下的那些错误，的确可算作普鲁士在这场战争中的运气，而且从这个角度来看，运气也的确在这场战争中站在普鲁士一边，但俾斯麦也清楚，运气这东西是不会持久的。1862 年，一个英国人造访哥尼斯堡的时候，读到城门上镌刻的维吉尔的名言“统治万族”，便不免讪笑起来：“我还清楚地记得我读到这几个字时的情形，当时我不免奇怪，这样一个二流国家怎么会有此妄想呢。”[4]俾斯麦内心想必也有这样的疑虑。也许正是此番心绪，令 1871 年的俾斯麦觉得必须采取强硬路线。色当战役之后，他不禁写下这样的话：法国人“根本不曾原谅我们在克尼格雷茨的胜利，未来也不会原谅我们今天的胜利，无论我们提供的和平条件是何等优厚”。

因此，俾斯麦最终开出的和平条件根本不会与“慷慨”或优厚这类字眼沾边。在这个问题上，这个公认的“淑世天才”，在应对法夫尔和甘必大的时候，全然不顾美名。洛塔尔·加尔（Lothar Gall）将这个怪异情况归因于俾斯麦内心那挥之不去的记忆，在那样的记忆中，普鲁士尚且是弱小之辈，直到 1850 年代，还备受欧洲列强的轻慢和欺凌："他显然未将 1870～1871 年的胜利和成功向着未来投射，也没有在未来的权力政治格局中，为普鲁士－德意志设定一个恒久的优越位置。"[5] 俾斯麦对共和体制同样也是忧虑重重，他认为，共和体制与王朝体制是
301 必然存在冲突的。在这个问题上，在背后驱策着他的力量应该说是"观念政治"而非他那标志性的"现实政治"观念。确切地说，俾斯麦本应能看到，诸如梯也尔、法夫尔和弗雷西内引领的布尔乔亚共和体制是有着浓重的保守取向的，特别是同"红色"对手相比的时候。很显然，即便是在和谈进程中，共和派的这些领袖人物也一直都在非常认真地镇压巴黎的激进共和派。1871 年 5 月 10 日，当和约最终在美因河的法兰克福正式签订的时候，共和体制的这些领袖人物也在调动军队，进抵巴黎城墙，酝酿着对巴黎公社的镇压行动，且在 5 月的最后一个星期，屠杀了 3 万公社成员。然而，俾斯麦对法兰西的共和派对手们并没有提供什么助力，也没有秉持实用主义的态度。这位帝国宰相在战后对法兰西的观感和评价一直都是讥讽、犬儒且负面的："他们就是一群乱臣贼子，即便他们的船长换了人，他们依旧死性不改。"伟大的政治家不会如此肆意地品评。他并没有将梯也尔这样的人物视为与自己心性想通的保守派，并据此培植二人之间的政治交情，反而是刻意地将不得人心的和约条款强加给梯也尔，令后者受尽羞辱。这令法兰西共和派领袖集团既得不到国内支持，也失去了欧洲的共和派伙伴，身陷孤立，至于一场复仇战更是想都不要再想。[6] 普鲁士军方则以极大的热情加入并搅动着这场俾斯麦式的游戏，阿尔布雷希特·冯·布卢门塔尔将军也许是为了回应德意志社会民主党提

出的以“民族自决权”为原则来解决阿尔萨斯－洛林问题的呼吁，竟然咆哮着说：“我们主要是提防共和主义而非法兰西……若是中了法兰西的共和之毒，我们很可能会渐渐沦落至共和境地。”[7]正是基于这样的考量，普鲁士方面毫无妥协地要求实施领土吞并，并以沉重的战争赔款将法兰西共和国彻底压制下去，同时也为霍亨索伦王朝争取时间，在德意志的非普鲁士土地上建立起稳固的政治地位。

内部的政治因素当然也不会在这个时段的历史舞台上缺席。“得给德意志套上马鞍了，”这是俾斯麦在1867年的话，“如此一来，才能够真正驾驭德意志。”[8]事实却并非如此。尽管普奥战争颇为有效地将德意志主权邦国的数量从三十九个削减到六个，但残存下来的几个主权邦国却是柏林很难染指的，诸如巴登、黑森－达姆施塔特、符腾堡、巴伐利亚以及萨克森等。1870年7月，俾斯麦故意煽起战争激情，以便为德意志统一争取民众支持。埃姆斯电报事件显然是杰出的舞台手法，成功地将一个王朝遭受的羞辱转化成一个民族遭受的羞辱，据此，俾斯麦（以及他那些忠诚的新闻操盘手们）把即将到来的冲突鼓吹成一场反对“外敌入侵”，以及“外国势力在神圣德意志土地上的存在”的“伟大民族战争”。1870年8月和9月间取得的一系列胜利，的确激发了德意志爱国潮流，但还不足以就此 302
消除此时仍然据有主权和独立地位的各个邦国的忧虑，1870年7月，正是这些邦国在并不情愿的情况下给战争贷款背书，此时的他们仍然希望着一个松散的德意志邦联，希望着纯粹外交上的邦联纽带，而非那种实质性的宪法纽带。比如说，巴伐利亚就极不情愿追随普鲁士，慕尼黑也从未向法兰西正式宣战，数千巴伐利亚士兵就是在如此怪异的情况下，在弗罗埃斯克维莱、色当、奥尔良和库尔米耶献出了生命。[9]俾斯麦则是毅然决然地将这场战争视为“德意志统一和德意志强国地位”之战，因此也就肯定不会有闲心去谈论“松散的邦联”，而且也正是因此，他实际上是很希望色当战役之后能够将战争延长下去的，这样的话，就能够赢得足够的时间，于 1870 年 10 月和 11 月将萨克森、巴登、黑森、巴伐利亚和符腾堡拉入普鲁士的国家利益轨道之中，据此展开和平谈判。[10]这一系列的谈判，是在战争硝烟仍然在地平线上升腾蔓延的情况下推进的，其时，俾斯麦还在同毛奇争斗，在这样的情况下，谈判的结果显然会令德意志各方满意。说白了，统一是以自由为代价创立出来的。用卡尔·马克思的话来说，这个德意志帝国就是“一个包裹着议会外袍的军事专制制度，以封建元素为基质，同时也接纳了布尔乔亚阶层的影响，以官僚体制为架构，以警察力量为护卫”。[11]此等情形之下，也就难怪有很多史学家认为 1914 年的德意志是“逃入战争”中，以此回避内部的政治危机，正是俾斯麦于 1870 年的那个秋天在凡尔赛种下 1914 年内部危机的种子。[12]

从文化角度讲，俾斯麦实际上是强迫各个天主教邦国加入一个“联邦统一体”，这显然是从根本上违背了这些邦国的意愿。巴伐利亚和符腾堡实际上是在凡尔赛经历了耗时一个月的斗争之后，才最终同意加入俾斯麦的这个“德意志帝国”的，在那一个月的时间里，这两个邦国的代表可是受尽俾斯麦的反复威胁。俾斯麦威胁要么直接接管他们并从经济上压制他们，要么向民众发出爱国沙文主义的情感诉求，对两国的统治集团实施毁灭性的政治打击。[13]在政治上，俾斯麦也动用了自己作为帝国宰相的个人权力，在民主改革的道路上设置重重障碍。

帝国议会当然是德意志统一的象征，但这个议会绝对不像表面上看起来那般民主。实际上，俾斯麦早在 1860 年代就已经将这样一个帝国议会视为工具，来动员那随风飘摇的墙头草式的农民票仓，并利用这样的保守票仓来窒息自由派中产阶级意图依托选举运动来推动的改革纲领。[14] 1870 年之后，德意志迎来著名的“盛世时光”（Gründerzeit），但在这段高速工业化和城市化时期，俾斯麦的此等策略与花招只是加剧了柏林的动荡。1889 年，当帝国议会大厦终于完工的时候，时任皇帝的威廉二 303
世仍拒绝将本来议定好的那句话镌刻在大门之上：“为德意志人民”（For the German people）。说白了，这议会大厦是他俾斯麦的，不是他们的。皇帝的此等恼恨很容易理解，实际上，到了 1912 年，反王朝体制的社会民主党就已经成为帝国议会的第一大党了。

对这样的情形，应该说俾斯麦是有充分预期的，为了进一步削弱议会党团以及议会本身的力量，俾斯麦在帝国宪法机制中赋予皇帝相当宽泛的紧急权力，皇帝更是垄断了立法动议权。此外，还将一个保守性质的“邦议会”嵌入帝国体制中，赋予普鲁士一个拥有少数否决权的地位，毫无疑问，此举就是为了压制民选的帝国议会。这样一个“邦议会”宪法的存在，让世人都看清楚如下实情：在俾斯麦的帝国，至高权力绝对不是在“德意志人民”身上，而是操控在 22 个邦主和三个自由市手中，1871 年 1 月，正是他们在凡尔赛的普军军营中举行了那场著名的集会。与此同时，俾斯麦令帝国宰相之职不是向帝国议会负责，而是向皇帝负责，令帝国议会的决议由此失去拘束力，由此便在宪法层面上制造了无法克制的冲突格局。1871 年，这样一套帝国体制只能说是差强人意，恰如当时的一个普鲁士政客评说的那样，“这姑娘确实很丑，但总得嫁出去吧”，到了1914 年，这个“丑姑娘”也就理所当然地生出巨大的冲突和危机。1870～1871 年，为了德意志统一，俾斯麦运作起大量的妥协和迁延举措，令俾斯麦最好的传记作家也不得不给出结论说，这位“帝国宰相”实际上“是将根本不可能共存共处的元素强行扭结起来……此等举措看起来是充满创造性的，但实际上却是毁灭性的”[15]。

为了结束 1871 年的这场普法战争，俾斯麦运作了全盘计划，其中之一就是促成法国大选，令预期中的和平派多数形成政治多数，由此达成除了甘必大之外的所有法国人都热切期盼的和平。于是，在俾斯麦的策动和护佑之下，法国（包括德占区）于 1871 年 2 月举行大选，就此选任新一届的国民议会。结果当然不出所料，以“和平与自由”为竞选纲领的反战保守派即刻远离甘必大“誓死抵抗”的政治修辞，最终攫取了新议会全部 676 个席位中的 500 个席位。2 月 12 日新议会在波尔多召开会议，于一个星期之后正式选举梯也尔为共和国总统。梯也尔即刻离开自 9 月 4 日便一直掌权的那批内阁阁僚，动身前往凡尔赛同俾斯麦谈判，此次谈判过程极为艰苦，历时整整五天时间，令已经是 74 岁高龄的梯也尔精疲力竭，最终于 2 月 26 日签订了临时停战协定。梯也尔毕生都在同专制和暴政做斗争，早在 1820 年代就已经以笔为武器，讨伐查理十世，1851 年拿破仑政变之后更承受过牢狱和流亡之苦，对这样一个阅尽沧桑的政客来说，俾斯麦仍然让他十足地体验了一把什么是俾斯麦式的暴政。谈判过程中，这位帝国宰相丝毫没有松动，当梯也尔拒绝在斯特拉斯堡和梅斯之外继续割让贝尔福的时候，俾斯麦直截了当地威胁说要重启战端。最终还是在同国王和毛奇协商之后，俾斯麦才在贝尔福问题上松口，不过作为交换，他要求梯也尔同意在 3 月让 3 万德军在巴黎举行一场胜利大阅兵，同时在德国吞并的洛林也举行一次胜利大阅兵，确切地说就是 304
在马斯拉图尔和圣普里瓦之间那片已然被鲜血浸透的区域举行大阅兵，那里几乎已经成为巨大的德军公墓。[16]

在凡尔赛谈判过程中，只要梯也尔拒绝让步或者表示抗拒，俾斯麦就拒绝说话或者干脆表示不懂法语，直到可怜的梯也尔重新回归普鲁士的想法。[17] 前一年秋天，梯也尔曾巡游欧洲各国首都，意图建立一个反普鲁士同盟，当梯也尔再次威胁说，“倘若普鲁士不让步”就要重新提起欧洲诉求的时候，俾斯麦最后一次挥舞起波拿巴主义的血衣，他告诉梯也尔：“倘若你与我谈欧洲，我就与你谈一谈拿破仑……别忘了全民公决和你们的农民群体，别忘了你们的军官和士兵……我只要略施小计，足以让路易 - 拿破仑重新赢得目前身在德意志的十万战俘。”对此，梯也尔只能弱弱地嘟囔一声“对不起”，便不再抵抗了。俾斯麦自己是愿意放弃对贝尔福和南锡的要求的（对南锡的要求是罗恩将军后来追加进来的），俾斯麦甚至还愿意将梅斯归还法国，“我并不喜欢把这么多不情愿的法国人圈进我的屋子里”，不过，威廉一世和毛奇还是阻止了俾斯麦的这个心念，此二人一直认为梅斯及其边防要塞体系乃是“德意志房屋的钥匙”。

此外，民情也是不可忽略的重大因素。1870 年秋天，儒勒·法夫尔曾奉派前往德意志，探察奥地利和南德诸邦的民情，此番巡游得出的结论是：“这场闻所未闻且出乎意料的军事大捷，已然令整个德意志都迷醉了……在莱茵河和多瑙河之间的地区，我与很多人都有交谈，没有一个人赞同在没有满足德意志领土诉求的情况下，与我们达成和平。”[18]海因里希·冯·特赖奇克（Heinrichvon Treitschke）正是于 1870 年写就那份名扬天下的“九月论章”，标题是“我们要从法国得到什么?”这份论章显然是在抒发德意志的民情：阿尔萨斯和洛林“是我们的，因为我们打赢了……无论如何，让一个日耳曼族群臣服法兰西，这都是不对的，过去是这样，如今更是在冒犯历史的理性，因为若是如此，等于让一个自由群体成为教养不足的野蛮人的附庸”。[19]此时的德意志大地上，从皇帝、将领、政客一直到民众，都在大声叫嚷着“我们必须要有保障!”此等情形之下，俾斯麦若真的还像 1866 年那样，倡议并推行温厚的和平条件，基本上是不会有机会的。1866 年的普鲁士没有向奥地利提出领土要求（尽管国王当时很想要波希米亚和特罗保），而且战争赔款额度也只有此次谈判额度的六分之一。罗恩和毛奇一直觉得 1866 年被俾斯麦欺骗了，于是在凡尔赛谈判时丝毫没有让步，在确保 50 亿法郎赔款（约合今天的 150 亿美元）的同时，还要求洛林一直到梅斯和蒂永维尔以及全部阿尔萨斯的领土，此外还要求在巴黎举行胜利大阅兵。凡尔赛谈判时，俾斯麦是反对吞并梅斯的，为此还亲自领导了一个“反梅斯派”介入谈
305 判，但最终也只能在巨大的压力之下妥协：“也许你是对的，但士兵们是听不进去这个倡议的。”[20]

此时的法国，已经因为战争而破产，此等额度的战争赔款当然会令形势雪上加霜。阿道夫·梯也尔提议将赔款额度削减到十五亿法郎，他说，现在的法国政府根本没有能力筹集五十亿法郎。俾斯麦当场打断梯也尔，他说，若是赔款额度不达标，普鲁士将会占领法国全境，“那个时候，且让我们看看能否凑够五十亿法郎。”[21]此等额度显然背离了战争赔款传统，毕竟，依

照传统，战败国只需偿付战争成本，这个情况令一些中立的旁观者有所警醒，1871 年 3 月号的《经济学家》杂志遂给出如下评说："不过是一场胜利，却索要此等巨额赔款，那么很可能会有人起而效仿，将赔款本身视为战争之目的以及胜利之成果。如此一来，国际关系岂不是要沦为菜市场上摊主和顾客之间的讨价还价嘛。"但俾斯麦坚持说："法国之富有冠绝欧洲，除非掏空他的钱袋子，否则便无法让他安静下来。"[22]如此看来，这位帝国宰相应该觉得自己还算相当温厚的，他说："像基督教德意志这般温厚的胜利者，恐怕这个世界上也就仅此一家吧。"不管怎么说，正是这位宰相大人同意将赔款额度从六十亿法郎削减到五十亿法郎，并且也同意放弃对贝尔福和南锡的领土要求。[23]波尔多方面召集的国民议会显然是无牌可打的，遂以 546 对 107 的压倒性多数，23 票弃权，批准了普鲁士开出的和平条件，接着，议会便于 3 月初开始回迁巴黎。此时的勒昂·甘必大当然也有所行动，反对议会批准普鲁士的条件，并警告法国人要提防这场"日耳曼蛮族洪荒"，而后便卸去职位，前往西班牙。1871 年 5 月 10 日，甘必大在西班牙获悉和平条约在美因河畔法兰克福正式签订的消息。[24]

从外交上看，这场战争释放了强有力的冲击波，对长久以来已经习惯于欧洲均势的这个世界造成的震动是不同寻常的。2 月 9 日的不列颠，本杰明·迪斯累利（Benjamih Disraeli）在下院发表演说，痛陈遗憾之词，他说："这场战争实际上是一场德意志的大革命，较之 18 世纪的法兰西大革命，更具政治分量。"鉴于俾斯麦在和谈过程中对待法国谈判人的粗暴态度，迪斯累利留下这样的评语："这样的谈判将一切外交传统一扫而空。如今的这个世界已经是新世界，新的因素正在肆意驰骋……均势传统已经荡然无存。”[25]奥匈帝国方面，外交大臣弗里德里希·冯·博伊斯特（Friedrich von Beust）禁不住向梯也尔坦陈心声：“我再也看不到‘那个欧洲’了。”一直以来，世人已经习惯于五国均势体系，还有一打的“中游国家”作为讨价还价的筹码穿插其中，然而，1866 年和 1870～1871 年的战争已然将这样的图景击碎。新世界的两大支柱是由柏林方面的焦虑和欧洲其他国家认定的一个信念对峙而成的。柏林方面的焦虑是，法兰西会
306 重新崛起，并组建一个反德意志的“复仇同盟”。欧洲其他国家则认定，德意志已然成为巨人且会变得威胁十足。此等焦虑和此等信念的两相对峙，将在接下来的几十年间催生剧烈的摩擦，并最终成为第一次世界大战的主因。

当然，也有人对此等动荡局面暗自欣喜。战前曾被拿破仑三世指斥为“马基雅维利式背信弃义之徒”的奥地利皇帝弗朗茨·约瑟夫一世，在格拉沃洛特战役之后的一次御前议事会上难掩欣喜之情，他想知道普鲁士人吞并阿尔萨斯、洛林以及其他喜欢的法兰西领土，是不是也会成为一桩坏事情呢，于是这个老狐狸便嘲讽说：“说实在的，我不觉得他们占领法国这些地方，会来得那么平和，那么安静。”[26]福祸相依的逻辑会不会也降临普鲁士头顶呢？但对奥地利来说，这顶多只是自我安慰而已，因为在接下来的那场战争中，德意志将首先把奥地利拖下水。

从军事角度看，这场战争留下的教益显然是在组织方面而非战术方面。1866 年之后便开始效仿普军战法的军队，在 1870 年之后便纷纷开始加速这个效仿进程。各国竞相引入普遍兵役制来扩充兵力，以此催动毛奇式的“口袋阵”战法，同时减少普法战争中那令人震惊的伤亡率。各国也开始建立总参谋部并

予以扩张。职业化的军事教育、演习以及参谋巡查机制也开始盛行起来，从华盛顿到东京，莫不如此。铁路、电报、医护以及后勤体系在各国战争部都获得职业化的地位。[27]此等变革措施产生的累积效果显然是“相互”屠杀，在1870～1871年的战场上，面对纪律严明的普军，法军也曾无所顾忌地释放超级兵器的火力，给普军带来惨重的伤亡，不过，“相互”屠杀的结果可比这糟糕得多。不过，雄心难泯的士兵对这个问题显然有不同的看法。“欧洲人热情追捧此等军事化潮流，这当然显得幼稚”，约翰·基根（John Keegan）写道，不过，“聪明人和责任政府也会找到遑遑之论来证明这一切”。[28]实际上，要证明这一切，倒也不需要那般聪明，1887年，普鲁士战争部长瓦尔特·布龙萨特·冯·舍伦多夫将军（General Walther Bronsart von Schellendorff）一度放弃采购新的火炮，这样的话，可以将重点放在士气、指挥才能以及步兵近战之类的环节上。与他那一代的很多将领一样，布龙萨特也是看中“勇气”胜过技术。“并非没有可能过度配置火炮”，布龙萨特做此不合逻辑的宣示之时，正值战场日益扩大的时代，而且步兵方面也需要越来越多的炮群予以拱卫，如此才能将敌军陷于士兵们特别喜欢的“火力口袋”。[29]

布龙萨特的此番混沌也恰恰表明，1870～1871年战争中的 307
战术教益的确不如组织方面的教益来得那么显著。1866年，普军的秘方其实很简单，就是等待奥军的步兵攻势，而后以速射模式将之击溃，接着便以连级纵队的方式发起果断的反攻，这样的反攻是凭借集群散兵线展开的。在逐渐合围的过程中，最初的连级纵队会继续分化成排级战斗单位，透入敌军的散兵线，以此形成合围。在那场战争中，无论进攻还是防御，普军都充分发挥了德莱塞步枪的威力，这种后膛枪械的填弹和开火速度是奥军洛伦兹后膛枪的五倍。克尼格雷茨战役之后，法军用自己的后膛枪重新装备起来，也就是法军那著名的“夏塞波”步枪，同时采用防御战术，以俯射态势击碎敌军的攻势。理论上讲，1870 年战场上的普军本来是没有胜算的，不过，终究还是在面对法军那优越的步枪和战术之时，他们赢得了这场战争。原因何在？就在于火炮。普军的步枪在 1870 年已然明显落伍了，甚至可以说已经成为普军步兵的拖累。因此，1870 年的普军几乎是完全依赖后膛填弹、钢铁炮筒的克虏伯火炮，这种火炮同法军铜制的前膛火炮相比，射程更远，射速更高，而且也更为精准。1870～1871 年的那些大战役，普军的火炮最终都成为战场上决定胜负的主要因素。在面对法军夏塞波战线的时候，普军步兵的进攻已经证明是没有用处的，甚至是在自杀。尤利乌斯·韦尔迪·杜·弗尔诺伊斯将军（General Julius Verdy du Vernois），参加过 1866 年和 1870～1871 年战争的老兵，在格拉沃洛特战役之后便给出这样的评说：“今天的枪械已经有了大幅度改进，火药的爆炸力也更大，由此可以肯定，未来战争中的火力将比今天更猛，终有一天……会令任何攻势都归于瓦解。”[30]

1870～1871 年战场上的那些大屠杀实际上不是不可以避免的，毛奇的军队因此折损了 117000 人，尽管如此，战后的评析依然十分赞赏普军的冲劲和机动能力。夏尔·阿尔当·杜·皮克中尉，于马斯拉图尔战役中阵亡，他身后出版的《战役研究》（*Battle Studies*）中给出的观念遂成为职业圈中的格训。1868 年，阿尔当采访过许多法军士兵和军官，加之普法战争中的短暂经验，这一切遂成为此书的基础，书中对普军战术产生的心理效果赞赏有加。依托防御战术，简单地坐等敌军进攻，并信任兵力或者物资上的优势地位，将是错误的。要主动出击，即便冒着被彻底歼灭的危险，也要将“近战之决心”蕴含的心理威慑力充分释放出来。总之，攻击一方的“勇敢行动”（moral action）将会挫败防御一方的“毁灭行动”。这样的评说显然是信口开河，不过，这样的信口开河却得到当时欧洲各国军方的热情认可，尽管1870～1871年的实战经验给出的是完全相反的论证。在剖析格拉沃洛特战役之时，费迪南·福煦将军（General Ferdinand Foch），1871年之后法军“进攻原则”的主要信奉者和倡导者之一，写下这样的评说：普军之所以赢得这 308
场战争，完全是凭借“纯粹的士气和决不后退的信条”，也完全是因为他们“近乎偏执地奉行一项核心准则：打，狠狠地打”。[31]福煦非常肯定自己提出的这个看法，并且一直坚持到1915年。不过，此等确定性的态度同威廉一世在这场战争中表现出的怀疑态度形成很有意思的对照，在格拉沃洛特战役之时，威廉一世曾大声表达过自己的怀疑：“他愤怒地抱怨高级军官们忘记了在演习时细心传授给他们的一切，还抱怨说，这些军官很明显都失去了头脑。”[32]不管怎么说，对福煦或者路易·格朗迈松（Louis Grandmaison）这样的进攻主义的信奉者来说（当然，其中也包括德意志帝国皇帝威廉二世，1903年，他缩小了要塞计划，目的是不想承担“逃避战斗”的罪名），阿尔当在马斯拉图尔战死之时的境况似乎印证了这位中尉的理论。[33]1870年8月16日，德军在火炮数量和兵力均居于严重劣势的情况下，仍然顶着法军“夏塞波”和火炮组成的强大火力网大胆地向前推进，最后终于突破法军的阵线。当时的阿尔当眼睁睁地扮演着等待者的角色，最终在战线后面死于一颗炮弹。不过话又说回来，德军此次的成功突破，也包括这场战争中的大多数突破行动在内，同所谓的“心理”效果实在是扯不上边，德军之所以能够突破法军的阵线，主要是因为巴赞拒绝派出足够的预备队（比如阿尔当·杜·皮克所在的第十步兵团就是这样的预备队）。说实在的，若是在一个后膛枪和机枪的时代，仍然使用 1866 年和 1870 年的战术，危险将会越来越大，正如一名参加过 1878 年对土耳其战争的俄国将领在失望之余评说的那样：

> 我们竭尽所能地效仿 1870 年时德军的集群战术，但每次都被挫败，因为土军高质量的步枪火力令我们根本没有办法重演 1870 年德军的辉煌。当时的德军匍匐前进，进入射程之内，并且将主力部队隐藏在长长的散兵线后面。如今，这样的战术不再奏效，因为土军的步枪射程已经达到 2500 步，这样的射程无论散兵线还是预备队，都在屠杀范围之内……不难想见，我们的预备队很快便开始恐慌，一下子涌入散兵线，这倒不是因为他们觉得那里更安全，而是因为慌不择路。结果必然是一片混乱和惨重的伤亡。

在 1878 年的战争中，俄军越过保加利亚之后，攻势便被自家阵亡将士的尸堆挡住了，堆积如山的尸体，令俄军基本上没有办法继续推进。“全疯了”，俄军的这名将领总结说。[34] 不过，话又说回来，难道 1870 年的普军不疯狂吗？1870 年的普军面对的可是拥有强大火力的守军，这支守军已经下定决心不再重演 1866 年奥地利人的悲剧和错误，因此，1870 年的斯皮克伦、弗罗埃斯克维莱、马斯拉图尔和格拉沃洛特战场上的普军，实

际上与 1878 年的俄军一样疯狂。在攻入法军火力网的时候，他
们承受了巨大的伤亡，仅格拉沃洛特一场战役，普军的伤亡数
量就两倍于整个普奥战争。最终还是全靠克虏伯火炮和逐渐占
得的兵力优势，普军才得以逆转战局。克虏伯火炮能够很快地
在法军战线上撕开缺口，而且德军拥有大量的预备队可以补充 309
这沉重的伤亡，当然，德军那大范围的侧翼机动战术也发挥了
重大作用。即便如此，德军仍然赢得太过血腥，也非常难看。
普法战争的伤亡数量十三倍于普奥战争，倘若在历次战役中，
法军将领都能够选择发动反攻，普军肯定是必败无疑的。若如
此，战争的结局将会全然不同：普军战败，俾斯麦倒台，法兰
西第二帝国将在年仅十多岁的皇太子手中重续，并就此开启一
段漫长的王朝时代。后色当时代的人们总是信从普军的卓越战
术，这显然是错误的。普军完全是靠着火炮才挽救了屡次陷入
飘摇境地的步兵攻势，迅速地将犹疑不决的敌军击溃，或者令
敌军败逃而去。倘若欧洲各国军队都能够注意到这个根本的教
训，在 1914 ~1918 年的那场大战中，也就能够挽救数百万人的
生命。在 1914 ~1918 年的战场上，当骑兵下了战马会同步兵实
施集群攻击的时候，总会被撕成碎片予以歼灭。于是，步兵攻
击战术实际上也就变得非常简单，正如有人评说的那样，“剩下
的任务就是充当敌军的炮灰”。[35]

战争中死寂的法国村落同样成为普军火炮的靶子，但绝少有德军士兵为之哀伤。“在人民战争爆发的地方，”尤利乌斯·冯·哈特曼（Julius von Hartmann）在 1878 年解释说，“恐怖成为军事必然性的主要原则。”对当年的几场王朝战争，德国人倾尽所能地进行过研究和分析，不过，相对而言，他们却很少在平民问题、志愿兵问题以及哈特曼这样的顶级军事理论家所谓

的恐怖主义问题上下过什么功夫。这对未来而言，并不是什么好事情。随着时光的流逝，德意志老兵差不多已忘记了法兰西的那些非正规狙击兵顶多只是给德军造成不足一千人的伤亡，而且此等非正规军的战斗力实在令人不敢恭维。逐渐进入老迈之年的德意志军事分析家们，在毛奇的引领之下，阐发了这样一种观点：游击战乃是一场醒着的噩梦，由谋杀、残害和混乱融构而成，因此，在未来的战争中，必须以无情的手段歼灭此等非正规作战力量。老毛奇更是将此观点传给自己的外甥。1914 年，大多数德军将领都是 1870～1871 年战场上的低级军官，他们对战争中的平民行为迫切地实施严厉的惩罚。1914 年，正如 1870～1871 年一样，法国、比利时和俄国的平民也都因为襄助过非正规作战力量而失去国际法的保护，甚至仅仅因为居住在非正规部队出没的地方，而失去国际法的保护。1914 年，德军在比利时屠杀了数百名平民，而且通常都是集体处决，并在历时五天的恐慌和屠杀之后，放火烧毁卢万小镇。双方都有值得同情的地方。无辜平民当然是身陷战争虎口，不过，恐惧不已的德军士兵，正如普军的一名中尉在 1899 年说的那样："也是人，也有权得到人道待遇。在漫长行军或者战役之后，在某处村落休憩的士兵当然有权确保那些和平居民不会突然之间变成愤怒的敌人。"[36] 此等说法实际上已经与战争本身一样古
310 老，普法战争当然不可能解决这个问题，不过，这个问题也就此进入现代战争并且也成为一个焦点问题。第一次世界大战中，俄国、土耳其、奥匈帝国以及德国军队都犯下魔鬼暴行，由此也就令这个问题更加尖锐。

1871 年，人们的普遍看法是，俾斯麦提出的严厉和平条件，诸如赔款和领土吞并，"令法国在接下来的五十年间趋于颓

废境地”。仅战争成本一项就令法国损失 120 亿法郎（约合今天的 360 亿法郎），俾斯麦的五十亿战争赔款更令法兰西经济雪上加霜。此外，战争令法国的十四个行政区荒废，战时通货膨胀率翻了四倍，令法国的黄金储备大幅度下跌。[37] 不过，法兰西最终还是挺了过来并最终恢复了元气，这主要是依靠着自身的现代化进程提供的力量。色当战役三天之后，第三共和国宣布成立，这个共和国在银行、学校、道路和铁路等领域大力拓展，同时致力于降低文盲率，提升公共卫生，刺激工业发展，向国民灌输作为法国人的国民意识（而不是诸如加斯科涅人或者布雷顿人的地方情感），当然也致力于军事改革。当时的法兰西军队虽然战前笼罩在种种光环当中，有人说它坚韧，有人说它是个传奇，但实际上，当时的法军已然朽坏不堪，普法战争将这个情况揭示得明明白白。1873 年，第三共和国取消军役轮换制，转而采用普遍兵役制，并于 1889 年引入一到三年的强制兵役制度。此番改革的效果是相当强劲的，一批批受过教育的热血青年就此进入行伍之中，此前，处身行伍的都是大字不识一斗之辈，而且都已经人到中年。

此番改革浪潮也为 1914～1918 年的“神圣联盟”（Union sacrée）铺就了道路，其时，法兰西各个阶层、各种观念的人都在民族的旗帜下团结起来。这在法兰西的历史上的确是新的现象，在厄让·韦伯（Eugen Weber）看来，之所以会出现这样的团结局面，部分原因在于我们讲述的这场普法战争，因为这场战争的动员力度远远超过大革命以来法兰西介入的任何战争，法兰西的男男女女纷纷投身其中，“在地方利益和民族利益之间铸就了纽带”，令法兰西就此摆脱了那根深蒂固的地方情感。对巴黎公社的镇压是极为血腥的，不过，这场镇压行动也有好处，因为一直心怀嫌隙的法兰西农民阶层从这场镇压行动中，真正对梯也尔的保守和铁腕产生了切实感受和认同，无怪乎“公社”社员们称呼梯也尔为“阿道夫一世”，此等情形也就令法兰西农民阶层最终接纳了这个共和政府能够“维持秩序”的观念，并投票支持共和派，共和主义终于在法兰西扎根。与巴赞元帅的形象一样，巴黎公社在这段历史的进程中也扮演了一个相当有用的角色，即巴黎公社支撑起一个“背后一刀”的传说即，据此传说，人们纷纷觉得法国之所以在这场普法战争中失败，并不是因为法兰西的软弱，而是因为那个两面三刀的元帅和没有爱国精神可言的“红色”集团出卖了法兰西，正是这些人“在暗中等待法兰西遭难，一旦法兰西遭难，他们便策动反叛……令法兰西就此跌倒，听凭征服者发落”。当甘必大从短暂的西班牙流亡生涯中返回法兰西政治舞台的时候，便已经懂得应表现出令人放心的温和取向，携手梯也尔对红色共和派的喧
311 嚣和激情展开谴责和惩罚。[38] 年轻的一代是在“黑骑兵”（hussars）的教养之下成长起来的，所谓“黑骑兵”指的是从巴黎派驻各个省区的共和派教师大军，他们奉行严厉的准则且身着黑色袍服。夏尔·戴高乐，1890 年生于一个保王党家庭，其人极为专横，即便是这样一个人物，也从来都自认是共和派，而不可能是别的什么角色。政治忠诚的转换过程当然不会是一帆风顺的，不过，转换本身则是非常彻底的，这与同一时期的德意志经验形成鲜明的对照。1914 年，一名法国记者评论道：“这个国家就此交付温和派手中，这些人不再像往日那样自负，当然也不再四处宣示说要为法兰西塑造一套卓越制度……更不会再像以往那样，力图靠什么制度来成就繁荣。法兰西就这么繁荣起来了。”[39] 军队也开始重新赢得国民的尊重。1871 年之

后，法兰西公民眼中的士兵不再是昔日的“盗匪”，而是越发地成为“我们的士兵”。乡村世界也开始将军役视为通达“教养”之路，年轻人是可以在军营接纳文明洗礼的。[40]

一边是一个经历了自我革新并重铸自信的法兰西民族，另一边是一个日益紧张的德意志帝国，二者之间的冲突是不是无法避免呢？俾斯麦之攫取阿尔萨斯－洛林，是否播下第一次世界大战的种子呢？德国人是不是真的如同沙皇亚历山大二世于1870年说的那样，“播下无可遏制的民族仇恨”呢？[41]1871年，情况看来的确是这样的，当时的波尔多议会批准了梯也尔那惹来巨大争议的停战协议，但议会中也充斥着备受伤害之人才会发出的冷嘲热讽。一名议员将那和约称为“死刑判决令”，另一名议员则毫不掩饰自己的震惊，“男性公民普选机制竟然会批准这样一份和约去肢解法兰西”。维克多·雨果在一份激情四溢的演说中，以如下誓言作为结束：法兰西将会“实施举世皆惊的复仇行动……会夺回洛林，夺回阿尔萨斯，而后……夺回特里尔、美因茨、科隆和科布伦茨”[42]。然而，到了1914年，气氛已然冷却下来，因为到了这一年，大多数法国人已经习惯并接受了当年丢掉阿尔萨斯和洛林的事实。“就我来说，”法国著名思想家雷米·德·古尔蒙（Rémy de Gourmont）于第一次世界大战的前夜写道，“我当然不愿意用我右手的小指去换取这些已经被遗忘的省份。因为在我写作的时候，需要这个小手指的支撑。我也不会用左手的小指去换那些省份，否则的话，我就没办法弹烟灰了。”[43]此时的法国政客们也都切切实实地懂得了隐忍之道：勒内·维维亚尼（René Viviani），1914年7月以外省客籍的身份入住法兰西总理府，并因此名扬天下，此人拥有极高的政治成熟度，他很清楚，自己不能再重复1870年7月安托万·阿热诺·德·格拉蒙犯下的那种错误，不能“再落入当年俾斯麦凭借‘埃姆斯电报’设下的陷阱……不能那么轻易地向普鲁士宣战并因此丢掉国际支持”[44]。事实上，到了这个时候，德国人也只是在皇帝向奥地利发出那份“空头支票”，并且小毛奇已真正入侵比利时和法国的情况下，才触发了又一场
312 大战，一场造成 3800 万人员折损或者失踪的战争。因此，若真要勘察 1870～1871 年战争留下的创伤，最好还是看一看德意志的躯体。

新的德意志帝国从一开始就处于内部撕裂的状态，法兰西虽然战败但很快恢复了元气，英国则一直都虎视眈眈，徘徊在侧，还有一个信心日渐膨胀且愈发坚决的俄国，德意志帝国同他们的竞争当然会日趋剧烈，而那样一套帝国体制显然不足以充分驾驭这场竞争。在新帝国中，俾斯麦享有令人窒息的压制性权力，对新人和新观念皆秉持扼杀态势，更重要的是，1870～1871 年的战争实际上也令普鲁士宫廷和帝国建制经历了“道德正统性的新洗礼”，令帝国政治较之战前更形倒退。[45]普法战争虽然锻造了一个统一的德意志民族，并且从形式上实现了 1848 年革命浪潮催生的理想与希望，在 1848 年德意志自由派失败的地方取得了成功，但实质上，普鲁士王族和容克集团也借此得以实施了极为严密的政治嫁接，以一种极为诡异的方式实现了同德意志国家的融合。由此，普法战争便将大权交付一个军国主义集团，这个集团则将德意志的健康同战争和扩张联结起来。甚至在 1870 年，便已经有头脑清醒的德国人看清了这一点，当时的一名评论家禁不住地哀叹威廉一世创造了“一个战士的国度……在恒久的战争中汲取元气”，借此达成政治上的诉求和目标。[46]战后的俾斯麦拥有巨大的声望，因此可以约束这个战士

集团，更发布了德国“已经吃饱了”的著名宣言，同时也构筑了一个复杂的同盟体系，借此维持一时的和平。然而，无论是俾斯麦于 1867 年为北德意志邦联设计的体制，还是 1871 年为新帝国设计的体制，最终都只能是推动军国主义集团走上胜利，为此，这个集团实际上不用做任何事情，只需要等到俾斯麦于 1890 年从政治舞台上退出就可以了。为了维持自己的权力并保全古老的王家特权，俾斯麦精心创立了一套体制，这套体制却难以应对 20 世纪的局面，一旦帝国皇权落入年仅二十九岁的威廉二世手中，这套体制也就注定了败落的命运，这个历史节点很快便于 1888 年降临。

普鲁士王家特权中，最为贵重者非军事权力莫属，据此特权，国王有权在不经过议会同意和监督的情况下，指挥并组织武装力量。普法战争则毫无疑问地在最大程度上强化了这一特权，由此便令帝国基石滑落入一场民族神话中，这神话的主题是战斗和征服，最早的体现便是普法战争之后在柏林树立的凯旋柱。凯旋柱上的画面呈现的是一个曾被拿破仑奴役但最终获得解放的德意志民族英雄般的凯旋场景，那解放者便是俾斯麦、毛奇和罗恩，当然，占据中心位置的是威廉一世。核心场景之一也是威廉一世英勇无畏，承受法军炮击的场面，由此凸显出一项德意志信念：专制君主指挥强悍的军队，此乃完全可以理解且是可以见谅的罪过。至于德意志的自由派，曾于 1860 年代团结起来对抗俾斯麦、罗恩和毛奇联手策动的不合法的军事预算举措，不过在色当战役之后，他们很快便原谅了“军国主义者”。威廉一世将俾斯麦伯爵晋升为公爵亲王，同时令国库出钱补贴这位帝国宰相一百万泰勒，约合今天的 1500 万美元，还将汉堡附近那巨大的弗里德里希斯鲁庄园（Friedrichsruh）赐给俾

313 斯麦，这座庄园占地17000英亩，德意志最大的一片原生态林地也坐落其中。对此，德意志自由派鼓掌欢迎。[47]帝国机制基本上没有遭遇什么抵制，这就令新皇帝威廉二世如此轻松地催动德意志战车于1890～1914年驶向灾难的深渊。

新皇登基之后，老毛奇对日益壮大的法军和俄军开始生出忧虑，遂开始重弹当年俾斯麦的老调，认为在德意志的欧洲地位问题上应当小心谨慎才是，威廉二世听不进此番建言，遂将老毛奇搁置一边，将不那么审慎的副手瓦尔德泽将军扶正。瓦尔德泽曾于1866年以艺术家的身份前往布拉格，绘制那里的城防工事，1869～1870年间则混迹巴泰勒米·勒布伦的情妇的闺房，刺探情报，可以说，他此前的生涯是在幽暗中度过的，当然也充满了冒险和刺激。此时，也正是此人，在竭力说服威廉二世入侵俄国，以求先发制人，并据此消除俄国的威胁。[48]

此时的威廉二世也正对不列颠的海上帝国和美国在西半球的主宰地位心有不甘，遂于1890年代启动了战列舰建造工程，这一工程在毁灭德意志财政的同时，也疏远了大英帝国，否则的话，大英帝国将会是德意志帝国的天然盟友。1891年，威廉二世启用一个更具攻击心性的战略家取代瓦尔德泽，此人就是陆军元帅阿尔弗雷德·冯·施里芬（Field Marshal Alfred von Schlieffen），他最终以代表德意志战略以及战争规划错误的身份，即“施里芬计划”留名青史。所谓的“施里芬计划”致力于实现巨型的色当战役或者克尼格雷茨战役，目标所向是合围全部法军，且丝毫不顾及政治后果以及更高层面上的军事后果。施里芬本人于1905年谢世，但他的计划却在1914年付诸实施后造成灾难性的后果。1914年的战争是德国的一场疯狂赌博，德意志为此押上了此前数十年经济扩张的成就作为筹码，不过，这场豪赌却不过是一个思想流派结出的终极果实而已，这个思想流派则发端于1866年和1870～1871年的战争。这个流派的口号可以说是极度危险且寒意透骨的——“恰当地且有意识地以战争作为政治手段，总是能够达成满意的结局”，这个口号出自这一派的代表人物弗里德里希·冯·伯恩哈迪（Friedrich von Bernhardi），此人在1912年出版的《德意志与下一场战争》一书中，总结出这一结论。[49]

究竟是谁赢得了普法战争呢？这个问题的答案可根本不像看起来那般简单明了。色当战役中，德军取得的胜利可以说是现代战争中最伟大的胜利，但在这场战役结束之后几个小时，维也纳的《新自由报》曾这样提醒俾斯麦：“古往今来，所有民族都会在用他人鲜血铺就的血路上跌倒。胜利从来都不是什么好老师。”[50]的确，若是在梅斯火车站盘桓几天，那种感觉将会是非常奇怪且令人困惑的，这座火车站是用厚实的角楼和乡土气息的石料构建而成的，采用了威廉二世时期的“德意志历史主义”风格。同样，在弗罗埃斯克维莱到格拉沃洛特之间的旧时战场上盘桓数日，不免也会生出类似的感觉。德国人在法兰克福和约订立之后的数年间，为了纪念28000名年轻的德军士兵而在此地建造了大量的纪念碑，这些士兵都是为了夺取阿尔萨斯和洛林而捐躯的，纪念碑的数量竟然如此众多，实在是
令人震惊。大部分纪念碑都是巨大的花岗岩石板嵌着铁十字或 314
者钢盔，此等情形毫无疑问折射出当时的主流看法：德意志赢得了一场巨大且不可逆转的生存战争，并由此确保了自己在这个世界上的位置，这个世界当然也包括阿尔萨斯和洛林。今天，这些纪念碑已经湮没在草垛、麦田、葡萄园以及果园之中。法国农民日复一日地开着拖拉机从这些纪念碑面前匆匆掠过，要

不就是不耐烦地在这些纪念碑上夯实农具，而后便踏上一条东西向的道路，道路之上刻着“第三集团军之路”的字样，显然，这是在提醒世人不要忘记 1944 年，巴顿将军正是借由这条道路穿越洛林，挺进德意志，展开了那场血腥的攻势。

我曾在马斯拉图尔附近的战场上寻找 1870 年 8 月俾斯麦探访自己已负伤的儿子赫伯特时所在的那间农舍。那次探访发生的事情，也许只有德国人才能有深彻的体悟，但事情本身较之任何学术剖析都能更为深刻地揭示出普鲁士国家的内在问题和愚昧。看到自己受伤的儿子和其他伤兵一样在这间临时医护所里忍饥挨饿，俾斯麦遂询问普军军医，为什么不就地取材给伤员提供食物？毕竟，院落里就有成群的火鸡和小鸡。医生回答说，他不能杀这些家禽，因为他们不是政府财产。俾斯麦毕竟是做父亲的，此情此景令他愤怒难当，遂拔出手枪，威胁说要亲自宰杀这些家禽。不过，他最后还是放回手枪，转而拿出自己的钱包，取出二十法郎买下十五只小鸡，当然，这笔钱是要支付给这家农户的主人的。倘若故事到此结束，也许 19 世纪德意志的民主进程还是会有希望的。然而，俾斯麦，这位曾在四年前的克尼格雷茨战役之后，从国王手中接过少将军衔的将军，想了想又停住了，将钱包放回口袋。“最后，我突然记起来，我可是普鲁士的将军，于是我便命令医生照我刚才说的做，医生遂遵命照办了。”[51]俾斯麦和毛奇当然没有预卜未来的能力，不过，他们也真的应当想一想，普军将领在收获格拉沃洛特战役和色当战役的宏伟祝福之后，究竟会肆无忌惮到何等程度呢？此二人可曾想过这个问题吗？天知道。

# 注　释

## 导　言

[1] Theodor Fontane, *Wanderungen durch die Mark Brandenburg*, 4vols. ,orig. 1859 – 82, Berlin, 1998, vol. 1, pp. 12 – 13.

[2] John Breuilly, "Revolution to Unification," in Mary Fulbrook, ed. *German History since 1800*, London, 1997, p. 126. H. W. Koch, *A History of Prussia*, New York, 1978, pp. 241 – 2.

[3] James J. Sheehan, *German History 1770 – 1866*, Oxford, 1989, pp. 302 – 3, 440.

[4] G. von Bismarck, *Kriegserlebnisse* 1866 *und* 1870 – 71, Dessau, 1907, p. 4.

[5] Koch, p. 250.

[6] D. W. Brogan, *The French Nation*, London, 1957, p. 62.

[7] Roger Price, *Napoleon III and the Second Empire*, London, 1997, p. 15.

[8] Price, p. 16.

[9] Price, p. 22. James F. McMillan, *Napoleon III*, London, 1991, pp. 45 – 51.

[10] Price, pp. 26 – 7.

[11] Otto Pflanze, *Bismarck and the Development of Germany*, 3 vols. , Princeton, 1990, vol. 1, p. 82.

[12] Lothar Gall, *Bismarck*, 2 vols., London, 1986, vol. 1, pp. 178 – 9, 263. Pflanze, vol. 1, pp. 96, 161, 301 – 2.

[13] Dietrich Radewahn, "Französische Aussenpolitik vor dem Krieg von 1870," in Eberhard Kolb, *Europa vor dem Krieg von 1870*, Munich, 1987, p. 38. Allan Mitchell, *Bismarck and the French Nation* 1848 – 1890, New York, 1971, pp. 33 – 4.

[14] Heinrich Friedjung, *The Struggle for Supremacy in Germany 1859 – 1866*, orig. 1897, London, 1935, pp. 113 – 14.

## 第一章

[1] David Wetzel, *A Duel of Giants*, Madison, 2001, p. 15.

[2] *Papiers et Correspondance de la Famille Impériale*, 10 vols., Paris, 1870, vols. 1, 3, and 4, passim. vol. 8, lxii, Paris, 20 July 1866, M. Magne to Napoleon III.

[3] Vienna, Haus-Hof-und Staatsarchiv（HHSA）, IB, Karton 364, BM 1866, 35, Vienna, 27 Aug. 1866, Belcredi to Mensdorff. Vienna, Kriegsarchiv（KA）, AFA 1866, Karton 2267, 7 – 219, Paris, 4 July 1866, Belcredi to FZM Benedek.

[4] KA, AFA 1866, Karton 2272, 13 – 13, 13 July and 15 August 1866, Belcredi to FZM Benedek.

[5] London, Public Record Office（PRO）, FO 64, 690, Berlin, 11 August 1870, Loftus to Granville. Lothar Gall, *Bismarck*, 2 vols., orig. 1980, London, 1986, vol. 1, p. 304.

[6] *Papiers et Correspondance de la Famille Impériale*, vol. 1, pp. 6 – 8, Strasbourg, December 1866, General Ducrot to General Trochu. "Zur Heeres-Reorganisierung," *Osterreichische Militärische Zeitschrift*

(ÖMZ) 2 (1867), p. 132. "Aus dem Lager von Châlons," ÖMZ 3(1868), pp. 75 - 6. General Jean-Baptiste Montaudon, *Souvenirs Militaires*, 2 vols., Paris, 1898 - 1900, vol. 2, p. 20.

[7] Otto Pflanze, *Bismarck and the Development of Germany*, 3 vols., Princeton, 1990, vol. 1, pp. 300 - 1.

[8] W. E. Mosse, *The European Powers and the German Question*, 1848 - 71, Cambridge, UK, 1958, pp. 260 - 70.

[9] Ferdinand Gregorovius, *The Roman Journals*, *1852 - 74*, London, 1907, p. 275.

[10] Gregorovius, p. 275.

[11] "Die süddeutschen Heere," ÖMZ 2 (1869), p. 161. C. Betz, *Aus den erlebnissen und Erinnerungen eines alten Offiziers*, Karlsruhe, 1894, pp. 134 - 5.

[12] Wilhelm Deist, "Preconditions to Waging War," in Stig Förster and Jörg Nagler, eds., *On the Road to Total War*, Cambridge, 1997, p. 320. Roger Price, *Napoleon III and the Second Empire*, London, 1997, p. 26.

[13] Vincennes, *Service Historique de l'Armée de Terre* (SHAT), Lb1, "RenseignementsMilitaires."

[14] Wolfgang Schivelbusch, *The Culture of Defeat*, orig. 2001, New York, 2003, p. 122.

[15] Koppel Pinson, *Modern Germany*, 2nd edition, Prospect Heights, 1989, p. 142.

[16] James F. McMillan, *Napoleon III*, London, 1991, pp. 46 - 8.

[17] Dietrich Radewahn, "Französische Aussenpolitik vor dem Krieg von 1870," in Kolb, ed., *Europa vor dem Krieg von* 1870,

Munich, 1987, pp. 35, 38, 42. A. Plessis, *The Rise and Fallof the Second Empire 1852 – 71*, orig. 1979, Cambridge, 1985, p. 142.

[18] PRO, FO 425, 96, #274 and #347, Berlin, 30 July and 9 Aug. 1870, Loftus to Granville.

[19] Pflanze, vol. 1, p. 89.

[20] General Louis Jarras, *Souvenirs*, Paris, 1892, pp. 30 – 2.

[21] "Die militärische Bedeutung Luxemburgs," ÖMZ 2 (1867), pp. 108 – 15. Michael Howard, *The Franco-Prussian War*, orig. 1961, London, 1981, pp. 41 – 2.

[22] F. A. Bazaine, *Episodes de la Guerre de* 1870 *et les Blocus de Metz*, Madrid, 1883, p. ii.

[23] Dresden, Sächsisches Kriegsarchiv (SKA), Militärbevollmächtiger 4474, Berlin, 2 and 6 May1867, Col. von Brandenstein to War Minister. Pflanze, vol. 1, pp. 375 – 81.

[24] HHSA, IB, Karton 5, BM 1868, 831, Paris 9 Sept. 1868, Agent E.

[25] Alexander Innes Shand, *On the Trail of the War*, New York, 1871, p. 35. Pflanze, vol. 1, pp. 396 – 7.

[26] HHSA, IB, Karton 15, BM 1869, 1503, Paris, 26 Nov. 1869, Eduard Simon to Beust.

[27] Allan Mitchell, *Bismarck and the French Nation* 1848 – 1890, New York, 1971, pp. 47 – 9。Pflanze, vol. 1, p. 391.

[28] *Papiers et Correspondance de la Famille Impériale*, vol. 8, pp. 225 – 6. Strasbourg, 28 October 1868, General Ducrot to General Frossard.

[29] Pflanze, vol. 1, pp. 140, 392.

[30] PRO, FO 425, 96, #258, Darmstadt, 22 July 1870, Morier to Granville.

[31] Schivelbusch, pp. 119 – 20.

[32] "Notizen: Frankreich," ÖMZ 3 (1868), pp. 77 – 8.

[33] *Papiers et Correspondance de la Famille Impériale*, Paris, 1870, vols. 1, 3, and 4, passim.

[34] Alfred von Waldersee, *Denkwürdigkeiten*, 3 vols., Berlin, 1922, vol. 1, p. 55.

[35] Wetzel, p. 22.

[36] Montaudon, vol. 2, p. 27.

[37] Price, p. 53. McMillan, p. 62.

[38] PRO, FO 27, 1786, Paris 20 Dec. 1869, Edw. Malet to Lord Lyons, "Report on the industrialand artisan classes in France."

[39] Plessis, pp. 164 – 5. McMillan, pp. 125 – 7. Price, pp. 42 – 4.

[40] HHSA, PA IX, 95, Paris, 11 January 1870, Metternich to Beust. Waldersee, vol. 1, p. 56.

[41] McMillan, pp. 128 – 34. Wetzel, pp. 27 – 9.

[42] HHSA, PA IX, 95, Paris, 24 April 1870, Metternich to Beust. IB, Karton 15, BM 1869, Paris, 8 Aug. 1869, Agent Bergeron to Metternich.

[43] Waldersee, vol. 1, p. 68.

[44] HHSA, PA IX, 96, Paris, 20 March 1870, Metternich to Beust.

[45] Gall, vol. 1, p. 353.

[46] HHSA, IB, Karton 18, BM 1870, 38, Paris 4 and 18 Feb. 1870, "Vertrauerliches Schreiben des Eduard Simon über französisches

Zustände. ”

[47] Waldersee, vol. 1, pp. 57 – 8.

[48] HHSA, PA IX, 96, Paris, 29 Jan. 1870, Metternich to Beust. IB, Karton 15, BM 1869, Paris, 8 Aug. 1869, Agent Bergeron to Metternich.

[49] Fritz Stern, *Gold and Iron*, New York, 1977, p. 101.

[50] SKA, MBV, 4474, Berlin, 27 July 1867, Col. Brandenstein to General Fabrice.

[51] Friedrich Freudenthal, *Von Stade bis Gravelotte*, Bremen, 1898, p. 53.

[52] HHSA, IB, Karton 5, BM 1868, Berlin, 24 April 1868, Agent-Bericht. PRO, FO 425, 96, 258, Darmstadt, 22 July 1870, Morier to Granville.

[53] Wetzel, pp. 66 – 7, 70 – 1.

[54] Anon., *Deutschland um Neujahr* 1870, Berlin, 1870, pp. 11 – 19. G. von Bismarck, *Kriegser – lebnisse 1866 und 1870 – 71*, Dessau, 1907, pp. 4, 75 – 6.

[55] PRO, FO 64, 651, Danzig, 21 Dec. 1868, W. White to E. Hammond.

[56] "StanddderRüstungeninFrankreich," ÖMZ 3 (1869), p. 92. "Le Désarmement de la France," ÖMZ 1 (1869), p. 379. HHSA, IB, Karton 5, BM 1868, 831, Paris 9 Sept. 1868, Agent E. IB, Karton 11, BM 1869, 75, Vienna, 14 Feb. 1869, Hoffman to Metternich.

[57] HHSA, PA III, 101, Berlin, 12 and 14 Feb. and 28 April 1870, Wimpffen to Beust.

[58] Pflanze, vol. 1, pp. 431 – 4. HHSA, PA IX, 96, Paris, 4 and 18 Feb. 1870, Metternich to Beust.

[59] HHSA, IB, Karton 18, BM 1870, 38, Paris 10 June 1870, Eduard Simon to Beust. PA IX, 96, Paris, 18 Feb. 1870, Metternich to Beust.

[60] McMillan, p. 153. HHSA, IB, Karton15, BM1869, 1503, Paris, 26Nov. 1869, EduardSimon.

[61] Wetzel, pp. 30, 33 – 4.

[62] HHSA, IB, Karton 18, BM 1870, 38, Paris, 27 May 1870, Eduard Simon to Dept. II.

[63] Washington, DC, National Archives (NA), Congressional Information Service (CIS), U. S. Serial Set, 1789, E. B. Washburne, " The Franco-German War and Insurrection of theCommune. "

[64] Howard, pp. 48 – 57.

[65] Lawrence D. Steefel, *Bismarck, the Hohenzollern Candidacy, and the Origins of the Franco-German War of* 1870, Cambridge, MA, 1962, pp. 244 – 46.

[66] Waldersee, vol. 1, p. 74.

[67] Edw. A Crane, ed. , *The Memoirs of Dr. Thomas W. Evans*, 2 vols. , London, 1905, vol. 1, p. 203.

[68] PRO, FO 425, 97, London, 13 Sept. 1870, Granville to Lyons. Wetzel, pp. 22 – 3.

[69] HHSA, PA III, 101, Berlin, 13 July 1870, Münch to Beust. Pflanze, vol. 1, p. 465. Wetzel, pp. 116 – 18.

[70] Waldersee, vol. 1, pp. 75 – 6, 79.

[71] Eberhard Kolb, *Der Weg aus dem Krieg*, Munich, 1989, pp. 58 – 64, 77 – 82.

[72] Otto Prince von Bismarck, *Bismarck: the man and the statesman*, 2 vols., London, 1898, vol. 2, pp. 99 – 100. Wetzel, pp. 140 – 51.

[73] Howard, pp. 53 – 5. Pflanze, vol. 1, pp. 466 – 9.

[74] PRO, FO 425, 170, Paris, 14 July 1870, Lyons to Granville.

[75] PRO, FO 425, 738, Paris, 12 July 1870, Lyons to Granville.

[76] Waldersee, vol. 1, pp. 77 – 80.

[77] *Journal Officiel de l'Empire Francais*, 16 July 1870. Theodore Zeldin, *Emile Ollivier*, Oxford, 1963, pp. 174 – 80. Steefel, pp. 206 – 16.

## 第二章

[1] Vienna, Haus-Hof-und Staatsarchiv (HHSA), Politisches Archiv (PA) IX, 96, Paris, 16August 1870, "Der Krieg zw. Preussen und seinen Bundesgenossen und Frankreich."

[2] London, Public Record Office (PRO), Foreign Office (FO) 64, 703, nr. Metz, 10 October1870, Capt. Henry Hozier to Granville.

[3] G. von Bismarck, *Kriegserlebnisse* 1866 *und* 1870 – 71, Dessau, 1907, p. 90.

[4] Vincennes, Service Historique de l'Armée de Terre (SHAT), Lb1, "Renseignements Militaires."

[5] Gen. Jean-Baptiste Montaudon, *Souvenirs Militaires*, 2 vols., Paris, 1898 – 1900, vol. 1, pp. 488 – 9.

[6] Gen. Louis Trochu, *L'Armée françaiseen 1867*, Paris, 1870, pp. 76, 86 – 98. Roger L. Williams, *Napòleon III and the Stoffel*

*Affair*, Wortland, 1993, pp. 43 - 4.

[7] PRO, FO 64, 703, nr. Metz, 10 Oct. 1870, Capt. Henry Hozier to Granville.

[8] Geoffrey Wawro, *The Austro-Prussian War*, Cambridge, UK, 1996, pp. 24 - 5.

[9] Friedrich Freudenthal, *Von Stade bis Gravelotte: Erinnerungen eines Artilleristen*, Bremen, 1898, p. 20.

[10] Trochu, *Armée française*, pp. 10, 14 - 15, 22.

[11] Trochu, *Armée française*, p. 92.

[12] Walter von Bremen, ed., *Denkwürdigkeiten des preussischen Generals der Infanterie Eduard von Fransecky*, Leipzig, 1901, p. 205.

[13] Graf Alfred von Waldersee, *Denkwürdigkeiten*, 3 vols., Berlin, 1922, vol. 1, p. 69.

[14] Munich, Bayerisches Kriegsarchiv (BKA), B 949, captured regimental diary, "99e de Ligne: Ordres du Régiment - 2. Baon." Aix, 14 July 1869, Gen. Comte de Nouë.

[15] Feldmarschall von Hess, "Rescension: Trochu," *Österreichisches Militärzeitschrift* (ÖMZ) 2(1867), pp. 415 - 18.

[16] Montaudon, vol. 1, pp. 216 - 17, vol. 2, pp. 27 - 8. Waldersee, vol. 1, pp. 69 - 70. PRO, FO 64, 703, Versailles, 23 October 1870, Capt. Henry Hozier to Granville.

[17] *Papiers et Correspondance de la Famille Impériale*, 10 vols., Paris, 1870, vol. 4, p. 119.

[18] Montaudon, vol. 1, pp. 216 - 17, vol. 2, pp. 27 - 8. PRO, FO 64, 703, Versailles, 23 October 1870, Capt. Henry Hozier to

Granville.

[19] Waldersee, vol. 1, pp. 63 – 4.

[20] "Zur Heeres-Reorganisierung," ÖMZ 2 (1867), pp. 131 – 2.

[21] Geoffrey Wawro, *Warfare and Society in Europe*, 1792 – 1914, London, 2000, pp. 104 – 5. Michael Howard, *The Franco-Prussian War*, orig. 1961, London, 1981, pp. 33 – 5. Gen. Louis Jarras, *Souvenirs*, Paris, 1892, pp. 35 – 7. Montaudon, vol. 2, pp. 32 – 4, 52 – 4. *Journal Officiel de l'Empire Français*, 24 March 1870.

[22] Arden Bucholz, *Moltke and the German Wars 1864 – 1871*, NewYork, 2001, pp. 16 – 20, 51 – 3. Arden Bucholz, *Moltke, Schlieffen and Prussian War Planning*, Providence, 1991, pp. 31 – 57.

[23] Dennis E. Showalter, *Railroads and Rifles*, Hamden, 1975, pp. 40 – 51.

[24] Freiherr von Hess, "Frankreich und Preussen seit Sadowa," ÖMZ 2 (1869), pp. 150 – 4.

[25] PRO, FO 64, 703, nr. Metz, 10 October 1870, Capt. Henry Hozier to Granville. Waldersee, vol. 1, p. 54.

[26] Gen. Julius Verdy du Vernois, *With the Royal Headquarters in 1870 – 71*, London, 1897, pp. 10 – 14. Wolfgang Foerster, *Prinz Friedrich Karl von Preussen: Denkwürdigkeiten aus seinem Leben*, 2 vols. Stuttgart, 1910, vol. 2, p. 132.

[27] *Annuaire Militaire de l'Empire Français pour l'année* 1869, Paris, 1870.

[28] Col. Joseph d'Andlau, *Metz: Campagne et Négociations*, Paris, 1872, p. 493.

[29] "Die Rolle der Eisenbahnen im Kriege," ÖMZ 1 (1868), pp. 198 – 9. Jarras, p. 19.

[30] Williams, Stoffel, p. 25. L'Ex-Maréchal Bazaine, *Episodes de la guerre de* 1870, Madrid, 1883, p. xi.

[31] Andlau, p. 472.

[32] Jarras, pp. 474 – 5. Waldersee, vol. 1, pp. 69 – 70.

[33] Jarras, pp. 1 – 5.

[34] Bazaine, *Episodes*, p. x.

[35] Col. Joseph Andlau, "Die Generalstäbe," ÖMZ 2 (1869), pp. 155 – 6. Montaudon, vol. 1, p. 482.

[36] Williams, *Stoffel*, pp. 46 – 7.

[37] Jarras, p. 7.

[38] Oblt. Carl Morawetz, "Rückblicke auf unsere Taktik auf dem nördlichen Kriegsschauplatz 1866," ÖMZ 3 (1867), pp. 319 – 24.

[39] Oblt. Leopold Auspitz, "Zur Taktik des Hinterladers," ÖMZ 4 (1867), pp. 191 – 3. H. Sutherland Edwards, *The Germans in France*, London, 1873, pp. 35 – 6.

[40] Williams, Stoffel, pp. 21 – 2.

[41] "Zur Heeres-Reorganisierung," ÖMZ 2 (1867), pp. 131 – 2. Showalter, pp. 77 – 84.

[42] "Wirkungen der Chassepot-Projectile," ÖMZ 1 (1868).

[43] BKA, HS 856, "Mein Tagebuch," Wissembourg, 5 August 1870, Landwehr-Lt. JosefKrumper.

[44] SHAT, Lb1, *L'independence Belge*, 27 July 1870.

[45] Ob-lt. Musil, "Über die Mitrailleuse und den Einfluss der

verbesserten Feuerwaffen auf das Heerwesen,"ÖMZ 9 (1868), p. 98.

[46] Col. Ferri-Pisani, "Urteile über den preussischen Feldzug 1866," ÖMZ 9 (1868), pp. 188 - 9.

[47] "Die taktischen Lehren des Krieges 1870 - 71," ÖMZ 4 (1872), pp. 18 - 19. Waldersee, vol. 1, pp. 67 - 8, 89.

[48] SHAT, Lb3, Faits politiques, March 1870, "Correspondance du camp français." "Neue Taktik," ÖMZ 1 (1869), p. 380.

[49] SHAT, Lb10, Besançon, 1882, Capt. Zibelin, "Etude sur la bataille de Rezonville/Mars-la-Tour: Travail d'hiver."

[50] Capt. Ernst Schmedes, "Die Taktik der Preussen," ÖMZ 12 (1871), pp. 194 - 6.

[51] Anon., "Die neue Feuertaktik der französischen Armee," ÖMZ 3 (1867).

[52] Capt. Ernst Schmedes, "Französische Manöver zu Châlons," ÖMZ 2 (1869), pp. 19 - 20.

[53] Capt. Wendelin Boeheim, "Die Elementar-Taktik der Infanterie," ÖMZ 2 (1867), pp. 241 - 2.

[54] SHAT, Lb5, Sous-Lt. Charles Ebener, "Etude sur la bataille de Wissembourg, 4 August 1870," Longwy, 21 March 1882. Andlau, pp. 451 - 8. Capt. Ernst Schmedes, "Die Taktik der Preussen beim Ausbruche des Feldzuges 1870," ÖMZ 4 (1871), pp. 4 - 11. "Uber die preussischen Herbstmanöver," ÖMZ 4 (1868).

[55] Waldersee, vol. 1, pp. 50 - 1.

[56] SHAT, Lb1, Faits politiques, *Independance Belge*, 27 July 1870.

[57] SHAT, Lb3, Renseignements, 30 July 1870, *Journal de Bruxelles*, Correspondant de Bonn.

[58] "Aus dem norddeutschen Bunde," ÖMZ 1 (1869), pp. 385 – 6.

[59] Gen-Feldmarschall Paul von Hindenburg, *Aus meinem Leben*, Leipzig, 1934, p. 27.

[60] Andlau, pp. 466 – 70.

[61] Capt. Ernst Schmedes, "Die Taktik der Preussen beim Ausbruche des Feldzuges 1870," ÖMZ 4 (1871), pp. 4 – 11, 19 – 21. "Über die preussischen Herbstmanöver," ÖMZ 4 (1868).

[62] SHAT, Lb10, Besançon, 1882, Capt. Zibelin, "Etude sur la bataille de Rezonville/Mars-la-Tour: Travail d'hiver."

[63] Capt. Hugo von Molnár, "Über Artillerie: Massenverwendung im Feldkriege," ÖMZ 1 (1880), pp. 288 – 97.

[64] Wawro, *Austro-Prussian War*, pp. 268 – 70.

[65] Wawro, *Austro-Prussian War*, p. 271.

[66] Capt. Ernst Schmedes, "Die Taktik der Preussen beim Ausbruche des Feldzuges 1870," ÖMZ 3 (1871), pp. 194 – 6.

[67] Foerster, vol. 2, pp. 139 – 40.

[68] HHSA, Informationsbüro (IB), 18, 1870 #50, Vienna, 21 Feb. 1870, Beust to Metternich. Capt. Ernst Schmedes, "Die Taktik der Preussen beim Ausbruche des Feldzuges 1870," ÖMZ 3 (1871), pp. 194 – 6.

[69] Hew Strachan, *European Armies and the Conduct of War*, London, 1983, p. 120.

[70] PRO, FO 64, 703, Versailles, 24 Oct. 1870, Capt. Henry Hozier.

[71] "Aus dem Lager von Châlons," ÖMZ 3 (1868), p. 77.

[72] Capt. Ernst Schmedes, "Französische Manöver zu Châlons," ÖMZ 2（1869）, pp. 19 – 20.

## 第三章

[1] Munich, Bayerisches Kriegsarchiv（BKA）, HS 888, Landwehr Lieut. Joseph Dunziger, "Kriegstagebuch der Jahre 1870 – 71." Gen. Jean-Baptiste Montaudon, *Souvenirs Militaires*, 2 vols., Paris, 1898 – 1900, vol. 2, pp. 56 – 7.

[2] Graf Alfred von Waldersee, *Denkwürdigkeiten*, 3 vols., Berlin, 1922, vol. 1, pp. 81, 85.

[3] London, Public Record Office (PRO), Foreign Office (FO) 425, 95, Paris, 10 July 1870, Col. Claremont to Lord Lyons. Michael Howard, *The Franco-Prussian War*, orig. 1961, London, 1981, p. 47.

[4] G. von Bismarck, *Kriegserlebnisse 1866 und 1870 – 71*, Dessau, 1907, p. 88.

[5] Richard Ris, *Kriegserlebnisse*, Auerbach, 1911, pp. 11 – 13.

[6] H. Sutherland Edwards, *The Germans in France*, London, 1873, p. 19.

[7] PRO, FO 425, 96, #119, Paris, 25 July 1870, Col. E. S. Claremont to Lord Lyons.

[8] Washington, DC, National Archive（NA）, CIS, U. S. Serial Set, 1780, Paris, 29 July 1870, Washburne to Fish.

[9] PRO, FO 425, 96, #178, 28 July 1870, Col. E. S. Claremont to Lord Lyons.

[10] Col. Joseph Andlau, *Metz: Campagne et Négociations*, Paris,

1872, p. 8.

[11] Andlau, *Metz*, pp. 8 – 9.

[12] *Journal Officiel de l'Empire Français*, 24 March 1870.

[13] Vincennes, Service Historique de l'Armée de Terre (SHAT), Lb 14, "Extrait de la deposition de Ml. Le Boeuf devant le conseil d'enquete."

[14] Gen. Charles Fay, *Journal d'un officier de l'Armée du Rhin*, Paris, 1889, pp. 37 – 8. Andlau, Metz, p. 11.

[15] "Marschall Bazaine und die Rhein-Armee von 1870," *Allgemeine Militärische Zeitung* 46(1892), p. 363.

[16] SHAT, Lb3, "Renseignements," *L'Indépendance Belge*, 31 July 1870.

[17] SHAT, Lb1, Strasbourg, 27 July 1870, Marshal MacMahon to Marshal Leboeuf.

[18] Vienna, Haus-Hof-und Staatsarchiv (HHSA), Politisches Archiv (PA) IX, 95, Paris, 31 July1870, Metternich to Beust.

[19] Andlau, *Metz*, pp. 13 – 16, 30.

[20] *Neue Freie Presse*, 23 July 1870. *Pall Mall Gazette*, 1 August 1870. Eberhard Kolb, *Der Weg aus dem Krieg*, Munich, 1989, pp, 73 – 5.

[21] HHSA, PA IX, 95, Paris, 27 July 1870, Metternich to Beust.

[22] "Der Krieg von 1870 – 71," *Österreichisches Militärisches Zeitschrift* (ÖMZ) 1 (1871), pp. 239 – 41.

[23] "Die Eisenbahnen im deutsch-französischen Kriege, 1870," ÖMZ 1(1871), pp. 191 – 4. SHAT, Lb1, "Faits politiques," 25 July 1870, "Correspondance de Berlin."

[24] SHAT, Lb1, "Press Etrangère," *The Globe*, 27 July 1870.

[25] BKA, B982, "Notizen über die französischen Armee." Waldersee, vol. 1, pp. 81, 84 – 5. "DerKrieg von 1870 – 71," ÖMZ 1 (1871), p. 241. Howard, pp. 69 – 70.

[26] Vincennes, *Archives Centrales de la Marine* (ACM), BB4, 907, Brest, 26 July 1870, Adm. Fourichon to Naval Minister.

[27] PRO, FO 27, 1807, 49, Paris, 26, 29 July and 3 August 1870, Col. Claremont to Lyons. FO425, 96, 230, Paris, 31 July 1870, Col. Claremont to Lyons.

[28] SHAT, Lb6, Paris, 6 August 1870, General Dejean to Marshal Leboeuf.

[29] SHAT, Lb4, Camp de Châlons, 1 August 1870, Marshal Canrobert to Marshal Leboeuf. PRO, FO 27, 1809, 60, Paris, 5 August 1870, Col. Claremont to Lord Lyons. Howard, pp. 67 – 9, 183 – 4.

[30] SHAT, Lb1, Paris, 30 July 1870, Minister of Interior to Minister of War.

[31] SHAT, Lb4, Metz, 2 August 1870, Napoleon III to Minister of War. "*Les mobiles ont déjafait preuve d'un ésprit détestable.* They must be dispersed from Châlons."

[32] SHAT, Lb3, Paris, 31 July 1870, General Dejean to Marshal Leboeuf.

[33] SHAT, Lb3, Metz, July 1870, "Renseignements."

[34] SHAT, Lb1, Sarreguemines, 27 July 1870, General Failly to Marshal Leboeuf.

[35] SHAT, Lb1, Armée du Rhin, Morbach, 27 July 1870, Col.

Chantilly to General Doëns.

[36] SHAT, Lb2, Metz, 28 July 1870, 1. Div. to 1. Brigade. Lb3, Metz, July 1870, "Renseignements." Lb3, Châlons, 31 July 1870, Intendance Militaire (VI Corps) to Marshal Leboeuf. *L'Eclaireur*, 28 July 1870.

[37] SHAT, Lb1, St. Cloud, 26 July 1870, Napoleon III to General Dejean.

[38] SHAT, Lb3, Camp de Châlons, 30 July 1870, Gendarmerie Impériale, 4e Legion, Arrondonisment du Camp de Châlons.

[39] SHAT, Lb3, Garde Impériale, fin Juillet, Chef d'état major to 1. Division.

[40] SHAT, Lb2, Metz, Quartier impérial, 28 july 1870, "Proclamation de l' Empereur à l'Armée." Lb4, "Renseignements," 2 August 1870, *L'Indépendance Belge*.

[41] SHAT, Lb2, Metz, 28 July, 1. Div. to 1. Brigade.。关于这种阴谋论的由来,最翔实的分析文本可参见 Alain Corbin, *The Village of Cannibals*, Cambridge, MA, 1992, pp. 3–36。

[42] *The Globe*, Metz, 30 July 1870. *L'Indépendance Belge*, 29 July 1870.

[43] Adolf Matthias, *Meine Kriegserinnerungen*, Munich, 1912, p. 32.

[44] Matthias, p. 37.

[45] *Pall Mall Gazette*, 1 August 1870, "From the German side."

[46] Edwards, p. 30.

[47] SHAT, Lb2, 28 July 1870, "Presse Parisienne."

[48] Howard, pp. 42–4.

[49] Wolfgang Foerster, *Prinz Friedrich Karl von Preussen*, 2 vols.,

Stuttgart, 1910, vol. 2, p. 132.

[50] PRO, FO 64, 703, Versailles, 30 October 1870, Capt. Henry Hozier, "General sketch of the operations of the German armies in France in the campaign of 1870."

[51] *Papiers et correspondance de la Famille Impériale*, 10 vols, Paris, 1871, vol. 8, lxi, p. 238. Forbach, 9 April 1868, Capt. Samuel to Marshal Niel.

[52] BKA, HS 849, Capt. Celsus von Girl, vol. 3, p. 2.

[53] *Journal de Bruxelles*, Bonn, 30 July 1870.

[54] HHSA, PA III, 101, Berlin, 14 July 1870, Maj. Welsersheim to War Minister.

[55] Karl Litzmann, *Ernstes und heiteres aus den Kriegsjahren 1870–71*, Berlin, 1911, p. 7.

[56] Johannes Priese, *Als Totenkopfhusar 1870–71*, Berlin, 1936, p. 15.

[57] BKA, B982, Munich, 22 Oct. 1871, Maj. Gustav Fleschuez, "Erfahrungen." BKA, HS 841, "Tagebuch des Unterlt. Adam Dietz, 10. Jäger Battalion, 1870–71." BKA, HS 849, Capt. Girl, vol. 2, pp. 55–8.

[58] BKA, HS 856, Josef Krumper, "Mein Tagebuch aus den deutsch-französischen Kriege." BKA, B1145, Villeroncourt, 21 June 1871, 2. Infanterieregiment, 2. Bataillonsarzt, Dr. Emil Schulze.

[59] PRO, FO 425, 95, Darmstadt, 31 July 1870, R. B. D. Morier to Granville.

## 第四章

[1] Eberhard Kolb, *Der Weg aus dem Krieg*, Munich, 1989, pp. 80 – 2. Joseph Andlau, *Metz*, Paris, 1872, p. 34.

[2] Vincennes, *Service Historique de l'Armée de Terre* (SHAT), Lb4, Metz, 1 August 1870, "Renseignements."

[3] SHAT, Lb1, "Presse Etrangere," *l'Indépendance Belge*, Metz, 27 July 1870.

[4] Michael Howard, *The Franco-Prussian War*, orig. 1961, London, 1981, pp. 80 – 2.

[5] Helmuth von Moltke, *The Franco-German War of 1870 – 71*, New York, 1892, pp. 10 – 11。SHAT, Lb4, Paris, 1 August 1870, Ministère de Guerre.

[6] SHAT, Lb3, Morsbach, 29 July 1870, Colonel of 67th Regiment to 3. Division commandant.

[7] SHAT, Lb4, Histroff, 1 August 1870, Lt. Lerouse to Capt. Dupuy de Podio, "Rapport sur le combat de Histroff, le 1er Août 1870."

[8] SHAT, Lb4, Saarbrücken, 2 August 1870, General Bastoul to General Frossard.

[9] Andlau, p. 34.

[10] SHAT, Lb14, "Extrait de la déposition de Ml. Le Boeuf devant le Conseil d'Enquete."

[11] H. Sutherland Edwards, *The Germans in France*, London, 1873, pp. 36 – 7. Theodor Fontane, *Der Krieg gegen Frankreich 1870 – 71*, 4 vols., orig. 1873 – 76, Zurich, 1985, vol. 1, pp. 155 – 6.

[12] PRO, FO 27, 1809, Paris, 5 Aug. 1870, Claremont to Lyons. SHAT, Lb4, Paris, 2 August 1870, Minister of the Interior to all prefects. Andlau, pp. 24 – 6. Fontane, vol. 1, p. 156.

[13] Wolfgang Foerster, *Prinz Friedrich Karl von Preussen*, 2 vols., Stuttgart, 1910, pp. 141 – 2.

[14] F. A. Bazaine, *Episodes de la Guerre de 1870 et le Blocus de Metz*, Madrid, 1883, pp. 11 – 18.

[15] Andlau, pp. 24 – 6.

[16] SHAT, Lb3, Metz, 31 July 1870, Marshal Leboeuf to Marshal Bazaine. St. Avold, 31 July 1870, Marshal Bazaine to Marshal Leboeuf.

[17] Foerster, vol. 2, p. 142. *Berlin Post*, 10 August 1870.

[18] Andlau, p. 30.

[19] SHAT, Lb3, Metz, 30 July 1870, Marshal Leboeuf to Marshal Bazaine.

[20] Fontane, vol. 1, pp. 152 – 3.

[21] SHAT, Lb4, Metz, 3 August 1870, Gen. Jarras to Marshal Canrobert. Metz, 3 August 1870, Gen. Jarras, "Rapport sur l'intérrogatoire de 14 prisonniers prussiens."

[22] SHAT, Lb1, 25 July 1870, "Renseignements militaires."

[23] Moltke, *The Franco-German War of 1870 – 71*, pp. 8 – 14. Foerster, vol. 2, pp. 132 – 41.

[24] Foerster, vol. 2, pp. 139 – 40.

[25] SHAT, Lb3, 30 July 1870, "Renseignements." From *l'indépendance Belge*.

[26] SHAT, Lb5, Longwy, 21 March 1882, Lt. Charles Ebener,

"Etude sur la bataille de Wissembourg,4 Auguste 1870."

[27] SHAT. Lb3, Metz, 31 July 1870, Marshal Leboeuf to Marshal Canrobert.

[28] SHAT, Lb4, Metz, 3 August 1870, Gen. Jarras to Marshal Canrobert. Metz, 3 August 1870, Gen. Jarras, "Rapport sur l'interrogatoire de 14 prisonniers prussiens." Metz, 3 August 1870, Marshal MacMahon to Marshal Leboeuf. Paris, 1 Aug. 1870, Ministère de Guerre.

[29] Howard, pp. 85 – 8.

[30] SHAT, Lb5, Metz, 4 August 1870, Marshal Leboeuf to all corps and fortress commandants. Lb3, Metz, 30 July 1870, "Renseignements.".

[31] Helmuth von Moltke, *Extracts from Moltke's Military Correspondence*, Fort Leavenworth, 1911, p. 182.

[32] Alexander Innes Shand, *On the trail of the war*, New York, 1871, p. 50.

[33] SHAT, Lb5, Mersebourg, 19 Dec. 1870, "Notes rédigées sous forme de rapport au Col. Robert, ancien Chef d'Etat-Major de la Division Abel Douay, par le Chef de Bataillon Liaud, du 2e Bataillon du 74 de Ligne." Lb5, Longwy, 21 March 1882, Lt. Charles Ebener, "Etude sur la bataille de Wissembourg, 4 Auguste 1870."

[34] F. Maurice, *The Franco-German War 1870 – 71*, orig. 1899, London, 1914, p. 76.

[35] Maurice, p. 76.

[36] SHAT, Lb5, Longwy, 21 March 1882, Lt. Charles Ebener,

"Etude sur la bataille de Wissembourg,4 Août 1870." Maurice, pp. 74 – 7.

[37] SHAT, Lb5, Strasbourg, 4 August 1870, 9 a. m., Marshal MacMahon to Marshal Leboeuf. Lb5, Mersebourg, 19 Dec. 1870, "Notes rédigées sous forme de rapport au Col. Robert, ancien Chef d'Etat-Major de la Division Abel Douay, par le Chef de Bataillon Liaud, du 2e Bataillon du 74 de Ligne."

[38] Munich, Bayerisches Kriegsarchiv (BKA), HS 842, "Tagebuch des Leutnants Nikolaus Duetsch zum Feldzuge 1870 – 71.".

[39] BKA, HS 846, Maj. Gustav Fleschuez, "Auszug aus dem Tagebuch zum Feldzuge 1870 – 71.".

[40] BKA, HS 868, 4 August 1870, "Kriegstagebuch Johannes Schulz.".

[41] BKA, HS 841, "Tagebuch des Unterlt. Adam Dietz, 10. Jäger Baon.".

[42] SHAT, Lb5, Longwy, 21 March 1882, Lt. Charles Ebener, "Etude sur la bataille de Wissembourg,4 Août 1870."

[43] SHAT, Lb5, Mersebourg, 19 Dec. 1870, "Notes rédigées sous forme de rapport au Col. Robert, ancien Chef d'Etat-Major de la Division Abel Douay, par le Chef de Bataillon Liaud, du 2e Bataillon du 74 de Ligne."

[44] BKA, HS 849, Capt. Celsus Girl, "Erinnerungen," pp. 30 – 5.

[45] SHAT, Lb5, Longwy, 21 March 1882, Lt. Charles Ebener, "Etude sur la bataille de Wissembourg,4 Août 1870."

[46] BKA, HS 841, "Tagebuch des Unterlt. Adam Dietz, 10. Jäger Baon."

[47]SHAT, Lb5, Haguenau, 4 Aug. 1870, 2:30 p.m., Marshal MacMahon to Napoleon III.

[48]BKA,HS 868,4 Aug. 1870,"Kriegstagebuch Johannes Schulz."

[49]BKA,HS 849,Capt. Girl,"Erinnerungen," pp. 30,41.

[50]Leopold von Winning,*Erinnerungen eines preussischen Leutnants aus den Kriegsjahren* 1866 *und 1870 – 71*, Heidelberg, 1911, pp. 76 – 80.

[51]BKA, HS 846, Maj. Gustav Fleschuez, "Auszug aus dem Tagebuch zum Feldzuge 1870 – 71."

[52] G. von Bismarck, *Kriegserlebnisse 1866 und 1870 – 71*, Dessau, 1907, p. 103.

[53] BKA, HS 853, Franz Hiller, "Erinnerungen eines Soldaten-Reservisten der 11. Kompanie Infanterie-Leib Regiment, 1870 – 71."

[54] BKA, B 982, Munich, 22 November 1871, Capt. Max Lutz, "Erfahrungen."

[55] London, Public Record Office (PRO), FO 64, Berlin, 13 August 1870, Loftus to Granville.

[56]PRO, FO 64, Berlin, 16 August 1870, Loftus to Granville.

[57]BKA, B982, Munich, 3 December 1871, Maj. Theodor Eppler, "Erfahrungen."

[58]BKA, HS 846, Maj. Gustav Fleschuez, "Auszug aus dem Tagebuch zum Feldzuge 1870 – 71." B 982, Munich, 3 December 1871, Maj. Theodor Eppler, "Erfahrungen."

[59]BKA, HS 846, Maj. Gustav von Fleschuez, "Auszug aus dem Tagebuch zum Feldzuge 1870 – 71." HS 868, "Kriegstagebuch

Johannes Schulz." HS 849, Capt. Girl, "Erinnerungen," pp. 31 – 5.

[60] SHAT, Lb5, Metz, 4 August 1870, 9:05 a. m., Napoleon III to Gen. Frossard.

[61] SHAT, Lb5, Metz, 4 August 1870, 1:20 p. m., Marshal Leboeuf to Marshal Bazaine. Metz, 4 August 1870, 5:15 p. m., Napoleon III to Marshal Leboeuf. Boulay, 4 August 1870, 8 p. m., Marshal Leboeuf to Napoleon III. St. Cloud, 4 August 1870, 11:20 p. m., Empress Eugénie to Marshal Leboeuf.

[62] Fitzmaurice, pp. 107 – 8.

[63] SHAT, Lb6, Metz, 6 August 1870, Marshal Leboeuf to Marshal Bazaine.

[64] Foerster, vol. 2, pp. 144 – 7.

[65] Alfred von Waldersee, *Denkwürdigkeiten*, 3 vols., Berlin, 1922, vol. 1, p. 88. Moltke, *The Franco-German War of 1870 – 71*, pp. 22 – 9.

[66] Foerster, vol. 2, pp. 146 – 7.

[67] Gen. Julius Verdy du Vernois, *With the Royal Headquarters in 1870 – 71*, London, 1897, pp. 56 – 7.

[68] SHAT, Lb8, Metz, 11 Aug. 1870, Gen. Jarras, "Rapport sur l'interrogatoire des prisonniers."

[69] SHAT, Lb6, Bernay, 28 Nov. 1877, Lt. Coudriet., "24e Regt. De Ligne: Participation du Regiment à la journée de Spickeren."

[70] Carl von Clausewitz, *On War*, orig. 1832, Princeton, 1976, p. 260.

[71] J. B. Montaudon, *Souvenirs Militaires*, 2 vols., Paris, 1898 – 1900, vol. 2, pp. 4 – 7.

[72] SHAT, Lb6, Metz, 10 Aug. 1870, Gen. Vergé to Gen. Frossard. Lb4, Paris, 1 Aug. 1870, Gen. Dejean to Marshal Leboeuf.

[73] Shand, p. 22.

[74] SHAT, Lb6, no date, no name, "Notes sur la part qu'a prise la 63 d'Infanterie à l'affaire de 6Août 1870."

[75] SHAT, Lb6, Bernay, 28 Nov. 1877, Lt. Coudriet., "24e Regt. De Ligne: Participation du Regiment à la journée de Spickeren."

[76] SHAT, Lb6, no date, no name, "Notes sur la part qu'a prise la 63 d'Infanterie à l'affaire de 6 Août 1870."

[77] SHAT, Lb6, Paris, 25 June 1872, Col. Gabrielle to War Minister.

[78] SHAT, Lb6, "Dossier Frossard," Paris, 29Nov. 1870, Gen. Castagny, "Reponse à la brochure du General Frossard en ce qui concerne la Division de Castagny pendant la journée de Forbach." Montaudon, pp. 4 – 7.

[79] Andlau, pp. 41, 50. Howard, p. 92.

[80] Montaudon, pp. 4 – 7.

[81] SHAT, Lb6, "Dossier Frossard," Forbach, 6 Aug. 1870, Gen. Frossard to Marshal Bazaine.

[82] SHAT, Lb6, "Dossier Frossard," Paris, 29 Nov. 1870, Gen. Castagny, "Reponse à la brochure du General Frossard en ce qui concerne la Division de Castagny pendant la journée de Forbach."

[83] Foerster, vol. 2, pp. 145 – 7.

[84] Friedrich Freudenthal, *Von Stade bis Gravelotte*, Bremen, 1898, p. 106.

[85] SHAT, Lb 6, Metz, 6 August 1870, Marshal Leboeuf to Marshal Bazaine.

## 第五章

[1] Frederick III, *The War Diary of the Emperor Frederick III 1870–71*, New York, 1927, pp. 29–30.

[2] Johannes Priese, *Als Totenkopfhusar 1870–71*, Berlin, 1936, pp. 30–8.

[3] Munich, Bayerisches Kriegsarchiv（BKA）, HS 849, Capt. Girl, "Einige Erinnerungen," p. 43.

[4] Vincennes, Service Historique de l'Armée de Terre（SHAT）, Lb 6, Saverne, 7 Aug. 1870, Marshal MacMahon to Napoleon III.

[5] SHAT, Lb 6, Camp de Froeschwiller, 6 Aug. 1870, Marshal MacMahon to General de Failly.

[6] Oskar Becher, *Kriegstagebuch eines Vierundneunzigers aus dem Kriege 1870–71*, Weimar, 1904, p. 8.

[7] Field Marshal Albrecht von Blumenthal, *Journals of Field Marshal Count von Blumenthal for 1866 and 1870–71*, London, 1903, pp. 87–8.

[8] Leopoldvon Winning, *Erinnerungen eines preussischen Leutnants aus den Kriegsjahren 1866 und 1870–71*, Heidelberg, 1911, p. 92.

[9] Col. Karl Maywald, "Die Lehren des Krieges 1870–71," *Österreichische Militärische Zeitschrift*（ÖMZ）2, 1873, pp. 109–10.

[10] Paul Dorsch, ed., *Kriegszuge der Württemberger im 19. Jahrhundert*, Stuttgart, 1913, pp. 293–5.

[11] Paul Dorsch, *Noch ein Schwabenbuch*, Stuttgart, 1911, pp. 25–6.

[12]BKA,HS 856,Landwehr Lieut. Josef Krumper,"Mein Tagebuch."

[13] BKA, HS 846, Maj. Gustav Fleschuez, "Auszug aus dem Tagebuch zum Feldzuge 1870 - 71."

[14]BKA,HS 868,"Kriegstagebuch Johannes Schulz."

[15]"*Die Preussen wollten nur uns Bayern d'ran setzen,nun sich selber zu entlasten.*" BKA, HS849, Capt. Girl, "Einige Erinnerungen," p. 47.

[16]Frederick III,p. 36.

[17]BKA, HS 889,Lorenz Waas,"Erlbenisse aus der Militärdienstzeit." HS 849,Capt. Girl,"Einige Erinnerungen,"pp. 51 - 3.

[18]Becher,pp. 8 - 15.

[19]G. von Bismarck,*Kriegserlebnisse 1866 und 1870 - 71*,Dessau, 1907,pp. 108 - 10.

[20] SHAT, Lc2/3, Sedan, 1 Sept. 1870, Col. Louis Chagrin de St. Hilaire, "Aprés la bataille."

[21]Capt. Hermann Thünheim,"Die Mitrailleusen und ihre Leistungen im Feldzuge 1870 - 71,"ÖMZ 4,1871,pp. 253 - 4.

[22]SHAT,Lb6,Camp de Châlons,16 Aug. 1870,General Lefebvre, "Rapports des officiers généraux sur la bataille de Froeschwiller."

[23]SHAT,Lb6,Lorrey,12 Aug. 1870,Gen. Ducrot,"Rapport sur la journée du 6 Août."

[24]Theodor Fontane, Der Krieg gegen Frankreich 1870 - 71, 4 vols. , orig. 1873 - 76, Zurich, 1985, vol. 1, p. 242. Winning, p. 92.

[25] London, Public Record Office (PRO), FO 425, 98, 283, Versailles,9 Jan. 1871,Bismarck to Bernstorff.

[26] BKA, HS 849, Capt. Girl, "Einige Erinnerungen," pp. 54 – 5. BKA, B 1237, Chaudenay, 21Aug. 1870, Maj. Ludwig Gebhard. Dresden, Sächsisches Kriegsarchiv (SKA), Zeitg. Slg. 158, Lt. Adolf von Hinüber, "Tagebuch 1870 – 71."

[27] SHAT, Lb6, Bayon, 11 Aug. 1870, Capt. Vienot, "Rapport détaillée sur les incidents de la journée du 6 Août."

[28] Otto Pflanze, *Bismarck and the Development of Germany*, 3 vols., Princeton, 1990, vol. 1, p. 483.

[29] BKA, HS 858, "Kriegstagebuch Leopold Prinz von Bayern."

[30] Frederick III, p. 32.

[31] SHAT, Lb6, Colombey, 12 Aug. 1870, Gen. Duhesme to Marshal MacMahon, "Sur lesopérations de la Division de Cavallerie du 1er Corps."

[32] Becher, pp. 13 – 15.

[33] BKA, HS 849, Capt. Girl, "Einige Erinnerungen," p. 82.

[34] G. von Bismarck, p. 112.

[35] BKA, HS 858, "Kriegstagebuch Leopold Prinz von Bayern."

[36] BKA, HS 849, Capt. Girl, "Einige Erinnerungen," pp. 80 – 1.

[37] SHAT, Lc2/3, Sedan, 1 Sept. 1870, Col. Louis Chagrin de St. Hilaire, "Aprés la bataille." Lb6, Neufchateau, 15 Aug. 1870, Gen. Conseil – Dumesnil to Marshal MacMahon.

[38] Carl von Clausewitz, *On War*, orig. 1832, Princeton, 1976, p. 254.

[39] SHAT, Lb6, Strasbourg, 8 Aug. 1870, Capt. Malingieuil to Gen. Lartigues.

[40] SHAT, Lb6, 12 Aug. 1870, Capt. Chardon Heroué, "Rapport

sur tous les incidents de lajournée de 6 Août. ”

[41] SHAT, Lb6, Neufchateau, 15 Aug. 1870, Gen. Conseil-Dumesnil to Marshal MacMahon.

[42] SHAT, Lb6, Lorrey, 12 Aug. 1870, Gen. Ducrot, “Rapport sur la journée du 6 Août. ”

[43] SHAT, Lb6, Strasbourg, 8 Aug. 1870, Capt. Malingieuil to Gen. Lartigues.

[44] SHAT, Lb6, Ambulance de Mannheim, 16 Aug. 1870, Maj. Mathieu.

[45] Frederick III, p. 40.

[46] “Die taktischen Lehren des Krieges 1870 – 71,” ÖMZ 4, 1872, pp. 18 – 20.

[47] Priese, pp. 30 – 8.

[48] BKA, B 1145, Munich, 11 June 1871, Landwehr Lt. Johann Geiger.

[49] Frederick III, p. 43.

[50] SHAT, Lb6, Saverne, 7 Aug. 1870, Marshal MacMahon to Napoleon III.

[51] SHAT, Lb8, Metz, 10 Aug. 1870, “Manière de combattre les Prussiens. ”

[52] BKA, HS 849, Capt. Girl, “Einige Erinnerungen,” p. 65.

[53] PRO, FO 27, 1809, Paris, 8 August 1870, Col. Claremont to Lyons.

[54] Frederick III, p. 31.

[55] SHAT, Lb7, Saverne, 7 Aug. 1870, Marshal MacMahon to Marshal Canrobert. Sarrebourg, 8 Aug. 1870, Marshal MacMahon

to Marshal Leboeuf.

[56] *Berlin Post*, 10 August 1870, in PRO, FO 64, 690, Berlin, 13 August 1870.

## 第六章

[1] Eberhard Kolb, *Der Weg aus dem Krieg*, Munich, 1987, pp. 69 – 78. Michael Howard, *The Franco-Prussian War*, orig. 1961, London, 1981, pp. 120 – 1.

[2] London, Public Record Office (PRO), FO 27, 1809, Paris, 7 Aug. 1870, Lyons to Granville.

[3] Vienna, Haus-Hof-und Staatsarchiv (HHSA), PAIX, 95, Paris, 7and 8Aug. 1870, Metternich to Beust.

[4] Vincennes, Service Historique de l'Armée de Terre (SHAT), Lb7, Paris, 7Aug. 1870, Ollivier to Napoleon III.

[5] Washington, DC, National Archives (NA), CIS, U. S. Serial Set, 1780, Paris, 8 Aug. 1870, Washburne to Fish.

[6] PRO, FO 27, 1809, Paris, 8 Aug. 1870, Lyons to Granville.

[7] PRO, FO 425, 97, 13, Paris, 12 Aug. 1870, Lyons to Granville.

[8] NA, CIS, US Serial Set, 1780, Paris, 12 Aug. 1870, Washburne to Fish. PRO, FO 425, 97, 10, Paris, 11 Aug. 1870, Lyons to Granville.

[9] PRO, FO 425, 97, 10, Paris, 11 Aug. 1870, Lyons to Granville. FO 27, 1809, Paris, 9 Aug. 1870, Claremont to Lyons.

[10] SHAT, Lb7, Metz, 7 Aug. 1870, Leboeuf to Dejean. Metz, 7 Aug. 1870, Napoleon III to Eugénie.

[11] SHAT, Lb1, Metz, 12 Aug. 1870, Napoleon III to Marshal

Bazaine. Lb7, St. Cloud, 7 Aug. 1870, Eugénie to Napoleon III

[12] PRO, FO 27, 1810, Paris, 12 Aug. 1870, Claremont to Lyons. HHSA, PA IX, 96, Paris, 16 Aug. 1870, Metternich to Beust.

[13] Joseph Andlau, *Metz: Campagne et Négociations*, Paris, 1872, pp. 52 - 3.

[14] Andlau, p. 123.

[15] SHAT, Lt12, Paris, 28 Feb. 1872, "La déposition de M. le Gl. Bourbaki devant la comm. d'enquête."

[16] SHAT, Lb8, Borny, 12 Aug. 1870, General Bourbaki.

[17] SHAT, Lb8, Borny, 11 Aug. 1870, Marshal Bazaine to Generals Frossard and Ladmirault.

[18] "Der Krieg 1870 - 71," *Österreichische Militärische Zeitschrift* (ÖMZ) 2 (1871), p. 129.

[19] PRO, FO27, 1811, Paris, 9 and 14 Aug. 1870, Claremont to Lyons. HHSA, PA IX, 96, Paris, 16 Aug. 1870, Metternich to Beust.

[20] SHAT, Lb7, Nancy, 9 Aug. 1870, Capt. Jung to Marshal Leboeuf.

[21] SHAT, Li6, Paris, 10 Aug. 1870, General Trochu to General de Waubert de Genlis. SHAT, Lc1, Paris, 13 Aug. 1870, Eugénie to Napoleon III.

[22] Charles Fay, *Journal d'un Officier de l'Armée du Rhin*, Paris, 1889, p. 57.

[23] Friedrich Freudenthal, *Von Stade bis Gravelotte: Erinnerungen eines Artilleristen*, Bremen, 1898, p. 130.

[24] SHAT, Lb8, Metz, 10 Aug. 1870, "Avis du Préfet.".

[25] Andlau, p. 53.

[26] SHAT, Lb7, St. Barbe, 9 Aug. 1870, Gen. Ladmirault to Marshal Leboeuf.

[27] Munich, Bayerisches Kriegsarchiv (BKA), HS 856, Landwehr Lt. Joseph Krumper.

[28] Dresden, Sächsisches Kriegsarchiv (SKA), Zeitg. Slg. 158, Lt. Hinüber.

[29] F. A. Bazaine, *Episodes de la guerre de 1870 et le blocus de Metz*, Madrid, 1883, p. viii.

[30] SHAT, Lb9, Metz, 13 - 14 Aug. 1870, Napoleon III to Marshal Bazaine. Paris, 13 Aug. 1870, Eugénie to Napoleon III. Borny, 13 Aug. 1870, Marshal Bazaine to Napoleon III.

[31] PRO, FO 27, 1811, Paris, 14 Aug. 1870, Col. Claremont to Lyons.

[32] Theodor Fontane, *Der Krieg gegen Frankreich 1870 - 71*, 4 vols., orig. 1873 - 76, Zurich, 1985, vol. 1, pp. 321 - 2.

[33] SHAT, Lb7, Metz, 9 Aug. 1870, Napoleon III, "Dispositions génerales applicables ɑ̀ un Corps d'Armée."

[34] SKA, Zeitg. Slg 158, Lt. Adolf von Hinüber, "Tagebuch 1870 - 71," pp. 14 - 17.

[35] J. - B. Montaudon, *Souvenirs Militaires*, 2 vols., Paris, 1898 - 1900, vol. 2, pp. 95 - 7. Fontane, vol. 1, p. 304.

[36] Bazaine, Episodes, p. 156.

[37] SHAT, Lb7, Paris, 9 Aug. 1870, Eugénie to Napoleon III.

[38] PRO, FO 27, 1810, Paris, 12 - 13 Aug. 1870, Claremont to Lyons. FO 27, 1811, Paris, 14 - 15Aug. 1870, Claremont to Lyons.

[39] SHAT, Lb8, Metz, 10 Aug. 1870, Napoleon III to Eugénie.

[40] Andlau, pp. 64 – 6.

[41] Fontane, vol. 1, pp. 327 – 28.

[42] Andlau, pp. 65 – 6.

[43] SHAT, Lb10, Gravelotte, 16 Aug. 1870, Marshal Bazaine, "Instruction." Paris, 16 Feb. 1872, Col. d'Ornant to Marshal Leboeuf.

[44] PRO, FO 27, 1811, Paris, 19 Aug. 1870, Col. Claremont to Lyons. Andlau, p. 483.

[45] SHAT, Lc1, Paris, 14 March 1903, General de Vaulgrenant to General Pendezec.

[46] SHAT, Lb10, Joinville, 16 Aug. 1870, Marshal MacMahon to Gen. Dejean and Marshal Bazaine.

[47] F. Maurice, *The Franco-German War* 1870 – 71, orig. 1899, London, 1914, pp. 132 – 3.

[48] SHAT, Lb10, "Rapport sur la part que le 2e Corps d'Armée a prise dans la bataille de Rezonville, le 16 Août 1870."

[49] SHAT, Lb9, Florence, 13 Aug. 1870, Malaret to Gramont.

[50] Maurice, p. 134 – 6.

[51] SHAT, Lb10, "Rapport sur la part que le 2e Corps d'Armée a prise dans la bataille de Rezonville, le 16 Août 1870."

[52] Maj. Johann Nosinich, "Der Krieg 1870 – 71," ÖMZ 4 (1872), p. 157.

[53] SHAT, Lb10, au Camp, 18 Aug. 1870, Lt. – Col d'Artillerie to Gen. Lafont.

[54] SHAT, Lb10, "Rapport sur la part que le 2e Corps d'Armée a

prise dans la bataille deRezonville, le 16 Août 1870." Bivouac sous Metz, 19 Aug. 1870, Gen. Texier to Marshal Canrobert, "Rapport."

[55] SHAT, Lt12, 28 Feb. 1872, "Déposition de General Bourbaki."

[56] SHAT, Lb10, Bagneux, 16Aug. 1870, Marshal Leboeuf to Marshal Bazaine. "... *il est essentiel que nous ne perdions pas cet avantage et votre retard le compromet.*"

[57] SHAT, Lb10, Paris, 16 Feb. 1872, Col. D'Ornant to Marshal Leboeuf.

[58] Richard Berendt, *Erinnerungen aus meiner Dienstzeit*, Leipzig, 1894, pp. 62 - 4.

[59] Karl Litzmann, *Ernstes und heiteres aus den Kriegsjahren 1870 - 71*, Berlin, 1911, p. 12.

[60] SHAT, Lb9, General Henri de Forton, "Rapport sur la part prise le 16 Août par le Division à la bataille de Rezonville."

[61] Berendt, p. 67.

[62] Andlau, p. 73.

[63] SHAT, Lc1, Gravelotte, Marshal Bazaine to Napoleon III and General Dejean.

[64] SHAT, Lb10, no date, Gen. Nayral. Montaudon, vol. 2, p. 98.

[65] SHAT, Lt12, 28 Feb. 1872, "Déposition de General Bourbaki."

[66] Howard, p. 158. Berendt, pp. 62 - 7.

[67] SHAT, Lb4, Lille, Aug. 1870, Lt. Lerouse to Maj. Dupuy de Podio, "Rapport."

[68] Capt. Hugo von Molnár, "Über Artillerie: Massenverwendung im Feldkriege," ÖMZ 1 (1880), pp. 295 - 96.

[69] Berendt, pp. 63 – 4.

[70] SHAT, Lt12, 28 Feb. 1872, "Déposition de General Bourbaki."

[71] Andlau, pp. 73 – 4.

[72] "Der Krieg 1870 – 71," ÖMZ 2 (1871), pp. 130 – 1.

[73] SHAT, Lb10, "Rapport du 70 de Ligne sur le combat du 16 Août."

[74] Fay, pp. 85 – 6.

[75] SHAT, Lt12, 28 Feb. 1872, "Déposition de General Bourbaki."

[76] HHSA, PA IX, 96, "Der Krieg zwischen Preussen und seinen Bundesgenossen und Frankreich."

[77] SHAT, Lb10, Gravelotte, 16 Aug. 1870, Marshal Bazaine to Napoleon III.

[78] "Die Schlacht bei Vionville," ÖMZ 3 (1871), pp. 89 – 91.

[79] SHAT, Lb12, Metz, 20 Aug. 1870, Armée du Rhin, Etat Major Géneral, "Renseignements."

[80] Montaudon, vol. 2, p. 98.

[81] PRO, FO 27, 1811, Paris, 17 Aug. 1870, Col. Claremont to Lyons.

[82] Maurice, p. 153.

[83] Andlau, p. 70.

[84] "General Heinrich Antonowitsch Leer über den Krieg 1870 – 71," ÖMZ 4 (1874), pp. 41 – 51.

[85] SHAT, Lb10, "Rapport sur la part que le 2e Corps d'Armée a prise dans la bataille de Rezonville, le 16 Août 1870." Capt. Hugo von Molnár, "Über Artillerie: Massenverwendung im Feldkriege," ÖMZ 1 (1880), pp. 295 – 96. Berendt, pp. 62 – 7.

[86] SHAT, Lb10, 24 Oct. 1872, General Henri de Forton.

[87] SHAT, Lb10, Besançon, 1882, Capt. Zibelin, "Etude sur la bataille de Rezonville/Mars-la-Tour. Travail d'hiver."

[88] PRO, FO 27, 1811, Paris, 16 Aug. 1870, Col. Claremont to Lyons.

[89] HHSA, PA IX, 95, Paris, 17 Aug. 1870, Metternich to War Minister. 18 Aug. 1870, Metternich to Emperor Franz Joseph.

[90] PRO, FO 425, 97, Paris, 16 Aug. 1870, Lyons to Granville.

## 第七章

[1] Dresden, Sächsisches Kriegsarchiv (SKA), Zeitg. Slg. 107, Adolf Leopold von Tschirschky, "Militärische Lebenserinnerungen," pp. 274 – 5.

[2] Helmuth von Moltke, *The Franco-German War of 1870 – 71*, New York, 1892, pp. 48 – 50. Gen. Julius Verdy du Vernois, *With the Royal Headquarters in* 1870 – 71, 2 vols., London, 1897, vol. 1, pp. 72 – 3.

[3] Michael Howard, *The Franco-Prussian War*, orig. 1961, London, 1981, p. 164.

[4] Charles Fay, *Journal d'un officier de l'Armée du Rhin*, Paris, 1889, pp. 100 – 1.

[5] Vincennes, Service Historique de l'Armée de Terre (SHAT), Lb11, 1872, Col. d'Ornant.

[6] SHAT, Lt12, 28 Feb. 1872, "Déposition de General Bourbaki."

[7] F. A. Bazaine, *Episodes de la guerre de* 1870 *et le blocus de Metz*, Madrid, 1883, pp. 156 – 7.

[8] SHAT, Lb10, Plappeville, 17 Aug. 1870, Marshal Bazaine to Napoleon III.

[9] Joseph Andlau, *Metz: Campagne et Négociations*, Paris, 1872, pp. 77 – 83.

[10] Andlau, pp. 84 – 5.

[11] SHAT, Lb10, Châlons, 16 Aug. 1870, Gen. Trochu to Marshal Bazaine.

[12] SHAT, Lc1, 17 Aug. 1870, "Conseil de guerre au camp de Châlons."

[13] Vienna, Haus-Hof-und-Staatsarchiv (HHSA), PA IX, 95, Paris, 18 Aug. 1870, Metternich to Beust.

[14] Andlau, p. 193.

[15] SKA, Zeitg. Slg. 158, Lt. Adolf Hinüber.

[16] Howard, pp. 167 – 8.

[17] Friedrich Freudenthal, *Von Stade bis Gravelotte*, Bremen, 1898, p. 127.

[18] Freudenthal, p. 130.

[19] Philip H. Sheridan, *Personal Memoirs of P. H. Sheridan*, 2 vols., New York, 1888, vol. 2, pp. 368 – 9.

[20] Alfred von Waldersee, *Denkwürdigkeiten*, 3 vols., Berlin, 1922, vol. 1, pp. 89 – 90.

[21] Freudenthal, pp. 130 – 2, 135 – 41.

[22] Sheridan, vol. 2, p. 371.

[23] Sheridan, vol. 2, p. 377.

[24] Munich, Bayerisches Kriegsarchiv (BKA), HS849, Capt. Girl, vol. 2, p. 59. Waldersee, vol. 1, pp. 89 – 90. Verdy, vol. 1,

pp. 84 –5.

[25] Andlau, pp. 457 –8.

[26] SHAT, Lb 11, Metz, 19 Aug. 1870, Col. Joseph Vincendon, "Rapport."

[27] SHAT, Lb 9, n. d., Gen. Soleille to Marshal Leboeuf. Lb 11, Gen. Frossard, "Rapport sur l'Affaire du 18 Août."

[28] SHAT, Lb 11, Metz, n. d., Gen. Ernest Pradier.

[29] SHAT, Lb 11, la Roche sur Yon, 14 Nov. 1873, Baron des Ormières to Duke Daumale.

[30] Maj. Johann Nosinich, "Der Krieg 1870 –71," *Österreichische Militärische Zeitschrift*(ÖMZ)4 (1872), p. 157.

[31] SHAT, Li 2, Polygone de Metz, Nov. 1870, Drs. Goujon and Félizet, "Des effets produits par les armes prussiennes."

[32] SHAT, Lb 11, la Roche sur Yon, 14 Nov. 1873, Baron des Ormières to Duke Daumale.

[33] Alfredvon Eberstein, *Erlebtes aus den Kriegen 1864, 1866, 1870 – 71 und mit FM Graf Moltke*, Leipzig, 1899, pp. 40 – 3. Theodor Fontane, *Der Krieg gegen Frankreich, 1870 – 71*, 4vols., orig. 1873 –76, Zurich, 1985, vol. 1, pp. 427 –35.

[34] Fontane, vol. 1, pp. 418 –21.

[35] Richard Berendt, *Erinnerungen aus meiner Dienstzeit*, Leipzig, 1894, p. 78

[36] Paul von Hindenburg, *Aus meinem Leben*, Leipzig, 1934, pp. 34 –7.

[37] SHAT, Lb 14, Anon., Au camp devant Metz, 26 Aug. 1870, "Des soldats de l'Armée du Rhin ɑ son excellence M. le Ml.

Bazaine."

[38] SHAT, Lb 11, Au camp sous Metz, 25 Aug. 1870, Marshal Canrobert, "Note." Lb 13, Metz, 24 Aug. 1870, Anon. To Marshal Bazaine.

[39] SHAT, Lb 11, Au camp, 20 Aug. 1870, Col. de Geslin, "Rapport sur l'affaire de 18 Août." Lb 11, Ch. de Sansonnes, 19 Aug. 1870, Gen. Ladmirault to Marshal Bazaine.

[40] SHAT, Lb 11, n. d., Maj. Carré, "Rapport sur la bataille du 18 Août 1870."

[41] SHAT, Lb 11, Camp de Sansonnet, 21 Aug. 1870, Gen. Bourbaki, "Rapport sur le combat de 18 Août." Lt 12, 28 Feb. 1872, "Déposition de Gen. Bourbaki."

[42] SHAT, Lb11, Paris, 22 March 1872, Conseil d'Enquete, "Déposition de Capt. de Beaumont."

[43] Andlau, p. 92.

[44] SHAT, Lb 11, Camp de Sansonnet, 21 Aug. 1870, Gen. Bourbaki, "Rapport sur le combat de 18 Août."

[45] Andlau, p. 97 - 101.

[46] SHAT, Lb 11, Plappeville, 18 Aug. 1870, 10 a. m., Marshal Bazaine to Marshal Canrobert.

[47] SHAT, Lb 11, Au camp, 19 Aug. 1870, Gen. Sanglé-Férriere, "Rapport."

[48] SKA-Abg. Potsdam, Nr. P 967, Teandelize, 22 Aug. 1870, "Relation über die Theilnahme des XII Armee-Corps an die Schlacht von St. Privat la Montagne, am 18. Aug. 1870." SHAT, Lb 13, St. Martin, 23 Aug. 1870, Gen. Jarras to all

corps commandants.

[49] SHAT, Lb 11, Au camp, 19 Aug. 1870, Gen. Sanglé-Férriere, "Rapport."

[50] SHAT, Lb 11, Metz, n. d., Marshal Leboeuf, "Rapport sur la bataille de St. Privat."

[51] Andlau, p. 86.

[52] Fay, p. 114. SHAT, Lb 8, Rémilly, 3 March 1872, A. Gauder to M. Rolles.

[53] Andlau, pp. 87 – 9.

[54] SHAT, Lb 11, la Roche sur Yon, 14 Nov. 1873, Baron des Ormières to Duke Daumale.

[55] SHAT, Lb 11, Paris, 4 April 1872, Conseil d'Enquete, "Entrevue Bazaine."

[56] SHAT, Lb 11, Plappeville, 18 Aug. 1870, Marshal Bazaine to Napoleon III.

[57] SHAT, Lb 11, Paris, 4 April 1872, Conseil d'Enquete, "Entrevue Bazaine."

[58] Walter von Bremen, ed. *Denkwürdigkeiten des preussischen Generals der Infanterie Eduard von Fransecky*, Leipzig, 1901, p. 509 – 12.

[59] SHAT, Lb 11, Metz, n. d., Lt-Col. Maucourant.

[60] Bremen, p. 516.

[61] Anton von Massow, *Erlebnisse und Eindrücke im Kriege* 1870 – 71, Berlin, 1912, pp. 24 – 30.

[62] SHAT, Lb 11, Metz, 21 Aug. 1870, Gen. Pouget to Gen. Bataille.

[63] Verdy, vol. 1, pp. 82 – 3.

[64] Sheridan, vol. 2, p. 377.

[65] Maj. Johann Nosinich, "Der Krieg 1870 – 71," ÖMZ 4 (1872), p. 157.

[66] Waldersee, vol. 1, p. 90.

[67] SHAT, Lb 11, Metz, 18 Aug. 1870, Marshal Bazaine to Marshal MacMahon. Metz, 18 Aug. 1870, Marshal Bazaine to Gen. de Failly. Lc 1, Paris, 14 March 1903, Gen. de Vaulgrenant to Gen. Pendezec.

[68] *National-Zeitung*, 18 Aug. 1870.

[69] SHAT, Lb 10, Fiquoumont, 17 Aug. 1870, Gen. Soleille to Marshal Bazaine. Lb 10, Plappeville, 17 Aug. 1870, Marshal Bazaine, "Note." Bazaine direly concludes: "*Metz n'a plus aucun ressource pour l'armée.*" Massow, p. 32.

[70] Louis-Jules Trochu, *L'Armée française en* 1867, Paris, 1870, pp. 106 – 7.

## 第八章

[1] Philip H. Sheridan, *Personal Memoirs of P. H. Sheridan*, 2 vols., New York, 1888, vol. 2, pp. 381 – 4.

[2] Richard Berendt, *Erinnerungen aus meiner Dienstzeit*, Leipzig, 1894, p. 78. Dresden, Sächsisches Kriegsarchiv (SKA), Zeitg. Slg. 158, Lt. Hinüber.

[3] Joseph Andlau, *Metz: Campagne et Négociations*, Paris, 1872, p. 102.

[4] F. A. Bazaine, *Episodes de la guerre de* 1870 *et le blocus de*

Metz, Madrid, 1883, p. 157.

[5] Charles Fay, *Journal d'un officier de l'Armée du Rhin*, Paris, 1889, p. 122.

[6] London, Public Record Office (PRO), FO 27, 1812, 22 Aug. 1870, Lyons to Granville.

[7] Vienna, Haus-Hof-und Staatsarchiv (HHSA), PA IX, 95, Paris, 19 Aug. 1870, Metternich toBeust.

[8] PRO, FO 27, 1812, Paris, 22 Aug. 1870, Col. Claremont.

[9] Eberhard Kolb, *Der Weg aus dem Krieg*, Munich, 1989, pp. 106 – 11. HHSA, PA IX, 95, Paris, 21 Aug. 1870, Metternich to Beust.

[10] PRO, FO 27, 1812, Florence, 22 Aug. 1870, A. Paget to Lyons. FO 425, 97, London, 17 Aug. 1870, Granville to Lyons. FO 425, 97, Florence, 30 Aug. 1870, A. Paget to Granville.

[11] PRO, FO 425, 97, Stuttgart, 27 Aug. 1870, Gordon to Granville.

[12] PRO, FO 64, 690, Berlin, 27Aug. 1870, Loftus to Granville. FO 425, 97, Paris, 16Aug. 1870, Lyons to Granville.

[13] "*Nous sommes donc de nouveau sur la defensive.*" Vincennes, Service Historique de l'Armée de Terre (SHAT), Lb 11, Metz, 18 Aug. 1870, Marshal Bazaine to Marshal MacMahon.

[14] SHAT, Lb 9, Metz, 20 Aug. 1870, "Correspondance du Quartier General."

[15] "Stärke der französischen Marine," *Österreichische Militärische Zeitschrift* (ÖMZ) 4 (1867), p. 114. Lawrence Sondhaus, *Preparing for Weltpolitik*, Annapolis, 1997, pp. 92 – 6.

[16] PRO, FO 27, 1807, Paris, 26 July 1870, Col. Claremont to

Lyons.

[17] Vincennes, Archives Centrales de la Marine (ACM), BB4, 907, Paris, Aug. 1870, *Liebenows Eisenbahnkarte von Nord-Deutschland*, Adm. Rigault to Adm. Fourichon.

[18] SHAT, Lb 4, Strasbourg, 1 Aug. 1870, Capt. Jung to Marshal Leboeuf.

[19] ACM, BB4, 907, 7 July 1868, "Les ports de guerre de l'Allemagne du Nord."

[20] SHAT, Lb 5, Copenhagen, 4 Aug. 1870, M. de Cadore to Gramont.

[21] ACM, BB4, 907, Algiers and 16, 28, 29 July 1870, Adm. Fourichon to Adm. Rigault. PRO, FO 425, 95, Paris, 8 July 1870, Col. Claremont to Lord Lyons. Paris, 10 July 1870, Capt. Hore to Lord Lyons.

[22] PRO, FO 425, 96, Vienna, 14 July 1870, Bloomfield to Granville.

[23] PRO, FO 27, 1807, Paris, 26, 29, and 31 July 1870, 3 Aug. 1870, Col. Claremont to Lyons.

[24] PRO, FO 425, 96, Paris, 29 July 1870, Capt. Hore to Lord Lyons.

[25] ACM, BB4, 908, En mer, 29 July 1870, 1 and 5 Aug. 1870, Adm. Boüet to Adm. Rigault.

[26] ACM, BB4, 908, Baie de Marstal, 12 Aug. 1870, Adm. Boüet to Adm. Rigault.

[27] ACM, BB4, 907, Heligoland, 18, 20 and 21 Aug. 1870, Adm. Fourichon to Adm. Rigault.

[28] Michael Howard, *The Franco-Prussian War*, orig. 1961, London,

1981,p. 183.

[29] SHAT,Lc 1,Paris,19 April 1872,"Enquête Parlementaire."

[30] SHAT, Lc 1, Paris, 6 March 1903, Gen. Kessler to Gen. Pendezec.

[31] Howard,pp. 188 - 9.

[32] *Papiers et Correspondance de la Famille Impériale*,10 vols., Paris,1870,vol. 4,pp. 59 - 63.

[33] Gen. Julius Verdy du Vernois,*With the Royal Headquarters in* 1870 - 71,2 vols.,London,1897,vol. 1,p. 102.

[34] PRO,FO 64,690,Berlin,27 Aug. 1870,Loftus to Granville.

[35] H. Sutherland Edwards, *The Germans in France*, London, 1873,p. 80.

[36] SHAT,Lb 13,Conseil d'Enquête,28 March 1872,"Déposition de Col. Lewal." Anton von Massow, *Erlebnisse und Eindrücke im Kriege 1870 - 71*,Berlin,1912,pp. 33 - 4.

[37] SHAT, Lb 12, Metz, 21 Aug. 1870, Marshal Bazaine: "Physical condition of troops is satis-factory,moral state less so."("士兵们的身体状况还不错,精神状态就没那么好了。")

[38] SHAT,Lb 12,23 Aug. 1870,II Corps,3rd Div.

[39] SHAT,Lb 13,Metz,24 Aug. 1870,Anon. to Marshal Bazaine. Lb 12,Ban St. Martin,21 Aug. 1870,Gen. Frossard to Marshal Bazaine. Lb 12,Ban St. Martin,21 Aug. 1870,Mairie to Marshal Bazaine.

[40] Andlau,p. 173.

[41] Bazaine,*Episodes*,p. 163.

[42] SHAT, Lb 14, "Extrait de Fay."

[43] *Le Progrés*, 13 April 1872. Andlau, pp. 105, 111 – 12. SHAT, Lb 14, "Extrait de Fay."

[44] SHAT, Lb 13, Conseil d'Enquête, 28 March 1872, "Déposition de Col. Lewal."

[45] SHAT, Lb 14, Ban St. Martin, 25 Aug. 1870, Marshal Bazaine to Marshal Canrobert.

[46] Andlau, p. 121.

[47] SHAT, Lb 14, Metz, 26 Aug. 1870, Col. Boyer, "Conférence du 26 Août 1870."

[48] SHAT, Lb 14, Santonet, 21 Aug. 1870, Gen. Bourbaki to Marshal Bazaine.

[49] SHAT, Lb 14, "Extrait de la deposition du Ml. Leboeuf."

[50] SHAT, Lb 14, Déposition Bourbaki, "Conférence du 26 Août 1870."

[51] SHAT, Lb 14, La Ronde, 26 Aug. 1870, Gen. Bourbaki. Lb 14, "Extrait Canrobert."

[52] SHAT, Lb 14, "Extrait Canrobert."

[53] Andlau, p. 151.

[54] SHAT, Lt 12, 28 Feb. 1872, "Déposition du Gen. Bourbaki."

[55] Andlau, p. 159.

[56] SHAT, Lb 11, Moncel, 22 June 1872, Col. d'Ornant to Marshal Leboeuf. Andlau, p. 157.

[57] *Allgemeine Militär-Zeitung*, 28 April 1892.

[58] SHAT, Lt 12, 28 Feb. 1872, "Déposition du Gen. Bourbaki."

[59] Fay, p. 163.

[60] SHAT, Lc 2/3, Sedan, 1 Sep. 1870, Col. Chagrin, "Aprés la bataille."

[61] SHAT, Lc 1, Paris, 14 March 1903, Gen. de Vaulgrenant to Gen. Pendezec.

[62] PRO, FO 27, 1813, Paris, 29 Aug. 1870, Col. E. S. Claremont to Lyons.

[63] Munich, Bayerisches Kriegsarchiv (BKA), HS 849, Capt. Girl, vol. 2, p. 59.

[64] G. von Bismarck, *Kriegserlebnisse* 1866 *und* 1870 – 71, Dessau, 1907, p. 129. Edwards, p. 79.

[65] PRO, FO 64, 703, 30 Oct. 1870, Capt. Henry Hozier, "Sketch of the Operations of the German Army in France." SKA, Zeitg. Slg. 43, 1873, Lt-Col. Karl von Holleben-Normann, "Operationen der Maas-Armee von Metz bis Sedan."

[66] Gen. Julius Verdy du Vernois, *With the Royal Headquarters in 1870 – 71*, 2 vols., London, 1897, vol. 1, pp. 108 – 16.

[67] BKA, HS 858, "Kriegstagebuch Leopold Prinz von Bayern."

[68] Helmuth von Moltke, *The Franco-German War of 1870 – 71*, New York, 1892, pp. 70 – 1.

[69] SKA, Zeitg. Slg. 43, 1873, "Lt-Col. Karl von Holleben-Normann, "Operationen der Maas-Armee von Metz bis Sedan."

[70] Alfred von Waldersee, Denkwürdigkeiten, 3 vols., Berlin, 1922, vol. 1, p. 91. Sheridan, vol. 2, p. 394. A. B., "Kriegsgeschichtliche Betrachtungen über den kleinen Krieg," ÖMZ 3 (1876), p. 253.

[71] SKA, Zeitg. Slg. 43, 1873, Oblt. Karl von Holleben-Normann,

"Operationen der Maas-Armee von Metz bis Sedan." PRO, FO 27, 1813, Paris, 29 Aug. 1870, Col. E. S. Claremont to Lyons. Howard, pp. 196 – 8.

[72] BKA, HS 858, "Kriegstagebuch Leopold von Bayern."

[73] Edwards, pp. 84 – 5.

[74] SKA, Zeitg. Slg. 43, 1873, Oblt. Karl von Holleben-Normann, "Operationen der Maas-Armee von Metz bis Sedan."

[75] Edwards, p. 99.

[76] BKA, HS 856, Landwehr Lt. Joseph Krumper. BKA, HS 849, Capt. Girl, vol. 3, pp. 9 – 18.

[77] SHAT, Lc 2/3, 12 Oct. 1870, Col. Weissenburger, "Rapport sur la part prise par le 17e de Ligne ὰ la bataille de Beaumont le 30 Août 1870."

[78] SHAT, Lc 2/3, 4 Sept. 1870, Lt-Col. Jacquelot, "Rapport."

[79] SHAT, Lc 2/3, Sedan, 4 Sep. 1870, Capt. E. Arnould.

[80] SHAT, Lc 2/3, Sedan, 1 Sep. 1870, Col. Chagrin de St. Hilaire, "Aprés la bataille."

[81] BKA, HS 982, Munich, 3 Dec. 1871, Maj. Theodor Eppler, "Erfahrungen."

[82] SKA, Zeitg. Slg. 43, 1873, Oblt. Karl von Holleben-Normann, "Operationen der Maas-Armee von Metz bis Sedan."

[83] PRO, FO 27, 1813, Paris, 29 Aug. 1870, Col. E. S. Claremont to Lyons.

[84] BKA, HS 858, "Kriegstagebuch Prinz Leopold von Bayern."

[85] Gen. Julius Verdy du Vernois, *With the Royal Headquarters in 1870 – 71*, 2 vols., London, 1897, vol. 1, p. 121.

[86] SKA, Zeitg. Slg. 158, Sec. Lt. Hinüber. Dresden, KA, Zeitg. Slg. 43, 1873, Oblt. Karl von Holleben-Normann, "Operationen der Maas-Armee von Metz bis Sedan."

[87] PRO, FO 64, 703, 30 Oct. 1870, Capt. Henry Hozier, "Sketch of Operations of the German Army in France."

[88] Sheridan, vol. 2, p. 398.

[89] Edwards, p. 120.

[90] Edwards, p. 98.

## 第九章

[1] Helmuth von Moltke, *The Franco – German War of 1870 – 71*, New York, 1892, pp. 84 – 8.

[2] Munich, Bayerisches Kriegsarchiv (BKA), HS 849, Capt. Girl, vol. 3, pp. 28 – 30.

[3] Vincennes, Service Historiquede l'Armée de Terre (SHAT), Lc2/3, Sedan, 1Sept. 1870, Col. Louis Chagrin, "Aprés la bataille."

[4] G. von Bismarck, *Kriegserlebnisse 1866 und 1870 – 71*, Dessau, 1907, p. 130.

[5] "*Papiers et Correspondance de la Famille Impériale*," 10 vols., Paris, 1870, vol. 2, p. 63.

[6] SHAT, Lc 2/3, Sedan, 1 Sept. 1870, Col. Louis Chagrin, "Aprés la bataille."

[7] Capt. Hugo von Molnár, "Über Artillerie Massenverwendung im Feldkriege," *Österreichische Militärische Zeitschrift* (ÖMZ) 1 (1880), p. 296.

[8]SHAT,Lc 2/3,1871,"Bataille de Sedan:Documents historiques concernant le Gen. de Wimpffen."

[9]BKA, B 1240, Capt. Balduin Winckler, "Relation über das Gefecht bei Sedan."

[10]BKA, B 1123,n. d. ,Gen. Tann,"Bericht über die Teilnahme I. bayerischen Armee – Corps an der Schlacht von Sedan."

[11]BKA,HS 849,Capt. Girl,vol. 3,pp. 32 – 4.

[12]SHAT, Lc 2/3, Paris, 2 Aug. 1872, Gen. Lebrun to Navy Minister,"Rapport au Ministre."

[13]G. von Bismarck,pp. 132 – 3.

[14]Field Marshal Albrecht von Blumenthal, *Journals of Field Marshal Count von Blumenthal for 1866 and 1870 – 71*,London, 1903,p. 111.

[15]Paul Dorsch, ed. , *Kriegszuge der Württemberger im 19. Jahrhundert*,Stuttgart,1913,p. 306.

[16]SHAT, Lc 2/3, 1871, "Bataille de Sedan: Documents historiques concernant le Gen. de Wimpffen."

[17]SHAT,Lc 2/3,Fays-les-Veneurs,5 Sept. 1870,Gen. Wimpffen to Gen. Palikao.

[18]Theodor Fontane,*Der Krieg gegen Frankreich 1870 – 71*,4 vols. ,orig. 1873 – 76,Zurich,1985,vol. 2,p. 226.

[19]BKA, HS 850,Sgt. Bernhard Görner,"Tagebuch des Krieges 1870 – 71." BKA,B 1240,Châlons,8 Sep. 1870,Col. Walther to II Corps Cdo.

[20]BKA,HS 856,Landwehr – Lt. Josef Krumper.

[21]SHAT, Lc 2/3, Sedan, 3 Sept. 1870, Gen. Douay, "Rapport

sur la role du 7 Corps dans la bataille de Sedan."

[22] Oskar Becher, *Kriegstagebuch eines Vierundneunzigers aus dem Kriege 1870－71*, Weimar, 1904, p. 20.

[23] BKA, HS 846, Maj. Gustav Fleschuez.

[24] BKA, HS 857, "Tagebuch des Oberlts. Karl Leeb, k. b. 5. Jägerbataillon."

[25] SHAT, Lc 2/3, Fays-les-Veneurs, 5 Sept. 1870, Gen. Wimpffen to Gen. Palikao.

[26] SHAT, Lc 2/3, Sedan, 3 Sept. 1870, Gen. Douay, "Rapport sur la role du 7 Corps dans la bataille de Sedan."

[27] BKA, HS 858, "Kriegstagebuch Prinz Leopold von Bayern."

[28] G. von Bismarck, pp. 135－6.

[29] BKA, HS 849, Capt. Girl, vol. 3, pp. 37, 90.

[30] Michael Howard, *The Franco-Prussian War*, orig. 1961, London, 1981, pp. 215－16.

[31] Becher, p. 23.

[32] SHAT, Lc 2/3, Sedan, 3 Sept. 1870, Gen. Douay, "Rapport sur la role du 7 Corps dans la bataille de Sedan."

[33] G. von Bismarck, p. 137.

[34] Frederick III, *The War Diary of the Emperor Frederick III 1870－71*, New York, 1927, p. 89.

[35] Maj. Johann Nosinich, "Der Krieg 1870－71," ÖMZ 4 (1872), pp. 155－6.

[36] SHAT, Lc 2/3, Paris, 6 Sept. 1870, Capt. Warnet.

[37] SHAT, Lc 2/3, 7 Sept. 1870, Col. Valentin Weissenburger, "Rapport."

[38] SHAT, Lc 2/3, Sedan, 1 Sept. 1870, Col. Louis Chagrin, "Aprés la bataille."

[39] SHAT, Lc 2/3, Sedan, 1 Sept. 1870, Col. Louis Chagrin, "Aprés la bataille."

[40] BKA, HS 856, Landwehr – Lt. Josef Krumper.

[41] Dresden, Sächsisches Kriegsarchiv (SKA), ZGS 158, Lt. Hinüber, "Tagebuch." BKA, HS 849, Capt. Girl, vol. 3, p. 68.

[42] Philip H. Sheridan, *Personal Memoirs of P. H. Sheridan*, 2 vols., New York, 1888, vol. 2, pp. 402 – 3.

[43] SHAT, Lc 2/3, 1871, "Bataille de Sedan: Documents historiques concernant le Gen. de Wimpffen."

[44] SHAT, Lc 2/3, Sedan, 3 Sept. 1870, Gen. Douay, "Rapport sur la role du 7 Corps dans la bataille de Sedan."

[45] SHAT, Lc 2/3, Sedan, 2 Sept. 1870, Gen. Grandchamp, "Rapport Sommaire."

[46] SKA, KA-Abg. Potsdam, Nr. P 967, Villers-Cernay, 2 Sept. 1870, Gen. Hzg. Georg von Sachsen to King. SHAT, Lc2/3, 1871, "Bataille de Sedan: Documents historiques concernant le Gen. de Wimpffen."

[47] BKA, HS 858, "Kriegstagebuch Prinz Leopold von Bayern."

[48] BKA, HS 849, Capt. Girl, vol. 3, p. 72. Sheridan, vol. 2, pp. 404 – 5.

[49] Howard, pp. 218 – 19.

[50] Capt. Hugo von Molnár, "Über Artillerie Massenverwendung im Feldkriege," ÖMZ 1 (1880), pp. 296 – 308.

[51] G. von Bismarck, p. 138.

[52] SHAT, Lc 2/3, 1871, "Documents historiques concernant le

Gen. de Wimpffen. ”

[53] SHAT, Lc 2/3, Fays-les-Veneurs, 5 Sept. 1870, Gen. Wimpffen.

[54] Howard, p. 221.

[55] H. Sutherland Edwards, *The Germans in France*, London, 1873, pp. 129 – 32.

[56] Gen. Julius Verdy du Vernois, *With the Royal Headquarters in 1870 – 71*, 2 vols., London, 1897, vol. 1, pp. 136 – 8. SHAT, Lc 2/3, Fays-les-Veneurs, 5 Sept. 1870, Gen. Wimpffen to Gen. Palikao.

[57] Maj. Johann Nosinich, “Der Krieg 1870 – 71,” ÖMZ 4 (1872), pp. 155 – 6. SHAT, Lc 2/3, Fays-les-Veneurs, 5 Sept. 1870, Gen. Wimpffen.

[58] SHAT, Lc 2/3, 1871, “Bataille de Sedan: Documents historiques concernant le Gen. de Wimpffen. ”

[59] Frederick III, p. 99.

[60] Alfred von Waldersee, *Denkwürdigkeiten*, 3 vols., Berlin, 1922, vol. 1, pp. 93 – 4.

[61] “Die Schlacht bei Sedan,” ÖMZ 3 (1872), p. 49.

[62] Vienna, Haus – Hof – und Staatsarchiv (HHSA), PA IX, 96, Paris, 2 Sept. 1870, Metternich to Beust.

## 第十章

[1] London, Public Record Office (PRO), FO 64, 691, Berlin, 3 and 10 Sept. 1870, Loftus to Granville.

[2] PRO, FO 64, 692, Berlin, 1 Oct. 1870, Loftus to Granville.

[3] G. von Bismarck, *Kriegserlebnisse 1866 und 1870 – 71*, Dessau,

1907, pp. 142 – 5.

[4] Munich, Bayerisches Kriegsarchiv (BKA), HS 839, "Erinnerungen 1870 – 71 des Soldaten Josef Denk," pp. 3 – 5.

[5] Washington, DC, National Archives (NA), CIS, U. S. Serial Set, 1780, Paris, 5 Sept. 1870, Washburne to Fish.

[6] PRO, FO 27, 1814, Paris, 6 Sept. 1870, Claremont to Lyons.

[7] Rupert Christiansen, *Paris Babylon*, New York, 1994, pp. 155 – 61.

[8] NA, CIS, U. S. Serial Set 1780, Paris, 8 Sept. 1870, Favre to Washburne.

[9] PRO, FO 27, 1814, Paris, 7 Sept. 1870, Claremont to Lyons.

[10] PRO, FO 27, 1818, Paris, 9 Oct. 1870, Wodehouse to Granville.

[11] Vienna, Haus – Hof – und Staatsarchiv (HHSA), PA IX, 96, Paris, 9 and 20 Oct. 1870, Hübner to Metternich. Louis Trochu, *L'Armée Française en 1867*, Paris, 1870, p. viii. F. Maurice, *The Franco – German War 1870 – 71*, orig. 1899, London, 1914, p. 290.

[12] Alfred von Waldersee, *Denkwürdigkeiten*, 3 vols., Berlin, 1922, vol. 1, p. 93.

[13] PRO, FO 425, 97, 120A, Paris, 6 Sept. 1870, Lyons to Granville.

[14] BKA, HS 846, Maj. Gustav Fleschuez. BKA, HS 858, "Kriegstagebuch, Leopold Prinz von Bayern." Philip H. Sheridan, *Personal Memoirs of P. H. Sheridan*, 2 vols., New York, 1888, vol. 2, p. 414.

[15] Sheridan, vol. 2, pp. 421 – 2.

[16] Dresden, Sächsisches Kriegsarchiv (SKA), ZGS 158, Lt. Hinüber, 19 Sept. 1870.

[17] PRO, FO 425, 98, 188, Paris, 31 Oct. 1870, Claremont to Lyons. FO 64, 703, Versailles, 26Oct. 1870, Capt. Henry Hozier.

[18] Gen. H. A. Leer, "Über den Krieg 1870 – 71," Österreichische Militärische Zeitschrift (ÖMZ)4 (1874), p. 45.

[19] NA, CIS, U. S. Ser. Set 1789, Bismarck to Washburne, Versailles, 29 Oct. 1870. SKA, Abg. Potsdam, Nr. P967, Tremblay, 22 Sept. 1870, Prince Albert to King Johann. PRO, FO 27, 1815, Paris, 9 Sept. 1870, Claremont to Lyons.

[20] SKA, KA, ZGS 72, Livry, 21 Sept. 1870, " Briefe Adolf Flies. "

[21] SKA, ZGS 158, Lt. Hinüber, "Tagebuch," 12 Oct. 1870.

[22] Paul Bauriedel, *Meine Erlebnisse während des Feldzuges im Jahre 1870 – 71*, Nuremberg, 1895, p. 63. SKA, KA, P 967, Vert galant, 23 Oct. 1870, Duke Georg to King Johann.

[23] PRO, FO 64, 694, Berlin, 12 Nov. 1870, Loftus to Granville.

[24] Vincennes, Service Historique de l'Armée de Terre (SHAT), Le 19, Auch, 18 Aug. 1871, Lt. Col. P. Taberne, " Rapport historique sur les opérations du 85e Regt. de Mobiles. "

[25] PRO, FO 27, 1817, Tours, 6 Oct. 1870, Lyons to Granville.

[26] PRO, FO 425, 97, Florence, 2 Sept. 1870, A. Paget to Granville.

[27] PRO, FO27, 1815, Paris, 10Sept. 1870, Lyons to Granville. FO27, 1817, Tours, 6Oct. 1870, Lyons to Granville. FO 425, 98, 259, Therapia, 15 Dec. 1870, Elliot to Granville.

[28] SHAT, Le19, Paris, 22 Sept. 1870, "Proclamation de Victor Hugo. " PRO, FO425, 142, Paris, 8 Sept. 1870, Lyons to Granville. FO 425, 183, London, 13 Sept. 1870, Granville to Lyons.

[29]HHSA, PA IX, 96, Paris, "Briefe des Raphael Hübner aus Paris an Fürsten Metternich," Sept. 1870, Hübner to Metternich.

[30]PRO, FO 64, 691, Berlin, 3 and 16 Sept. 1870, Loftus to Granville. Eberhard Kolb, *Der Weg aus dem Krieg*, Munich, 1989, pp. 222-3, 308-12.

[31]PRO, FO 425, 97, 181, London, 13 Sept. 1870, Granville to Lyons.

[32]PRO, FO 27, 1816, Paris, 16 Sept. 1870, Lyons to Granville.

[33]SHAT, Lt 12, Metz, 31 Oct. 1870, Maj. F. A. Léveillé.

[34]SHAT, Lb14, Gen. Manèque, "Projets d'opérations de détail ajournées ou executés." Charles Fay, *Journal d'un Officier de l'Armée du Rhin*, Paris, 1889, pp. 171-3. Joseph Andlau, *Metz*, Paris, 1872, p. 190.

[35]Adolf Matthias, *Meine Kriegserinnerungen*, Munich, 1912, pp. 52-4.

[36]PRO, FO 64, 703, near Metz, 9 Oct. 1870, Capt. Henry Hozier to Granville.

[37]SHAT, Lt12, Ban. St. Martin, 22 Sept. 1870, Marshal Bazaine to Gen. Frossard.

[38]SHAT, Lt12, 28 Feb. 1872, "Déposition de Gen. Bourbaki." Andlau, pp. 277-80, 290, 295.

[39]PRO, FO 64, 703, near Metz, 9 Oct. 1870, Capt. Henry Hozier to Granville.

[40]Andlau, p. 205.

[41]Andlau, p. 196.

[42]PRO, FO 425, 14, Tours, 18 Oct. 1870, Lyons to Granville.

[43] PRO, FO 27, 1818, Tours, 14 Oct. 1870, Lyons to Granville. FO 425, 98, 59, Tours, 20Oct. 1870, "Report by Mr. West on the prospects of the Orleanist and Legitimist parties in France."

[44] SHAT, Lt12, Brussels, 30 Sept. 1870, Tachard to Favre.

[45] PRO, FO 425, 383 and 284 and 74, Tours, 20 Oct. 1870, Lyons to Granville. Berlin, 25 Oct. 1870, Loftus to Granville.

[46] SHAT, Lt12, Brussels, 30 Sept. and 3, 7, and 8 Oct. 1870, Tachard to Favre. Andlau, pp. 224 – 31, 236 – 7. Edmond Ruby and Jean Regnault, *Bazaine: Coupable ou victime?*, Paris, 1960, pp. 227 – 8.

[47] SHAT, Lt12, Brussels, 30 Sept. and 3 Oct. 1870, Tachard to Favre.

[48] PRO, FO 425, 97, 312, Brussels, 9 Oct. 1870, Lumley to Granville. 375, London, 19 Oct. 1870, Granville to Lyons. SHAT, Lt12, 28 Feb. 1872, "Déposition de Gen. Bourbaki."

[49] Frederick III, *The War Diary of the Emperor Frederick III 1870 – 71*, New York, 1927, p. 171.

[50] Moritz Busch, *Bismarck: Some secret pages of his history*, 2 vols, New York, 1898, vol. 1, pp. 188 – 9.

[51] SHAT, Lt12, Brussels, 5, 6, 22 and 30 Oct. 1870, Tachard to Favre. London, 12 and 27 Oct. 1870, Tissot to Favre. Fay, pp. 258 – 9.

[52] SHAT, Lt12, Tours, Oct. 1870, Gambetta to Favre. Brussels, 1 Nov. 1870, Tachard to Favre.

[53] SHAT, Lt12, Brussels, 31 Oct. 1870, Tachard to Favre.

[54] PRO, FO 425, 98, 89, Florence, 22 Oct. 1870, Paget to

Granville.

[55] PRO, FO 425, 112, Tours, 31 Oct. 1870, Lyons to Granville. NA, CIS, U. S. Serial Set 1780, Paris, 3 and 4 Oct. 1870, Washburne to Fish. HHSA, PA IX, 96, Paris, 12 Oct. 1870, Hübner to Metternich.

[56] PRO, FO 425, 98, Tours, 9 Oct. 1870, Lyons to Granville. 98, Florence, 22 Oct. 1870, Paget to Granville. 98, St. Petersburg, 21 Oct. 1870, Buchanan to Granville. FO 64, 703, Versailles, 25 Oct. 1870.

[57] PRO, FO 425, 190, Brussels, 19 Nov. 1870, Lumley to Granville.

[58] MichaelHoward, *The Franco - Prussian War*, orig. 1961, London, 1981, pp. 278 - 80. Otto Pflanze, *Bismarck and the Development of Germany*, 3 vols., Princeton, 1990, vol. 1, p. 476. Andlau, pp. 333 - 4.

[59] PRO, FO 425, 98, Versailles, 28 Oct. 1870, Bismarck to Bernstorff.

[60] PRO, FO 425, 98, Tours, 22 Oct. 1870, Lyons to Granville. Tours, 9 Nov. 1870, Lyons to Granville.

[61] HHSA, PA IX, 96, Paris, 29 September 1870, Hübner to Metternich.

[62] SHAT, Li6, 29 Sept. 1870 and 6 Oct. 1870, Gen. Leflô to Trochu and Gambetta.

[63] David Clarke, ed. *Military Memoirs: Roger de Mauni, the Franco-Prussian War*, London, 1970, p. 35.

[64] SHAT, Li2, Oct. 1870, "les habitants de la troisième circonscription de Paris au Gen. Trochu." Li3/4, Paris, 15 Sept 1870, Gen. Trochu to all Garde Mobile commandants. Maurice, p. 272.

[65] SHAT, Li 3/4, Paris, 15 Sept. 1870, Trochu to Garde Mobile commandants.

[66] SHAT, Lb14, Gen. Manèque, "Projets d'opérations de détail ajournées ou executés." J. B. Montaudon, *Souvenirs Militaires*, 2 vols, Paris, 1898 – 1900, vol. 2, pp. 161 – 3.

[67] Helmuth von Moltke, *The Franco – German War of 1870 – 71*, New York, 1892, pp. 104 – 5.

[68] Fay, p. 251.

[69] Andlau, pp. 236 – 7.

[70] Matthias, p. 65.

[71] Montaudon, vol. 2, p. 163.

[72] SHAT, Lt12, Metz, 23 Sept. 1870, "un membre de l'armée" to Marshal Bazaine.

[73] SHAT, Lt12, Lille, 1 Nov. 1870, Préfet de Nord to Gambetta.

[74] Montaudon, vol. 2, pp. 189 – 90.

[75] Matthias, p. 65.

[76] SHAT, Lt12, Brussels, 3 Nov. 1870, Tachard to Favre. SHAT, Lb9, Ban St. Martin, 28 Oct. 1870, "Ordre gl. No. 12." Howard, pp. 281 – 3.

[77] Andlau, pp. 403 – 10. Léonce Patry, *The Reality of War*, London, 2001, pp. 159 – 60.

[78] SHAT, Ld 3, 1 Nov. 1870, "Extrait du journal du Capitain de Longalerie." SKA, ZGS 158, Paris, 1 Nov. 1870, Lt. Hinüber, "Tagebuch." PRO, FO 425, 98, 110, Tours, 31 Oct. 1870, Lyons to Granville.

[79] Maurice, p. 290.

[80] PRO, FO 425, Tours, 18 Oct. 1870, Lyons to Granville. Paris, 31 Oct. 1870, Col. Claremont to Lyons.

[81] PRO, FO 425, 189, Paris, 7 Nov. 1870, Col. Claremont to Lyons. NA, CIS, U. S. Ser. Set 1780, Paris, 31 Oct. and 7 Nov. 1870, Washburne to Fish. Maurice, p. 289.

[82] Matthias, pp. 69 – 71.

[83] Richard Berendt, *Erinnerungen aus meiner Dienstzeit*, Leipzig, 1894, pp. 95 – 8.

[84] SKA, P 967, Vert galant, 23 Sept. 1870, Duke Georg to King Johann.

[85] BKA, HS 849, Capt. Celsus Girl, vol. 7, p. 18.

[86] SHAT, Li2, Gouv. De Paris, "Projet d'occupation de la position d'Avron." BKA, B 1237, Malabry, 18 Oct. 1870, Gen. Walter, "Relation." BKA, HS 849, Capt. Celsus Girl, vol. 5, pp. 69 – 71.

[87] BKA, HS 846, Maj. Gustav Fleschuez.

[88] HHSA, PA IX, 96, Paris, 29 Sept. and 12 and 29 Oct. 1870, Hübner to Metternich.

[89] PRO, FO 64, near Metz, 10 Oct. 1870, Capt. Henry Hozier to Granville.

[90] PRO, FO 64, Berlin, 25 Oct. 1870, Loftus to Granville.

[91] PRO, FO 425, Paris, 8 Sept. 1870, Lyons to Granville.

[92] PRO, FO 425, Tours, Nov. 1870, "Report by Mr. West on the state of France."

[93] SKA, ZS 158, Lt. Hinüber, "Tagebuch," 12 Oct. 1870.

## 第十一章

[1] London, Public Record Office (PRO), FO64, 693, Berlin, 21 and 26 Oct. 1870, Capt. Hozier.

[2] Vincennes, Archives Centrales de la Marine (ACM), BB4 906, Cherbourg, 16 Sept. 1870, Prefecture Maritime to Naval Delegate at Tours. Col. Andlau, *Metz*, Paris, 1872, p. 222.

[3] F. Maurice, *The Franco-German War 1870 – 71*, London, 1914, pp. 381 – 3.

[4] SHAT, Le19, Auch, 18 Aug. 1871, Col. P. Taberne, "Rapport historique." Ld 20, Lausanne, 22 Feb. 1871, Eduard Tallichet to Min. of War. Ld 4, Chanu, 15 Nov. 1870, 39 Regt., 3eme Bataillon, Garde Nationale Mobile, "Rapport." Ld 1, Tours, 26 Nov. 1870, Directeur d'Artillerie. Le 19, Auch, 18 Aug. 1871, "85e Regt. de Mobiles (Gers, Vienne): Rapport Historique."

[5] SHAT, Ld 1, Argent, 20 Oct. 1870, Capt. Duchesne, "Rapport."

[6] Munich, Bayerisches Kriegsarchiv (BKA), HS 856, Lt. Josef Krumper.

[7] SHAT, Le 19, Paris, 25 June 1871, Col. d'Arguelle, "Résumé des Opérations de Guerre."

[8] PRO, FO 425, 98, Tours, 2 Nov. 1870, Lyons to Granville.

[9] BKA, HS 858, "Kriegstagebuch Leopold Prinz von Bayern."

[10] BKA, HS 856, Lt. Josef Krumper.

[11] Oskar Becher, *Kriegstagebuch eines Vierundneunzigers aus dem Kriege 1870 – 71*, Weimar, 1904, p. 39.

[12] H. Sutherland Edwards, *The Germans in France*, London,

1873, pp. 48 – 52. BKA, HS 858, "Kriegstagebuch Leopold Prinz von Bayern." Adolf Matthias, *Meine Kriegserinnerungen*, Munich, 1912, pp. 64 – 5.

[13] BKA, HS 856, Lt. Josef Krumper.

[14] SHAT, Ld 3, Capt. Jean-Marie du Temple, "Rapport sur le Campagne 1870 – 71."

[15] BKA, HS 849, Capt. Girl, vol. 3, pp. 65 – 6.

[16] Otto Pflanze, *Bismarck and the Development of Germany*, 3 vols., Princeton, 1990, vol. 1, pp. 482 – 3.

[17] SHAT, Ld 1, Blois, 19 Oct. 1870, Gen. Pourcet to Gen. Duplanquer.

[18] SHAT, Ld 1, Blois, 19 Oct. 1870, Garde Mobile de la Sarthe to XV Corps.

[19] Gambetta was minister of war, Freycinet his "delegue au département de la guerre." SHAT, Ld 2, Tours, 31 Oct. 1870, Gambetta to all divisional and brigade generals." Ld 4, Tours, 17Nov. 1870, Freycinet to Aurelle。这是一份相当有代表性的指令，弗雷西内相当直截地告诉奥雷勒要将机枪集中起来而不是分散开来。

[20] SHAT, Ld 1, Tours, 18 Oct. 1870, Gambetta to Gen. Chanzy.

[21] SHAT, Ld 3, 1 Nov. 1870, "Extrait du journal du Capitain de Longalerie."

[22] Moritz Busch, *Bismarck: Some secret pages of his history*, 2 vols., New York, 1898, vol. 1, p. 162.

[23] BKA, B 1145, 11 June 1871, Lt. Johann Geiger. 12 June 1871, Unterlt. Theodor Schieber. SHAT, Ld 3, Gen. Aurelle, "Rapport

sur la bataille de Coulmiers. ”

[24] SHAT, Ld 4, Boulay, 15 Nov. 1870, Dr. Chapuy, XVI Corps.

[25] Matthias, p. 95. In fact, most German POWs were interned on the islands off Brittany.

[26] PRO, FO 425, 98, London, 19 Oct. 1870, “New York Tribune.”

[27] BKA, B982, Maj. Theodor Eppler, “Erfahrungen.”

[28] BKA, HS 856, Lt. Josef Krumper.

[29] Dresden, Sächsisches Kriegsarchiv (SKA), ZS 158, Lt. Hinüber, “Tagebuch.”

[30] SHAT, Ld 4, Tours, 13 Nov. 1870, Freycinet to Gen. Aurelle.

[31] David Clarke, ed. *Military Memoirs: Roger de Mauni, the Franco-Prussian War*, London, 1970, pp. 19, 40.

[32] SHAT, Ld 4, Vendôme, 14 Nov. 1870, Gen. Durrieu.

[33] SHAT, Ld 4, Dreux, 25 Jan. 1872, Cdt. De Coynart, “Combat de Torcay.”

[34] SHAT, Ld 4, St. Péravy, 15 Nov. 1870, Gen. Barry, “Ordre Géneral.” Maurice, p. 399.

[35] BKA, HS 849, Capt. Girl, vol. 1, p. 66.

[36] BKA, HS 856, Lt. Josef Krumper.

[37] Matthias, p. 81.

[38] SHAT, Ld 1, Bourges, 1 Oct. 1870, Gen. La Motterouge.

[39] SHAT, Ld 4, Orléans, 15 Nov. 1870, “Rapport sur le terrain en avant d'Orléans.”

[40] SHAT, Ld 1, Tours, 21 Sept. 1870, Vice-Adm. Fourichon to all generals. Ld 4, Paris, 15 Nov. 1870, Capt. Emile Mareille.

[41] SHAT, Ld 4, Tours, 12 Nov. 1870, Gambetta to Gen. Aurelle. Orléans, 15 Nov. 1870, "Rapport sur le terrain en avant d'Orléans."

[42] Michael Howard, *The Franco-Prussian War*, orig. 1961, New York, 1981, p. 305.

[43] SHAT, Ld 1, Blois, 19 Oct. 1870, Garde Mobile de Dept. de la Sarthe to Gen. Pourcet (XV Corps). Ld 5, Tours, 23 Nov. 1870, Gambetta to Divs. Territoriales. Ld 2, Tours, 29 Oct. 1870, Gambetta to Divs. Territoriales. SHAT, Li 2, Paris, Dec. 1870, Gen. Isidore Schmitz, "Rapport sur les opérations de la Defense de Paris du 26 Nov. au 3 Dec. 1870."

[44] SHAT, Ld 6, 3 Dec. 1870, Gen. Crouzat, "Rapport sur le combat de Beaune."

[45] SHAT, Ld 6, 3 Dec. 1870, Gen. Crouzat, "Rapport sur le combat de Beaune."

[46] Matthias, p. 94.

[47] "General Heinrich Antonowitsch Leer über den Krieg 1870 – 71," *Österreische Militärische Zeitschrift* (ÖMZ) 4 (1874), p. 42.

[48] Matthias, pp. 86 – 8. Howard, pp. 306 – 7.

[49] BKA, HS 856, Lt. Joseph Krumper.

[50] SHAT, Ld 7, Dec. 1870, XVI Corps to 1st Div.

[51] Becher, pp. 44 – 9.

[52] Maurice, p. 420.

[53] SHAT, Li 2, "proclamations."

[54] Washington, National Archives (NA), CIS, U. S. Serial Set

1780,9 Jan. 1871,Washburne to Fish。2003 年时候,一只鸡仔的价格相当于当时的 5 美元,一磅黄油的价格相当于当时的 4 美元,一捆薪柴的价格则为 50 美元。

[55] SHAT, Li2, Paris, Dec. 1870, Gen. Isidore Schmitz, "Rapport sur les opérations de la Defense de Paris du 26 Nov. au 3 Dec. 1870."

[56] SKA, ZS 158, Lt. Hinüber, "Tagebuch." Maurice, p. 294.

[57] SKA, KM 968, Le Vert Galant, 9 Dec. 1870, Duke Georg to King Johann. SHAT, Li 2, Paris, Dec. 1870, Gen. Isidore Schmitz, "Rapport sur les opérations de la Defense de Paris du 26 Nov. au 3 Dec. 1870."

[58] SHAT, Ld 1, Tours, 21 Sept. 1870, Vice-Admiral Fourichon to all generals. PRO, FO 425, London, 30 Dec. 1870, Gen. Claremont to Lyons. Howard, pp. 342 – 7. Maurice, pp. 304 – 6.

[59] John Horne and Alan Kramer, *German Atrocities*, 1914, New Haven, 2001, pp. 141 – 2.

[60] Dresden, SKA, ZS 158, 13 Dec. 1870, Lt. Adolf Hinüber, "Tagebuch." Pflanze, vol. 1, pp. 483 – 4. Busch, vol. 1, pp. 295 – 6. Frederic Trautmann, ed. *A Prussian observes the American Civil War*, Columbia, 2001, pp. 197 – 9.

[61] Lothar Gall, *Bismarck*, 2 vols, London, 1980, vol. 1, p. 365.

[62] Howard, pp. 374 – 6, 380.

[63] Otto Prince von Bismarck, *Bismarck: The man and the statesman*, 2 vols., London, 1898, vol. 2, pp. 108, 121. Gall, vol. 1, p. 365.

[64] PRO, FO 425, 98, Bordeaux, 2 Jan. 1871, Lyons to Granville. SKA, ZS 158, Lt. Hinüber, "Tagebuch." Maurice, pp. 307 –

9,312 – 15. Howard, pp. 391 – 2.

[65] Washington, DC, CIS, U. S. Serial Set 1780, 9 Jan. 1871, Washburne to Fish.

[66] Pflanze, vol. 1, pp. 499 – 501. Gall, vol. 1, p. 370 – 2.

[67] PRO, FO 425, 98, Berlin, 14 Jan. 1871, Loftus to Granville. Versailles, 19 Jan. 1871, Russell to Granville.

[68] NA, CIS, U. S. Serial Set, 1780, Paris, 25 Jan. 1871, Washburne to Fish. Maurice, pp. 317 – 23.

[69] SHAT, Le 19, Cher, 9 Dec. 1870, "L'Occupation de Vierzon."

[70] SHAT, Le 19, Paris, 25 June 1871, Col. Charles d'Arguelle, "Résumé des operations de guerre."

[71] Becher, pp. 50 – 8.

[72] Friedrich Leo, *Kriegserinnerungen am 1870 – 71*, Berlin, 1914, p. 43.

[73] BKA, HS 856, Lt. Joseph Krumper.

[74] BKA, HS 856, Lt. Joseph Krumper.

[75] Matthias, pp. 148 – 9.

[76] BKA, HS 858, "Kriegstagebuch Leopold Prinz von Bayern." Leo, p. 74. Matthias, p. 84.

[77] Clarke, pp. 120 – 1.

[78] SHAT, Ld 20, Lyon, 4 March 1871, Gen. Bourbaki to Gambetta. Howard, p. 386.

[79] BKA, HS 858, "Kriegstagebuch Leopold Prinz von Bayern."

[80] SHAT, La 36, Bordeaux, 31 Dec. 1870, Bureau de reconnaissances, "Instructions pour l'interrogatoire des prisonniers."

[81] SHAT, Le 19, Paris, 25 June 1871, Col. Charles d'Arguelle.

Wolfgang Schivelbusch, *The Culture of Defeat*, orig. 2001, New York, 2003, p. 173.

[82] PRO, FO 425, 98, London, 19 Oct. 1870, "New York Tribune." BKA, HS 858, "Kriegstage-buch Leopold Prinz von Bayern."

[83] Maurice, pp. 542 – 6.

[84] A. B., *Kriegsgeschichtliche Betrachtungen über den kleinen Krieg*, ÖMZ 3 (1876), pp. 253 – 5.

[85] Becher, p. 61. BKA, HS 858, " Kriegstagebuch Leopold Prinz von Bayern.

[86] C. Betz, *Aus den Erlebnissen und Erinnerungen eines alten Offiziers*, Karlsruhe, 1894, pp. 163 – 6. Horne and Kramer, pp. 140 – 1.

[87] G. von Bismarck, *Kriegserlebnisse* 1866 *und* 1870 – 71, Dessau, 1907, p. 122.

[88] BKA, HS 856, Lt. Joseph Krumper."

[89] Pflanze, vol. 1, p. 478.

[90] Eberhard Kolb, *Der Weg aus dem Krieg*, Munich, 1989, p. 307. Gall, vol. 1, pp. 373 – 4. Howard, pp. 433 – 9.

[91] Clarke, pp. 110, 116.

[92] SHAT, Le 19, Paris, 25 June 1871, Col. Charles d'Arguelle. Leo, pp. 64 – 5.

[93] Howard, p. 403.

[94] SHAT, Ld 20, Lyon, 4 March 1871, Gen. Bourbaki to Gambetta.

[95] Howard, p. 413.

[96] PRO, FO 64, Versailles, 1 Nov. 1870, Capt. Hozier.

[97] SHAT, Ld 20, Lausanne, 22 Feb. 1871, Eduard Tallichet to

Gambetta.

[98] SHAT, Ld 20, Lausanne, 22 Feb. 1871, Eduard Tallichet to Gambetta.

[99] Howard, p. 426.

[100] SHAT, Ld 20, Lausanne, 22 Feb. 1871, Eduard Tallichet to Gambetta.

[101] Gen. Julius Verdy du Vernois, *With the Royal Headquarters in* 1870 – 71, 2 vols., London, 1897, vol. 1, pp. 250 – 2.

[102] PRO, FO27, 1786, Paris, 20 Dec. 1869, Edw. Malet to Lord Lyons, "Report on the industrial and artisan classes of France."

[103] SHAT, Le 19, Cher, 9 Dec. 1870, "L'Occupation de Vierzon."

[104] NA, CIS, U. S. Serial Set, 1780, Paris, 25 Jan. 1871, Washburne to Fish.

[105] SKA, ZS 158, Lt. Hinüber, "Tagebuch."

[106] SHAT, Ld 20, Lyon, 4 March 1871, Gen. Bourbaki to Gambetta. Howard, pp. 428 – 9.

[107] SHAT, Ld 20, Lausanne, 22 Feb. 1871, Eduard Tallichet to Gambetta.

[108] SHAT, Ld 20, Lyon, 4 March 1871, Gen. Bourbaki to Gambetta.

## 第十二章

[1] Cited in David Baguley, *Napoleon III and his regime*, Baton Rouge, 2001, pp. 282 – 3.

[2] Robert I. Giesberg, *The Treaty of Frankfort*, Philadelphia, 1966, p. 20.

[3] Philip H. Sheridan, *Personal Memoirs of P. H. Sheridan*, 2 vols., New York, 1888, vol. 2, pp. 364 – 6.

[4] H. Sutherland Edwards, *The Germans in France*, London, 1873, p. 40.

[5] Lothar Gall, *Bismarck*, 2 vols., London, 1986, vol. 1, pp. 362 – 3.

[6] Allan Mitchell, *Bismarck and the French Nation 1848 – 1890*, New York, 1971, pp. 57, 77 – 9.

[7] Field Marshal Albrecht von Blumenthal, *Journals of Field Marshal Count von Blumenthal for 1866 and 1870 – 71*, London, 1903, p. 278. Eberhard Kolb, *Der Weg aus dem Krieg*, Munich, 1989, pp. 172 – 3.

[8] Gall, vol. 1, p. 368.

[9] Otto Pflanze, *Bismarck and the Development of Germany*, 3 vols., Princeton, 1990, vol. 1, pp. 490 – 1.

[10] Frederick III, *The War Diary of the Emperor Frederick III 1870 – 71*, New York, 1927, pp. 166 – 7.

[11] Cited in Hans-Ulrich Wehler, *The German Empire, 1871 – 1918*, orig. 1973, New York, 1991, p. 30.

[12] Volker Berghahn, *Germany and the Approach of War in 1914*, 2nd edition, New York, 1993, pp. 19 – 23.

[13] Pflanze, vol. 1, pp. 501 – 4.

[14] Wehler, p. 53.

[15] Scott W. Murray, *Liberal Diplomacy and German Unification*, Westport, 2000, pp. 119 – 20. Gall, vol. 1, p. 377. Pflanze, vol. 1, p. 502.

[16] Washington, DC, National Archives (NA), CIS, U. S. Serial Set 1780, Paris, 1 March 1871, Washburne to Fish. Giesberg, pp. 108 – 13. Alistair Horne, *The Fall of Paris*, London, 1965, pp. 309 – 14.

[17] Frederick III, pp. 314 – 15. Kolb, *Der Weg aus dem Krieg*, pp. 360 – 2.

[18] Frederic Reitlinger, *A Diplomat's Memoir of 1870*, London, 1915, pp. 81 – 2.

[19] Murray, p. 122.

[20] Moritz Busch, *Bismarck: Some secret pages of his history*, 2 vols., New York, 1898, vol. 1, pp. 417 – 18. A. J. P. Taylor, *Bismarck*, orig. 1955, New York, 1967, p. 133.

[21] Giesberg, p. 110.

[22] Sheridan, vol. 2, p. 409.

[23] Fritz Stern, *Gold and Iron*, New York, 1977, pp. 153 – 4.

[24] Kolb, *Der Weg aus dem Krieg*, p. 353.

[25] Cited in John Lowe, *The Great Powers, Imperialism, and the German Problem 1865 – 1925*, London, 1994, p. 41.

[26] Kolb, *Der Weg aus dem Krieg*, pp. 182 – 3.

[27] Wilhelm Deist, "Preconditions to waging war in Prussia-Germany, 1866 – 71," in Stig Försterand Jörg Nagler, eds. *On the Road to Total War*, Cambridge, 1997, pp. 316 – 18.

[28] John Keegan, *A History of Warfare*, New York, 1993, p. 357.

[29] Eric Dorn Brose, *The Kaiser's Army*, Oxford, 2001, pp. 62 – 3. Antulio J. Echevarria II, *After Clausewitz*, Lawrence, 2000, pp. 218 – 20.

[30] Gen. Julius Verdy du Vernois, *With the Royal Headquarters in 1870 – 71*, 2 vols., London, 1897, vol. 1, p. 98.

[31] Gen. Ferdinand Foch, *De la Conduite de la Guerre*, 3rd ed., Paris, 1915, pp. 481 – 2.

[32] Blumenthal, p. 98.

[33] Brose, pp. 128 – 9.

[34] Gen. Zeddeler, "Das Gefecht der russischen Infanterie im letzten Krieg," Österreichische Militärische Zeitschrift (ÖMZ) 3 (1878), p. 219.

[35] Holger H. Herwig, *The First World War*, London, 1997, pp. 59 – 60.

[36] John Horne and Alan Kramer, *German Atrocities, 1914*, New Haven, 2001, pp. 142 – 6.

[37] Vienna, Haus-Hof-und Staatsarchiv (HHSA), IB 27, (1871), Vienna, 28 June 1871, Agent to Prince Metternich, "Ansichten über die Situation in Frankreich." Public Record Office (PRO), FO 64, 693, Berlin, 25 Oct. 1870.

[38] Wolfgang Schivelbusch, *The Culture of Defeat*, orig. 2001, New York, 2003, pp. 134 – 8. Gordon Wright, *France in Modern Times*, 5th edition, NewYork, 1995, pp. 210 – 14. Mitchell, pp. 81 – 2.

[39] Maurice Agulhon, *The French Republic 1879 – 1992*, orig. 1990, New York, 1995, pp. 113, 140 – 1.

[40] Eugen Weber, *Peasants into Frenchmen*, Stanford, 1976, pp. 296 – 8.

[41] Kolb, *Der Weg aus dem Krieg*, pp. 182 – 3.

[42] Giesberg, pp. 119 – 20. Schivelbusch, pp. 146 – 7.

[43] Schivelbusch, p. 183.

[44] John F. V. Keiger, "France," in Keith Wilson, ed., *Decisions for War 1914*, New York, 1995, p. 124.

[45] Pflanze, vol. 1, p. 506.

[46] Cited in Wehler, p. 30.

[47] Taylor, p. 134. Stern, pp. 280 – 2, 290.

[48] Martin Kitchen, *The German Officer Corps 1890 – 1914*, Oxford, 1968, pp. 64 – 71.

[49] Friedrich Bernhardi, *Germany and the Next War*, New York, 1912, pp. 42 – 3.

[50] Schivelbusch, pp. 144 – 5.

[51] Busch, p. 67.

# 参考文献

*Austria* Haus-Hof-und Staatsarchiv (HHSA), Vienna. Consulted Politisches Archiv (PA) for France, Prussia, Italy, and the German states. Police archives – BM-Akten to 1867 and Informationsbüro (IB) from 1868–71. Kriegsarchiv (KA) Militärkanzlei seiner Majestät (MKSM) and Kriegsministerium-Präsidium (KM-Präs.)

*France* Service Historique de l'Armée de Terre (SHAT). Consulted all records of the Armée du Rhin, Armée de Châlons, Armées de Paris, Armées de la Loire, Armée de Vosges, and Armée de l'Est. Also Archives Centrales de la Marine (ACM.)

*Germany* Bayerisches Kriegsarchiv (BKA), Munich. Consulted Generalstab (GS), Handschriften-Sammlung (HS), B-Akten (field reports) and many unpublished manuscripts. Sächsisches Kriegsarchiv (SKA), Dresden. Consulted Zeitgeschichtliche Sammlung (ZS), Geheimes Kabinett, Sächsischer Militärbevollmächtiger in Berlin, various KA-Akten pertaining to military operations and reports.

*Great Britain* Public Record Office (PRO), London. Consulted Foreign Office (FO) records for France, Prussia, and the German states as well as Confidential Print "Respecting the War Between France and Germany."

*United States* National Archives (NA), Washington, DC. Consulted all Congressional Information Service (CIS) records pertaining to the Franco-Prussian War and Ambassador Elihu Washburne's reports from Paris and Tours.

## SECONDARY SOURCES

Agulhon, Maurice. *The French Republic 1879–1992*. Orig. 1990; New York, 1995.

[Andlau, Col. Joseph d'], *Metz: Campagne et Négociations*. Paris, 1872.

Anon. *Deutschland um Neujahr 1870*. Berlin, 1870.

Arnold, Hugo. *Unter General von der Tann: Feldzugserinnerungen 1870–71*. Munich, 1896.

Ascoli, David. *A Day of Battle: Mars-la-Tour, 16 August 1870*. London, 1987.

Audoin-Rouzeau, Stéphane. *1870: La France dans la Guerre*. Paris, 1989.
Baguley, David. *Napoleon III and his regime*. Baton Rouge, 2001.
Bauer, Max. *Von der Maas-Armee*. Halle, 1871.
Bauriedel, Paul. *Meine Erlebnisse während des Feldzuges im Jahre 1870–71*. Nuremberg, 1895.
Bazaine, F. A. *L'Armée du Rhin depuis le 12 Août jusqu'au 29 Octobre 1870*. Paris, 1872.
*Episodes de la Guerre de 1870 et le Blocus de Metz*. Madrid, 1883.
*Mémoire et Rapport sur les Opérations de l'Armée du Rhin et sur la Capitulation de Metz*. Paris, 1873.
Becher, Oskar. *Kriegstagebuch eines Vierundneunzigers aus dem Kriege 1870–71*. Weimar, 1904.
Bell, Harry (ed.) *St. Privat: German Sources*. Fort Leavenworth, 1914.
Berendt, Richard. *Erinnerungen aus meiner Dienstzeit*. Leipzig, 1894.
Berghahn, Volker. *Germany and the Approach of War in 1914*, 2nd edition. New York, 1993.
Bernhardi, Friedrich. *Germany and the Next War*. New York, 1912.
Betz, C. *Aus den Erlebnissen und Erinnerungen eines alten Offiziers*. Karlsruhe, 1894.
Billroth, Theodor. *Chirurgische Briefe aus den Kriegs-Lazarethen in Weissenburg und Mannheim*. Berlin, 1872.
Bismarck, G. von. *Kriegserlebnisse 1866 und 1870–71*. Dessau, 1907.
Bismarck, Otto Prince von. *Bismarck: The man and the statesman*, 2 vols. London, 1898.
Blumenthal, Field Marshal Albrecht von. *Journals of Field Marshal Count von Blumenthal for 1866 and 1870–71*. London, 1903.
Bremen, Walter von (ed.) *Denkwürdigkeiten des preussischen Generals der Infanterie Eduard von Fransecky*. Leipzig, 1901.
Brogan, D. W. *The French Nation*. London, 1957.
Brose, Eric Dorn. *The Kaiser's Army*. Oxford, 2001.
Bucholz, Arden, *Moltke and the German Wars, 1864–1871*. New York, 2001.
*Moltke, Schlieffen and Prussian War Planning*. Providence, 1991.
Bury, J. P. T. and R. P. Tombs. *Thiers 1797–1877*. London, 1986.
Busch, Moritz. *Bismarck: Some secret pages of his history*, 2 vols. New York, 1898.
Clarke, David. *Military Memoirs: Roger de Mauni, the Franco-Prussian War*. London, 1970.
Corbin, Alain. *The Village of Cannibals*. Cambridge, MA, 1992.
Cox, Gary P. *The Halt in the Mud: French Strategic Planning from Waterloo to Sedan*. Boulder, 1994.
Crane, Edward A. (ed.) *The Memoirs of Dr. Thomas W. Evans: Recollections of the French Second Empire*. 2 vols. London, 1905.
Dorsch, Paul, ed. *Kriegszuge der Württemberger im 19. Jahrhundert*. Stuttgart, 1913.
*Noch ein Schwabenbuch: Württembergs Söhne in Frankreich 1870–71*. Stuttgart, 1911.
Ducrot, General. *La Journée de Sedan*. Orig. 1871; Lyon, 1989.
Eberstein, Alfred von. *Erlebtes aus den Kriegen 1864, 1866, 1870–71 und mit FM Helmut Graf Moltke*. Leipzig, 1899.

Echevarria, Antulio J. *After Clausewitz*, Lawrence, 2000.
Edwards, H. Sutherland. *The Germans in France: Notes on the method and conduct of the invasion*. London, 1873.
"Ex-Trooper." *The French Army from Within*. New York, 1914.
Fay, General. *Journal d'un Officier de l'Armée du Rhin*. Paris, 1889.
Förster, Stig and Jörg Nagler (eds.) *On the Road to Total War*. Cambridge, UK, 1997.
Foerster, Wolfgang. *Prinz Friedrich Karl von Preussen: Denkwürdigkeiten aus seinem Leben*, 2 vols. Stuttgart, 1910.
Fontane, Theodor. *Der Krieg gegen Frankreich, 1870–71*, 4 vols. Orig. 1873–76; Zurich, 1985.
*Wanderungen durch die Mark Brandenburg*, 4 vols. Orig. 1859–82. Berlin, 1998.
Forbes, Archibald. *My Experiences of the War between France and Germany*, 2 vols. Leipzig, 1871.
Frederick III. *The War Diary of the Emperor Frederick III 1870–71*. New York, 1927.
Freudenthal, Friedrich. *Von Stade bis Gravelotte: Erinnerungen eines Artilleristen*. Bremen, 1898.
Friedjung, Heinrich. *The Struggle for Supremacy in Germany 1859–1866*. Orig. 1897; London, 1935.
Fulbrook, Mary (ed.) *German History since 1800*. London, 1997.
Gall, Lothar. *Bismarck: The White Revolutionary*, 2 vols. London, 1986.
Giesberg, Robert I. *The Treaty of Frankfort*. Philadelphia, 1966.
Goerlitz, Walter. *History of the German General Staff, 1657–1945*. Orig. 1952; New York, 1995.
Gooch, Brison. *The New Bonapartist Generals of the Crimean War: Distrust and Decision Making in the Anglo-French Alliance*. The Hague, 1959.
Gouvernement de la Défense Nationale, *Procés-Verbaux des Séances du Conseil 1870–71*. Paris, 1905.
Groote, Wolfgang and Ursula Gersdorff (eds). *Entscheidung 1870: Der deutsch-franzšsische Krieg*. Stuttgart, 1970.
Herwig, Holger H. *The First World War*. London, 1997.
Hindenburg, General-Feldmarschall von. *Aus meinem Leben*. Leipzig, 1934.
Holmes, Richard. *The Road to Sedan: The French Army 1866–70*. London, 1984.
Horne, Alistair. *The Fall of Paris*. London, 1965.
Horne, John and Alan Kramer. *German Atrocities, 1914*. New Haven, 2001.
Howard, Michael. *The Franco-Prussian War: The German Invasion of France, 1870–71*. Orig. 1961; London, 1981.
Jarras, General Louis. *Souvenirs*. Paris, 1892.
Keegan, John. *A History of Warfare*. New York, 1993.
Kitchen, Martin. *The German Officer Corps 1890–1914*. Oxford, 1968.
*A Military History of Germany: From the Eighteenth Century to the Present Day*. Bloomington, 1975.
Koch, H. W. *A History of Prussia*. New York, 1978.
Kolb, Eberhard. *Europa vor dem Krieg von 1870*. Munich, 1987.
*Der Weg aus dem Krieg: Bismarcks Politik im Krieg und die Friedensanbahnung 1870–71*. Munich, 1989.

Kühlich, Frank. *Die deutschen Soldaten im Krieg von 1870–71: Eine Darstellung der Situation und der Erfahrungen der deutschen Soldaten im Deutsch-Französischen Krieg*. Frankfurt, 1995.

Le Goff, Jean Yves. *Le Général Adolphe Le Flô*. Lesneven, 1993.

Leo, Friedrich. *Kriegserinnerungen an 1870–71*. Berlin, 1914.

Lindner, Theodor. *Der Krieg gegen Frankreich und die Einigung Deutschlands*. Berlin, 1895.

Litzmann, Karl. *Ernstes und heiteres aus den Kriegsjahren 1870–71*. Berlin, 1911.

Lonlay, Dick de. (Hardoln, N.) *Français et Allemands: Histoire Anecdotique, Guerre de 1870–71*, 6 vols. Paris, 1888.

Lowe, John. *The Great Powers, Imperialism, and the German Problem 1865–1925*. London, 1994.

McMillan, James F. *Napoleon III*. London, 1991.

Massow, Anton von. *Erlebnisse und Eindrücke im Kriege 1870–71*. Berlin, 1912.

Matthias, Adolf. *Meine Kriegserinnerungen*. Munich, 1912.

Maurice, Major General Sir F. *The Franco-German War 1870–71*. Orig. 1899; London, 1914.

Mitchell, Allan. *Bismarck and the French Nation, 1848–1890*. New York, 1971.

Moltke, Helmuth von. *The Franco-German War of 1870–71*. New York, 1892.

*Extracts from Moltke's Military Correspondence*. Fort Leavenworth, 1911.

*Moltke's Military Correspondence, 1870–71*. Orig. 1923; London, 1991.

Montaudon, General Jean-Baptiste. *Souvenirs Militaires*, 2 vols. Paris, 1898–1900.

Mosse, W. E. *The European Powers and the German Question, 1848–71*. Cambridge, UK, 1958.

Murray, Scott W. *Liberal Diplomacy and German Unification*. Westport, 2000.

Ollivier, E. *L'Empire Libéral*. Paris, 1904.

*The Franco-Prussian War and Its Hidden Causes*. Boston, 1914.

Palat, Barthélemy Edmond. *Bibliographie générale de la guerre de 1870–1871*. Paris, 1896.

*Papiers et Correspondance de la Famille Impériale: Pièces trouvées aux Tuileries*. Paris, 1870.

Patry, Léonce. *The Reality of War*. London, 2001.

Pflanze, Otto, *Bismarck and the Development of Germany*, 3 vols. Princeton, 1990.

Plessis, A. *The Rise and Fall of the Second Empire 1852–71*. Orig. 1979; Cambridge, UK, 1985.

Price, Roger. *Napoleon III and the Second Empire*. London, 1997.

Priese, Johannes. *Als Totenkopfhusar 1870–71*. Berlin, 1936.

Rauch, Fedor von. *Briefe aus dem grossen Hauptquartier 1866 und 1870*. Berlin, 1911.

Reitlinger, Frederic. *A Diplomat's Memoir of 1870*. London, 1915.

Ris, Richard. *Kriegserlebnisse*. Auerbach, 1911.

Roth, François. *La Guerre de 1870*. Paris, 1990.

Ruby, Edmond and Jean Regnault, *Bazaine: Coupable ou victime?* Paris, 1960.

Schivelbusch, Wolfgang. *The Culture of Defeat*. Orig. 2001; New York, 2003.

Shand, Alexander Innes. *On the Trail of the War*. New York, 1871.

Sheehan, James J. *German History 1770–1866*. Oxford, 1989.

Sheridan, Philip H. *Personal Memoirs of P. H. Sheridan*, 2 vols. New York, 1888.

Showalter, Dennis E. *Railroads and Rifles*. Hamden, 1975.
Simpson, F. A. *Louis-Napoleon and the Recovery of France*. London, 1965.
Stern, Fritz. *Gold and Iron*. New York, 1977.
Strachan, Hew. *European Armies and the Conduct of War*. London, 1983.
Taylor, A. J. P. *Bismarck*. Orig. 1955; New York, 1967.
Trautmann, Frederic (ed.) *A Prussian Observes the American Civil War*. Columbia, 2001.
Trochu, Gl Louis Jules, *La Politique et le siége de Paris*. Paris, 1873.
*L'Armee Francaise en 1867*. Paris, 1870.
Truesdell, Martin. *Spectacular Politics*. New York, 1997.
Verdy du Vernois, General Julius von. *With the Royal Headquarters in 1870–71*. London, 1897.
Vizetelly, Ernest Alfred. *My Days of Adventure: The Fall of France 1870–71*. London, 1914.
*The Court of the Tuileries, 1852–70*.
Waldersee, Graf Alfred von. *Denkwürdigkeiten*, 3 vols. Berlin, 1922.
Washburne, Elihu Benjamin. *Recollections of a Minister to France 1869–77*, 2 vols. New York, 1887.
Wawro, Geoffrey. *The Austro-Prussian War*. Cambridge, UK, 1996.
*Warfare and Society in Europe, 1792–1914*. London, 2000.
Weber, Eugen. *Peasants into Frenchmen*. Stanford, 1976.
Wehler, Hans-Ulrich. *The German Empire, 1871–1918*. Orig. 1973; New York, 1991.
Wetzel, David. *A Duel of Giants*. Madison, 2001.
Williams, Roger L. *The French Revolution of 1870–71*. New York, 1969.
*Napoleon III and the Stoeffel Affair*. Wortland, 1993.
Wilson, Keith (ed.) *Decisions for War*, 1914. New York, 1995.
Winning, Leopold von. *Erinnerungen eines preussischen Leutnants aus den Kriegsjahren 1866 und 1870–71*. Heidelberg, 1911.
Wright, Gordon. *France in Modern Times*, 5th edition. New York, 1995.
Zeldin, Theodore. *Emile Ollivier*. Oxford, 1963.
Zins, Ronald. *Les Maréchaux del Napoléon III*. Lyon, 1996.

# 索　引

（索引页码为原书页码，即本书边码）

图书在版编目（CIP）数据

普法战争：1870－1871年德国对法国的征服／（美）杰弗里·瓦夫罗（Geoffrey Wawro）著；林国荣译．－－北京：社会科学文献出版社，2020.6

书名原文：The Franco－Prussian War：the German Conquest of France in 1870－1871

ISBN 978－7－5201－6141－1

Ⅰ．①普…　Ⅱ．①杰…　②林…　Ⅲ．①普法战争－史料　Ⅳ．①K565.43

中国版本图书馆CIP数据核字（2020）第029584号

普法战争：1870～1871年德国对法国的征服

著　　者／［美］杰弗里·瓦夫罗（Geoffrey Wawro）
译　　者／林国荣

出 版 人／谢寿光
责任编辑／刘　娟
文稿编辑／邢国庆　文源长

出　　版／社会科学文献出版社·甲骨文工作室（分社）（010）59366527
地址：北京市北三环中路甲29号院华龙大厦　邮编：100029
网址：www.ssap.com.cn
发　　行／市场营销中心（010）59367081　59367083
印　　装／天津千鹤文化传播有限公司

规　　格／开　本：889mm×1194mm　1/32
印　张：17.875　插　页：0.25　字　数：410千字
版　　次／2020年6月第1版　2020年6月第1次印刷
书　　号／ISBN 978－7－5201－6141－1
著作权合同登记号／图字01－2016－9353号
定　　价／92.00元

本书如有印装质量问题，请与读者服务中心（010－59367028）联系